COMPETÊNCIAS em EDUCAÇÃO A DISTÂNCIA

C737 Competências em educação a distância / Organizadora, Patricia Alejandra Behar. – Porto Alegre : Penso, 2013.
312 p. : il. ; 23 cm.

ISBN 978-85-65848-42-8

1. Educação. 2. Educação a distância. I. Behar, Patricia Alejandra.

CDU 37.018.43

Catalogação na publicação: Ana Paula M. Magnus – CRB 10/2052

PATRICIA ALEJANDRA BEHAR
ORGANIZADORA

COMPETÊNCIAS em EDUCAÇÃO A DISTÂNCIA

Reimpressão 2018

penso

2013

Gerente editorial: *Letícia Bispo de Lima*

Colaboraram nesta edição

Editora: *Lívia Allgayer Freitag*

Capa: *Márcio Monticelli*

Ilustração de capa: @ *Dreamstime.com/Litttle-prince, 2011: Blue abstract spiral*

Preparação de originais: *Cristine Henderson Severo*

Leitura final: *Lara Frichenbruder Kengeriski*

Editoração eletrônica: *Formato Artes Gráficas*

PENSO EDITORA LTDA., uma empresa do GRUPO A EDUCAÇÃO S.A.
Av. Jerônimo de Ornelas, 670 – Santana
90040-340 Porto Alegre RS
Fone (51) 3027-7000 Fax (51) 3027-7070

SÃO PAULO
Av. Embaixador Macedo Soares, 10.735 – Pavilhão 5 – Cond. Espace Center
Vila Anastácio – 05095-035 – São Paulo SP
Fone (11) 3665-1100 Fax (11) 3667-1333

SAC 0800 703-3444 – www.grupoa.com.br
IMPRESSO NO BRASIL
PRINTED IN BRAZIL

... à minha família NUTED, meus queridos ex e atuais orientandos e bolsistas que se tornaram meus parceiros de trabalho e amigos nestes 14 anos de convivência.

... a todos vocês que me dão energia, me inspiram e me desafiam a construir novas competências a cada dia!

AUTORES

Patricia Alejandra Behar (Org.) – Mestre e Doutora em Ciência da Computação pela Universidade Federal do Rio Grande do Sul (UFRGS). Professora Associada 4 da Faculdade de Educação (FACED) e dos Cursos de Pós-graduação em Educação (PPGEdu) e em Informática na Educação (PPGIE) da UFRGS. Bolsista de Desenvolvimento Tecnológico e Expansão Inovadora (DT), Nível I do CNPq. Trabalha na área de Educação, com ênfase em Educação a Distância (EAD) e Informática na Educação. Atua, principalmente, nos seguintes temas: Desenvolvimento de Ambientes Virtuais de Aprendizagem (AVAs), Produção e Avaliação de Materiais Educacionais Digitais, Arquiteturas Pedagógicas, Modelos Pedagógicos para EAD, Construção do Conhecimento em AVAs, Formação de Professores em AVAs e Competências em EAD. Coordena o Núcleo de Tecnologia Digital Aplicada à Educação (NUTED) da FACED e vinculado ao Centro Interdisciplinar de Novas Tecnologias na Educação (CINTED). Membro do Comitê International Federation for Information Processing (IFIP) WG 3.8 - Lifelong Learning.

Alexandra Lorandi Macedo – Pedagoga. Pós-doutoranda e Doutora em Informática na Educação pela UFRGS. Mestre em Educação pela UFRGS. Pedagoga pela Universidade de Caxias do Sul (UCS). Pesquisadora do NUTED/UFRGS. Pesquisadora Capes, Modalidade Recém-doutor, com o projeto "Ampliando possibilidades pedagógicas através da tecnologia de mineração de textos integrada à escrita coletiva a distância".

Ana Carolina Ribeiro Ribeiro – Licenciada em Pedagogia pela UFRGS. Especialista em Gestão da Educação: Supervisão, Orientação e Administração Escolar pela Pontifícia Universidade Católica do Rio Grande do Sul (PUCRS). Mestranda do Programa de Pós-graduação em Educação da UFRGS. Pesquisadora do NUTED/UFRGS.

Cláudia Zank – Professora e Tutora. Especialista em Educação a Distância pelo SENAC EAD/RS. Mestre e Doutoranda em Educação pela UFRGS. Linhas de Pesquisa: Informática na Educação e Trabalho, Movimentos Sociais e Educação. Professora nos Cursos de Pós-graduação Lato Sensu Formação Docente para a Educação Profissional do SENAC EAD/RS. Pesquisadora do NUTED/UFRGS.

Cristina Alba Wildt Torrezzan – Arquiteta e Urbanista. Especialista em Informática na Educação pelo CINTED/UFRGS. Mestre em Educação pelo PPGEdu/UFRGS. Doutoranda em Informática na Educação pelo PPGIE/UFRGS. Professora e Pesquisadora nas áreas de Desenho Técnico e EAD.

Daisy Schneider – Pedagoga. Especialista em Tutoria em Educação a Distância pela UFRGS. Mestre e Doutoranda em Educação pela UFRGS. Técnica em Assuntos Educacionais e Assessora Pedagógica da Secretaria de Educação a Distância da UFRGS. Pesquisadora do NUTED/UFRGS.

Fátima Weber Rosas – Professora. Especialista em Artes e Educação Física na Educação Básica pela UFRGS. Mestranda em Educação pela UFRGS. Pesquisadora do NUTED/UFRGS.

Ketia Kellen Araújo de Silva – Pedagoga pela UFRGS. Mestre em Informática na Educação pela UFRGS. Graduanda em Design Visual pela UFRGS. Designer Instrucional na Universidade do Vale do Rio dos Sinos (Unisinos).

Leticia Rocha Machado – Pedagoga Multimeios e Informática Educativa. Mestre em Gerontologia Biomédica pela PUCRS. Doutoranda em Informática na Educação pela UFRGS. Pesquisadora do NUTED/UFRGS.

Liane Margarida Rockenbach Tarouco – Professora. Mestre em Ciência da Computação pela UFRGS. Doutora em Engenharia Elétrica/Sistemas Digitais pela Universidade de São Paulo (USP). Professora Titular do Departamento de Estudos Especializados da FACED/UFRGS. Professora de Pós-graduação em Informática na Educação da UFRGS. Diretora do CINTED/UFRGS.

Magalí Teresinha Longhi – Analista de Tecnologia da Informação. Mestre em Ciência da Computação pela UFRGS. Doutora em Informática na Educação pela UFRGS. Pesquisadora do NUTED/UFRGS. Coordenadora do Grupo de Desenvolvimento do Ambiente Sala de Aula Virtual da UFRGS.

Maira Bernardi – Pedagoga. Mestre e Doutora em Educação, Linha de Pesquisa Informática na Educação, pelo PPGEdu/UFRGS. Professora Assistente da Unidade Acadêmica de Graduação (UAGRAD) da Unisinos. Assessora Pedagógica de EAD da UAGRAD/Unisinos.

Sandra Andrea Assumpção Maria – Mestre em Educação, Linha de Pesquisa Informática na Educação pela UFRGS. Especialista em Educação a Distância pelo SENAC. Licenciada em Computação pelo Centro Universitário La Salle (Unilasalle).

Silvia Ferreto da Silva Moresco – Especialista em Física e em Informática Aplicada na Educação pela Universidade de Santa Cruz do Sul (UNISC). Mestre e Doutora em Educação pela UFRGS. Professora de Física, Informática na Educação e Metodologia de Pesquisa no Governo do Estado do Rio Grande do Sul e Professora de Metodologia de Pesquisa no Centro Sul-Brasileiro de Pesquisa, Extensão e Pós-graduação (CENSUPEG). Tutora a Distância e Professora Orientadora do Curso de Mídias na Educação do Sistema Universidade Aberta do Brasil (UAB/UFRG). Pesquisadora do NUTED/UFRGS.

Sônia Dondonis Daudt – Pedagoga. Mestre em Educação pela Unisinos. Doutora em Informática na Educação e Pós-doutoranda em Educação a Distância pelo PPGIE/UFRGS. Professora nos Cursos de Licenciatura da Unisinos.

SUMÁRIO

APRESENTAÇÃO

Estamos diante de um livro produzido por uma equipe apaixonada por tecnologia. De certo modo isso já é uma prova de que as tecnologias não necessariamente substituem umas às outras, mas se complementam. Essa equipe foi gestada dentro de um dos programas de pós-graduação mais inovadores e que mais produzem na área da Tecnologia na Educação; programa esse que foi pioneiro como doutorado interdisciplinar e que, por isso, teve que enfrentar muitas barreiras para ser aceito, pois a interdisciplinaridade é um tanto difícil de ser compreendida. E quase como que seguindo a tradição de enfrentar barreiras, aqui estamos diante de uma produção que trata sobre o encontro de dois temas que também não são assimilados com tranquilidade pela academia: a educação a distância e as competências.

A educação a distância ainda é uma novidade no nosso meio, especialmente no meio universitário. O Brasil, juntamente com a maioria dos países do Ocidente, promoveu o início de suas práticas de educação a distância nas primeiras décadas do século XX. No entanto, enquanto a maioria dos outros países avançou, pelo menos a partir da década de 1960 ou de 1970, para a consolidação também da educação superior a distância, nós permanecemos oferecendo essa modalidade de ensino somente para os cursos técnicos (principalmente aqueles independentes da educação formal) e para a educação de jovens e adultos. Somente no final da década de 1990 é que a Universidade brasileira passa a se ocupar da educação a distância. (A existência de algumas iniciativas universitárias de educação a distância antes desse período poderiam ser encaradas como a exceção que confirma a regra.) Sem entrar no mérito a respeito desse nosso atraso no ingresso do ensino superior a distância, há um fato interessante a considerar. As universidades brasileiras se depararam com a educação a distância em um cenário muito diferente, devido ao advento daquelas que foram chamadas "Novas Tecnologias de Informação e Comunicação". Esse novo cenário impôs uma constante modificação na vida das pessoas e, de maneira especial, trouxe mudanças significativas no modo de fazer educação a distância.

O tema das competências também foi (e ainda é) de difícil assimilação nos meios educacionais. Ele já foi encarado como uma mecanização do processo educativo, ou pior, como uma mercantilização, pois geraria uma possibilidade de medir os resultados e transformá-los em mercadoria. No entanto, se olharmos o tema das competências de uma forma dinâmica, como fruto de uma combinação de processos que se põe em ação para a execução de uma tarefa ou a solução de um problema, pode-se vislumbrar a riqueza presente nesse conceito. A abordagem desta obra mostra que o que chamamos de competências (e o plural aqui é importante) é exatamente essa combinação de fatores (conhecimentos, habilidades, atitudes). E esse conceito se torna muito adequado quando enfocamos a complexidade, a dinamicidade e a historicidade do ato educativo, especialmente quando se pensa na educação formal, pois se trata de encarar o educar para além da transmissão de conteúdos e das técnicas de ensino, ou da mera definição de pontos de partida e de objetivos a serem alcançados. Daí a importância da abordagem realizada integrando os recursos de suporte, mobilização e evolução.

A educação formal, aqui, se refere a todo aquele processo educativo não espontâneo. Quando um pai ou uma mãe educa seus filhos não o faz de modo planejado. A educação flui com a vida, à medida que os acontecimentos vão ocorrendo. Por sua vez, quando se dá um curso, ou uma palestra, seja no sistema oficial de educação, ou mesmo nas iniciativas não regulamentadas, nos deparamos com um processo complexo que envolve planejamento, definição de objetivos, organização metodológica e avaliação, estamos falando de um processo que não deixa de ser de gestão. Um bom processo educacional envolve as relações humanas, a gestão do tempo e de pessoas, o domínio de técnicas, o uso de recursos para poder promover a aprendizagem, ou seja, os domínios sociocultural, de gestão, tecnológico e cognitivo. Quando esse ato educativo é a distância, essa necessidade de geri-lo fica evidente. Há muito menos espaço para a improvisação. Ainda que os princípios básicos de um processo educacional devam sempre estar presentes nas ações de educação a distância, não se pode perder de vista que existem competências que são próprias para um curso a distância. Não quer dizer que não sejam competências importantes em outros processos educacionais, ainda mais que a tecnologia está impregnando todos os espaços da nossa vida. Aqui cito outro mérito do presente livro, quando analisa situações específicas e as competências necessárias para lidar com elas, como a educação a distância com o uso de metaverso, ou os processos de letramento digital, a construção de materiais educacionais digitais, ou ainda a situação muito própria de nossa época, com o surgimento do que é chamado aqui de "idoso virtual", ou a situação inovadora do ensino de música a distância, o problema da fluência digital, entre outras situações.

Estamos, pois, diante de uma abordagem que encara a profissionalização da educação. Isso não pode significar uma mera automação do processo educativo, algo como adotar técnicas que supostamente garantiriam o sucesso educacional. No entanto, é preciso ter clareza do que se está fazendo e ter consciência dos processos envolvidos nesse conjunto de ações.

Aqui está a grande contribuição deste livro, por entender que é preciso tomar consciência, refletir, aperfeiçoar e lançar mão das competências necessárias para ser aluno, para ser tutor, bem como para ser professor. Tudo isso sem perder de vista o espaço de criatividade que supõe qualquer ato educativo.

Por fim, é preciso ter em conta que, ao se tratar da educação a distância, está-se falando do processo educativo como um todo, pois o cenário que se avizinha é de uma integração cada vez maior dos processos típicos da educação a distância com as situações de educação presencial. De qualquer forma, tornar a educação a distância algo do cotidiano da educação formal é um desafio. É preciso superar os projetos isolados, colocá-la no cotidiano da universidade e da escola, atuando em conjunto com as outras formas de se fazer ensino. Há muito o que se construir, e é preciso saber em que bases se faz essa construção. Este livro trata sobre algumas delas. Boa leitura!

Sérgio Roberto Kieling Franco

Secretário de Educação a Distância da Universidade Federal do Rio Grande do Sul (UFRGS) (Gestões 2002/2004 e 2008/2012).
Pró-reitor de Graduação da UFRGS (2012/2016).
Membro do Conselho Nacional de Educação.

PREFÁCIO

A ideia de escrever este livro surgiu a partir da nossa obra anterior, *Modelos pedagógicos em educação a distância*. Nela, as autoras e eu descrevemos aspectos teóricos e práticos necessários para a construção desses modelos na modalidade a distância. A partir de então, começamos a nos questionar: definidos os modelos pedagógicos específicos para a educação a distância (EAD), quais seriam as competências que alunos, professores, tutores e gestores deveriam ter e/ou construir para atuarem nessa modalidade?

Assim, tivemos que resgatar um conceito que em algum momento na história da educação se fez presente e ficou adormecido por muito tempo. Acreditamos que estava na hora de acordá-lo, revivê-lo e redefinir suas bases para relacioná-lo com novas formas de fazer e viver a Educação.

Foi então que iniciamos uma pesquisa sobre as várias abordagens desse conceito, a origem do termo competência, os elementos constituintes, os recursos mobilizadores e os domínios necessários a fim de relacioná-lo e integrá-lo à educação a distância.

O resultado disso foi descobrir inúmeras definições que provocaram algumas polêmicas e procurar a apreciação de autores de diversas áreas de modo a debater o assunto sob diferentes olhares. Partindo da nossa experiência em educação a distância, entendemos que poderíamos realizar uma nova compreensão, nos apropriar de certas abordagens importantes e construir a nossa própria história. Afinal de contas, a educação a distância é o nosso ponto de partida, e precisamos configurar e reconfigurar novos caminhos a cada dia, participar ativamente das mudanças nessa área, criar e buscar novas formas de educar, de ser e de agir e, por fim, construir e reconstruir uma grande rede na qual o novo nó é o das "competências e suas relações com a educação a distância".

Por essa razão selecionamos e nos baseamos nas ideias de alguns autores que fundamentaram as nossas definições. Queremos destacar que se trata de uma leitura, um modelo, um recorte da realidade em que procuramos explicar e descrever os processos envolvidos nas competências. Isso não quer dizer que não possam existir outros. Mas, nesta obra, optamos por considerar que as competências são um conjunto de elementos compostos por **C**onhecimentos, **H**abilidades e **A**titudes, resumidos na sigla **CHA.** Assim, este **CHA** irá nos acompanhar ao longo de todos os capítulos, relacionando-se com a educação a distância em suas diversas instâncias.

Afortunadamente, coordeno um grupo de pesquisa, o Núcleo de Tecnologia Digital Aplicada à Educação (NUTED) da Faculdade de Educação (FACED), vinculado ao Centro Interdisciplinar de Novas Tecnologias na Educação (CINTED) da Universidade Federal do Rio Grande do Sul (UFRGS), onde desenvolvemos, alimentamos e convivemos com uma das competências mais importantes de que a educação necessita: o trabalho em equipe. Portanto, apresento-lhes a nossa obra, na qual tivemos que construir juntas muitos conhecimentos, habilidades e atitudes, transformando ideias em conteúdo e forma por meio deste livro.

O grande desafio do nosso **CHA** foi o de integrar **C**onhecimentos interdisciplinares, já que as autoras são oriundas de áreas diversas (Computação, Pedagogia, Música, Arquitetura, Gerontologia, entre outras). Também foram necessárias **H**abilidades para analisar, interpretar, antecipar situações, relacionar informações, criar estratégias, escrever de forma fluente, clara, objetiva e coerente. As **A**titudes são as que mais me engrandecem e me dão prazer de ter esta equipe... O fato de eu sempre estar propondo desafios e elas se envolverem de corpo e alma, serem proativas, me ajudarem a tomar decisões, terem persistência para levar as nossas ideias adiante, serem preocupadas em alcançar os objetivos comuns à equipe, serem flexíveis e, principalmente, sempre saberem respeitar e ouvir o outro.

Sem todos os elementos dessa competência a presente obra nunca teria saído das nossas mentes para o papel. Assim, compartilhamos por meio dela nossas descobertas, produções e, principalmente, nossas experiências na educação a distância.

ESTRUTURA DA OBRA

A Unidade I, denominada *Competências e educação a distância,* traz as definições dos conceitos considerados importantes e necessários para serem utilizados como ponto de referência para a interpretação de toda a obra. A unidade contém dois capítulos. O primeiro, "Competências: conceito, elementos e recursos de suporte, mobilização e evolução", aborda a definição do termo competências, seus elementos constituintes e recursos. O Capítulo 2, "Educação a distância e competências: uma articulação necessária" traz uma interpretação própria sobre qual é o sujeito da EAD, quais suas características e relações com as competências, finalizando com os quatro domínios que utilizamos como sustentação: o tecnológico, o cognitivo, o sociocultural e o de gestão.

A Unidade II descreve os *Domínios das competências*, detalhados em quatro capítulos. Em cada um deles são descritas as características do domínio, e uma ou mais competências são focadas. Assim, no Capítulo 3 é detalhado o "Domínio tecnológico: saberes e fazeres na educação a distância". O Capítulo 4 aborda o "Domínio cognitivo em Piaget" e no Capítulo 5 é apresentado o "Domínio sociocultural: foco no trabalho em equipe". Finalmente, no Capítulo 6 é abordado o "Domínio de gestão em educação a distância: foco na coordenação de cursos".

Na Unidade III, chamada *Competências específicas e aplicadas*, foram elencados oito capítulos que se referem às competências em diferentes áreas do conhecimento da educação a distância. No Capítulo 7 são apresentadas as "Competências dos atores da educação a distância: professor, tutor e aluno". O Capítulo 8 se refere às "Competências para a prática pedagógica na educação a distância: uma análise a partir do modelo pedagógico" e o Capítulo 9 enumera as "Competências docentes para o uso de metaversos na educação a distância". O Capítulo 10 aborda as "Competências para o letramento digital", e o Capítulo 11 traz um outro olhar, o do idoso virtual, em "Competências necessárias para os alunos idosos na educação a distância". O Capítulo 12, denominado "Competências para a construção de materiais educacionais digitais baseados no *design* pedagógico", mostra os principais conceitos envolvidos na construção de materiais educacionais digitais.

No Capítulo 13 é realizado um mapeamento das "Competências para o contexto tecnológico-musical na educação a distância" e, por último, no Capítulo 14, é apresentado "Um panorama da fluência digital na sociedade da informação". Esse capítulo é resultado de um convite especial feito a Liane Margarida Rockenbach Tarouco, professora do Programa de Pós-graduação em Informática na Educação da UFRGS, que trabalha com o tema.

Desejamos que o leitor encontre nesta obra novos conceitos que possam subsidiar sua atuação na educação a distância, trazendo novas reflexões sobre esse tema, contribuindo para novos equilíbrios e desequilíbrios cognitivos. Cabe destacar que aqui não esgotamos o assunto, pelo contrário, somente iniciamos e acreditamos que abrimos um leque de possibilidades para o debate de especialistas, professores, alunos e tutores, entre outros que atuam nessa área. Só assim conseguiremos crescer e continuar pensando em novos desafios que, embora nos levem a caminhos tortuosos, porém significativos, nos transformem em melhores atores e profissionais da educação a distância.

Boa leitura!

Patricia Alejandra Behar

Unidade I

Competências e educação a distância

1 Competências

conceito, elementos e recursos de suporte, mobilização e evolução

Patricia Alejandra Behar, Ana Carolina Ribeiro Ribeiro,
Daisy Schneider, Ketia Kellen Araújo de Silva,
Leticia Rocha Machado, Magalí Teresinha Longhi

INTRODUÇÃO

A sociedade atual está sendo pautada pela tríade: informação, conhecimento e aprendizagem. Essa sociedade está gerando demandas de ensino e aprendizagem particulares a este novo milênio, que tem privilegiado a informação facilmente produzida e disseminada pela internet. Por essa razão, é denominada de sociedade da informação, ou também conhecida como "sociedade conectada".[1] Nela é exigido um tipo de indivíduo que deve ser alfabetizado e, cada vez mais, letrado digitalmente.[2]

Esse cenário no qual as mudanças frequentes são impulsionadas pelas novidades e descobertas científicas e tecnológicas traz a necessidade de que os profissionais aprendam a lidar com a complexidade, a incerteza e o ineditismo. Diante disso, o paradigma educacional vigente na maioria das instituições educativas, centrado na transmissão de conteúdos, não é mais suficiente para a formação desses cidadãos. Nesse sentido, a perspectiva das competências como possibilidade de formação integral do indivíduo surge como uma alternativa para a educação. Assim, pesquisadores de diversas áreas têm se dedicado a discutir e compreender o conceito do termo **competência** e suas implicações.

Afinal, o que significa ser competente? Como se identifica que alguém está sendo competente? Tais preocupações e questionamentos perpassam o conceito de competência e podem, por vezes, gerar interpretações incorretas sobre o significado desse termo.

Assim, o foco deste livro é discutir sobre a importância das competências na educação, especialmente, no contexto da educação a distância (EAD). Para tanto, é abordada neste capítulo a definição do termo competências, seus elementos constituintes e recursos de mobilização, evolução e suporte.

COMPETÊNCIAS: CONCEITO E HISTÓRICO

Na área educacional, encontram-se muitas resistências e críticas ao termo competência pela associação direta que é feita com a palavra "competição". Isso ocorre porque ambas têm a mesma origem etimológica. Por esse motivo, há distorções e usos inadequados de competência.

Historicamente, a palavra competência teve seu primeiro uso na área jurídica com o sentido de "ter competência para julgar algo" – aplicação ainda vigente. No século XX, o termo começou a ser usado na educação profissionalizante, atingindo posteriormente as diversas etapas e modalidades educacionais. Paralelamente, na área empresarial, passou a ter grande destaque em processos de seleção e de gestão por competências. Esse viés não é bem visto pelas Ciências Humanas, visto que nessa forma de aplicação, muitas vezes, surge distorções que culpabilizam e excluem os indivíduos que não se encaixam nos modelos estabelecidos pelas instituições.

Por esse motivo, é significativa a resistência de parte dos profissionais da educação frente às competências. A partir dos estudos de Perrenoud (1999), a conotação desse termo na educação difere daquela aplicada na década de 1970. Naquela época, empregava-se a perspectiva da pedagogia de objetivos ligada a uma prática pedagógica instrucionista. Com Perrenoud, que tem como base teórica a obra de Jean Piaget, confere-se um olhar construtivista no qual as competências são abordadas como possibilidade de inclusão, de formação integral do indivíduo e de desenvolvimento – perspectiva adotada neste livro.

A Figura 1.1 ilustra sinteticamente o momento histórico de uso do termo na área educacional. A forma impositiva, com pouco espaço de discussão, reflexão e entendimento sobre o termo e sua relação com a prática pedagógica, resulta em usos equivocados pelo desconhecimento do significado do conceito. Isso denota uma fragilidade na formação educacional e profissional dos atores envolvidos no processo em relação a essa abordagem.

Dessa forma, o termo competência é compreendido de acordo com o ponto de vista do indivíduo (primeiro significado), ou seja, como a reunião ou o conjunto de condições, recursos, elementos disponíveis aplicados em determinada situação. A aplicação das competências na educação, como mostra o histórico, tem se ampliado para uma perspectiva além da educação profissional. Da mesma forma, entende-se que não são somente habilidades

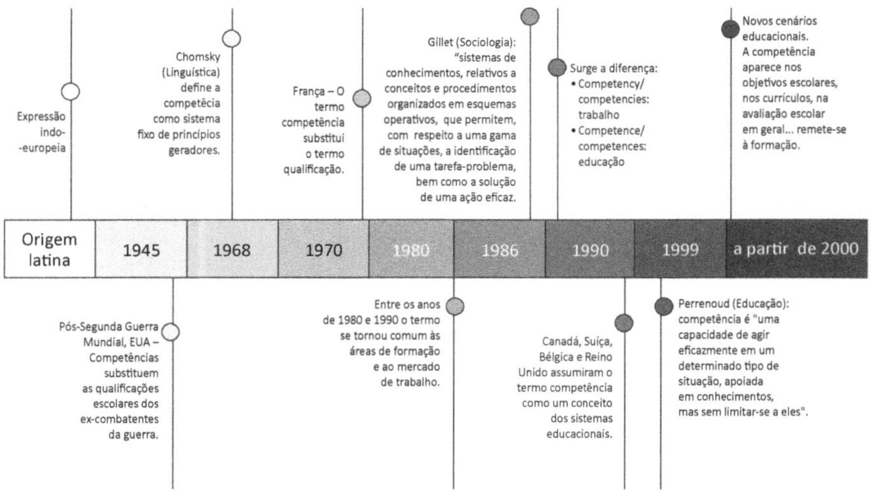

Figura 1.1 Histórico do termo competência.
Fonte: Adaptada de Silva (2011).

ou conhecimentos, mas uma combinação destes com as atitudes que irão compor as competências, indicando as várias possibilidades de sua contribuição na área educacional. Sendo assim, apresenta-se o conceito a partir de três estudiosos que fundamentam as discussões deste livro.

Segundo Zabala e Arnau (2010), a competência traz uma mudança de postura dos que participam da educação. O autor trata esse termo como "a capacidade ou a habilidade para realizar tarefas ou atuar frente a situações diversas de forma eficaz em um determinado contexto. É necessário mobilizar atitudes, habilidades e conhecimentos ao mesmo tempo e de forma inter-relacionada" (Zabala; Arnau, 2010, p. 17). Assim, Zabala e Arnau (2010, p. 17) afirmam que:

> O uso do termo competência é uma consequência da necessidade de superar um ensino que, na maioria dos casos, reduziu-se a uma aprendizagem cujo método consiste em memorização, isto é, decorar conhecimentos, fato que acarreta na dificuldade para que os conhecimentos possam ser aplicados na vida.

Ou seja, não se pode dizer que uma escola ou uma universidade é competente, mas sim que seus profissionais apresentam as competências necessárias para aquele contexto. É possível que um ou alguns desses profissionais não consigam expressar suas competências no contexto de outra escola, com uma filosofia e uma perspectiva pedagógica diferentes.

Para Perrenoud e colaboradores (1999, 2002), as competências se referem às pessoas e têm relação com uma situação/espaço em que se encontram e com o qual se articulam. Nesse sentido, seguindo sua base teórica pautada no interacionismo piagetiano, o autor diz que só há competência estabilizada quando a mobilização dos conhecimentos supera o "tatear reflexivo" ao alcance de cada um deles e aciona esquemas constituídos (Perrenoud, 1999, p. 23). Isso permite que o sujeito invente soluções originais ou parcialmente originais para as situações. São **originais** do ponto de vista do indivíduo e não, necessariamente, de uma perspectiva global ou coletiva. Ao reinvestir nas construções feitas a partir do que já foi experimentado, entendido ou dominado, é possível solucionar problemas ou lidar com uma situação inédita (Perrenoud, 1999).

No que se refere às competências profissionais, Le Boterf (1994) considera que estas se constroem em formação, mas também ao sabor da navegação diária, de uma situação de trabalho à outra. O autor levanta a existência de três dimensões da competência, quais sejam:

(1) a dos recursos disponíveis
(2) a da ação e dos resultados produzidos e
(3) a da reflexividade, ou seja, o distanciamento do indivíduo frente às demais dimensões e ao cenário, permitindo a este enxergar a si e a seus recursos, bem como às situações (Le Boterf, 2006).

Logo, este livro considera as competências um conjunto de elementos compostos pelos **C**onhecimentos, **H**abilidades e pelas **A**titudes, sintetizados na sigla **CHA**. Tal conjunto é estruturado em um contexto determinado com o intuito de solucionar um problema, lidar com uma situação nova. Por isso, a competência compreende a reflexão, diferente do elemento "habilidade", que é um recurso de esquemas já construídos pelo sujeito e aplicados a situações conhecidas e rotineiras (Perrenoud, 1999). A atitude traz a perspectiva da aplicação das habilidades e dos conhecimentos por meio das ações, dos comportamentos e das posturas, os quais podem ser observados pelos demais sujeitos.

Neste capítulo, entende-se que o CHA é mobilizado pela criatividade e pela afetividade, tendo por base as condições biofisiológicas do indivíduo, como será abordado a seguir. É preciso destacar que se trata de um modelo, um recorte da realidade que procura explicar e descrever os processos envolvidos nas competências. Isso não quer dizer que não possam existir outros, mas optou-se por explorar os três recursos mobilizadores mencionados.

Por fim, cabe salientar que será adotado o termo competências, no plural. Entende-se que não há uma competência absoluta, mas várias desenvolvidas e em desenvolvimento. Ao considerar que nada está dado ou pronto, em uma perspectiva piagetiana, considera-se a constante construção de competências, as quais respondem às demandas de cada contexto nos diversos campos da vida do indivíduo.

Competências na educação

O currículo tradicional baseado em conteúdo, muitas vezes, impõe obstáculos na identificação do significado em relação ao contexto em que o aluno vive e sua função social, quer histórica, científica, cultural, profissional, cotidiana. Além disso, tendo provas ou verificações como forma de avaliação, acaba-se destacando a memorização em vez da aprendizagem. Pouco conteúdo é construído como conhecimento, porque não há uma participação ativa do indivíduo no processo.

O currículo por competências exige mudar a perspectiva centrada no professor e no ensino para centrar no aluno e na aprendizagem. Perrenoud e colaboradores (2001, 2002) colocam que tal abordagem lança olhar não só para os saberes, mas também para compreender como mobilizá-los e utilizá-los nas situações práticas. Logo,

> [...] seria função da escola, então, exercitar a transferência e a mobilização das capacidades e dos conhecimentos, seja por meio das disciplinas, seja por meio de atividades interdisciplinares que coloquem os alunos diante de *situações-problema* que os levem à mobilização dos recursos de que dispõem. (Silva, 2008, p. 99, grifo das autoras)

A prática pedagógica deve levar em conta atividades que permitam ao aluno aprender perguntando, pesquisando, trabalhando coletivamente, planejando e organizando. Essa abordagem torna o ambiente motivador e instiga o estudante a construir conhecimentos das mais variadas ordens. Permite que habilidades sejam aprimoradas em relação aos recursos e materiais, aos tipos de trabalho e textos, à comunicação, entre outros procedimentos. Complementarmente, as atitudes também são consideradas ao trabalhar o interesse, a busca, a vontade de conhecer, a cooperação, a argumentação, a diversidade de opiniões e pontos de vista, bem como o respeito ao outro, a si mesmo e ao meio social e ambiental.

As situações de aprendizagem a que o estudante é submetido fazem diversos recursos pessoais mobilizarem os elementos formadores das competências. Gaspar (2004, p. 63) afirma que:

> A aprendizagem de competências exige uma atitude construtivista pelo que prevê um percurso com momentos de confronto entre o que já existe e o que é novidade. Obriga à realização continuada de um conjunto de atividades coerentes, à contratualização individual com o aprendente, de forma que este perceba, aceite e valorize a sua diferença, o incremento do trabalho de projeto e o fortalecimento da avaliação formativa.

Nesse sentido, a autora complementa:

> As competências não se ensinam; criam-se condições que *estimulam* a sua construção. Para desenvolver competências é necessário colocar o aluno em situações complexas, que exigem [...] a mobilização dos seus conhecimentos: um enigma a elucidar, um problema a resolver, uma decisão a tomar, um projeto a conceber e a desenvolver. (Gaspar, 2004, p. 66, grifo das autoras)

Por fim, é importante salientar que as competências são com frequência entendidas erroneamente como uma pedagogia de objetivos, em que o foco está no desempenho, e como uma potencialidade genérica comum a todos dada *a priori* (Perrenoud, 1999). O professor, a instituição de ensino e o próprio estudante podem ter objetivos a alcançar ao longo da formação planejada, porém, isso não é sinônimo de competências. Todos os indivíduos têm condições estruturais para aprender, e as competências também necessitam desse processo para serem construídas.

Da mesma forma, não se pretende instituir a competição entre os alunos quanto ao melhor desempenho, pois isso não contribui para sua educação como cidadãos. Coll e Monereo (2010, p. 28) colocam que, nos dias atuais, se começa a compreender a importância das competências a partir de uma perspectiva coletiva em vez de individual.

> Estamos falando de tarefas de tipo cooperativo, nas quais a competência de grupo prima sobre a competência individual de seus membros. A incorporação das TIC* [...] vem contribuindo de maneira importante para reforçar essa tendência de projetar metodologias de trabalho e de ensino baseadas na cooperação.

Essa prática exige que os sujeitos negociem, argumentem, reflitam, coloquem-se no lugar do outro, relacionem-se e cheguem a um denominador comum enquanto lidam com os conteúdos e desafios, desenvolvendo o CHA. A formação dos alunos se torna interacional, em rede, colaborativa e integral, na medida em que há essa troca entre os pares. Desse modo, as competências não estão a serviço da competição, do benefício de uns em detrimento de outros, mas de uma perspectiva coletiva de construção e crescimento. Essa visão e experiência podem ser levadas não só para o ambiente profissional, como também para todas as áreas da vida.

Competências e seus elementos: conhecimentos, habilidades e atitudes

Segundo Perrenoud (1999), uma competência pressupõe a existência de elementos (Conhecimentos, Habilidades e Atitudes, ou **CHA**) que a com-

* N. de R.: Sigla utilizada para Tecnologias de Informação e Comunicação.

põem e que precisam ser mobilizados para atender a necessidade que emerge em determinada situação e contexto (Figura 1.2). Assim, quando não há recursos para mobilizar esses elementos, não há competência. Da mesma forma, se há recursos, mas não é possível mobilizá-los a tempo, é como se não existissem, pois, assim, a competência não se concretiza (Perrenoud, 2001).

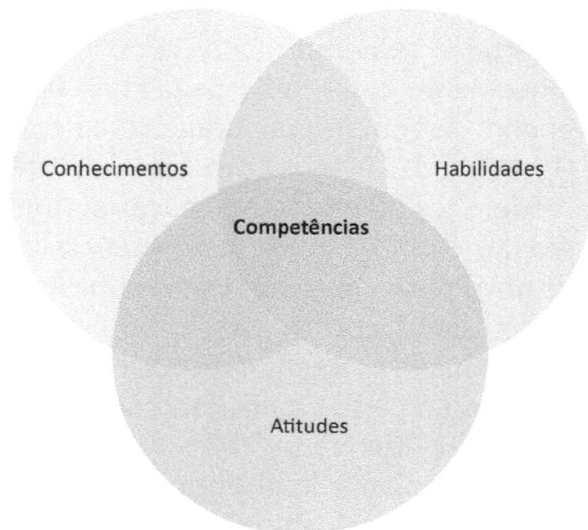

Figura 1.2 Os elementos formadores da competência.[3]

Alguns autores entendem que valores e experiências deveriam estar entre os elementos da competência. No entanto, nessa perspectiva, compreende-se que os valores e as experiências antecedem e embasam o CHA.

Na comunidade europeia, esse termo já está consagrado há bastante tempo. O Processo de Bolonha,[4] por exemplo, estabelece que as instituições de ensino superior emitam diplomas com a listagem de competências que o aluno desenvolveu – supõem-se – ao longo da formação no curso. Para isso, há processos de avaliação de certificação de competências. Outro documento que aborda esse tema foi elaborado por Jacques Delors para a Unesco, com o título “Educação: um tesouro a descobrir” (Delors, 2001). Este apresenta os pilares da educação: aprender a conhecer, aprender a fazer, aprender a conviver e aprender a ser. Assim, entende que o indivíduo é competente quando é capaz de “saber”, de “saber fazer” e de “saber ser”, que são associados aos elementos do CHA.

Nesse sentido, percebe-se o caráter dinâmico desse conjunto na construção das competências. Salienta-se que, pelo fato de nenhum elemento estar vinculado com exclusividade a uma determinada competência, cabe ao indivíduo mobilizá-los em função de uma situação. Assim, essas constantes reorganizações são características que contribuem à estruturação de cada um deles. Portanto, torna-se essencial compreender o CHA nos processos de ensino e de aprendizagem, o que será tratado a seguir.

Conhecimentos

Segundo Perrenoud (2001), o conhecimento é o elemento que corresponde ao saber do sujeito em relação a uma determinada competência. O autor define a questão da seguinte forma:

> Para mim, saberes e conhecimentos são representações organizadas do real, que utilizam conceitos ou imagens mentais para descrever e, eventualmente, explicar, às vezes antecipar ou controlar, de maneira mais ou menos formalizada e estruturada, fenômenos, estados, processos, mecanismos observados na realidade ou inferidos a partir da observação. (Perrenoud, 2001, p. 18)

Existem abordagens que diferenciam o conhecimento do saber. Na perspectiva piagetiana, o conhecimento é construído na interação do sujeito com o mundo físico e social, no jogo de assimilação e acomodação, montando e "remontando" esquemas de pensamento e de ação em novos patamares de acordo com as tomadas de consciência na ação. Portanto, a aquisição de conhecimentos depende tanto das estruturas cognitivas do sujeito, quanto da relação dele – sujeito – com o objeto.

As competências também estão em constante atualização e reconstrução, de acordo com as situações enfrentadas. Segundo Luckesi e Passos (1996, p. 15), conhecimento é:

> explicação/elucidação da realidade decorrente de um esforço de investigação para descobrir aquilo que está oculto, que não está compreendido ainda. Portanto, só depois de compreendido em seu modo de ser é que um objeto pode ser considerado conhecido. Adquirir conhecimentos não é compreender a realidade retendo informações, mas utilizando-se destas para desvendar o novo e avançar, porque quanto mais competente for o entendimento do mundo, mais satisfatória será a ação do sujeito que a detém.

No excerto acima, os autores apontam uma diferença entre conhecimento e informação. Acerca desse aspecto, alguns autores, como Castells (1999), entendem que os indivíduos estão imersos na era da informação. Advertem que as tecnologias digitais e a internet são as principais ferramentas de propagação e criação de informação. Para Castells (1999, p. 186):

> [...] o termo informacional indica o atributo de uma forma específica de organização social na qual a geração, o processamento e a transmissão de infor-

mação se convertem nas fontes fundamentais da produtividade e do poder por conta das novas condições tecnológicas surgidas neste período histórico.

Assim, a informação, na sociedade conectada, estaria ligada à tecnologia, sendo distribuída, criada e proporcionada pelas ferramentas digitais, principalmente por meio da Internet. Para Lévy tal perspectiva compõe a inteligência coletiva e se refere à "[...] inteligência distribuída por toda a parte, incessantemente valorizada, coordenada em tempo real, que resulta em mobilização efetiva das competências [...]" (Lévy, 1998, p. 28).

Entende-se que conhecimento não é apenas obter informação, mas sim poder (re)utilizá-la em espaços distintos. De tal forma que se possa mobilizá-la em situações que não necessitem somente das ferramentas tecnológicas. Nesse sentido, o desafio está na busca e reorganização das informações, de modo que elas sejam transformadas em conhecimentos com o intuito de serem aplicadas em diferentes situações.

Zabala e Arnaud (2010, p. 49) apresenta que:

> [...] para ser competente em todas as atividades da vida é necessário dispor de conhecimentos (fatos, conceitos e sistemas conceituais) embora eles não nos sirvam de nada se não os compreendermos nem se não somos capazes de utilizá-los. Para isso devemos dominar um grande número de procedimentos. A melhoria da competência implica a capacidade de refletir sobre sua aplicação, e para alcançá-la, é necessário o apoio do conhecimento teórico.

Portanto, entende-se que, a partir dessas perspectivas, o conhecimento se constitui no espaço virtual pelas trocas entre o sujeito e objeto por meio das ferramentas digitais e dos conteúdos, bem como das interações formadas na rede.

Habilidades

No senso comum, as habilidades são utilizadas como sinônimos de competência. De acordo com Perrenoud (2000), a habilidade é menos ampla do que uma competência, por isso é entendida por muitos autores como um dos elementos estruturantes. A habilidade é uma ação automatizada, um procedimento já construído, algo da ordem do operacional, não exigindo se deter em uma reflexão mais aprofundada.

Gagné, Briggs e Wager (1988) classificam as habilidades em intelectuais e motoras (ou manipulativas). Nesse sentido, as habilidades intelectuais se referem aos processos mentais de organização e reorganização das informações. As motoras ou manipulativas são utilizadas quando se necessita de ações que dizem respeito à mobilidade.

Já Moretto (2002) associa as habilidades ao saber fazer, como uma ação física ou mental e que indica a capacidade adquirida. Nessa perspectiva, as competências são entendidas como um conjunto de habilidades de uma determinada função. Logo, as habilidades são de caráter essencialmente prático, técnico ou procedimental.

Atitudes

Embora muitas vezes seja dada maior ênfase aos conhecimentos e habilidades, esse terceiro elemento faz diferença quando da resolução dos problemas ou enfrentamento das situações. As atitudes revelam o modelo mental do sujeito, seus valores e crenças. Sintonizam-se com as intenções, desejos, vontades do indivíduo. Por meio desse elemento, a competência se concretiza, pois significa a prontidão para agir.

Na Psicologia Social,[5] a atitude é tratada como uma predisposição para responder a um objeto e não a uma situação em relação ao mesmo, ou seja, é um estado de prontidão organizada pela experiência, influenciando as respostas do indivíduo perante um objeto ou uma situação.

Rodrigues (1994) define as atitudes como um conjunto de crenças, sentimentos e tendências comportamentais dos sujeitos frente a um determinado objeto social. Em certas situações é dado à atitude um caráter de maior relevância em relação aos outros elementos, pois correspondem ao comportamento, demonstrando formas de ser e agir. A atitude é uma tomada de posição e escolha em relação aos acontecimentos. Ela influencia a percepção e a construção de opinião dos sujeitos (Mucchielli, 1978).

Muitos são os exemplos cotidianos de pessoas com conhecimentos na área e habilidades desenvolvidas para solucionar a questão, porém, suas atitudes se encaminham para um sentido oposto a isso. Para haver competência, é preciso uma atitude a favor das ações de resolução, enfrentamento, superação. Portanto, fica evidente a necessidade desse elemento para a composição das competências.

No decorrer do estudo teórico sobre competências e realização de pesquisas relacionadas à educação, observou-se a necessidade de aprofundamento de recursos importantes e que interferem no processo de desenvolvimento das competências, como será abordado a seguir.

COMPETÊNCIAS E RECURSOS DE SUPORTE, MOBILIZAÇÃO E EVOLUÇÃO

Como já abordado, existem diferentes teorias que explicam e discutem sobre a educação, o desenvolvimento humano e as competências envolvidas. A presente seção irá aprofundar as discussões com base na teoria da epistemologia genética de Jean Piaget.

Para Piaget (1995), o ser humano é caracterizado em dois sujeitos complementares: o epistêmico e o psicológico. O **sujeito epistêmico** deve ser entendido como o indivíduo universal, ou aquele voltado essencialmente para a "compreensão" do real, "[...] sem levar em consideração processos particulares e subjetivos [...]" (Silva, 2009, p. 231). Por outro lado, o **sujeito psicológico** é definido por tudo aquilo que é individual ou particular, voltado ao "ter êxito" ou para satisfazer necessidades.

O sujeito psicológico é composto pela interação de diferentes sujeitos e o objeto, conforme será abordado no Capítulo 2. A construção do conhecimento, de acordo com Piaget, é centrada na ação do sujeito epistêmico – ou sujeito cognitivo, por Dolle (1993) – sobre o objeto da aprendizagem. Também envolve a organização de respostas articuladas em dimensões como afetivas e sociais, suportadas pela dimensão orgânica (física e biológica).

Desse modo, cada indivíduo é definido pelo sujeito psicológico (Dolle, 1993) ou um sistema constituído por quatro subsistemas, designados como sujeitos, cada um com sua especificidade, mas inter-relacionado aos demais, conforme apresentado na Figura 1.3.

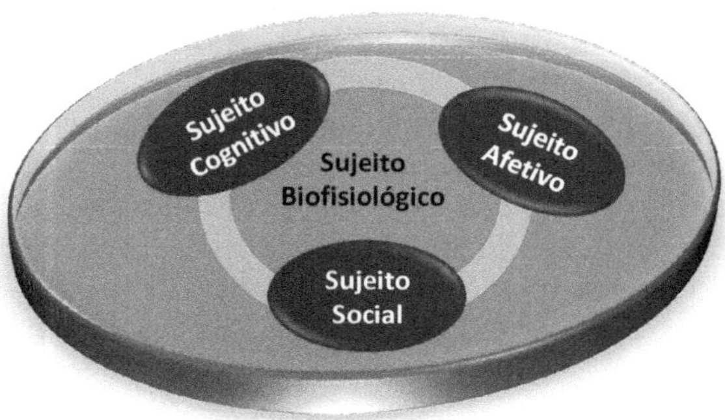

Figura 1.3 Esquema de representação do sujeito psicológico.
Fonte: Adaptada de Dolle (1993, p. 39).

O **sujeito biofisiológico** (ou o sujeito orgânico de Piaget) é aquele que trata do corpo, isto é, diz respeito a todas as funções biológicas e fisiológicas (genética, neurologia, neurobiologia, bioquímica, etc.). Da sua integridade estrutural e funcional depende a integridade estrutural e funcional dos demais. Esse sujeito fornece a base de constituição e existência dos outros três sujeitos.

O **sujeito cognitivo** que, enquanto age, adquire conhecimentos sobre si e sobre o meio, é responsável pela aquisição, conservação e gestão dos conhecimentos. É o que Piaget se esforçou em estudar e formalizar, ainda que limitado ao sujeito epistêmico.

O **sujeito social** compreende a interiorização dos hábitos, das regras e dos interditos sociais. As regras abrangem tudo o que organiza as maneiras de fazer, ser e pensar.

Já o **sujeito afetivo**, de onde parte a energética que impele o sujeito psicológico para determinada ação, é quem recebe as impressões dessa ação sob a forma de emoções, sentimentos ou efeitos das relações estabelecidas. A repercussão dos efeitos produzidos pelo meio, pela situação e pela circunstância "[...] vai contribuir para colorir, formar e modelar a personalidade [...]" (Dolle, 1993, p. 49). Todos os outros sujeitos estão assentados no sujeito biofisiológico. Não há hierarquia entre eles no âmago do sujeito psicológico. Porém, a "prevalência provisória" não é excluída de um ou de outro sujeito em função do tipo de interação. A duração da prevalência de um sujeito está diretamente relacionada à necessidade da dimensão na interação, por exemplo: o sujeito afetivo pode predominar no período do pensamento simbólico; ou o cognitivo no estágio de operações concretas.

Seguindo a concepção piagetiana, o sujeito psicológico poderá agir com competência se tiver condições de julgar, avaliar e ponderar para solucionar problemas ou decidir entre opções. Para isso, precisa ter conhecimentos (ou saber onde buscá-los) que o permitam reunir subsídios para agir ou proceder, bem como enfrentar com sucesso uma determinada situação. Perrenoud e colaboradores (2002, p. 20) dizem que "[...] em uma competência orquestra um conjunto de esquemas. Envolve diversos esquemas de percepção, pensamento, avaliação e ação [...]". Isto é, a competência implica que o sujeito psicológico aplique novos conhecimentos às estruturas já formadas, gerando novas estruturas, habilitando-o a agir ou empregar atitudes adequadas à realização das tarefas e assim adquirir conhecimentos, sejam simples ou complexos. Para Piaget (2005), os aspectos cognitivo, afetivo e social fazem parte da construção do conhecimento ou do impulso necessário para o desenvolvimento dos processos de aprendizagem. Portanto, considerando que Piaget pondera sobre a existência de recursos que auxiliam o sujeito psicológico, também é importante considerar alguns recursos que podem auxiliar o desenvolvimento das competências.

De outro modo, Le Boterf (2003) adverte sobre a distinção entre o conjunto de recursos associados aos elementos da competência e a ação que mobiliza tais recursos e a combinação deles. O autor coloca que: "[...] cada ação competente é produto da combinação de recursos [...]" (Le Boterf, 2003, p. 12). Saber combinar os recursos é algo pessoal e intransferível e está relacionado aos objetivos pessoais. Assim, várias ações competentes podem ser possíveis para uma determinada situação.

Pode-se utilizar como exemplo o sujeito psicológico Professor. Quando este mobiliza seu saber sobre um determinado conteúdo para explicar aos seus alunos, procura utilizar recursos pessoais e ambientais para ensinar. Para envolvê-los na aprendizagem, os professores utilizam recursos afetivos, criativos e inovadores, motivando os alunos a aprofundar a informação e construir novos conhecimentos.

Por outro lado, quando o sujeito psicológico Aluno mobiliza seus saberes anteriores para compreender o conteúdo apresentado pelo professor, ele o fará de maneira mais eficiente se os recursos afetivos, criativos e do meio possibilitarem a interação, a cooperação e a colaboração. Nesse processo, o aluno pode entrar em equilíbrio para assimilar o novo saber ou em desequilíbrio de modo a mobilizá-lo para a construção do conhecimento.

Neste capítulo, os recursos são delineados como uma forma de suporte e energia (Figura 1.4), os quais transpassam as competências servindo, ao mesmo tempo e recursivamente, como base e propulsão para elas se estabelecerem. No entanto, cabe ressaltar que, dependendo de cada sujeito, os recursos poderão ser utilizados com mais ou menos intensidade, a fim de atingir o objetivo pretendido.

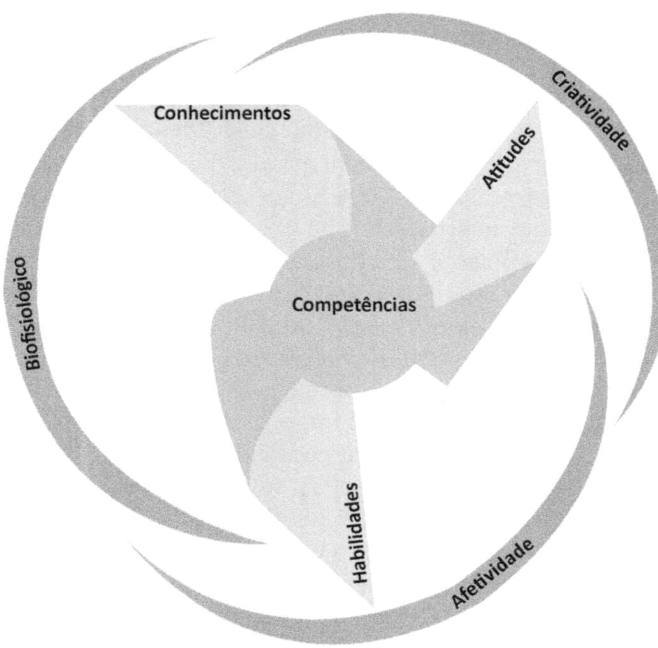

Figura 1.4 Recursos de suporte, mobilização e evolução.[6]

Desse modo, destacam-se três tipos de recursos que apoiam e colocam "em movimento" os elementos constituintes das competências:

- o biofisiológico: recurso de suporte;
- a afetividade: recurso de mobilização;
- a criatividade: recurso de evolução.

A separação foi realizada objetivando a construção de um modelo explicativo sobre a mobilização das competências. Entende-se que todos os recursos estão interligados entre si, sendo que o sujeito psicológico é quem irá decidir qual dos recursos é pertinente e em que intensidade deverão ser empregados naquele momento.

A mobilização para a construção do conhecimento e a evolução, ou o aperfeiçoamento de um saber, referem-se à capacidade de utilizar a afetividade e a criatividade no processo de construção de conhecimento. O biofisiológico como recurso de suporte é imprescindível, já que é a base para todo o processo.

Desse modo, os recursos de mobilização, evolução e suporte reforçam ou energizam os elementos constituintes das competências, levando ao desenvolvimento de respostas inéditas, criativas, eficazes para problemas novos.

Cabe ressaltar que, além dos recursos já citados, poderão existir outros nesse processo. Entretanto, neste livro serão abordados mais profundamente os três indicados.

Recurso de suporte: biofisiológico

A palavra biofisiológico é composta pelo prefixo *bio* que significa vida em latim e pela palavra fisiológico – do latim *physiologicus* – e é referente às funções físicas ou orgânicas. Na complexidade que envolve o indivíduo, o biofisiológico se refere ao corpo humano, principalmente aos aspectos fisiológicos (funções orgânicas), físicos (constituição e traços morfológicos) e biológicos (funcionamentos, dinâmicas e processos orgânicos) (Dolle, 1993). Portanto, o biofisiológico é a dimensão de suporte para as funções de vida e funcionamento do indivíduo.

Durante o desenvolvimento humano, o sujeito passa por diferentes mudanças biológicas e fisiológicas de forma intrínseca e extrínseca. Cada etapa do ciclo de vida corresponde a mudanças significativas e cabe aos educadores entenderem os aspectos biofisiológicos envolvidos no processo. Como é impossível separar o corpo como estrutura puramente fisiológica do aspecto cognitivo, muitos autores acabaram pesquisando-os de forma conjugada. Portanto, os recursos citados neste capítulo são indissociáveis.

Belsky (2010) divide o desenvolvimento humano em cinco etapas do ciclo biológico: primeira infância (0-3 anos), segunda infância (3-12 anos), adolescência (12-21 anos), idade adulta (21-60 anos) e velhice (60 anos em diante). Ou seja, "[...] o que temos é um processo de alterações morfológicas e funcionais à medida que o tempo passa [...]" (Jeckel-Neto e Cunha, 2006, p. 41).

A primeira e segunda infância são as etapas do desenvolvimento motor, cerebral e amadurecimento dos órgãos internos e externos do corpo. Piaget aprofundou a sua teoria em relação ao desenvolvimento intelectual, principalmente da criança, pesquisando a relação entre os fatores fisiológico e cognitivo. O autor aprofundou na sua obra os estágios de desenvolvimento do indivíduo, nos quais são constituídos de progressivos processos de assimilação e acomodação, gerando esquemas e o desenvolvimento das estruturas. Os estágios classificados por Piaget são: sensório-motor, pré-operacional, operações concretas e operações formais.

A adolescência corresponde à etapa da puberdade, onde os hormônios florescem, e esse processo influencia muito nos aspectos intelectuais e sociais na escola e na sua relação com a aprendizagem. A idade adulta se refere ao auge da vida em que o recurso de evolução – a criatividade – é muito utilizado para atingir as metas de vida. No início dessa fase predominam a reprodução sexual e os aspectos afetivos encontram-se mais aflorados.

Já a velhice é considerada uma das etapas com o maior declínio das funções biológicas. Nessa fase há um enfraquecimento nas funções sensório-motoras, visuais, auditivas e olfativas. Essas funções sofrem grandes alterações e algumas doenças, como as demências, são mais propensas a ocorrer. Por isso, quando se chega à terceira idade, a construção das competências é diferenciada, como será visto no Capítulo 11.

Outro ponto a ser considerado, é a questão das pessoas com necessidades especiais. Os Portadores de Necessidades Especiais (PNE) possuem limitações ou condições que dificultam o desenvolvimento de determinada atividade física ou mental.

Portanto, é necessário, no contexto da educação, compreender as necessidades bio e fisiológicas, conforme as fases da vida e as particularidades dos indivíduos, a fim de proporcionar alternativas pedagógicas e a construção de competências que proporcionem a inclusão social.

Dessa forma, o recurso biofisiológico é primordial por dar condições ao ser humano para que possa construir e aprimorar competências. É importante compreender as mudanças e necessidades humanas, identificando possibilidades e aspectos a superar de modo a acolher e viabilizar meios para a formação dos indivíduos no seu contexto sociocultural e educacional.

É importante lembrar que, na evolução das etapas do ciclo biológico, não ocorrem apenas mudanças biofisiológicas. Os aspectos social, histórico e cultural também implicam mudanças significativas no desenvolvimento humano. O aspecto sociocultural será tratado no Capítulo 5.

Recurso de mobilização: afetividade

O termo afetividade foi introduzido por Eugene Bleuler em 1925 para designar o conjunto de fenômenos psíquicos e físicos expressos sob diferentes formas (emoções, sentimentos, estados de ânimo, afeto, etc.). Piaget (2005) reconheceu que a afetividade é a fonte energética das estruturas ou o motor da ação. Ela intervém nas operações de inteligência, incentivando-as ou perturbando-as. Entretanto, o autor advertiu que não há um estado puramente cognitivo, assim como inexiste um puramente afetivo.

De modo geral, o termo **afetividade** designa a emocionalidade (Dorsch; Häcker; Stapf, 2008) ou a capacidade humana para experimentar emoções e sentimentos, positivos ou negativos, e a eles reagir. Ou seja, é empregado no sentido de um conjunto de fenômenos psíquicos e físicos que incluem "[...] o domínio das emoções propriamente ditas, dos sentimentos [...], das experiências sensíveis e, principalmente da capacidade em se poder entrar em contato com sensações [...]" (Bercht, 2001, p. 59). O **afeto** (positivo ou negativo) em muitas situações é entendido como um sentimento intenso, com diferentes graus de complexidade, atrelado a sensações orgânicas e direcionado a outro indivíduo, animal ou objeto.

O termo **sentimento** é concebido por Scherer (2005) como uma experiência emocional subjetiva. Reflete tanto os padrões de ***appraisal*** **cognitivo**[7] quanto os padrões motivacionais e de respostas somáticas para o episódio emocional. Damásio (2004), por sua vez, define sentimento como um comportamento "invisível", exceto ao proprietário. O autor defende que as "emoções" representam "[...] ações ou movimentos, muitos deles públicos, que ocorrem no rosto, na voz ou em comportamentos específicos [...]" (Damásio, 2004, p. 35). Já os "[...] sentimentos [...]" constituem "[...] sombras das manifestações emocionais [...]", até por que é "[...] falsa a ideia de que os sentimentos ocorrem primeiro e, em seguida, se exprimem em emoções [...]" (Damásio, 2004, p. 37), sustentando, desse modo, a precedência da emoção sobre o sentimento.

À primeira vista, é comum se associar o termo emoção a sentimento, a estado de ânimo, a preferências e, por vezes, a traços de personalidade. A palavra **emoção**, do latim *emovere*, significa "colocar em movimento". Etimologicamente, seu significado compartilha a mesma origem que a da palavra "motor": aquilo que "põe em movimento" ou "serve para movimentar algo".

Muitos pesquisadores (Damásio, 1996; Ekman; Davidson 1999) classificam as emoções em primárias (básicas ou utilitárias) e secundárias (ou sociais).[8] As emoções primárias foram amplamente discutidas por Ekman e Davidson (1999) no que tange às diferenças culturais. Servem para garantir a sobrevivência e são encontradas em qualquer cultura.

Já as emoções secundárias são adquiridas ou aprendidas a partir das primárias, à medida que se vivencia uma série de situações cotidianas e seus desdobramentos. No ambiente de aprendizagem, por exemplo, um aluno pode se deparar com sentimentos adversos (decepções, frustrações, culpa, vergonha, ciúme, inveja, etc.) ou positivos (entusiasmo, interesse, orgulho, etc.). A valência das emoções (positivas ou negativas) depende dos eventos disparadores (internos ou externos) e das crenças e desejos para atingir os resultados perseguidos.

Quase sempre, o emprego do termo emoção se relaciona tanto às emoções primárias quanto às secundárias. A rigor, contudo, as primárias são as que se manifestam de modo espontâneo e súbito, sendo caracterizadas por sua alta intensidade. Já as secundárias se fazem sentir por mais tempo, caracterizando-se por reações bem marcadas.

Por sua vez, Damásio (1996) propõe a noção das **emoções de segundo plano** (ou estados de ânimo). Essas emoções, originadas a partir das primárias e secundárias, são de caráter ondulatório e difuso. Acompanham o indivíduo por um período bem maior do que as secundárias, muitas vezes fazendo-se notar no **comportamento não verbal**. As emoções tanto primárias quanto secundárias e de segundo plano afetam o processo cognitivo. Porém, essas duas últimas são as que mais influenciam na tomada de decisão.

Há uma forte convergência para o entendimento de que as emoções (primárias, secundárias e de segundo plano) podem ser inferidas em função da intensidade com que se manifestam, do decurso de tempo e da especificidade da ação e da expressão (Davidson, 2001; Ekman, 1994; Ekman; Davidson, 1999; Ellis; Moore, 1999; Forgas, 2000; Frijda, 1994; Moore; Kearsley, 2008; Nesse, 1991; Rosenberg, 1998; Scherer, 2005; Zajonc, 1980).

Há evidências significativas da influência das emoções de segundo plano sobre o conteúdo da cognição (*o que* se pensa), tanto quanto sobre o processo da cognição (*como* se pensa). As emoções estão sujeitas a um monitoramento mais explícito (Forgas, 2000), isto é, são facilmente reconhecidas. Acredita-se que as emoções repercutem na ação imediata, enquanto os estados de ânimo influenciam no desenvolvimento cognitivo.

Em síntese, a afetividade é o recurso de mobilização que permite ao indivíduo experimentar sentimentos positivos ou negativos associados aos objetos de conhecimento (materiais, situações, animais e pessoas, incluindo a si mesmo) e a eles reagir. Cada fenômeno que influencia e/ou compõe a afetividade (emoções, estados de ânimo, preferências, disposições afetivas, posturas) difere em termos da origem, da função, da intensidade, da duração, das reações corporais e das ações comportamentais.

Quando o objeto é interessante ou necessário para o sujeito, a afetividade é caracterizada por ligações positivas, por meio das quais se explica a aceleração do desenvolvimento intelectual. Já em ligação negativa, explica-se o retardo quando a situação afetiva sobre o objeto é obstáculo para o sujeito.

Recurso de evolução: criatividade

Entende-se que a criatividade é a capacidade de encontrar relações e fazer associações entre ideias antes não relacionadas na construção de algo novo para o sujeito (Piaget, 2001). Dessa forma, é compreendida como um processo mental que combina de forma original ideias já conhecidas.

A palavra **criatividade** tem sua origem etimológica no latim, *creare*, na realização ou produção de algo. Está, assim, associada à criação e invenção e, ainda, à resolução de problemas. De acordo com Piaget (2001, p. 12), "todo o indivíduo que realiza um trabalho e tem ideias novas, mesmo que modestas, cria-as no curso de seus esforços". O sujeito, assim, pelas frequentes ideias, passa constantemente por processos de criação de novidades, em que está sempre implicado um processo criativo. Para o autor, existem três condições quanto à origem da criatividade:

a) possibilidade de se trabalhar sozinho e fazer seu caminho intelectual, indo tão longe quanto for possível por conta própria;
b) ter acesso a conteúdos de diversas áreas, portanto, não estudar apenas um assunto específico, mas, também, áreas próximas e relacionadas;
c) ter a presença de um adversário intelectual, como um interlocutor que confronte as hipóteses iniciais, tomando-se outras ideias como contraste.

Lopes, Fagundes e Biazus (2008) salientam que, diferentemente de outros autores, Piaget não define a criatividade como o simples surgimento da novidade, mas como um problema psicológico e uma função da inteligência humana. Dessa maneira, o conhecimento é uma representação da realidade, constituindo-se como uma construção por parte do sujeito. Logo, o desenvolvimento da inteligência é uma criação contínua, caracterizado pelo aparecimento de estruturas totalmente novas ou, pelo menos, refeitas em função de novidades. Esse processo se dá por meio da abstração reflexionante que, de acordo com Becker (2001), configura-se na capacidade de abstrair conhecimentos a partir da coordenação das ações do sujeito sobre o objeto. Após agir sobre o objeto (meio, relações sociais, etc.), o sujeito passa a retirar qualidades da própria coordenação de ações. Assim, a gênese da criação das novidades está diretamente ligada à capacidade do sujeito em abstrair conhecimentos da coordenação de suas ações.

O desenvolvimento da criatividade consiste em uma construção contínua, visto que o equilíbrio jamais é fixo ou permanente. Nesses equilíbrios e desequilíbrios encontra-se a fonte das novidades, pois é a partir das possibilidades abertas pelas construções de níveis precedentes que a novidade se constitui. Assim, o conceito de criatividade é diretamente ligado ao processo de construção de conhecimento.

Logo, todo o indivíduo tem potencial para ser criativo. A criatividade tende a potencializar a construção de competências nos mais variados campos de conhecimento, já que para isso um indivíduo passa por diversos processos, incluindo a evolução do saber. A capacidade de criar e construir conhecimentos, habilidades e as ações mentais transformadas em ações exteriores demonstram a capacidade criativa envolvida no processo de construção de competências.

CONSIDERAÇÕES FINAIS

As transformações sociais provocadas pela tecnologia em todas as esferas de relações (familiar, profissional e escolar) ensejam o desenvolvimento da sociedade conectada. Essa sociedade é configurada para utilizar as tecnologias da informação de forma não apenas quantitativa, mas também qualitativa, em que a comunicação, proporcionada por elas, permite a interação, a colaboração, a cooperação e a autoria. Assim, entende-se que as competências do sujeito psicológico para ensinar e aprender em qualquer modalidade da educação (presencial, mista e a distância) vão além das faculdades tradicionais de ensino e aprendizagem.

Ao longo deste capítulo foram discutidos o conceito de competência e os elementos que a compõem. Ainda foram apresentados os recursos de suporte, mobilização e de evolução desses elementos.

No próximo capítulo é articulada a educação a distância e seu sujeito com as competências, além de serem apresentados os quatro domínios da EAD, quais sejam, tecnológico, de gestão, sociocultural e cognitivo.

NOTAS

1 A expressão **sociedade conectada** traduz o cenário atual em que tudo está na internet: dados sobre comportamentos, redes de relações entre as pessoas e empresas/instituições, opiniões, assuntos mais procurados ou que estão causando maior interesse no momento, tendências de mercado, notícias sobre acontecimentos no mundo, inclusive nas pequenas localidades, segurança, serviços, etc. Os dispositivos móveis (celulares, *notebooks, netbooks, tablets*) e a computação ubíqua potencializam essa perspectiva. Há, portanto, uma convergência entre a vida presencial e virtual.

2 Alfabetização digital se refere à aprendizagem do uso do computador e seus periféricos, bem como de seus comandos básicos, tais como o uso de documentos e *softwares*, e a internet e seus recursos. Já o letramento digital significa domínio na utilização da tecnologia em termos de práticas de leitura e escrita, de seus jargões (por exemplo: deletar, baixar, salvar, etc.), da cultura do espaço virtual e das suas formas de comunicação, permitindo que o indivíduo interprete, compreenda, atue e produza nesse universo.

3 Agradecemos a Cristina Alba Wildt Torrezan pelo *design* gráfico da figura.

4 O Processo de Bolonha criou o Espaço Europeu de Educação Superior para facilitar a mobilidade acadêmica dos estudantes e professores (um dos seus principais objetivos), estabelecer currículos básicos, realizar certificação de competências, incentivar a cooperação entre países europeus. Outro aspecto a destacar nesse processo é a "aprendizagem ao longo da vida" considerada como elemento essencial do Espaço Europeu de Educação Superior (Benelux Bologna Secretariat, 2007-2010).

5 A Psicologia Social se preocupa fundamentalmente com os comportamentos que individualizam o ser humano, porém, ao mesmo tempo, procura leis que, a partir das características da espécie, dentro de determinadas condições ambientais, preveem os comportamentos decorrentes (Lane, 2009, p. 8).

6 Agradecemos a Cristina Alba Wildt Torrezan pelo *design* gráfico da figura.

7 ***Appraisal* cognitivo** é definido como avaliações ou julgamentos que antecedem uma experiência emocional.

8 Os critérios utilizados para classificar uma emoção como primária, segundo Izard (1992, 1994), são: a filogenia ou a história evolutiva e adaptativa; a existência de substratos neurais inatos; a expressão facial única e a universalidade dos padrões emocionais. Dependendo do autor, o número das emoções primárias pode variar de 4 a 14 (Scherer, 2005).

REFERÊNCIAS

BECKER, F. *Educação e construção do conhecimento*. Porto Alegre: Artmed, 2001.

BELSKY, J. *Desenvolvimento humano:* experienciando o ciclo da vida. Porto Alegre: Artmed, 2010.

BENELUX BOLOGNA SECRETARIAT. *Bologna Process*. [S.l.: s.n.], 2007-2010. Disponível em: <http://www.ond.vlaanderen.be/hogeronderwijs/bologna>. Acesso em: 12 mar. 2012.

BERCHT, M. *Em direção a agentes pedagógicos com dimensões afetivas*. 2001. 152 f. Tese (Doutorado) – Instituto de Informática, Universidade Federal do Rio Grande do Sul, Porto Alegre, 2001.

CASTELLS, M. *A sociedade em rede*: a era da informação: economia, sociedade e cultura. São Paulo: Paz e Terra, 1999.

COLL, C.; MONEREO, C. *Psicologia da educação virtual:* aprender e ensinar com as tecnologias da informação e da comunicação. Porto Alegre: Artmed, 2010.

DAMÁSIO, A. R. *Em busca de Espinosa:* prazer e dor na ciência dos sentimentos. São Paulo: Companhia das Letras, 2004.

DAMÁSIO, A. R. *O erro de Descartes:* emoção, razão e o cérebro humano. São Paulo: Companhia das Letras, 1996.

DAVIDSON, R. J. Toward biology of personality and emotion. *Annals of the NY Academy of Sciences*, v. 935, p. 191-207, 2001.

DELORS, J. (Org.). *Educação:* um tesouro a descobrir. 5. ed. São Paulo: Cortez; Brasília: MEC/ UNESCO, 2001.

DOLLE, J. M. *Para além de Freud e Piaget*: referenciais para novas perspectivas em psicologia. Petrópolis: Vozes, 1993.

DORSCH, F.; HÄCKER, H.; STAPF, K. H. *Dicionário de psicologia Dorsch*. Petrópolis: Vozes, 2008.

EKMAN, p. Basic emotions. In: DALGLEISH, T.; POWER, M. J. (Ed.). *Handbook of cognition and emotion*. Sussex: Wiley, 1994.p. 45-60.

EKMAN, P; DAVIDSON, R. J. (Ed.). *The nature of emotion:* fundamental questions. New York: Oxford University Press, 1999.

ELLIS, H. C.; MOORE, B. A. Mood and memory. In: DALGLEISH, T.; POWER, M. J. (Ed.) *Handbook of cognition and emotion*. New York: Wiley, 1999.p. 193-110.

FORGAS, J.p. Feeling is believing? The role of processing strategies in mediating affective influences on beliefs. In: FRIJDA, N. H.; MANSTEAD, A. S. R.; BEM, S. (Ed.). *Emotions and beliefs:* how feelings influence thoughts. Cambridge: Cambridge University Press, 2000.p. 108-143.

FRIJDA, N. H. Varieties of affect: emotions and episodes, moods and sentiments. In: EKMAN, p. ; DAVIDSON, R. J. (Ed.). *The nature of emotion:* fundamental questions. New York: Oxford University Press, 1994.p. 59-67.

GAGNÉ, R. M.; BRIGGS, L. J.; WAGER, W. W. *Principles of instructional design*. Orlando: Holt, Rinehart and Winston, 1988.

GASPAR, M. I. Competências em questão: contributo para a formação de professores. *Revista Discurso*.p. 55-71, 2004. (Perspectivas em Educação). Disponível em: <http://hdl.handle.net/10400.2/158>. Acesso em: 23 mar. 2010.

IZARD, C. E. Basic emotions, relations among emotions, and emotion-cognition relations. *Psychology Review*, v. 99, n. 3, p. 561-565, 1992.

IZARD, C. E. Innate and universal facial expressions: evidence from developmental and cross-cultural research. *Psychological Bulletin*, v. 115, n. 2, p. 288-299, 1994.

JECKEL-NETO, E. A.; CUNHA, G. L. Teorias biológicas do envelhecimento. In: FREITAS, E. V. et. al. (Org.). *Tratado de geriatria e gerontologia.* 2. ed. Rio de Janeiro: Guanabara Koogan, 2006.p. 13-22.

LANE, S. T. M. *O que é psicologia social.* 22. ed. São Paulo: Brasiliense, 2009. (Coleção Primeiros Passos, 39)

LE BOTERF, G. Avaliar a competência de um profissional: três dimensões a explorar. *Pessoal*, v. 1, n. 1, p. 60-63, 2006. Reflexão RH. Disponível em: <http://www.guyleboterf-conseil.com/Article%20 evaluation%20version%20directe% 20Pessoal.pdf>. Acesso em: 11 set. 2009.

LE BOTERF, G. *De la compétence:* essai sur un attracteur étrange. Paris: Les Éditions d'Organisation, 1994.

LE BOTERF, G. *Desenvolvendo a competência dos profissionais*. Porto Alegre: Artmed, 2003.

LÉVY, p. *A máquina universo:* criação, cognição e cultura informática. Porto Alegre: Artmed, 1998.

LOPES, D. Q.; FAGUNDES, L. C.; BIAZUS, M. C. V. Robótica educacional: técnica e criatividade no contexto do Projeto Um Computador por Aluno. In: SIMPÓSIO BRASILEIRO DE INFORMÁTICA NA EDUCAÇÃO, 19., 2008, *Anais*... Fortaleza: Universidade Federal do Ceará, 2008.p. 623-633.

LUCKESI, C. C.; PASSOS, E. S. *Introdução à filosofia:* aprendendo a pensar. São Paulo: Cortez, 1996.

MOORE, M. G.; KEARSLEY, G. *Educação a distância:* uma visão integrada. São Paulo: Cengage Learning, 2008.

MORETTO, V. P. *Construtivismo:* a produção do conhecimento em aula. 3. ed. Rio de Janeiro: DP&A, 2002.

MUCCHIELLI, R. *A Psicologia da publicidade e da propaganda:* conhecimento do problema, aplicações práticas. Rio de Janeiro: Livros Técnicos e Científicos, 1978.
NESSE, R. M. What is mood for? *Psycoloquy*, v. 9, n. 2, 1991.
PERRENOUD, P. *Construir as competências desde a escola*. Porto Alegre: Artmed, 1999.
PERRENOUD, P. *Dez novas competências para ensinar:* convite à viagem. Porto Alegre: Artmed, 2000.
PERRENOUD, P. *Porquê construir competências a partir da escola ?* Desenvolvimento da autonomia e luta contra as desigualdades. Porto: ASA, 2001.
PERRENOUD, P. et. al. *As competências para ensinar no século XXI:* a formação dos professores e o desafio da avaliação. Porto Alegre: Artmed, 2002.
PIAGET, J. *Abstração reflexionante*: relações lógico-aritméticas e ordem das relações espaciais. Porto Alegre: Artes Médicas, 1995.
PIAGET, J. Criatividade. In: VASCONCELOS, M. S. (Org.). *Criatividade:* psicologia, educação e conhecimento do novo. São Paulo: Moderna, 2001.p. 11-20.
PIAGET, J. *Inteligencia y afectividad*. Buenos Aires: Aique, 2005.
RODRIGUES, A. S. S. *Psicologia social*. Petrópolis: Vozes, 1994.
ROSEMBERG, E. L. Levels of analysis and the organization of affect. *Review of General Psychology*, v. 2, n. 3, p. 247-270, 1998.
SCHERER, K. R. What are emotions? And how can they be measured? *Social Science Information*, v. 44, n. 4, p. 695-729, 2005.
SILVA, J. A. O sujeito psicológico e o tempo da aprendizagem. *Cadernos de educação*, v. 32, p. 229-250, 2009.
SILVA, K. K. A. *Mapeamento de competências:* um foco no aluno da educação a distância. 2011. Projeto de Dissertação (Mestrado) – Faculdade de Educação, Universidade Federal do Rio Grande do Sul, Porto Alegre, 2011.
SILVA, M. R. *Currículo e competências*: a formação administrada. São Paulo: Cortez, 2008.
ZABALA, A.; ARNAU, L. *Como aprender e ensinar competências*: uma proposta para o currículo escolar. Porto Alegre: Artmed, 2010.
ZAJONC, R. B. Feeling and thinking: preferences need no inferences. *American Psychologist*, v. 35, n. 2, p. 151-175, 1980.

Leituras recomendadas

BRASIL. Ministério da Educação. Conselho Nacional de Educação. Parecer CNE/CP nº 9/2001. *Diário Oficial da União*, 18 jan. 2002. Seção 1, p. 31.
HORTALE; V. A.; MORA, J. G. Tendências das reformas da educação superior na Europa no contexto do Processo de Bolonha. *Educação e sociedade*, v. 25, n. 88, p. 937-960, 2004. Disponível em: <http://www.scielo.br/pdf/es/v25n88/a14v2588.pdf> Acesso em: 28 de fevereiro de 2012.
PIAGET, J. *O possível e o necessário*. Porto Alegre: Artes Médicas, 1985.
SCHNEIDER, D. *Modelo pedagógico para o desenvolvimento de competências de professores e tutores para a educação a distância*. 2011. Projeto de Tese (Doutorado) – Faculdade de Educação, Universidade Federal do Rio Grande do Sul, Porto Alegre, 2011.
ZABALA, A.; ARNAU, L. *Como aprender e ensinar competências*: uma proposta para o currículo escolar. Porto Alegre: Artmed, 2010.
ZAJONC, R. B. Feeling and thinking: preferences need no inferences. *American Psychologist*, v. 35, n.2, 1980, p. 151-175.

2 Educação a distância e competências

uma articulação necessária

Patricia Alejandra Behar, Ana Carolina Ribeiro Ribeiro,
Daisy Schneider, Ketia Kellen Araújo de Silva,
Leticia Rocha Machado, Magalí Teresinha Longhi

INTRODUÇÃO

O computador é encontrado em qualquer espaço social, organizacional e educacional, gerando ubiquidade de informação. Ou seja, além de permitir ao usuário comum criar e compartilhar informações nos mais diversos formatos, é um dispositivo que está presente em toda a parte sem que cause a estranheza ou a surpresa de outros tempos. Por sua vez, são equipamentos cada vez mais leves, portáteis, com maior velocidade de processamento e menor custo, facilitando a mobilidade e o acesso das camadas populares. Do usuário passivo da Web 1.0, no início da internet, passa-se ao usuário da segunda geração Web 2.0,[1] com uma postura mais ativa. Nessa perspectiva, o próprio usuário é quem desenvolve, cria, colabora e coopera pela rede.

Esse cenário gera impactos na educação em termos de conteúdos, que se tornam rapidamente obsoletos, e de um novo perfil dos estudantes (Tapscott, 2010), os nativos digitais (Prensky, 2001). Estes são multitarefas, visuais, multimídias e buscam a interação, inclusive na sala de aula. São estudantes digitais inseridos em uma estrutura educacional ainda analógica na maior parte das instituições. Entretanto, é preciso entender que a inclusão das tecnologias perpassa vários setores da sociedade.

Segundo Coll e Monereo (2010, p. 15):

> O impacto das TIC na educação é, na verdade, um aspecto particular de um fenômeno muito mais amplo, relacionado com o papel dessas tecnologias na so-

> ciedade atual. [...] [Está surgindo] uma nova forma de organização econômica, social, política e cultural, [...] que comporta novas maneiras de trabalhar, de comunicar-se, de relacionar-se, de aprender, de pensar e, em suma, de viver.

Portanto, a atual sociedade se encontra em um "novo paradigma tecnológico", conforme coloca Castells (1999), organizada em torno das tecnologias da informação que vêm causando profundas transformações sociais, econômicas e culturais.

Logo, exige-se uma mudança de paradigma na educação, de um modo geral, que acompanhe as transformações da sociedade. As práticas focadas apenas em conteúdos ou na "transmissão de conhecimentos" e na figura do professor são superadas diante desse novo panorama. Assim, é necessário exercer práticas interativas com foco no aluno e que sejam baseadas na criação de situações de aprendizagem desafiadoras. Estas podem ser exemplificadas por meio da resolução de problemas, estudos de caso, trabalho cooperativo, entre outras possibilidades pedagógicas que permitam ao aluno um papel ativo no processo de aprendizagem.

Paralelamente a esse olhar diferenciado sobre o processo educativo, surge o fenômeno do crescimento da educação a distância (EAD). De 2004 a 2010, o número de alunos em cursos nessa modalidade aumentou mais de 40% no Brasil.[2] Isso incentivou a esfera acadêmica a iniciar investigações sobre o tema e a discutir os resultados encontrados. Incluem-se nas pesquisas não apenas os processos envolvidos na EAD, mas também os sujeitos que dela participam.

Entre as diversas discussões acerca da modalidade, encontram-se as relacionadas às competências. A definição de competências, como foi desenvolvida no Capítulo 1, possui características associadas, como os elementos de constituição (**C**onhecimentos, **H**abilidades e **A**titudes – CHA) e os recursos de mobilização (afetividade), evolução (criatividade) e suporte (biofisiológico). Ou seja, o indivíduo deve se ocupar com um conjunto de elementos para resolver problemas, superar situações e lidar com novidades e imprevistos. Embora pareça uma definição simples, envolve processos complexos tanto na forma como se estrutura (o sujeito psicológico) quanto no modo como se organiza (domínios de atuação).

No intuito de explicar tais complexidades, este capítulo contextualiza o cenário de atuação – a educação a distância (EAD), por meio das tecnologias de informação e comunicação (TIC), fundamental para compreender quais competências podem ser necessárias ao sujeito da EAD. Em seguida, traz como base teórica elementos da epistemologia genética de Piaget (1995, 2005), a fim de fornecer subsídios para tal discussão. A partir dos conceitos apresentados, são definidos os quatro[3] domínios da EAD tratados neste livro: domínio tecnológico, domínio de gestão, domínio sociocultural e domínio cognitivo. Cada domínio é composto por conjuntos de competências. Esses conjuntos se referem às competências necessárias à EAD.

Salienta-se que muitos dos conceitos e características da EAD já foram discutidos em diversas obras. Contudo, é importante retomar alguns deles, mesmo que seja repetitivo, para a compreensão das discussões realizadas ao longo deste livro. A partir disso, as autoras definem os domínios da EAD. Entretanto, cabe destacar que este é um recorte da realidade, pois se leva em consideração a possibilidade de existirem outros domínios os quais poderão ser encontrados em outros contextos e pesquisas.

EDUCAÇÃO A DISTÂNCIA: DEFINIÇÃO E CARACTERÍSTICAS

A EAD tem a mediação didático-pedagógica feita por meio das TIC e se caracteriza por uma separação de tempo e espaço entre seus participantes (Brasil, 2005). Segundo Moore e Kearsley (2008), isso determina a maneira como ocorrerão os vários processos envolvidos na modalidade. Ou seja, a educação a distância possui especificidades que não permitem a transposição da prática pedagógica presencial para aquela realizada a distância.

Em termos de legislação, tal modalidade pode ser ofertada nos diferentes níveis de ensino. Porém, no Brasil, as avaliações finais, estágios obrigatórios e defesas de trabalhos de conclusão deverão ser realizados presencialmente. Isso já mostra que há uma organização própria para a EAD, que envolve fatores diversos.

Ainda hoje em nível mundial e nacional utiliza-se todo o tipo de suporte para a realização dos processos educativos a distância. Esses suportes foram se incorporando às práticas ao longo da história de acordo com as características socioculturais e tecnológicas: material impresso, rádio, televisão, fita cassete, CD/DVD, computador e internet. No Brasil, a internet tem se tornado paulatinamente o recurso de base para a realização da EAD. Por isso, a educação via internet perpassará as discussões sobre as competências neste livro, como contexto de ação.

Cada instituição adota um suporte principal, conforme seus objetivos, características, filosofia e público-alvo, porém utiliza o apoio de outros de forma complementar para a realização das atividades a distância. Diante disso, Peters (2003, p. 67) aborda a perspectiva de transição e variedade de maneiras pelas quais a modalidade é realizada:

> [...] podemos identificar uma considerável variedade de modos como os alunos aprendem a distância, especialmente se remontarmos à história deste formato e focalizarmos as práticas correntes em várias partes do mundo.

Outras questões a considerar são as características da instituição e a realidade regional na qual ela está inserida. Esses dois aspectos implicam tipos de cursos e modos de oferecer as disciplinas em termos de organização, conteúdos e demanda.

Uma dessas questões refere-se à estrutura e ao modo de gestão da instituição (isto é, pública ou privada), tipo de financiamento/programa, utilização de polos, centros ou *campi* fora da sede para atender ao aluno a distância. Essas e outras questões de infraestrutura interferem nos modos de pensar as atividades junto aos alunos em relação ao que pode ser oferecido como apoio, assim como as competências necessárias à equipe para o contexto.

A estrutura curricular composta por eixos, módulos ou semestres influencia no tempo disponibilizado para o estudante interagir com os conteúdos, com os colegas e com a equipe pedagógica. Além disso, as particularidades da área de conhecimento podem exigir uso de recursos específicos e laboratórios, sobre os quais os alunos deverão aprender e utilizar nas disciplinas e estudos. A disponibilidade ou não desse aparato repercute na qualidade da formação dos alunos.

As disciplinas podem exigir o uso de ambientes virtuais de aprendizagem (AVA), *blogs*, objetos de aprendizagem (OA), entre outros, que precisam ser conhecidos, ou no momento introdutório do curso ou quando deles se fizer uso durante o curso. A estrutura em termos de tutoria é de fundamental importância para a organização das atividades e para que o aluno tenha segurança quanto ao suporte que terá ao longo da formação.

Entende-se que o desenvolvimento das competências do estudante necessita de acompanhamento constante por parte da equipe pedagógica. Portanto, como condição básica para a educação a distância, a comunicação entre professores, tutores e alunos é necessária para viabilizar os processos de ensino e de aprendizagem, assim como para evitar a evasão e o fracasso escolar.

Em termos pedagógicos, a interação poderá ser realizada por meio dos ambientes virtuais de aprendizagem e suas funcionalidades, a partir de comunicadores instantâneos, *webconferência* e videoconferência, entre outros. Esses ambientes podem ser acessados via *web* por qualquer dispositivo conectado à internet, inclusive os de característica móvel (*notebooks*, *tablets*, celulares, etc.). Portanto, os recursos digitais devem servir como apoio nas interações virtuais e presenciais, a fim de possibilitar a construção e socialização do conhecimento.

Ao apenas transpor uma aula presencial para um espaço virtual, reduzem-se as possibilidades e recursos tecnológicos nesse processo. Assim, é importante compreender as mudanças sociais e educacionais, a fim de organizar um planejamento de ensino coerente com as transformações educacionais. Dessa forma, observa-se que, ao utilizar as TIC em prol da aprendizagem, é necessária uma teoria que sustente a metodologia de trabalho.

DEFINIÇÃO DO SUJEITO NA EDUCAÇÃO A DISTÂNCIA

Para entender quem é o sujeito da EAD, buscam-se subsídios em Piaget (1995) a fim de definir a relação entre meio, objeto e sujeito psicológico. Conforme apresentado no Capítulo 1, o sujeito psicológico é caracterizado pelo que é individual, isto é, por tudo o que é pessoal e exclusivo, tais como sentimentos, emoções, formas de pensamento, ações, etc. Nele estão estabelecidas as quatro instâncias do sujeito definidas por Dolle (1993): sujeito cognitivo, sujeito afetivo, sujeito social e sujeito biofisiológico.

Desde o nascimento, o sujeito psicológico estabelece interações no meio. Dolle (1993) parte dos estudos sobre a interação desenvolvidos por Piaget para conceber uma representação do sujeito psicológico, "[...] enquanto sujeito complexo em interação complexa com o meio [...]" (Dolle, 1993, p. 14).

O uso do termo meio nas interações sociais pode evocar um grupo estabelecido pela família, profissão, escola, cultura, contexto geográfico, classe econômica, etc. Em cada meio há "[...] *algo de particular e original* por causa das pessoas e objetos [...] e, ao mesmo tempo, *algo de comum* no sentido em que sempre será possível encontrar aí esses diferentes componentes em interação [...]" (Dolle, 1993, p. 37, grifo do autor).

O meio constitui um sistema de relações formado por sujeitos (ou pessoas), objetos e regras (Figura 2.1). Os sujeitos são todos aqueles que participam do mesmo meio. Os objetos naturais e artificiais se referem aos recursos disponibilizados no meio e as regras institucionais regem as relações interindividuais e o uso (ou a criação) desses objetos.

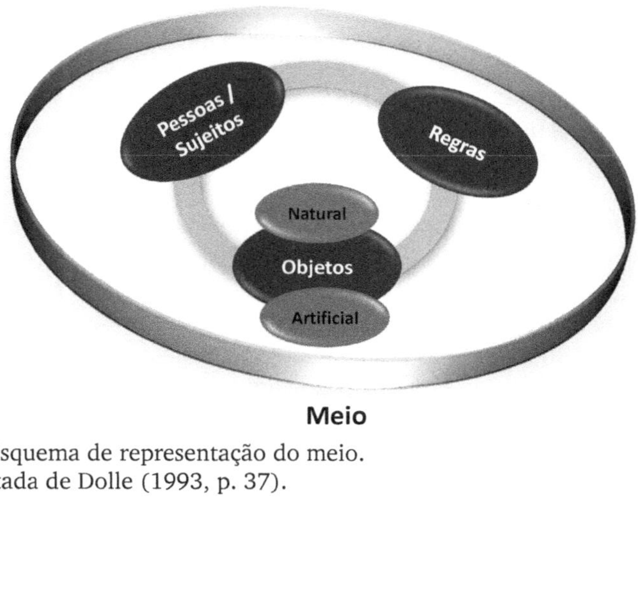

Figura 2.1 Esquema de representação do meio.
Fonte: Adaptada de Dolle (1993, p. 37).

A partir dos elementos constituintes do meio e do sujeito psicológico, define-se o esquema interacionista (sujeito ⇔ meio), vislumbrando um possível modelo de mapeamento das interações, apresentado na Figura 2.2.

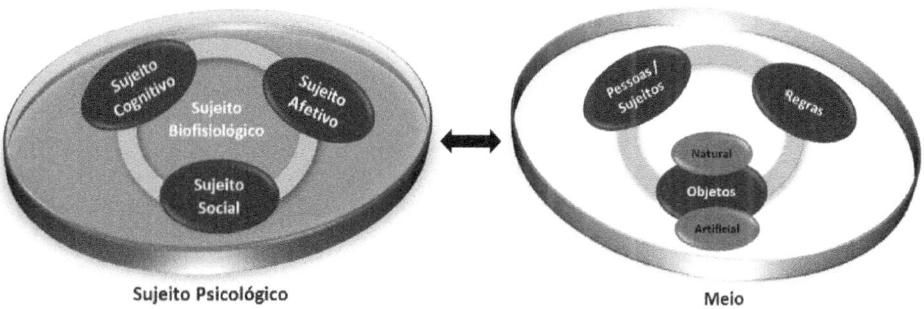

Figura 2.2 Esquema interativo do sujeito psicológico e meio.
Fonte: Adaptada de Dolle (1993, p. 52).

A interação, sob o ponto de vista epistemológico, é entendida como "[...] ações se modificando umas às outras, segundo certas leis de organização e equilíbrio [...]" (Piaget, 1973, p. 34). Etimologicamente, o termo interação (inter + ação) inclui os conceitos de reciprocidade (isto é, sempre envolve pelo menos dois elementos que não precisam ser de mesma natureza) e de contato, encontro que provoca mudanças nos elementos participantes.

A interação pode se constituir em nível *intrapessoal* ou *interpessoal*. No primeiro nível, a interação acontece quando se busca o conhecimento anterior para reformulá-lo ou compreender o novo (por exemplo: processos mentais que ocorrem durante a leitura). No segundo, é considerada a relação **S <=> O** (leia-se: **S**ujeito está interagindo com o **O**bjeto de conhecimento e vice-versa) na medida em que **O** pode ser outro sujeito ou qualquer outro elemento do meio. Na interação que se estabelece em nível interpessoal, o contato requer a intermediação do meio físico (ondas sonoras, elétricas, etc.), de forma que a subjetividade de cada participante seja exteriorizada.[4]

Assim, neste livro, entende-se interação[5] em espaços tecnológicos como a possibilidade de os indivíduos realizarem trocas entre seus pares, entre alunos, professores e tutores, bem como entre a equipe pedagógica de maneira criativa em uma situação tal que a comunicação possa ter lugar sem que o sujeito se sinta preso à relação ação-reação. Supõe-se que a interação seja baseada em um diálogo que modifica o sujeito, o outro, suas mensagens e suas inter-relações. Na EAD, a interação é entendida como uma "ação entre" os participantes de uma tecnologia digital, geralmente uma ferramenta, recurso e/ou AVA, em que o diálogo entre eles é realizado por meio de sistemas de comunicação (fórum, *chat*, *e-mail*, etc.), o que pode envolver colaboração e cooperação, sendo esta especialmente importante para a construção de conhecimento na troca possibilitada pelo ambiente virtual.

Os AVA são espaços na internet quase sempre relacionados à organização de cursos e disciplinas, à administração de conteúdos de estudo e ao monitoramento de alunos para a educação a distância. As tecnologias de informação e comunicação integradas a esses ambientes suportam um universo virtual composto não somente pelo aparato tecnológico e gerenciamento das informações, mas também pelos indivíduos e suas interações. Desse modo, as funcionalidades tecnológicas presentes nos AVA representam fontes importantes para a busca dos aspectos cognitivos, sociais, afetivos, simbólicos e comportamentais.

O modelo de Bassani (2006), desenvolvido a partir de Behar (1996),[6] define a relação sujeito ⇔ meio, em que o primeiro elemento da relação é identificado como *sujeito-usuário*, e o segundo, caracterizado pelos AVA. Então, a relação sujeito ⇔ meio segundo Dolle (1993) pode ser abordada sob a perspectiva sujeito-usuário ⇔ AVA. Nesse sentido, deve-se considerar a presença de outros sujeitos-usuários, as normas que regem as relações implícitas ou explícitas nesse ambiente, assim como as ferramentas caracterizadas pelos recursos tecnológicos de comunicação e as demais funcionalidades.

Por isso, no modelo de Bassani (2006), o sujeito biofisiológico de Dolle foi ressignificado pela instância tecnológica (Figura 2.3), pois o sujeito-usuário de um AVA relaciona-se com o meio utilizando *hardware* e *software* específicos. O sujeito tecnológico faz "[...] referência ao conhecimento [...] necessário para a comunicação e pertinência nos ambientes virtuais, [sendo entendido] como o suporte e condição para todo o resto [...]" (Bassani, 2006, p. 123), do mesmo modo que o faz o sujeito biofisiológico, ao oferecer condições para que os outros sujeitos (afetivo, cognitivo e social) atuem e se constituam.

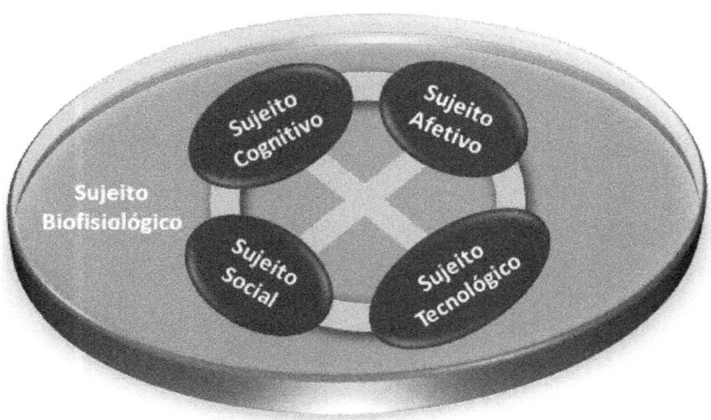

Sujeito AVA (aluno, professor ou tutor)

Figura 2.3 Representação do sujeito-usuário de um AVA.
Fonte: Adaptada de Bassani (2006, p. 123).

A partir do esquema interativo de Bassani (2006), os **sujeitos-usuários** são aqueles que têm acesso ao mesmo espaço do AVA. Na visão do aluno, os sujeitos-usuários são representados pelos colegas, professor e tutor; na do professor, pelos alunos e tutores; e, na do tutor, pelos alunos e professor. As ferramentas são todas as funcionalidades e recursos de comunicação disponibilizados no AVA. Já as regras são definidas pela instituição, curso, professor ou grupo e pelas limitações do ambiente em termos de *hardware* e *software*.

Ao realizar estudos sobre como inferir os estados de ânimo dos sujeitos-usuários em ambientes virtuais de aprendizagem, Longhi (2011) recupera o sujeito biofisiológico, dada a relevância dos componentes orgânicos na construção e suporte do sujeito afetivo. Tal importância é verificada na teoria de Scherer (2005) para explicar alguns dos fenômenos afetivos (emoções, estados de ânimo, preferências, atitudes, traços de personalidade e posturas interpessoais). No modelo de Longhi (2011) o sujeito-usuário de Bassani (2006) é ressignificado pelo sujeito-AVA, pois nos estudos desenvolvidos apenas os indivíduos participantes no processo de ensino e aprendizagem em EAD foram considerados (professor, tutor e aluno).[7]

A Figura 2.4 ilustra a representação da interação proposta por Longhi (2011) do sujeito-AVA com o meio AVA que, por sua vez, é composto pelos outros sujeitos-AVA, além das regras do ambiente e das ferramentas ou funcionalidades.

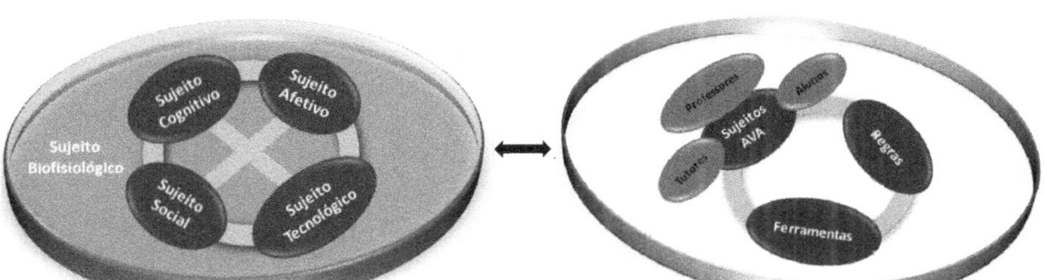

Sujeito AVA (aluno, professor ou tutor) **Ambiente Virtual de Aprendizagem** (AVA)

Figura 2.4 Representação da interação sujeito-AVA e AVA.
Fonte: Adaptada de Longhi (2011, p. 62).

Assim, o sujeito psicológico assume um novo significado, neste estudo denominado de sujeito da EAD. Acredita-se que todas as instâncias desse sujeito, aqui expressas, sejam imprescindíveis. Também, o meio de interação não está limitado ao AVA, mas a toda tecnologia que suporta a aprendizagem a distância. Por essa razão, sugere-se que o sujeito da EAD e o meio de interação tenham a representação ilustrada na Figura 2.5.

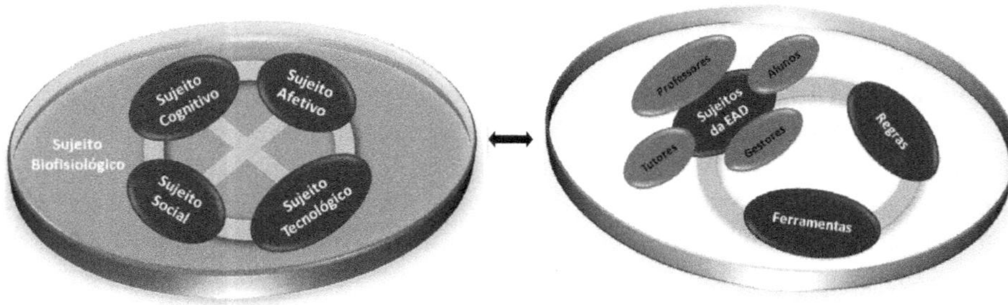

Sujeito da EAD
(aluno, professor, tutor ou gestor)

Ambiente Virtual de Ensino e Aprendizagem
(AVA, objeto de aprendizagem, ambiente de realidade virtual, ambiente de realidade aumentada, etc.)

Figura 2.5 Representação da interação entre sujeito da EAD e o ambiente virtual de ensino e aprendizagem.

Desse modo, o sujeito da EAD passa a ser constituído pelos sujeitos: cognitivo, afetivo, social, biofisiológico e tecnológico. Cada um deles, inter-relacionado, trata, respectivamente, de tudo o que se refere à cognição, à afetividade, ao social, ao orgânico e, depois do advento da internet, à tecnologia digital.

Logo, a partir desse entendimento, as competências a serem desenvolvidas na EAD devem levar em conta essas cinco instâncias. Duas delas, as do sujeito biofisiológico e afetivo, conforme abordado no Capítulo 1, sustentam os recursos de suporte e de mobilização, respectivamente. Em cada domínio da EAD (discutidos a seguir), o indivíduo pode exigir prioridade a um sujeito ou mais de um deles. Por exemplo, para um sujeito ter competências no "domínio tecnológico", o sujeito tecnológico estará mais evidente, embora todos os outros estejam participando. Dependendo do momento, nesse mesmo domínio, outro sujeito pode ser evidenciado. Nesse caso, o sujeito afetivo é destacado, quando deve dar conta do sentimento e emoção associados à irritação devido à falha do computador; ou o sujeito cognitivo para entender porque o computador falhou. As tecnologias de informação e comunicação, a Web 2.0, a computação móvel e ubíqua criaram uma nova realidade. Dessa forma, o sujeito psicológico também passa a incorporar a virtualidade nas novas formas de aprender.

EM BUSCA DOS DOMÍNIOS NO CONTEXTO DA EDUCAÇÃO A DISTÂNCIA

Após compreender a constituição do sujeito da EAD e sua interação no meio tecnológico, podem ser caracterizados alguns dos domínios necessários para o desenvolvimento das competências em educação a distância.

A Associação Brasileira de Educação a Distância (ABED), por exemplo, iniciou no ano de 2012 uma pesquisa para desenvolver uma matriz de competências para a EAD, evidenciando a importância de estudos que estão sendo realizados sobre o tema (Litto, 2012). Portanto, há uma forte preocupação com relação às competências essenciais para a EAD.

A partir das necessidades advindas dessa modalidade e das competências específicas e emergentes em cada processo, foram determinados os domínios associados ao contexto EAD e que serão abordados ao longo desta obra.

A palavra domínio (do latim *dominium*) é definida no âmbito da arte ou ciência, da extensão territorial ou da esfera de ação. No que concerne às competências o termos está associado às diversas áreas de ação. Os domínios social, cognitivo e tecnológico advêm dos estudos realizados pelas autoras. Entende-se que, neste contexto específico, devem ser incorporados o domínio de gestão e o fator cultural no domínio social, pois os aspectos culturais sempre irão refletir de alguma forma no ato de se comunicar e interagir, nos comportamentos, nos valores, entre outros fatores que compõem o domínio social. Logo, este livro se reporta a quatro domínios e suas competências. São eles:

- **Domínio tecnológico**: competências relacionadas ao uso dos recursos tecnológicos na EAD, como por exemplo os ambientes virtuais de aprendizagem, objetos de aprendizagem, ferramentas em geral.
- **Domínio sociocultural**: competências que se referem aos aspectos sociais e culturais nos quais o sujeito está inserido.
- **Domínio cognitivo**: competências pautadas no sujeito e sua aprendizagem, portanto na construção de conhecimento, coordenação das ações e organização pessoal, entre outros aspectos.
- **Domínio de gestão**: competências envolvidas nas atividades em nível administrativo e acadêmico na EAD, incluindo organização do tempo (professor, aluno e tutor) e planejamento das práticas pedagógicas.

Esses domínios (Figura 2.6), apesar de estarem separados figurativamente, são constituídos na interação e integração entre eles. Compreende-se que, em cada um, existem diferentes tipos de competências que podem ser combinadas para atender às necessidades emergentes do contexto da EAD. Por outro lado, cabe ressaltar que uma competência não necessariamente pertence a um domínio apenas, mas pode interagir em diferentes domínios, como é o caso da comunicação.

Para finalizar, entende-se que a interação não é possível sem os recursos de suporte (biofisiológico), evolução (criatividade) e mobilização (afeti-

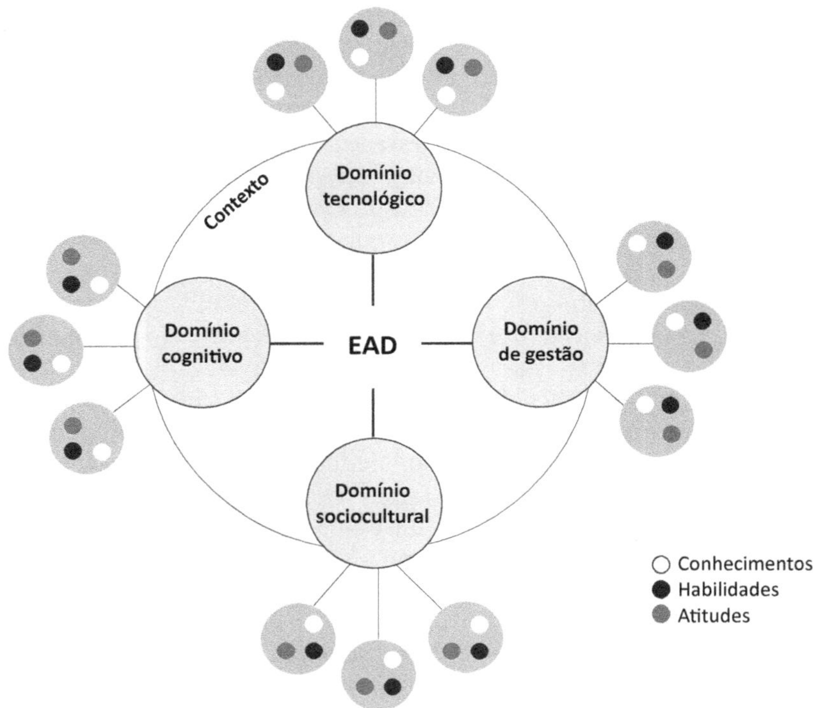

Figura 2.6 Competências e a formação de domínios.[8]

vidade). De forma cíclica, esses recursos propulsionam e influenciam na mobilização das competências, conforme apresentado no Capítulo 1. Cada uma delas pode compor um ou mais domínios de acordo com o cenário da educação a distância.

É importante salientar que, como será abordado no decorrer do livro, a utilização de todos ou alguns domínios pelo sujeito da EAD depende do contexto. Um exemplo é a realização de uma disciplina *online*. O sujeito aluno da EAD poderá acionar competências dos domínios cognitivo, tecnológico e sociocultural, sendo que, neste caso, dificilmente necessite do domínio de gestão. Portanto, o tipo de interação, envolvimento no curso ou na disciplina, competências e domínios empregados dependerão do contexto (instituição, estrutura curricular, suporte e recursos tecnológicos selecionados), bem como do sujeito da EAD envolvido (aluno, monitor ou tutor[9] e professor).

Os capítulos a seguir apresentam os domínios e focalizam algumas das competências consideradas importantes no cenário da educação a distância.

NOTAS

1 Trata-se de uma nova perspectiva diante da *web*, que se dá pelo compartilhamento, colaboração, produção coletiva, facilidade e rapidez na publicação de conteúdos, assim como de *softwares*, uso de redes sociais, *softwares online* (*web* como plataforma), entre outras características, que transformam a internet em um espaço de participação e produção por qualquer usuário e não somente de consumo de informações ou conteúdos.
2 Em 2004, o total de alunos em cursos na educação a distância era de 309.957; já em 2010, o número de estudantes perfez 760.599 (Associação Brasileira de Educação a Distância, 2010).
3 O número de domínios pode variar. As autoras definiram neste livro quatro domínios considerando as pesquisas desenvolvidas no Núcleo de Tecnologia Digital Aplicada à Educação da Universidade Federal do Rio Grande do Sul (NUTED/UFRGS).
4 Mesmo no contato face a face, as representações mentais são decodificas em palavras, gestos, etc., e transmitidas ao outro sujeito sob a forma de sons, movimentos, etc.
5 O termo interatividade é muitas vezes confundido com interação. Nesta obra, interatividade está limitada pelas relações determinísticas entre homem-máquina (por exemplo, a manipulação de *mouse* e do teclado e as respostas do aplicativo).
6 O modelo, desenvolvido a partir de Dolle, foi publicado no exame de qualificação intitulado "Análise operatória de ferramentas computacionais de manipulação de representações" (Behar, 1996).
7 Em um ambiente virtual de aprendizagem, outros usuários podem estar presentes, tais como o gerente do curso, regente da disciplina, suporte do ambiente, suporte pedagógico, etc.
8 Agradecemos a Cristina Alba Wildt Torrezan pelo *design* gráfico da figura.
9 Na UFRGS, a monitoria é desempenhada por alunos de curso de graduação. Já a atividade de tutoria é exercida por profissional formado em nível superior, atendendo às demais exigências de acordo com a normatização vigente. Ambas as atividades são exercidas por meio de bolsas e têm caráter formativo, visando futura docência na educação superior.

REFERÊNCIAS

ASSOCIAÇÃO BRASILEIRA DA EDUCAÇÃO A DISTÂNCIA (Org.). *Censo EAD.BR:* relatório analítico da aprendizagem a distância no Brasil. São Paulo: Pearson Education do Brasil, 2010.

BASSANI, P. B. S. *Mapeamento das interações em ambiente virtual de aprendizagem:* uma possibilidade para avaliação em educação a distância. 2006. 184f. Tese (Doutorado) – Instituto de Informática, Universidade Federal do Rio Grande do Sul, Porto Alegre, 2006.

BEHAR, P. A. *Análise operatória de ferramentas computacionais de manipulação de representações.* 1996. Exame de Qualificação (Doutorado) – Instituto de Informática, Universidade Federal do Rio Grande do Sul, Porto Alegre, 1996.

BRASIL. Decreto nº 5.622, de 19 de dezembro de 2005. Disponível em: <http://www.planalto.gov.br/ccivil_03/_Ato2004-2006/2005/decreto/D5622.htm>. Acesso em: 17 out. 2008.

CASTELLS, M. *A sociedade em rede:* a era da informação: economia, sociedade e cultura. São Paulo: Paz e Terra, 1999.

COLL, C.; MONEREO, C. *Psicologia da educação virtual*: aprender e ensinar com as tecnologias da informação e da comunicação. Porto Alegre: Artmed, 2010.

DOLLE, J. M. *Para além de Freud e Piaget*: referenciais para novas perspectivas em psicologia. Petrópolis: Vozes, 1993.

LITTO, F. M. (Coord.). *Competências para educação a distância:* referenciais teóricos e instrumentos para validação. São Paulo: ABED, 2012.

LONGHI, M. T. *Mapeamento de aspectos afetivos em um ambiente virtual de aprendizagem*. 2011. Tese (Doutorado) – Instituto de Informática, Universidade Federal do Rio Grande do Sul, Porto Alegre, 2011.

MOORE, M. G.; KEARSLEY, G. *Educação a distância*: uma visão integrada. São Paulo: Cengage Learning, 2008.

PETERS, O. *A educação a distância em transição*: tendências e desafios. São Leopoldo: UNISINOS, 2003.

PIAGET, J. *Abstração reflexionante*: relações lógico-aritméticas e ordem das relações espaciais. Porto Alegre: Artes Médicas, 1995.

PIAGET, J. *Estudos sociológicos*. Rio de Janeiro: Forense, 1973.

PIAGET, J. *Inteligencia y afectividad*. Buenos Aires: Aique, 2005.

PRENSKY, M. Digital natives, digital immigrants. *On the horizon*, v. 9, n. 5, p. 1-6, 2001. Disponível em: <http://www.marcprensky.com/writing/prensky%20-%20digital%20natives,%20digital%20immigrants%20-%20part1.pdf>. Acesso em: 17 out. 2008.

SCHERER, K. R. What are emotions? And how can they be measured? *Social Science Information*, v. 44, n. 4, p. 695-729, 2005.

TAPSCOTT, D. *A hora da geração digital*. Rio de Janeiro: Agir, 2010.

Leituras recomendadas

BEHAR, P. A. *Modelos pedagógicos em educação a distância*. Porto Alegre: Artmed, 2009.

PRIMO, A. F. T. *Interação mediada por computador*: comunicação, cibercultura, cognição. 2. ed. Porto Alegre: Sulina, 2008.

SCHLEMMER, E. Metodologias para educação a distância no contexto da formação de comunidades virtuais de aprendizagem. In: BARBOSA, R. M. *Ambientes virtuais de aprendizagem*. Porto Alegre: Artmed, 2005. p. 29-50.

Unidade II

Domínios das competências

3 Domínio tecnológico

saberes e fazeres na educação a distância

Leticia Rocha Machado, Magalí Teresinha Longhi,
Patricia Alejandra Behar

INTRODUÇÃO

A educação a distância (EAD), nos seus primórdios, fez uso das tecnologias representadas pelo correio postal, rádio e televisão. Esses recursos tecnológicos se tornaram ícones das transformações ocorridas nas estruturas econômica, social, política e cultural da sociedade nos últimos três séculos.

As tecnologias de informação e comunicação (TIC) mediadas pelo computador passaram a ser utilizadas no âmbito da educação como apoio às atividades docentes, sobretudo na apresentação dos conteúdos de aprendizagem. Sabe-se, contudo, que as tecnologias digitais têm potencialidades para além da exposição de conteúdos. Estas conferem um papel mais ativo, em que por meio da interação e interatividade, a colaboração e cooperação são favorecidas. Dessa forma, convém assinalar que "[...] a incorporação das TIC nas salas de aula abre caminho para a inovação pedagógica e didática e para a busca de novas vias que visam melhorar o ensino e promover a aprendizagem [...]" (Coll; Illera, 2010, p. 288). Também é importante salientar que "[...] a ubiquidade das TIC, presentes em praticamente todos os âmbitos de atividade das pessoas, multiplica as possibilidades e os contextos de aprendizagem muito além das paredes da escola [...]" (Coll; Illera, 2010, p. 288).

Atualmente, na educação a distância, o uso de tecnologias digitais é primordial. Para isso, o sujeito da EAD (professor, tutor, aluno e gestor) deve possuir competências relacionadas ao domínio tecnológico. Neste livro, o domínio tecnológico é compreendido como um conjunto de competências relacionadas ao uso dos recursos tecnológicos empregadas tanto na modalidade presencial, semipresencial ou totalmente a distância.

As competências elencadas nesse domínio são as seguintes:

- letramento digital, que se refere à criticidade da informação e ao uso das tecnologias digitais;
- cooperação potencializada pela interação social que ocorre, principalmente, em ambientes virtuais de aprendizagem (AVA);
- presença social no modo como o sujeito da EAD se percebe imerso na virtualidade;
- autonomia na tomada de decisões;
- organização do espaço e tempo; e
- comunicação ou modos de se expressar por meio das tecnologias.

Cada uma dessas competências é formada por um conjunto de CHA,[1] que envolve conhecimentos, habilidades e atitudes para lidar com o *hardware* e o *software* e todas as questões implicadas. Dessa forma, os conhecimentos e as habilidades abordam também o tratamento dado ao fluxo de informações, ao modo de se comunicar e à participação de modo significativo nas redes de aprendizagem. Segundo Ala-Mutka (2011), as atitudes estão vinculadas aos aspectos intercultural, de crítica, de criatividade, de autonomia e de responsabilidade.

No intuito de contextualizar os saberes e fazeres na EAD a partir do domínio tecnológico, este capítulo traz, na próxima seção, um elenco das principais tecnologias digitais utilizadas na educação a distância. Assim, discorre sobre o uso de AVA para suportar a EAD na organização dos cursos; de objetos de aprendizagem (OA), definição atribuída a qualquer material educacional digital; e de outras tecnologias de autoria, que permitem ao formador e ao aluno se tornarem ator e autor dos seus materiais digitais. Por fim, são definidas as competências do domínio tecnológico.

Cabe destacar que o mapeamento das competências do domínio tecnológico apresentado neste capítulo é um possível modelo, um recorte da realidade. As autoras admitem a existência de outras competências encontradas em outros contextos e pesquisas.

FERRAMENTAS DIGITAIS NA EAD: POSSIBILIDADES E REFLEXÕES

Com os últimos avanços tecnológicos, a EAD incorporou as TIC em diversos espaços de modo a suportar os cursos *online*. As mais populares são as relacionadas aos ambientes virtuais de aprendizagem (AVA), tais como o fórum, *chat*, correio eletrônico e, recentemente, os objetos de aprendizagem (OA). As ferramentas de autoria fazem parte de outro tipo de recursos utilizados principalmente pelos professores para construção dos mais diversos materiais educacionais digitais (MED), entre eles os OA.

A seguir serão abordados três tipos de tecnologias (AVA, OA e ferramentas de autoria), suas características e possíveis usos.

Ambientes virtuais de aprendizagem

Os ambientes virtuais de aprendizagem (AVA) são espaços na internet relacionados à organização de cursos e disciplinas, à administração de conteúdos de estudo e ao monitoramento de alunos nas modalidades presencial, semipresencial (*blended learning*) e a distância (*e-learning*). Conduzem a transformações no ensino e na aprendizagem que, por sua vez, inspiram pesquisas direcionadas ao desenvolvimento de novos modelos pedagógicos, especialmente na EAD (Behar, 2009). Em função disso, reúnem potencialidades para além de simples repositórios de conteúdos, de organização de uma disciplina/curso ou de contato entre os participantes.

As TIC integradas a esses ambientes suportam um universo virtual composto não somente pelo aparato tecnológico e gerenciamento das informações, mas também pelos sujeitos participantes e suas interações. Disso deriva uma nova abordagem para os AVA, cujas funcionalidades tecnológicas representam fontes importantes para a busca dos aspectos cognitivos, sociais, afetivos, simbólicos e comportamentais de seus participantes.

Os AVA são conhecidos como LMS (*Learning Managements System*) ou *softwares* desenvolvidos com base em um (ou mais de um) pressuposto pedagógico. Também são conhecidos como plataformas de EAD por empregarem, principalmente, uma infraestrutura tecnológica com suficientes recursos para atender aos objetivos pedagógicos dessa modalidade de ensino.

Vários são os exemplos de AVA utilizados pelas diversas instituições nacionais e internacionais de ensino. O Quadro 3.1 apresenta alguns LMS mais conhecidos e os utilizados na Universidade Federal do Rio Grande do Sul (UFRGS).

Quadro 3.1 Lista de ambientes virtuais de aprendizagem

LMS	*Site* oficial	Instituição proprietária	Principal pressuposto teórico que suporta
MOODLE	http://moodle.org	Idealizado por Martin Dougiamas da Universidade de Tecnologia em Perth, Austrália.	Social-construtivismo (a partir do construtivismo, construcionismo, socioconstrucionismo e teoria do "conectado e isolado").
Blackboard	http://www.blackboard.com	Blackboard Inc.	Aprendizagem informal e social.
Sakai	http://www.sakaiproject.org/	Sakai Foundation	Colaboração, cooperação em comunidades virtuais de aprendizagem.
Teleduc	http://www.teleduc.org.br	Unicamp	Construcionismo contextualizado (Valente, 1999).
Solar	http://www.solar.virtual.ufc.br/	UFC	Interacionista.
ROODA	https://www.ead.ufrgs.br/rooda/	UFRGS	Epistemologia genética e sócio-interacionismo.
Planeta ROODA	http://www.nuted.ufrgs.br/planeta2/	UFRGS	Epistemologia genética e sócio-interacionismo.
NAVi	https://www.ead.ufrgs.br/navi	UFRGS	Aprendizagem com enfoque sistêmico.
Edx	http://www.edxonline.org/	MIT e Harvard	Plataforma criada com o propósito de pesquisar a aprendizagem *online* ao manter cursos livres.
Coursera	https://www.coursera.org	Universidades de Stanford, Princeton, Michigan e Pennsylvania	Plataforma criada para ofertar cursos fechados, com aulas livres, gratuitas e totalmente *online*.
Claroline	http://www.claroline.net/	Consórcio entre universidades da Bélgica, Espanha, Canadá, Chile, França, EUA e Marrocos.	Motivação, interação e desenvolvimento de competências.

A UFRGS, por meio da Secretaria de Educação a Distância (SEAD), mantém três AVA institucionais: MOODLE, NAVi e ROODA. Os dois últimos foram desenvolvidos na própria instituição.

O Núcleo de Aprendizagem Virtual (NAVi), precursor na disponibilização de disciplinas via *web,* em 1998, na UFRGS, foi desenvolvido com o objetivo de consolidar ferramentas de apoio a aulas presenciais, bem como o de apoiar os cursos de graduação, pós-graduação e extensão na modalidade a distância da Escola de Administração (Figura 3.1). Em 2006, o ambiente sofreu reformulações com enfoque sistêmico. Voltado à comunidade da UFRGS, passou também a apoiar programas governamentais no âmbito do Ministério da Saúde, do Ministério do Desenvolvimento Social, da Universidade Aberta do Brasil (UAB) e do Banco do Brasil.

Figura 3.1 *Layout* do AVA NAVi.
Fonte: Núcleo de Aprendizagem Virtual – NAVi (2002).

O ROODA (Rede cOOperativa De Aprendizagem) é um AVA desenvolvido pelo Núcleo de Tecnologia Digital Aplicada à Educação (NUTED), ligado à Faculdade de Educação da UFRGS (Figura 3.2). A construção da plataforma (iniciada em 2000) foi fundamentada em princípios construtivistas, tendo implícita a concepção epistemológica interacionista (embora possa ser utilizada para uma aprendizagem com foco transmissionista), valorizando, dessa forma, o processo de interação e cooperação entre os participantes. O ROODA, reconhecido pela UFRGS em 2003, passou integrar o projeto de EAD da instituição.

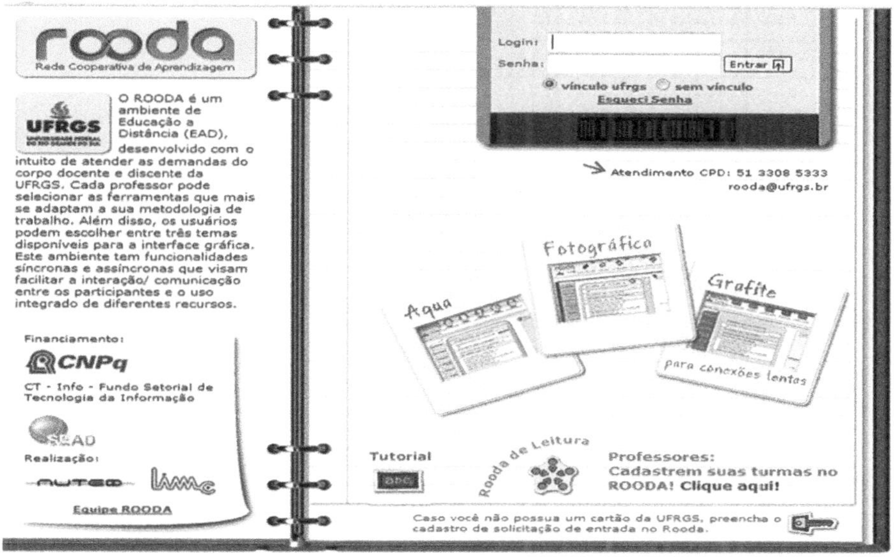

Figura 3.2 *Layout* do AVA ROODA.
Fonte: Rede Cooperativa de Aprendizagem – ROODA (2003).

Mais tarde, tendo em vista as perspectivas de ampliação de projetos no âmbito da UAB e as orientações do Ministério da Educação para padronizar o AVA a ser utilizado em seus cursos e nos da Rede Gaúcha de Educação a Distância (REGESD), a UFRGS, em 2007, adota uma terceira plataforma (Nitzke; Gravina; Carneiro, 2008): o MOODLE (Modular Object-Oriented Dynamic Learning Environment) (Figura 3.3).

Desde então, a UFRGS, por meio da SEAD, vem organizando, capacitando e fomentado condições para o desenvolvimento e a implementação de atividades de EAD a partir dos três AVA (seja para a modalidade a distância, seja para disciplinas e cursos presenciais), bem como o desenvolvimento de novas ferramentas.

Além dos AVA, os objetos de aprendizagem vêm ganhando importância em cursos *online*. A seguir são abordadas as definições e características desses recursos.

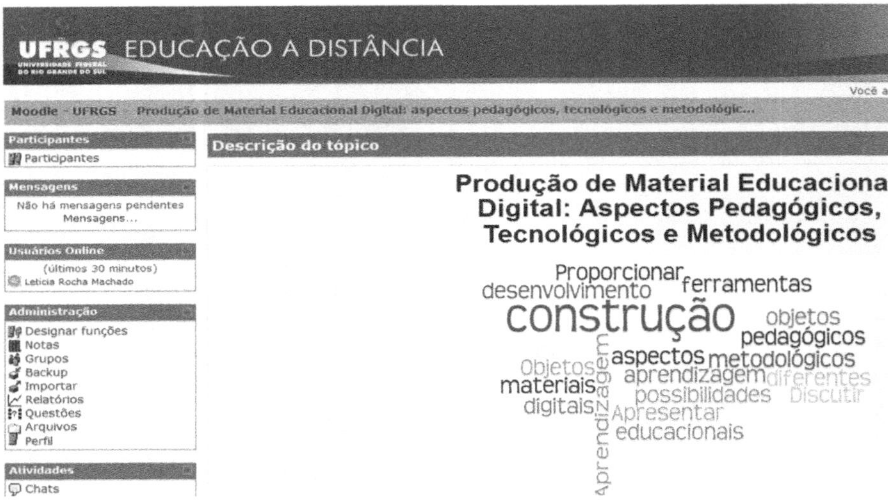

Figura 3.3 *Layout* do AVA MOODLE.
Fonte: MOODLE (2002).

Objetos de aprendizagem

Com o aprimoramento e a inclusão das tecnologias digitais na educação, surgiu a necessidade de estudar e desenvolver práticas pedagógicas inovadoras. Wayne Hodgins foi pioneiro no uso de objetos de aprendizagem (OA) (Manea; Rutledge, 2007; Polsani, 2003). Desenvolveu com o seu grupo de trabalho, em 1994, estratégias de aprendizagem utilizando a ideia do Lego, as quais foram denominadas de "blocos de conteúdo". Desde então, o termo é referenciado no desenvolvimento de diferentes tipos de OA.

No contexto brasileiro, a utilização dos OA está se intensificando, principalmente, na educação formal, do ensino fundamental à pós-graduação, como também na formação continuada de pessoas idosas e nas organizações empresariais.

A definição de OA ainda é debatida pelos grupos de pesquisa, por haver um conflito na sua composição e/ou construção. Johnson (2003), Tarouco e colaboradores (2006) e Behar (2009) definem um OA como qualquer material digital (vídeos, sons, animações, etc.) que possua objetivo educativo, ou seja, com embasamento pedagógico. Os OA "[...] são destinados a situações de aprendizagem tanto na modalidade a distância quanto semipresencial ou presencial [...]" (Behar, 2009, p. 67). Portanto, as definições perpassam dois aspectos: a utilização de recursos digitais e o envolvimento de aspectos pedagógicos.

O conceito utilizado na comunidade acadêmica foi descrito por Wiley (2000). O autor define OA como qualquer entidade, digital ou não digital, que pode ser utilizada, reutilizada ou referenciada durante a aprendizagem apoiada na tecnologia. O significado de objeto de aprendizagem ainda é muito amplo, o que rende discussões sobre o seu uso, já que se pode considerar desde um simples texto até um recurso complexo combinando diferentes materiais digitais (*hiperlink*, animação, áudio, apresentação de *slides*, entre outros).

Para atender às indagações emergentes sobre os OA quanto a sua forma, Wiley (2000) classificou os objetos em cinco tipos:

1) Fundamental: é um OA individual e não combinado com nenhum outro; geralmente serve como exemplo a determinado conteúdo.
2) Combinado-fechado: formado pela combinação de recursos digitais pequenos (não possibilitam atualização).
3) Combinado-aberto: possui as mesmas características do anterior, diferenciado apenas na abertura para atualizações e flexibilidade no uso.
4) Apresentação-generativa: possibilita a combinação ou criação de objetos de aprendizagem de níveis baixos, criando apresentações para referencias, prática ou testes.
5) Instrucional-generativo: combinação de objetos e avaliação das interações dos usuários, geralmente para auxiliar as estratégias instrucionais abstratas.

Outros autores como Longmire (2000), Perry e Ball (2003) e Redeker (2003) também publicaram outras formas de classificar os objetos de aprendizagem, focando no conteúdo, nas características dos OA, nos níveis de funcionalidade ou mesmo nos aspectos pedagógicos.

Nesta obra, para fins didáticos, os OA são divididos em três categorias: simples, intermediários e complexos (Figura 3.4).

Os OA classificados como **simples** são aqueles que necessitam de pouca interação do usuário com o objeto. Geralmente são utilizados em conjunto com outros OA, criando combinações que os tornam complexos ou completos. Os textos, as imagens estáticas ou dinâmicas e os mapas conceituais são exemplos desse tipo de OA.

Já os de tipo **intermediário** possuem interação limitada e, apesar de em muitos casos serem multimidiáticos, apresentam-se como apenas como uma fonte de informação. Esses OA, assim como os simples, também podem ser combinados (por exemplo, vídeo, áudio/música, *sites* de informações).

Os OA considerados do tipo **complexo** formam uma unidade, possibilitando uma interação e interatividade maior do usuário com o objeto. Geralmente são compostos por OA do tipo simples e/ou intermediário. Os portais e *sites* interativos (que utilizam de recursos da Web 2.0), muitas vezes apresentando animações e simulações, são exemplos desse tipo de objeto.

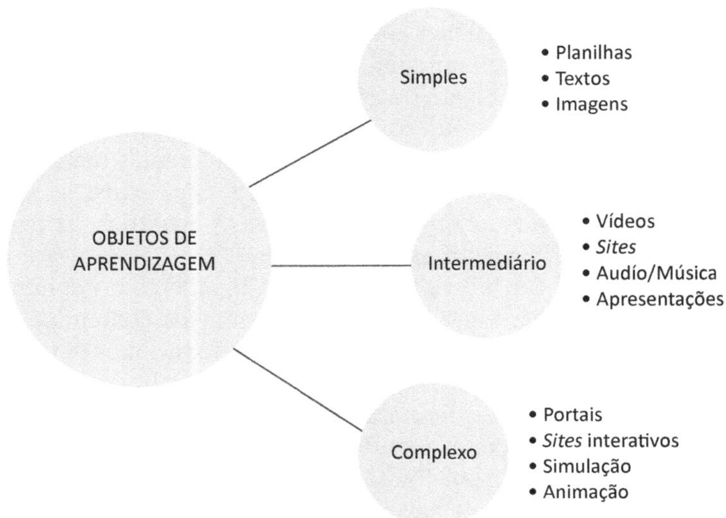

Figura 3.4 Classificação dos objetos de aprendizagem.

Ressalta-se que todos os tipos de OA possuem na sua raiz o objetivo educacional e conteúdo definido, bem como um paradigma pedagógico na sua construção. Cabe ao formador e gestor escolher e adequar aquele mais significativo para aprendizagem do aluno.

A utilização de OA remete a um novo tipo de aprendizagem apoiada pela tecnologia, no qual o professor abandona o papel de transmissor de informação para desempenhar um papel de mediador favorecendo, assim, o processo de ensino e aprendizagem. O professor pode propiciar condições favoráveis às trocas e à cooperação, oferecendo ao aluno situações-problema e valorizando a produção de novos conhecimentos.

Existem alguns fatores que facilitam a utilização de OA na educação. Entre eles, a flexibilidade (fácil adequação e manutenção), a interoperabilidade (possibilidade de utilização em qualquer plataforma em todo o mundo) e a atualização (fácil adequação e adaptação) (Behar; Souza; Bernardi, 2008; Macêdo et al., 2009; Tori, 2010; Vaz, 2009; Wiley, 2000).

O conjunto de suas características enfatiza as vantagens que os OA agregam à educação como um todo, pois este formato corresponde a um recurso digital que visa auxiliar a construção do conhecimento. Marquesi e Araújo Júnior (2009, p. 359) atestam que "[...] um objeto de aprendizagem pode ser produzido para permitir uma aprendizagem mais eficiente por meio da interação e da prática dos conceitos de um conteúdo [...]".

Cada vez mais, repositórios de OA, como o Banco Internacional de Objetos Educacionais (BIOE)[2] do Ministério da Educação; Coletânea de Entidades de Suporte ao uso de Tecnologia na Aprendizagem (CESTA),[3] da Universidade Federal do Rio Grande do Sul; e o Multimedia Educational Resources for Learning and Online Teaching (MERLOT),[4] da Universidade do Estado da Califórnia (EUA) estão presentes nas práticas pedagógicas como fonte de pesquisa.

A seguir são apresentadas outras tecnologias de autoria.

Ferramentas de autoria, colaboração e comunicação na web

Uma ferramenta de autoria é definida como um sistema, aplicativo ou uma plataforma que possibilita ao usuário planejar, desenvolver e construir diferentes mídias (Leffa, 2006).

Com a evolução da internet da Web 1.0 para Web 2.0, novas ferramentas foram disponibilizadas para uso educacional, principalmente pela facilidade de manuseio, criação e o uso de editores WYSIWYG (*What You See Is What You Get*).[5]

O termo **Web 2.0** foi cunhado por Tim O'Reilly em meados de 2004, para definir a nova *web* que não considerava mais o usuário apenas como um receptor passivo de informações, mas como um possível (co)autor. As ferramentas e recursos começaram a ser desenvolvidas com o objetivo de possibilitar a interação, comunicação, colaboração, cooperação do usuário nos conteúdos disponibilizados na internet. Nesse panorama surgiram os primeiros *blogs*, que traziam como novidade a possibilidade de usuários comentarem as postagens (informações) disponibilizadas por outras pessoas. Portanto, a *web* se tornou uma plataforma de edição.

Com a Web 2.0, surgiu o conceito de "computação nas nuvens", onde já não é mais necessário instalar *softwares* nos computadores ou qualquer outro dispositivo móvel. Ou seja, o acesso aos programas se dá diretamente na internet, sendo possível editar, acrescentar, compartilhar e salvar diferentes tipos de arquivos (por exemplo, vídeos, textos, imagens, planilhas, entre outros). Desse modo, o professor que atua na educação a distância dispõe de um leque de ferramentas *online* que podem auxiliá-lo na construção de seus materiais educacionais, não necessitando de um técnico formado em programação para desenvolvê-los.

Apesar de as ferramentas, em sua maioria, não serem desenvolvidas com fins educacionais, trazem consigo um potencial para a construção de conteúdos de ensino ou mesmo para empregar na forma de atividades. Algumas ferramentas e recursos são apresentados no Quadro 3.2.

Quadro 3.2 Ferramentas de autoria[6]

Formato	Descrição	Disponível	Localização
Mapas conceituais e mapas mentais	Os mapas conceituais e mentais servem para criar e organizar redes de conceitos/ideias na forma de diagramas. Na sala de aula os mapas mentais e conceituais podem ser utilizados como forma de avaliação, apresentação de conteúdos, entre outras práticas pedagógicas.	*Software* (instalação)	- CmapTools: http://cmap.ihmc.us/download/
		Ferramentas *online*	- Bubbl: http://bubbl.us/ - Mapmy: http://www.mapul.com/ - Mindomo: http://www.mindomo.com/pt - Mindmeister: http://www.mindmeister.com/pt
***Blog* e *flog*[7]**	*Blogs* e *flogs* são considerados uma forma de diário virtual, sendo o *flog* voltado mais para o uso de imagens/fotos. Essas ferramentas podem auxiliar o professor a criar diários de bordo, anotações de observações científicas, além de ser ótimo apoio para projetos de aprendizagem e pedagógicos.	Ferramentas *online*	- Wordpress: www.wordpress.com - Criar um blog: http://www.criarumblog.com/pt/criar-seu-blog/ - Blogger: http://www.blogger.com/home - Flog Brasil: http://flogbrasil.terra.com.br/ - Fotolog: http://www.fotolog.com.br/ - Tumblr: https://www.tumblr.com
Áudio e trilhas sonoras[8]	O desenvolvimento de trilhas sonoras para a composição de materiais educacionais digitais cresceu em função da facilidade no uso das ferramentas *online*. A música, por sensibilizar o aluno, pode ser utilizada como propulsora de discussões sobre temas polêmicos, além de possibilitar a afetividade e criatividade na sala de aula.	*Software* (instalação)	- Audacity: http://audacity.sourceforge.net/download/ - Expstudio Audio Editor: http://expstudio-audio-editor.softonic.com.br/ - Encore: http://www.audioware.com.br/download-124-encore.html
		Ferramentas *online*	- MusicLab: http://remixer.clubcreate.com/v2/musiclab/launch.html - Jamstudio: http://www.jamstudio.com/Studio/index.htm - CODES: http://gia.inf.ufrgs.br/CODES3/# - Incredibox: http://www.incredibox.com/

continua

Quadro 3.2 *continuação*

Formato	Descrição	Disponível	Localização
Criação de *sites*/ páginas pessoais	Criar *site* está cada vez mais fácil, principalmente pela inclusão de outros recursos como textos, fóruns, vídeos, imagens (animadas/estáticas), formulários interativos entre outros. Os *sites* podem ser utilizados como um repositório de conteúdos, bem como um canal de divulgação dos trabalhos desenvolvidos pelos alunos.	*Software* (instalação)	- NVU: ftp://ftp.tkukoulu.fi/pub/windows/Internet/extra/nvu-1.0-win32-installer-full.exe - KompoZer:chttp://sourceforge.net/projects/kompozer/?source=directory - MoreMotion: http://moryazilim.com/resources/downloads.html
		Ferramentas *online*	- Weebly: www.weebly.com - Webnode: http://www.webnode.com.br/ - Wix: www.wix.com - Jimdo: www.jimdo.com/ - Skrawlr: http://skrawlr.com/ - Ucoz: http://www.ucoz.com/ - Google Sites: https://sites.google.com/
Imagem (criação, edição, composição)	A edição de imagens ainda é uma forma criativa de usufruir do potencial criador dos alunos. O professor pode fazer uso dessas ferramentas criando ilustrações para os conteúdos desenvolvidos, bem como possibilitar que o aluno seja autor de suas imagens. Múltiplas possibilidades podem ser realizadas, desde a montagem de figuras, até a criação de fotonovelas ou animações.	*Software* (instalação)	- Gimp: http://www.gimp.org/ - Picasa: http://picasa.google.com.br/ - Drawing for children: http://drawing.gamemaker.nl/download/draw4ch2.exe
		Ferramentas *online*	- PicMonkey: http://www.picmonkey.com/ - Pixlr: http://pixlr.com/editor/ - Bannersnack (animados): http://www.bannersnack.com/en/ - Editor de imagem *online*: http://www.*online*-image-editor.com - GifUp: http://www.gifup.com/ - Picasion (gifs): http://picasion.com/pt/ - Photofunia: http://photofunia.com/ - Loonagifs: http://www.loonapix.com/pt/ - PhotoPeach (album): http://photopeach.com/ - Mixbook (album): http://www.mixbook.com/*online*-scrapbooking - Smilebox: http://www.smilebox.com

continua

Quadro 3.2 *continuação*

Formato	Descrição	Disponível	Localização
Textos coletivos[9]	Com as ferramentas da Web 2.0, o uso de textos coletivos cresceu principalmente na educação. Atualmente alguns professores utilizam o *wiki* para criar artigos, textos coletivos com os alunos.	Ferramentas *online*	- Google Docs:http://documents.google.com - Wiki Zoho: www.wikizoho.com.br - PBworks: http://pbworks.com/ - ThinkFree: http://member.thinkfree.com/member/goLandingPage.action - Twiki: http://twiki.org/
Edição de vídeos	O uso do vídeo na sala de aula ainda é considerado limitado. As ferramentas *online* estão facilitando a manipulação de recursos interativos antes desconhecidos pelos professores. O vídeo, por ter uma combinação de mídias (áudio, imagem, texto), cativa o aluno e motiva-o a aprofundar o tema trabalhado. Uma dica interessante do vídeo na educação é utilizar a técnica do *Stop motion* (sequência de imagens que combinadas formam uma animação).	*Software* (instalação)	- Blender: http://www.blender.com.br/ - Avidemux: http://fixounet.free.fr/avidemux/download.html - MovieMaker: http://www.microsoft.com/brasil/windowsxp/moviemaker/downloads/moviemaker2.mspx
		Ferramentas *online*	- Goanimate (vídeo animado): http://goanimate.com/ - Stupeflix: www.stupeflix.com - Stroome: http://www.stroome.com/ - JW Player Editor: http://www.jwplayereditor.com
Histórias em quadrinhos	A utilização de histórias em quadrinhos (HQ) na educação é antiga. Hoje, com as ferramentas digitais é possível inclusive criar HQ colaborativas e publicá-las em *sites* ou redes sociais. É uma ótima ferramenta para se trabalhar com a imaginação e tipos de narrativas.	*Software* (instalação)	-HagáQuê: http://www.nied.unicamp.br/~hagaque/
		Ferramentas *online*	- Pixton: http://www.pixton.com/br/ - ToonDoo: http://www.toondoo.com - MakebeliefsComix: http://www.makebeliefscomix.com/Comix/ - Máquina de quadrinhos: http://www.maquinadequadrinhos.com.br/Intro.aspx

continua

Quadro 3.2 *continuação*

Formato	Descrição	Disponível	Localização
Criação de materiais multimídias	A combinação de diferentes recursos já é possível na internet. O desenvolvimento de apresentações dinâmicas ou mesmo de pôsteres multimídias possibilita ao professor práticas interdisciplinares e criativas na educação.	*Software* (instalação)	- Gnome (linux): https://live.gnome.org/Dia/Download
		Ferramentas *online*	- Prezi: http://prezi.com/ - Glogster (poster): http://www.glogster.com/ - Zoho show: https://show.zoho.com/login.do - Empressr: http://www.empressr.com/ - Vokl (avatar): http://www.voki.com/ - Lino (poster): http://en.linoit.com/ - Showdocument (quadro branco colaborativo): http://www.showdocument.com/
Desenvolvimento de atividades	A criação de atividades interativas é outra possibilidade. Apesar de serem ferramentas limitadas educacionalmente, o professor pode usufruir desta como forma de complementação aos conteúdos.	*Software* (instalação)	- HotPotatoes: http://www.superdownloads.com.br/download/164/hot-potatoes/ - eXeLearning: http://exelearning.org/wiki - Clic: http://clic.xtec.cat/es/clic3/download.htm - Jclic: http://clic.xtec.cat/dist/jclic/jclic-0.2.1.0.zip - Qedoc: http://www.qedoc.org/en/index.php?title=Downloads
		Ferramentas *online*	- Zoomerang (questionários): http://www.zoomerang.com/ - IdeaScale: http://ideascale.com/ -MockFlow: http://www.mockflow.com/
Outras ferramentas	Existem muitas ferramentas disponíveis na internet e que podem auxiliar o professor na sala de aula presencial ou virtual, como o uso de linha do tempo.	*Software* (instalação)	- Wink (captura de telas): http://www.debugmode.com/wink/ - Lego Digital: http://ldd.lego.com/
		Ferramentas *online*	- Screenr (captura da tela): http://www.screenr.com/ - Webquest Brasil: http://www.webquestbrasil.org/criador2/ - Dipity (linha do tempo): http://www.dipity.com/ - Xtimeline (linha do empo): http://www.xtimeline.com/index.aspx - Wordle (nuvens de palavras): http://www.wordle.net/ - CourseLab (aulas EAD): http://www.courselab.com/

De posse dessas ferramentas, o professor pode julgar o que é mais conveniente, interessante e motivador para o seu público-alvo, a fim de possibilitar a construção do conhecimento de forma dinâmica e significativa. Há ferramentas de autoria para os diversos fins. Portanto, cabe ao professor analisar, avaliar e utilizar aquela que seja mais adequada às práticas pedagógicas. Assim, o uso desses recursos deve ser feito de modo responsável, criativo e inovador, para que não seja reproduzida a sala de aula convencional.

Para o aluno, as ferramentas oportunizam um novo tipo de aprendizagem, já que ele pode escolher, combinar, interagir e colaborar no desenvolvimento de material educacional com mediação do professor.

COMPETÊNCIAS DO DOMÍNIO TECNOLÓGICO EM EDUCAÇÃO A DISTÂNCIA

Na literatura, o termo **competência**, quando associado às TIC, é reconhecido pelas expressões: competência informacional, competência digital ou competência virtual.

A **competência informacional**[10] é definida como a capacidade de analisar, localizar e avaliar a necessidade de uma informação para determinado contexto (Campello, 2003; Dudziak, 2003), independente do lugar onde a informação se encontra. Já a **competência digital** está vinculada diretamente à competência informacional. Isto é, ela abrange a pesquisa e avaliação das informações em meio digital ou por meio da internet (Santos, 2008).

Barros (2011) considera a **competência virtual** um elemento no uso do virtual no processo educativo. Ou seja, a linguagem audiovisual, oriunda das tecnologias virtuais, estimula o processo de comunicação, que, por sua vez, transforma a informação em conhecimento (Barros, 2005). Portanto "[...] é um processo contínuo, que potencia e realiza a aprendizagem [...]" (Barros, 2011, p. 82).

Esse mesmo autor também cita algumas competências necessárias no virtual: ter atenção, selecionar o que é relevante, organizar a informação, criar categorias (conteúdos), armazenar na memória (de curto e longo prazo), construir relações semânticas, raciocinar sobre o concreto e o abstrato, discutir, argumentar, entender o que é lido, expressar-se corretamente por escrito, saber "perguntar" e realizar perguntas, identificar problemas, planejar e implementar soluções criativas, colaborar com outras pessoas, saber interpretar imagens, habilidade para usar as ferramentas, gerenciar procedimentos e se adaptar ao ambiente (virtual).

Entende-se que a maioria dos autores englobam as várias habilidades e capacidades com as TIC em um termo genérico: *e-competence*.[11] Acredita-se, contudo, que é possível apontar competências específicas do domínio tecnológico no contexto da EAD. O sujeito[12] da EAD deve possuir um conjunto de competências relacionadas ao uso das tecnologias, de tal forma que ao se sentir digitalmente ativo/participativo poderá potencializar o processo de ensino e aprendizagem por meio das TIC. Então, a partir do panorama estabelecido e com base no referencial teórico apresentado, principalmente, nos capítulos 1 e 2 deste livro, foram elencadas algumas competências consideradas importantes e representadas na Figura 3.5.[13]

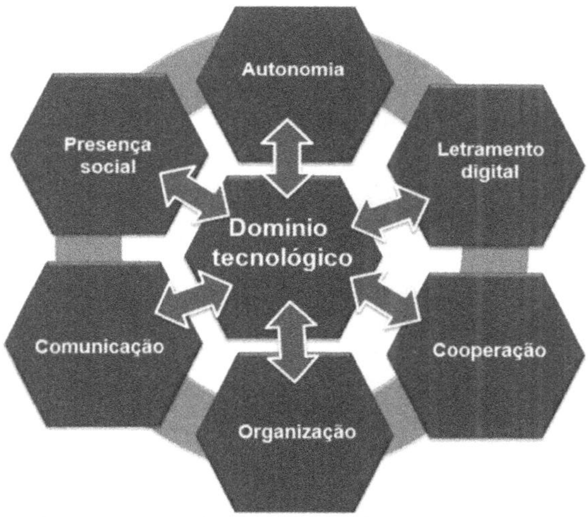

Figura 3.5 Competências para o domínio tecnológico.

Observa-se na Figura 3.5 que, embora as competências estejam separadas metaforicamente, estas se complementam e interagem entre si. São elas:

- **Letramento digital**: é a competência que está relacionada com a pesquisa, avaliação, reflexão e criticidade das informações disponíveis na internet, bem como o uso das ferramentas digitais.
- **Cooperação**: é a competência que instiga formas de relacionamento interpessoal, por meio do trabalho em equipe em prol de um objetivo comum por meio das tecnologias digitais. Portanto, a interação social se faz necessária como mediadora no processo de ensino e aprendizagem virtual.
- **Autonomia**: nesse contexto, está associada ao ato de tomar decisões e ao uso das tecnologias para potencializar a aprendizagem,

sendo constituída, principalmente, pelas relações sociais estabelecidas no processo.

- **Organização**: estabelecida pela ordenação, estruturação e sistematização do tempo, materiais disponibilizados, informações e trabalhos em grupo no virtual.
- **Comunicação**: é associada, principalmente, à expressão escrita em tecnologias de comunicação síncrona e assíncrona, fundamentada na clareza, objetividade e relações interpessoais.
- **Presença social**: envolve as questões subjetivas ou as sensações do sujeito ao se perceber imerso na virtualidade.

Ressalta-se que, no domínio tecnológico, deve-se compreender o contexto sociocultural e a faixa etária do sujeito da EAD, conforme definido no Capítulo 5. Esses fatores podem influenciar a participação dos recursos de evolução, mobilização e suporte[14] nas competências e, por sua vez, no desenvolvimento de cada uma delas.

As seções seguintes estão vinculadas ao mapeamento das competências do domínio tecnológico. Entretanto, cabe destacar que este é o resultado dos estudos efetuados pelo grupo de pesquisa do NUTED/UFRGS. Considera-se a possibilidade de existirem outras competências no domínio tecnológico. Portanto, como foi dito anteriormente, trata-se de um recorte da realidade.

Letramento digital no contexto infoeducacional

As expressões alfabetização, letramento[15] e fluência digital[16] trazem certa confusão terminológica porque são definidas baseadas nos conceitos associados aos processos de construção de uma língua.

No Brasil, os conceitos de alfabetização e letramento, voltados ao ato de ler e escrever, "[...] se mesclam, se superpõem, frequentemente se confundem [...]" (Soares, 2004). Isto é, a discussão sobre letramento está quase sempre enraizada ao de alfabetização. Em países como França e Estados Unidos, "o domínio precário de competências de leitura e de escrita necessárias para a participação em práticas sociais letradas e as dificuldades no processo de aprendizagem do sistema de escrita, ou da tecnologia da escrita são tratados de forma independente" (Soares, 2004, p. 7). Isto é, no Brasil, tanto alfabetização quanto letramento acabam tendo a mesma definição e funcionalidade, enquanto em muitos outros países, principalmente os europeus, esses termos são bem distintos.

De modo abrangente, o conceito de **alfabetização** está relacionado ao emprego de mecanismos e de processos nos quais o indivíduo aprende a codificar e decodificar símbolos de uma língua. Isto é, um aluno será considerado alfabetizado, se souber "ler e escrever" textos. Sociólogos, sociolinguistas e pedagogos sinalizam que o processo de alfabetização é bem mais complexo: não são apenas os aspectos cognitivos e linguísticos que devem ser considerados, mas "[...] a compreensão do funcionamento da língua [...] como um fenômeno intrinsicamente social [...]" (Coll; Illera, 2010, p. 291). Tal reconhecimento gerou a ideia de letramento.

Por isso, toma-se o cuidado para esclarecer que, nesta obra, a definição de alfabetização e letramento leva em consideração a distinção descrita acima, embora na cultura brasileira, os termos se confundam.

Assim, a alfabetização digital é entendida como a aprendizagem no uso do computador e seus periféricos, bem como de seus comandos básicos, tais como o uso de documentos e *softwares*, da internet e seus recursos. Já o letramento digital significa domínio na utilização da tecnologia em termos de práticas de leitura e escrita, de seus jargões (por exemplo: deletar, baixar, salvar, etc.), da cultura do espaço virtual e das formas de comunicação, permitindo que o indivíduo interprete, compreenda, atue e produza no universo digital.[17]

Por outro lado, a fluência linguística ou verbal está vinculada à naturalidade e facilidade de expressão de uma língua (Davies, 1982). Um indivíduo fluente em uma segunda língua, por exemplo, é aquele que articula pensamentos e fala (ou escreve) de modo natural, sem reservas, em assuntos de qualquer área da vida, compreende as ideias de outros sem dificuldades, sem cansaço, interagindo e comunicando-se em qualquer nível de discussão.

Nesse sentido, a fluência digital[18] está intimamente relacionada tanto ao conceito de letramento digital como ao de alfabetização digital. O sujeito da EAD será fluente digitalmente se for além do ato de saber buscar um texto, ler, escrever, salvar e enviar um documento por meio de tecnologias digitais, ou seja, ser crítico em relação ao seu uso.

Cooperação e interação social

A interação social é apontada como origem e motor da aprendizagem e do desenvolvimento intelectual (Vygostky, 1989). O sujeito toma consciência e aprende não só nas relações consigo próprio (intrapessoal), mas também em nível social (interpessoal). O sujeito não é resultado apenas de seu aparato biológico, mas também de suas interações, de sua história e da forma como o mundo é representado em sua cultura. Portanto, sem interação, a cooperação não existe.

Piaget (1973), por meio da teoria de interação social, explicou que a interação é um processo complexo de trocas e de significações que desencadeia uma sequência de estados de construção de conhecimento. É caracterizada pela existência de regras sociais, pelos valores coletivos e pelas formas de comunicação para transmitir tais regras e valores.

A cooperação é entendida como "[...] operações efetuadas em comum ou em correspondência recíproca [...]" (Piaget, 1973, p. 22), ou seja, é a coordenação das ações de um grupo em prol de um objetivo em comum.

No caso específico da EAD, o aluno é, essencialmente, o protagonista (Behar, 2009). O conhecimento decorre da sua ação no ambiente, no caso o AVA. Resulta, em especial, das relações baseadas na colaboração, na cooperação e na comunicação, o que extrapola a mera e convencional busca e apreensão do conteúdo.

Dessa forma, as concepções de aprendizagem, de interação social e de cooperação são suportadas por "[...] ferramentas que possibilitam encontros virtuais e espaços de convivência [...]" (Bassani, 2006, p. 109), principalmente em AVA. Tais ferramentas oportunizam o diálogo e a autonomia para a tomada de decisão sobre o percurso de construção de conhecimento de cada participante.

Autonomia e tomada de decisões

Em termos de aprendizagem, a palavra autonomia está estritamente associada à capacidade do aluno de saber organizar e planejar seus estudos, buscar fontes de informação fidedignas e poder, então, construir conhecimentos conforme seus objetivos e interações sociais.

Na EAD, o termo autonomia é usado para evidenciar a independência do aluno em relação aos formadores. Ou seja, o aluno não só deve possuir a habilidade de gerenciar seu tempo, mas também ter a liberdade na escolha dos caminhos e propósitos da aprendizagem. Isso significa que ele deve se responsabilizar pela tomada de decisão em relação a todos os aspectos do seu aprendizado.

Organização do espaço e tempo

Na EAD, muitos aspectos corriqueiros no presencial são reconsiderados. A gestão do tempo e espaço, por exemplo, se distingue pela mudança de paradigma associada a essa modalidade de educação.

No senso comum, os cursos na EAD são considerados mais fáceis e de pouco empenho, justamente porque alunos e formadores não se deslocam e o processo de aprendizagem se dá a partir do ritmo de cada ator. No entanto, os atores necessitam de um comprometimento maior do que em cursos presenciais, pois "o estudo a distância toma mais tempo do que cursos presenciais" (Maia; Mattar, 2007, p. 88).

Nessa perspectiva, a organização do tempo e espaço é fundamental. Para que essa organização seja possível, é importante ter clareza sobre os objetivos pretendidos no curso (tanto para gestores, tutores, professores e alunos). A organização do tempo deve compreender os objetivos de organização do curso e suas disciplinas (gestor), do ensino (formadores) e da aprendizagem (aluno), estabelecendo prioridades nas atividades a serem desenvolvidas.

A flexibilidade do tempo está atrelada a esse processo, uma vez que, por diferentes questões, os sujeitos da EAD devem ser flexíveis para superar barreiras e obstáculos, incluindo problemas técnicos (Palloff; Pratt, 2004). Ir além do material disponibilizado é uma alternativa viável para essa organização.

A organização do tempo não é uma questão fácil, pois não se está acostumado a criar rotinas nos estudos. Na EAD é preciso "aprender a se autogerenciar" (Maia; Mattar, 2009, p. 88).

Comunicação

A competência comunicativa pode ser compreendida como a habilidade de usar, de forma apropriada, um determinado sistema de sinais (voz humana, escrita, gestos, etc.) nas situações da vida cotidiana. Não envolve apenas os aspectos linguísticos (léxico e semântica) relacionados à linguagem, mas também os aspectos social e afetivo.

A comunicação é o meio mais utilizado pela humanidade para estabelecer interações e relações sociais. Apesar da crença popular de relacionar a comunicação, principalmente, com o ato da fala, existem outras formas de estabelecer esse processo. É possível se comunicar por meio da escrita, de sinais corporais ou expressões faciais.

Na EAD, a comunicação é essencialmente textual. As interações estabelecidas de forma escrita podem ser síncronas ou assíncronas, dependendo do meio utilizado (fórum, bate-papo, *messenger*, etc.). Já a comunicação visual e oral vem ganhando destaque a partir da utilização da tecnologia de videoconferência. A interação social acontece pela comunicação entre duas ou mais pessoas, utilizando um conjunto complexo de componentes, como a oralidade, gestos e expressões. Esse tipo de comunicação é importante principalmente para pessoas com deficiências visuais (emprego de som) e auditivas (uso de LIBRAS).[19]

A comunicação estabelecida por meio da escrita envolve um processo de percepção afetiva, tanto do interlocutor como do receptor. No ato da escrita, o interlocutor, embora às vezes não perceba, está imerso em emoções que influenciam seu modo de escrever. Por outro lado, o receptor, ao interpretar a escrita pode cometer erros de interpretação. Esse tipo de comunicação é o mais utilizado nos cursos *online* pelas inúmeras ferramentas que existem voltadas para esse foco.

Presença social

Na literatura, encontram-se diferentes definições sobre a presença social. A partir da compilação de Lowenthal (2010) de alguns conceitos, a presença social pode ser entendida como:

a) a sensação de estar com outro, humano ou artificial (Lombard; Ditton, 1997);
b) o grau com o qual uma pessoa é percebida como "real" em uma comunicação mediada pelas tecnologias (Gunawardena, 1995);
c) a habilidade do participante de uma comunidade virtual poder se projetar emocional e socialmente como pessoas "reais" (Garrison; Anderson; Archer, 2000);
d) o grau de sentimento, percepção e reação de um participante estar conectado por meio do computador com uma entidade intelectual (Tu; McIsaac, 2002); e
e) segundo Kehrwald (2008), a habilidade de um indivíduo demonstrar seu "eu" em um ambiente virtual, sinalizando sua disponibilidade para relações interpessoais (nesse caso, dois aspectos são importantes: a "outra" parte está presente no ambiente a partir das contribuições visíveis e o "outro" existe quando identificado como uma pessoa real).

Assim, pode-se perceber que as definições de presença social na educação *online* tendem a envolver o grau no qual um participante é percebido como "real" e "presente" no espaço virtual. Refere-se às questões subjetivas pessoais, uma vez que alude ao grau em que uma pessoa é reconhecida como "real" no virtual, e na possibilidade de os outros o perceberem como "estando lá" e "sendo real" (Gunawardena, 1995).

O sujeito que participar de cursos na modalidade EAD deve se projetar para o virtual e se fazer presente de forma "real", por meio da participação ativa nos ambientes de ensino e aprendizagem *online*. Essa imersão só é possível à medida que são estabelecidas interações nas comunidades que se tornam "reais" quando o sujeito se projeta social e emocionalmente no virtual. Ou seja, o envolvimento do sujeito no ambiente *online* de aprendizagem define sua presença social naquele espaço (Bastos, 2012; Garrison; Anderson; Archer, 2000; Jacobson, 2001; McLellan, 1999).

É possível analisar a presença social em ambientes de EAD a partir de diferentes perspectivas. O indicador *online* de participação que a maioria dos ambientes virtuais de aprendizagem apresentam, assinala a presença do sujeito no espaço virtual. Entretanto, outras formas evidenciam a presença do outro, tais como o registro de envio de mensagem, da participação em um texto coletivo ou de qualquer outro indicativo que evidencie que determinado sujeito está ou esteve presente no ambiente.

O fato de o sujeito da EAD estar presente no ambiente virtual não garante seu envolvimento verdadeiro com o grupo, com as propostas da disciplina e/ou do curso e com as suas aprendizagens.

A presença social contribui para que o sujeito permaneça, se comprometa e apreenda os conteúdos trabalhados com os demais integrantes do ambiente. Dessa forma, ela é caracterizada pela participação e pelo envolvimento dos sujeitos que constituem o ambiente virtual, em relação a si, em relação aos outros e em relação ao ambiente.

Assim, identifica-se o papel decisivo das interações no estabelecimento de relações mais significativas e produtivas nos processos de ensino e de aprendizagem em AVA. Nesses ambientes, as interações não se dão face a face e por isso não há entonação da voz, expressões faciais nem gestos para auxiliar na comunicação e interação entre os sujeitos.

CONSIDERAÇÕES NÃO FINAIS

A ampliação de cursos ofertados na modalidade a distância e a evolução da *web* resultaram em discussões sobre as competências necessárias para atuar em um contexto permeado pelas tecnologias digitais. Não importando a maneira como são tratadas as diversas competências (competência informacional, digital, virtual, *e-competence,* entre outros), entende-se que o sujeito da EAD deve possuir domínio tecnológico para favorecer sua atuação em busca de seus objetivos. Este se refere a um conjunto de competências necessárias para atuar com as TIC por meio da EAD.

Portanto, neste capítulo foram elencadas seis competências básicas, entre elas: o letramento digital, a cooperação, a presença social, a autonomia, a organização e a comunicação. Evidentemente outras competências podem ser consideradas no domínio tecnológico, advindas dos aspectos socioculturais, nos quais os sujeitos da EAD estão inseridos.

O principal objetivo deste capítulo foi o de promover discussões sobre as competências no domínio tecnológico. É um tema atual e importante a todos os sujeitos que exercem atividades ou que atuam nas diferentes modalidades da EAD.

NOTAS

1 O conceito de CHA é tratado no Capítulo 1.
2 Disponível em: http://objetoseducacionais2.mec.gov.br.
3 Disponível em: http://cesta2.cinted.ufrgs.br/xmluii (CESTA 2).
4 Disponível em: http://www.merlot.org.

5 A tradução literal de WYSIWYG significaria "O que você vê é o que você obtém", ou seja, é a capacidade disponibilizada aos usuários de manipular na tela um arquivo e ao mesmo tempo visualizar a sua forma final para publicação e/ou impressão.

6 As ferramentas listadas neste quadro na sua maioria são classificadas como gratuitas ou livres.

7 Foi criado no Núcleo de Tecnologia Digital Aplicada à Educação (NUTED) um objeto de aprendizagem para o uso educacional de *blogs*, "Blogs Pedagógicos" (http://www.nuted.ufrgs.br/objetos_de_aprendizagem/2005/obj_blog/index.htm).

8 O NUTED desenvolveu em 2011 um objeto de aprendizagem sobre composição de trilhas sonoras – CompMUS (http://www.nuted.ufrgs.br/objetos_de_aprendizagem/ 2011/CompMUS/#).

9 O NUTED desenvolveu um OA sobre possibilidades da escrita coletiva na educação (http://www.nuted.ufrgs.br/objetos_de_aprendizagem/2006/escrita_coletiva/index.html).

10 Também conhecida como *information literacy*.

11 Inserem-se neste termo, as competências informacional, digital e virtual.

12 O sujeito aqui se refere aos gestores, professores, alunos e tutores. As competências elencadas neste capítulo são necessárias para cada um desses atores na EAD.

13 Obviamente, existem outras competências no domínio tecnológico apresentadas pelos diversos autores. As apresentadas, neste capítulo, foram discutidas pelo grupo de pesquisa do NUTED/UFRGS.

14 Os recursos de mobilização (afetividade), evolução (criatividade) e suporte (biofisiológico) estão detalhados no Capítulo 1.

15 O conceito de letramento digital também é tratado no Capítulo 10.

16 O conceito de fluência digital também é tratado no Capítulo 14.

17 As características mais aprofundadas sobre o letramento digital serão abordadas no Capítulo 10.

18 A fluência digital será detalhada no Capítulo 14.

19 Denomina-se LIBRAS (Língua Brasileira de Sinais) a forma pela qual os surdos utilizam para se comunicar, por meio de gestos e expressões, com o uso das mãos e expressões faciais.

REFERÊNCIAS

ALA-MUTKA, K. *Mapping Digital Competence*: towards a conceptual understanding. Sevilla: Institute for Prospective Technological Studies, 2011.

BARROS, D. M. V. *Estilos de aprendizaje y medios didácticos en contextos virtuales*. 2011. Tese (Doutorado) – Facultad de Educación, Universidad Nacional de Educación a Distancia, Madrid, 2011.

BARROS, D. M. V. Virtual literacy: mediação para a informação e a aprendizagem. In: PASSOS, R.; SANTOS, G. C. *Competência em informação na sociedade da aprendizagem*. Bauru: Kayros, 2005.

BASSANI, P. B. S. Mapeamento das interações em ambiente virtual de aprendizagem: uma possibilidade para avaliação em educação a distância. 2006. 184f. Tese (Doutorado) – Instituto de Informática, Universidade Federal do Rio Grande do Sul, Porto Alegre, 2006.

BASTOS, H. P. P. *Presença plus*: um modelo de identificação de presença social como ferramenta auxiliar da tutoria em ambientes virtuais de ensino e aprendizagem. 2012. Tese (Doutorado) – Faculdade de Educação, Universidade do Rio Grande do Sul, Porto Alegre. 2012.

BEHAR, P. A. *Modelos pedagógicos em educação a distância*. Porto Alegre: Artmed, 2009.

BEHAR, P. A.; SOUZA, A. P. F. C., BERNARDI, M. Virtual Learning Communities: a learning object integrated into a e-learning plataform. In: KENDALL, M.; SAMWAYS, B. (Org.) *Learning to live in the Knowledge society*. New York: Springer, 2008. p. 163-166. (IFIP Advances in Information and Communication Technology, 281).

CAMPELLO, B. S. O movimento da competência informacional: uma perspectiva para o letramento informacional. *Ciência da Informação*, v. 32, n. 3, p. 28-37, 2003.

COLL, C.; ILLERA, L. R. Alfabetização, novas alfabetizações e alfabetização digital: as TIC no currículo escolar. In: COLL, C.; MONEREO, C. (Org.). Psicologia da educação virtual: aprender e ensinar com as tecnologias de informação e comunicação. Porto Alegre: Artmed, 2010. p. 289-310.

DAVIES, N. F. Training fluency: an essential factor in language acquisition and use. *RELC Journal*, v.13, p. 1-13, 1982.

DUDZIAK, E. A. Information literacy: princípios, filosofia e prática. *Ciência da Informação*, v. 32, n. 1, p. 23-35, 2003.

GARRISON, D. R.; ANDERSON, T.; ARCHER, W. Critical inquiry in a text-based environment: computer conferencing in higher education. *The internet an higher education*, v. 2, n. 2-3, p.87-105, 2000.

GUNAWARDENA, C. N. Social presence theory and implications for interaction collaborative learning in computer conferences. *International Journal of Education Telecommunications*, v. 1, n. 2, p. 147-166, 1995.

JACOBSON, D. Presence revisited: imagination, competence, and activity in text based virtual worlds. *CyberPsychology & Behavior*, n. 4, n. 6, p. 653-673, 2001.

JOHNSON, L. F. *Elusive Vison:* Challenges impeding the learning objects economy. San Francisco: Macromedia, 2003. Disponível em: <http://www.nmc.org/pdf/Elusive_Vision.pdf>. Acesso em: 22 maio 2012.

KEHRWALD, B. Understanding social presence in text-based online learning environments. *Distance Education*, v. 29, n. 1, p. 89-106, 2008.

LEFFA, V. J. Uma ferramenta de autoria para o professor. O que é e o que faz. *Letras de Hoje*, v. 41, n. 2, p. 189-214, 2006.

LOMBARD, M.; DITTON, T. At the heart of it all: the concept of presence. *Journal of Computer--Mediated Communication*, v. 3, n. 2, 1997.

LONGMIRE, W. A Primer on Learning Objects. *ASTD Learning Circuits*, 2000.

LOWENTHAL, P. R. The evolution and influence of social presence theory on online learning. In: KIDD, T. T. *Online education and adult learning*: new frontiers for teaching practices. Hershey: IGI Global, 2010.

MACÊDO, L. N. et al. Desenvolvendo o pensamento proporcional com o uso de um objeto de aprendizagem. In: PRATA, C.L.; NASCIMENTO, A. C. A. A. (Org.). *Objetos de aprendizagem*: uma proposta de recurso pedagógico. Brasília: MEC, 2009.

MAIA, C.; MATTAR, J. *ABC da EaD*: a educação a distância hoje. São Paulo: Pearson Prentice Hall, 2007.

MANEA, N.; RUTLEDGE, D. A laboratory for teaching learning objects' thinking for in-service teachers. In: CARLSEN, R. et al. (Ed.). *Society for Information Technology & Teacher Education International Conference, 2007*, Chesapeake. *Proceedings*... Chesapeake: AACE, 2007. p. 1592-1599.

MARQUESI, S. C.; ARAÚJO JÚNIOR, C. F. Atividades em ambientes virtuais de aprendizagem: parâmetros de qualidade. In: LITTO, F.; FORMIGA, M. (Org.). *Educação a distância*: o estado da arte. São Paulo: Pearson Education do Brasil, 2009.

MCLELLAN, H. Online education as interactive experience: some guiding models. *Educational Technology*, v. 39, n. 5, p. 36-42, 1999.

MOODLE – Educação a Distância. Porto Alegre: Universidade Federal do Rio Grande do Sul, 2002. Disponível em:<https://moodleinstitucional.ufrgs.br>. Acesso em: 22 maio 2012.

NITZKE, J. A.; GRAVINA, M. A.; CARNEIRO, M. L. O percurso e a institucionalização da EAD na UFRGS. In: CONGRESSO BRASILEIRO DE ENSINO SUPERIOR A DISTÂNCIA, 5., 2008, Gramado, *Anais*... Porto Alegre: UNIREDE, 2008.

NÚCLEO DE APRENDIZAGEM VIRTUAL – NAVi. Porto Alegre: Universidade Federal do Rio Grande do Sul, 2002. Disponível em:<https://ead.ufrgs.br/navi/>. Acesso em: 22 maio 2012.

PALLOFF, R. M.; PRATT, K. *O aluno virtual*: um guia para trabalhar com estudantes online. Porto Alegre: Artmed, 2004.

PERRY, S.; BALL, S. Commentary on jutta treviranus and judy brewer, developing and reusing accessible content and applications, chapter 10 of: reusing online resources: a sustainable approach to elearning, Allison Littlejohn (Ed.). London: Kogan Page. *Journal of Interactive Media in Education*, v. 1, Special Issue on Reusing Online Resources, 2003. Disponível em: <http://www-jime.open.ac.uk/article/2003-1-reuse-13/111>. Acesso em: 22 maio 2012.

PIAGET, J. *Estudos Sociológicos*. Rio de Janeiro: Forense, 1973.

POLSANI, P. R. Use and abuse of reusable learning objects. *Journal of Digital Information*, v. 3, n. 4, 2003.

REDE COOPERATIVA DE APRENDIZAGEM – ROODA. Núcleo de Tecnologia Digital aplicada à Educação. Porto Alegre: Universidade Federal do Rio Grande do Sul, 2003. Disponível em:<https://ead.ufrgs.br/rooda/>. Acesso em: 22 maio 2012.

REDEKER, G. H. J. An educational taxonomy for learning objects. In: IEEE INTERNATIONAL CONFERENCE, 3., 2003, Athens, *Proceedings*... p. 250-251. Disponível em: <http://csdl2.computer.org/comp/proceedings/icalt/2003/1967/00/19670250.pdf>. Acesso em: Acesso em: 22 maio 2012.

SANTOS, H. F. M. *Competência digital*: uma vertente da competência informacional. 2008. 50 f. Monografia (Trabalho de conclusão de curso) – Curso de Graduação em Biblioteconomia, Universidade Federal do Rio Grande do Norte, Natal, 2008.

SOARES, M. Letramento e alfabetização: as muitas facetas. *Revista Brasileira de educação*, n. 25, p. 5-17, 2004.

TAROUCO, L. M. R. et al. Formação de professores para produção e uso de objetos de aprendizagem. *RENOTE Novas Tecnologias na Educação*, v. 4, n. 1, 2006. Disponível em: <http://www.cinted.ufrgs.br/renote/jul2006/artigosrenote/a20_21173.pdf>. Acesso em 20 mar. 2012.

TORI, R. *Educação sem distância*: as tecnologias interativas na redução de distâncias em ensino e aprendizagem. São Paulo: Senac, 2010.

TU, C. H.; MCISAAC, M. The relationship of social presence and interaction in online classes. *The American Journal of Distance Education*, v. 16, n. 13, p. 131-150, 2002.

VAZ, M. F. E. Os padrões internacionais para a construção de material educativo online. In: LITTO, F.; FORMIGA, M. (Org.). *Educação a distância*: o estado da arte. São Paulo: Pearson Education do Brasil, 2009.

VYGOTSKY, L. S. *A formação social da mente:* o desenvolvimento dos processos psicológicos superiores. 3. ed. São Paulo: Martins Fontes, 1989.

WILEY, D. A. Connecting learning objects to instructional design theory: a definition, a metaphor and a taxonomy. In: WILEY, D. A. *The instructional use of learning objects*. Utah: Agency for Instructional Technology, 2000.

Leituras recomendadas

EUROPEAN e-Competence Framework version 2.0. [S.l: s.n.], 2010. Disponível em: <www.ecompetences.eu>. Acesso em: 22 maio 2012.

MURPHY, L. Supporting learner autonomy: theory and practice in a distance learning context. In: GARDNER, D. *Learner Autonomy 10*: integration and support. Dublin: Authentik Language Learning Resources, 2007. p. 72-92. (Authentik books for language teachers, 10).

SOARES, M. *Letramento*: um tema em três gêneros. Belo Horizonte: Autêntica, 1998.

SOARES, M. Novas práticas de leitura e escrita: letramento na cibercultura. *Educação & Sociedade*, v. 23, n. 81, p. 143-160, 2002.

TAKAHASHI, T. (Org). *Sociedade da Informação no Brasil:* Livro Verde. Brasília: Ministério da Ciência e Tecnologia, 2000.

UNIÃO EUROPEIA. *Key competences for lifelong learning*. [S.l.: s.n.], 2011. Disponível em: <http://europa.eu/legislation_summaries/education_training_youth/lifelong_learning/c11090_en.htm> .Acesso em: 3 de junho 2012.

VALENTE, J. A. Formação de professores: diferentes abordagens pedagógicas. In: VALENTE, J. A.(Ed.) *O computador na sociedade do conhecimento*. Campinas: UNICAMP/NIED, 1999. p. 131-142.

Domínio cognitivo em Piaget 4

Silvia Ferreto da Silva Moresco, Patricia Alejandra Behar

INTRODUÇÃO

Este capítulo tem por objetivo discutir as possíveis relações entre a noção de competência em educação e o domínio cognitivo na perspectiva de Jean Piaget. O desenvolvimento desse tema e as relações aqui apresentadas, longe de ser uma verdade absoluta, têm como propósito promover o debate, pois se tem a certeza de que só assim se constroem os conhecimentos.

Segundo Zabala e Arnau (2010), no âmbito educacional, as competências são ações eficazes diante de situações e problemas de diferentes matizes, que obrigam a utilizar os recursos dos quais se dispõe. Contudo, para responder de forma ativa aos problemas, o sujeito precisa estar disposto a resolvê-los e ter um propósito claro e definido. Isso caracteriza ter determinadas atitudes, como a de desejar resolver o problema.

Dessa forma, uma vez apresentada a disposição e o sentido para a resolução dos problemas propostos, constata-se a necessidade de dominar os procedimentos, as habilidades e as destrezas, necessárias à resolução do problema. Para que as habilidades conduzam ao sucesso, devem ser utilizadas sobre os objetos de conhecimento, isto é, conceitos, sistemas conceituais ou fatos.

Como tratado nos capítulos anteriores, têm-se três elementos da competência: os conhecimentos (saber), as habilidades (saber fazer) e as atitudes (saber ser), que constituem o CHA.

Contudo, neste capítulo, será abordado somente o elemento conhecimento, que implica cognição. Segundo Gaspar (2004), o conhecimento existe em si mesmo, enquanto o saber remete à aquisição de conhecimentos por um sujeito. A competência só se efetiva com a aquisição de conhecimentos, isto é, se houver aprendizagem.

Nessa perspectiva, faz-se necessário definir uma teoria que direciona para a definição de conceitos e elementos que fazem parte do domínio cognitivo. Assim, para tratar especificamente do conhecimento, recorre-se aos estudos realizados por Jean Piaget.

O desenvolvimento da inteligência no ser humano está essencialmente vinculado a dois aspectos: a hereditariedade e a adaptação biológica. O desenvolvimento do sistema nervoso está diretamente ligado a eles e irá determinar a capacidade de aprender. Logo, a aprendizagem consiste essencialmente em retirar informações do meio em que o sujeito está inserido, agir sobre elas, de modo a compreendê-las.

Piaget se preocupa com o conhecimento-estrutura, isto é, o conhecimento construído que funciona como condição de assimilação de qualquer conteúdo. Ele afirma que a ação é um conhecimento-estrutura e que só se pode falar em interiorização da cultura se existir, previamente, a interiorização das ações do sujeito. Nesse caso, a ação pode ser compreendida como um conhecimento-estrutura, visto que pensar é agir sobre um objeto e transformá-lo.

Considerando que todo conhecimento, em todos os níveis de desenvolvimento humano, está ligado à ação, pode-se partir dessa ideia para estabelecer relações entre o domínio cognitivo na perspectiva piagetiana e o enfoque educacional por competências. Logo, surge a questão: quais relações podem ser estabelecidas entre o domínio cognitivo de Piaget e o conceito de competências no âmbito da educação?

Como resposta a esse problema, convém considerar que já não é mais suficiente adquirir determinados conhecimentos ou dominar algumas técnicas para ser competente. É necessário que os conhecimentos assimilados pelo sujeito sirvam para que ele possa agir de forma eficiente frente à determinada situação real ou desafio. Portanto, a competência consiste na intervenção eficaz nos diferentes âmbitos da vida, mediante ações nas quais se mobilizam, sincronicamente e de modo inter-relacionado, componentes conceituais, procedimentais e atitudinais.

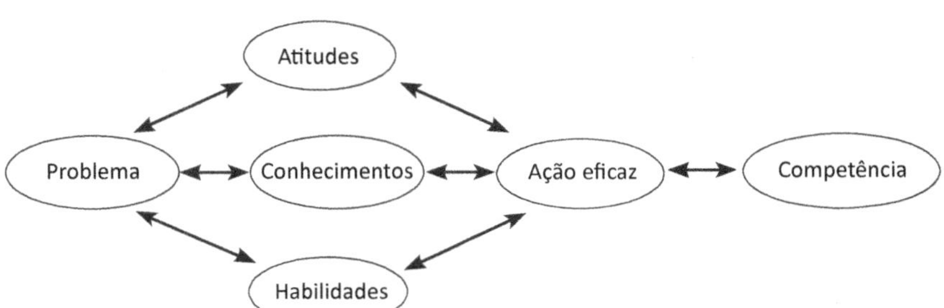

Figura 4.1 Ação eficaz.

Nessa perspectiva, constata-se que tanto no domínio cognitivo piagetiano como no âmbito da educação baseada em competência, vislumbra-se a ação como aspecto determinante do desenvolvimento intelectual. O essencial da aprendizagem é seu caráter funcional diante de qualquer situação nova ou conhecida. De forma análoga, para Piaget, fazer é compreender em ação uma dada situação em grau suficiente para atingir os fins propostos com sucesso. Já compreender é conseguir dominar, em pensamento, a mesma situação até poder resolver problemas por ela levantados. Nesse processo, são consideradas as causas e a forma como ocorrem as ligações utilizadas na ação.

Logo, a fim de possibilitar uma visão mais ampla desse estudo, primeiramente, é apresentado o domínio cognitivo na perspectiva de Jean Piaget, no que se refere ao processo de tomada de consciência, fazer e compreender, abstração reflexionante e generalizações. A seguir, procura-se estabelecer relações entre o domínio cognitivo piagetiano e a noção de competências no âmbito educacional e, por fim, são apresentadas as considerações finais.

DOMÍNIO COGNITIVO NA PERSPECTIVA DE JEAN PIAGET

De acordo com o senso comum o conhecimento (C) é compreendido como um produto dos sentidos, isto é, da sensação ou da percepção. Entretanto, na teoria de Jean Piaget o conhecimento é concebido como uma construção.

O mecanismo da equilibração e o de abstração reflexionante figuram entre as ideias mais originais de Jean Piaget. Por meio desses mecanismos e do processo de tomada de consciência, Piaget procura explicar o processo cognitivo humano (Montangero; Maurice-Naville, 1998). Na concepção piagetiana o conhecimento consiste, essencialmente, em adquirir, acumular, organizar e regular informação por meio de sistemas de autocontroles orientados no sentido das adaptações, ou seja, no sentido da solução de problemas (Piaget, 1996, p. 77).

Logo, entende-se que o conhecimento ocorre por meio da construção de estruturas[1] operatórias, a partir da coordenação geral das ações, e se efetua devido a sucessivas abstrações reflexivas ou diferenciações e de reorganizações ou integrações. Esses processos são orientados por uma autorregulação ou equilibração progressiva, que supõe a interação contínua entre o sujeito e os objetos, em um duplo movimento de assimilação às estruturas e de acomodação destas ao real (Piaget, 1996, p. 102).

Sendo assim, o objeto é enriquecido pelo sujeito, ao mesmo tempo em que este elabora suas estruturas agindo sobre os objetos. Esse processo ocorre de tal forma que suas interações excluem simultaneamente todo empirismo[2] e todo apriorismo[3], em favor da construção contínua de conhecimentos.

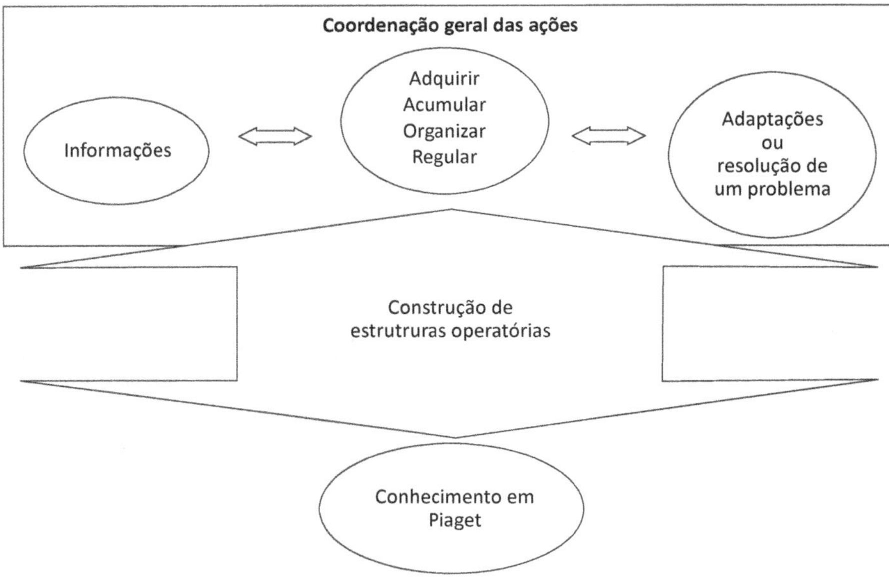

Figura 4.2 Conhecimento em Piaget.

Desse modo, a formação de conhecimento se orienta no sentido do mecanismo de equilibração e autorregulação, pela construção contínua de novos esquemas de assimilação. Assim, são integradas novas estruturas às anteriormente construídas, caracterizando um processo de acomodação permanente. As estruturas anteriormente construídas não são modificadas pelas novas, mas enriquecidas por elas em uma mesma totalidade funcional (Piaget, 1996, p. 148).

Com base nessas ideias, recorre-se aos estudos piagetianos sobre o desenvolvimento humano, com o objetivo de compreender o domínio cognitivo.

PROCESSO DE TOMADA DE CONSCIÊNCIA

Em seus estudos sobre a tomada de consciência, Piaget enfatiza a ação e procura explicar a coordenação das ações. Para ele, a ação[4] é um conhecimento autônomo, que pode ocorrer sem tomada de consciência dos meios utilizados. Assim, os comportamentos dos seres humanos são entendidos por Piaget como ações de níveis diferentes. Nessa perspectiva, as ações que originam apenas resultados práticos são definidas por Piaget como operações do primeiro grau, enquanto a compreensão da ação que se fez é definida como ação de segundo grau. A ação de segundo grau não ocorre mais sobre os objetos, mas sobre as ações realizadas anteriormente. Nesse segundo tipo de ação, o sujeito se apropria dos mecanismos de ação de primeiro grau, buscando a compreensão do que realizou. A ação de primeiro grau busca o sucesso, sem necessariamente, ter consciência dos meios utilizados para alcançar esse sucesso. Esse processo está representado na figura a seguir.

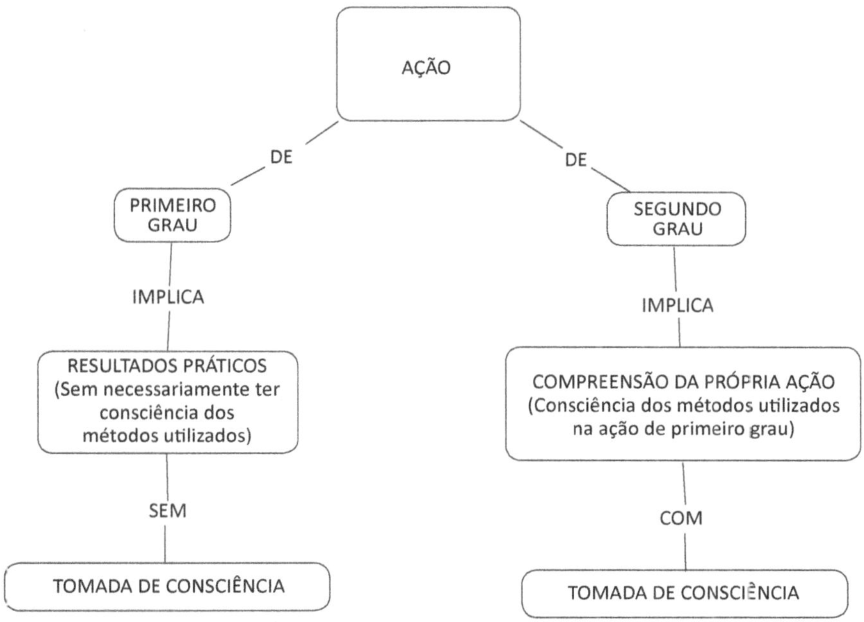

Figura 4.3 Tomada de consciência.

Convém ressaltar que muitas ações humanas do dia a dia são de primeiro grau, pois são realizadas com base na construção de esquemas de ação[5] complexos que funcionam automaticamente, sem que o sujeito se dê conta, do tipo piloto-automático. Pode-se citar, por exemplo, o ato de dirigir, que se torna quase automático após um determinado tempo de prática. Dessa forma, é possível ignorar as ações práticas ou retornar a elas após o sucesso alcançado, tentando compreendê-las. Esse processo de compreensão da ação de primeiro grau, a tomada de posse dos seus mecanismos íntimos, da própria ação, é definido por Piaget como "a tomada de consciência" (Becker, 2005).

Piaget constatou que a passagem do inconsciente à consciência requer reconstruções e não se reduz simplesmente a um processo de iluminação, isto é, um tipo de *insight*. "A tomada de consciência de um esquema de ação o transforma em um conceito, constituindo-se, essencialmente, numa conceituação" (Piaget, 1977, p. 197).

Porém, o que desencadeia o processo de tomada de consciência?

Na perspectiva piagetiana, a tomada de consciência é desencadeada quando as regulações automáticas não dão conta de resolver um problema, isto é, não são suficientes para se obter sucesso na ação. Essas regulações podem ser causadas por correções parciais, negativas ou positivas dos meios que estão sendo utilizados na resolução.

Nesse caso, o sujeito precisa buscar novas alternativas e encontrar outros meios para alcançar seu objetivo. Esse processo implica escolhas deliberadas, em que o sujeito reflete sobre sua ação futura, indicando consciência. Tem-se, então, um processo de inadaptação[6] que gera a necessidade de readaptações, sendo que o processo de readaptação é tão importante quanto o das adaptações na perspectiva piagetiana.

Contudo, Piaget situa as razões funcionais da tomada de consciência em um contexto mais amplo do que o das inadaptações. Trata-se de um caso particular que não pode ser desprezado. Então, considerando as ações materiais e passando em seguida ao pensamento como interiorização das ações, o autor afirma que a lei geral da tomada de consciência procede da periferia para o centro. Nesse caso, a periferia corresponde à reação mais imediata e exterior entre o sujeito e o objeto, enquanto o centro se refere aos mecanismos centrais da ação do sujeito. O centro se situa nas fontes orgânicas do comportamento e das estruturas operatórias.

O fato de o sujeito determinar um objetivo para a sua ação envolve mais os fatores internos a ele do que os externos, apesar de estar ligado em parte à natureza do objeto. Um aspecto a ser considerado é que os fatores internos da ação do sujeito escapam inicialmente à sua consciência. O outro é que o conhecimento procede da interação entre o sujeito e o objeto, caracterizando uma zona periférica. Assim, a tomada de consciência se orienta para os mecanismos centrais da ação do sujeito, enquanto o conhecimento do objeto se orienta para suas propriedades intrínsecas. Nesse processo, ocorre o reconhecimento dos meios empregados, das razões da escolha ou da modificação destes durante a ação e outros aspectos significativos.

O processo de tomada de consciência da ação própria pode acontecer durante a busca de um objetivo, tanto em situações onde ocorreu êxito como nas em que ocorreu fracasso. Dessa forma, ao constatar um fracasso, o sujeito pode verificar as suas causas e isso pode levá-lo à tomada de consciência de regiões centrais da ação (Piaget, 1976).

A tomada de consciência progressiva pode se constituir sem inadaptações. Isso significa que o sujeito pode atingir o seu objetivo inicial sem nenhum fracasso. Nesse caso, como o progresso da consciência não se encontra mais vinculado às adversidades da ação, ele só pode resultar do próprio processo de assimilação. Assim, quando o sujeito determina para si mesmo um objetivo em função do objeto, ele já está assimilando esse objeto a um esquema prático. Entretanto, à medida que o objetivo e os resultados da ação permitem o surgimento da consciência, mesmo permanecendo generalizável em ações, o esquema de ação se torna conceito e a assimilação se torna representativa ou passível de evocações em extensão.

O processo assimilador passa a ser um instrumento de compreensão e terá, ao mesmo tempo, como conteúdo os objetos e a ação, em um movimento de idas e vindas entre as duas classes de dados de observação. Não existe razão alguma para que o mecanismo de tomada de consciência do objeto não se estenda às tomadas de consciência da ação, já que existe dependência recíproca entre a ação e o objeto. A partir dessa fase, as inadaptações só desempenham sua função a título momentâneo ou local e as causas dos insucessos se tornam o essencial com a regulação ativa no centro das tentativas. Embora já ocorra passagem da consciência do objetivo e do resultado alcançado à dos meios empregados, essa interiorização da ação conduz ao plano da ação refletida, consciência dos problemas a resolver e dos meios cognitivos empregados na resolução.

RELAÇÕES ENTRE O FAZER E O COMPREENDER

Os estudos psicogenéticos desenvolvidos por Piaget (1978) permitem entender o mecanismo de dependência entre o fazer e o compreender,[7] quando este atinge os processos formadores ou transformadores.

O autor verificou que a autonomia e o caráter cognitivo da ação permanecem constantes antes da tomada de consciência, até mesmo no caso das ações de sucesso antecipadas. Entretanto, esses aspectos são realizados por etapas e por meio de coordenações com grau de complexidade crescente. Posteriormente, Piaget constatou a inversão progressiva dessa situação, no caso em que a conceituação atinge o nível da ação e termina por ultrapassá-lo e por influenciar as ações, de modo a governá-las, planejando-as antes da realização. Ao estudar as relações entre o fazer e o compreender, Piaget (1978) procurou determinar as analogias entre o sucesso prático e o compreender em pensamento, de forma que a conceituação aconteça após a ação ou, de forma oposta, ocorra antes e a conduza. Convém ressaltar que o sucesso prático resulta do saber fazer e que o compreender em pensamento é característico da conceituação.

Com esses estudos, Piaget concluiu que a ação é uma forma de conhecimento autônomo, que pode se organizar sem a tomada de consciência dos meios utilizados. A compreensão da ação não acontece ao mesmo tempo em que o sujeito age, pois existe um retardo sobre a ação. Assim, quando ocorre a transição do fazer ao compreender, o fazer não desaparece, mas é reconstruído ao nível da representação, estruturado pela capacidade operatória, pela compreensão do que se fez (Becker, 1993).

Dessa forma, entende-se que as operações são ações interiorizadas, reversíveis e coordenadas em estruturas gerais. Uma ação interiorizada é uma ação executada em pensamento sobre objetos simbólicos. Essa ação pode ocorrer pela representação do seu possível acontecimento e de sua aplicação a objetos reais evocados por imagens mentais ou por aplicação direta de sistemas simbólicos. Uma operação não ocorre isolada, mas acontece em função de um conjunto de operações coordenadas entre si. Logo, um sujeito só compreende um conteúdo, se tiver construído estruturas prévias ou formas[8] que funcionem[9] como base para assimilar essas informações.

A partir de determinados níveis cognitivos, a conceituação passa a influenciar a ação. Nesse caso, a ação é modificada pela utilização rápida e sistemática de mediadores, a lógica do indivíduo e as explicações que ele obtém por meio modificam as ações, possibilitando novas formas que até o momento não eram utilizadas. Essa nova forma de pensar é produzida pelas próprias ações, antes de se tornar um instrumento operacional geral. Esse progresso fornece à ação e às suas regulações certa capacidade de antecipação e uma regulagem mais ativa. Assim, abre-se a possibilidade de escolha entre meios distintos, sem se restringir às regulações automáticas, por meio de correções compensadoras. Esses aspectos favorecem a tomada de consciência, já que antecipação e a escolha evoluem facilmente do nível da ação material para o nível da representação. Como resultado, as modificações constituem uma fonte de novas coordenações da ação e, sincronicamente, de conceituação, sem a existência, durante essas fases, de transformações. Isso caracteriza a existência de duas realidades independentes uma da outra. Portanto, existem de um lado coordenações de movimento, como as ações materiais e causais, e de outro, conexões lógicas e implicativas. Essas duas realidades podem ser comparadas a duas faces de uma mesma organização. Nos casos de tomadas de consciência tardias, em relação aos sucessos precoces de ações organizadas rapidamente, essa conceituação com atraso supõe uma reconstrução menos dependente. Nos casos em que as elaborações são solidárias e ocorrem ao mesmo tempo, ocorrem reorganizações conjuntas, com graus distintos de profundidade (Piaget, 1978).

Nessa perspectiva, a partir de um determinado nível de desenvolvimento cognitivo, tem-se uma influência da conceituação sobre a ação, embora a conceituação tenha como base a ação. A conceituação fornece à ação um aumento da capacidade de coordenação, do poder de previsão e da possibilidade de planejar estratégias de ação. Esse ganho é possível com base no conhecimento prévio, sem que o sujeito estabeleça limites entre a sua prática e o seu sistema de conceitos. Observe o esquema na Figura 4.4:

Figura 4.4 Fazer e compreender.

Quando a conceituação está no mesmo nível da ação, a previsão de resultados constitui um produto das coordenações motoras da ação. Com o desenvolvimento cognitivo, de forma gradual, por constantes trocas entre as experiências da ação com regulações automáticas e as inferências da conceituação, são adquiridas novas coordenações. Porém, isso acontece até o ponto em que ocorre uma inversão total e progressiva das relações entre a conceituação e a ação. No nível das operações formais, torna-se possível uma programação completa da ação a partir da conceituação. Esse processo ocorre por uma abstração reflexiva, em que o próprio produto da abstração precedente se tornou objeto de reflexão e de formulação consciente. Torna-se possível uma programação completa da ação a partir da conceituação. Ocorre a inversão total da situação inicial e a conceituação fornece a ação, não apenas planos restritos e provisórios que serão revisados e adaptados durante a execução, mas uma programação global. Esta, por sua vez, assemelha-se à que se detecta nas fases médias da técnica formal, quando a prática se apoia na teoria.

Piaget (1978) levanta a hipótese de que a característica mais geral dos estados conscientes, desde as tomadas de consciência elementares até as conceituações de níveis formais, é a de revelar significações e agrupá-las por meio de conexões, que o autor denomina "implicações significantes". Então, tudo que envolve a ação e o seu contexto pode ser entendido como representações significantes por intermédio dos instrumentos semióticos, tais como as imagens e a língua falada. Entretanto, o núcleo funcional das coordenações, que no plano da ação permanece de natureza causal, apresenta um equivalente no plano do pensamento, o sistema das coordenações operacionais. Esse sistema modifica os objetos do pensamento da mesma forma como a ação transforma os objetos materiais. Assim, Piaget não considera a operação como representação da ação. Para ele, a operação é ainda uma ação significante e não mais física, pois é construtora de novidades e utiliza meios de natureza implicativa e não mais causal.

Reportando-se, novamente, à questão das relações entre o fazer e o compreender, pode-se dizer que a compreensão consiste em isolar a razão das coisas, ao passo que fazer é somente utilizá-las com êxito. O sucesso prático é condição preliminar da compreensão, porém, a compreensão ultrapassa a ação, pois atinge um saber que precede a ação e pode se privar dela.

ABSTRAÇÃO REFLEXIONANTE[10]

Entende-se que é importante tratar desse conceito, pois, para esse autor, o conhecimento é concebido como uma construção que ocorre por meio do processo de abstração reflexionante. A palavra *abstrair* significa extrair algo de algo. Não se trata de retirar a totalidade, mas apenas alguns aspectos. É justamente nesse processo que se encontra o limite do conhecimento, visto que o objeto, de certa forma, não pode ser conhecido totalmente pelo sujeito. Por outro lado, esta é a razão pela qual o conhecimento é progressivo e está restrito ao que o sujeito tem condições de assimilar,[11] dos observáveis ou não observáveis, em uma determinada fase ou momento de sua vida. O sujeito só consegue assimilar aquilo que seu esquema de assimilação atual possibilita. O esquema disponível no momento é a síntese das experiências anteriores (Becker, 2001, p. 45-47).

Piaget (1995) distingue a abstração apoiada sobre objetos da abstração reflexionante. Para ele, a abstração empírica se apoia sobre objetos físicos ou sobre fatores materiais da ação do sujeito. Consiste em depreender uma propriedade daquilo que o indivíduo observa. Dito de outra forma, o sujeito retira informações (propriedades, tal como a cor, espessura e largura) dos observáveis, que são objetos (por ele vistos ou tocados) e das próprias ações materiais (movimentos, força ou direção).

A abstração empírica, mesmo em suas formas mais elementares, não se resume a simples leituras, pois, para abstrair qualquer propriedade a partir de um objeto, é imprescindível que o sujeito recorra logo de início a instrumentos de assimilação, como o estabelecimento de relações ou significações. Esses instrumentos de assimilação se originam dos esquemas sensório-motores ou conceituais não fornecidos pelo objeto, mas construídos pelo sujeito anteriormente.

Contudo, apesar da importância desses esquemas, a generalização[12] ligada à abstração empírica é apenas extensiva, pois busca atingir um dado exterior que afeta os sentidos, nesse caso a percepção.[13] Ela consiste em encontrar, em novos objetos, uma propriedade que já existia neles, muito parecida com a que foi abstraída dos objetos na fase inicial. A abstração empírica visa a um conteúdo, em que os esquemas se restringem a ajustar formas que irão viabilizar condições para captá-lo. O esquema é tudo aquilo que é generalizável em uma determinada ação, é ação organizada, que classifica, faz seriações, etc. Tem origem na experiência lógico-matemática. Nesta perspectiva, conclui-se que a abstração empírica funciona pela percepção e pelas sensações e não pelos esquemas sensório-motores ou conceituais. Ela só será organizada se for submetida aos esquemas.

Já a abstração reflexionante se apoia sobre o conhecimento físico, que é exógeno, e sobre todas as atividades cognitivas do sujeito, com a finalidade de extrair delas determinados aspectos e utilizá-los para outros fins, tais como novas adaptações ou novos problemas. Entre essas atividades cognitivas, podem ser citados os esquemas ou coordenações de ações, as operações, as estruturas e os subsistemas (Piaget, 1995, p. 6).

Conforme o mesmo autor, a abstração é reflexionante em dois sentidos complementares. Inicialmente, por reflexionamento, o sujeito transpõe a um patamar[14] superior o que adquiriu no patamar precedente. Como exemplo de reflexionamento, pode-se citar a conceituação. Na sequência, por reflexão, o sujeito reconstrói sobre o novo nível o que foi adquirido no nível anterior. Ele também pode estabelecer relações entre os elementos retirados do plano inicial com os já situados no plano superior, com a finalidade de reorganizá-los. Dito de outra forma, a reflexão pode ser definida como um ato mental de reconstrução, uma ação de reorganização do que foi transposto ao patamar superior por reflexionamento.

Englobando seus dois componentes (reflexionamento e reflexão), a abstração reflexionante pode ser observada em todos os estágios[15] do desenvolvimento cognitivo. Dessa forma, a partir do nível sensório-motor, uma criança já é capaz de se utilizar de determinadas coordenações de estruturas já construídas para resolver um novo desafio. A criança é capaz de reorganizar as estruturas anteriormente construídas em função de uma nova realidade. Esse processo está representado no esquema a seguir.

Nos níveis superiores, quando a reflexão é obra do pensamento, tem-se a necessidade de diferenciar também seu processo enquanto construção de sua temática retroativa, que passa a ser uma reflexão sobre reflexão. Tem-se, nesse caso, a abstração refletida ou o pensamento reflexivo. Santos (1998, p. 59), explica que um quarto patamar de reflexionamento é construído a partir de reflexões sobre reflexões precedentes, possibilitando distintos graus de metarreflexão.[16] Cada nova reorganização implica a construção de um novo patamar de reflexionamento. Cada novo patamar de reflexionamento torna necessária uma nova reflexão reorganizadora. Dessa forma, o que foi adquirido no patamar inferior pode ser reconstruído no patamar superior, prolongando o reflexionamento, em um processo sucessivo, dinâmico e complementar, como está representado na Figura 4.5.

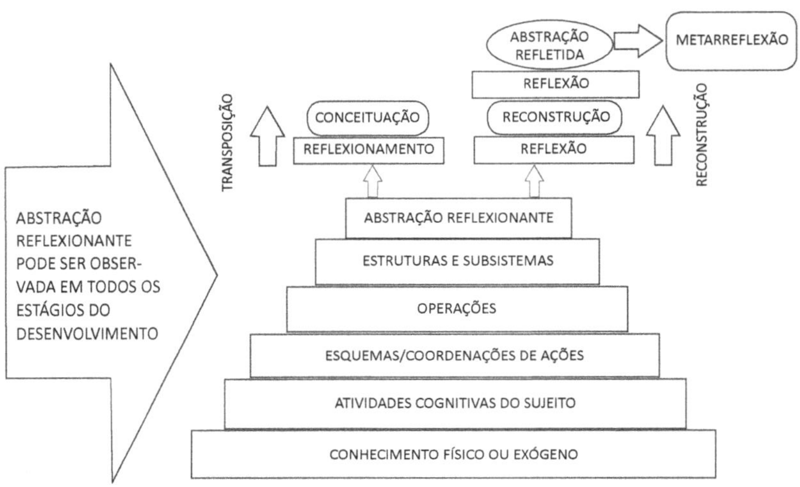

Figura 4.5 Abstração reflexionante.

Convém salientar que o processo de abstração reflexionante se apoia sobre as coordenações do sujeito, sendo que essas coordenações e o próprio processo reflexionante podem permanecer inconscientes ou permitir tomadas de consciência e conceituações distintas (Piaget, 1995, p. 274).

Piaget (1995) descreve também o conceito de abstrações pseudoempíricas. Para ele, essa variedade de abstração é um caso particular de abstração reflexionante que pode ser observada nos níveis já representativos, mas ainda pré-operatórios, como no nível das operações concretas. Nesse caso, o sujeito somente consegue efetuar construções, que mais tarde se tornarão puramente dedutivas, apoiando-se sempre sobre seus resultados constatáveis. A leitura desses resultados é feita com base em objetos materiais, como se fossem abstrações empíricas. Contudo, as propriedades constatadas são introduzidas nesses objetos pela atividade do sujeito. Trata-se de uma variedade de abstração reflexionante, mas que depende da ajuda dos observáveis ao mesmo tempo exteriores e construídos por ela. No caso da abstração empírica, ao contrário, as propriedades existiam no objeto antes mesmo de qualquer constatação por parte do sujeito.

Assim, sempre que um objeto for transformado pelas ações do sujeito e enriquecido de propriedades retiradas de suas coordenações, tem-se um processo de abstração pseudoempírica. Embora esse tipo de abstração ocorra sobre o objeto e sobre os seus observáveis atuais, como na abstração empírica, as constatações consideram, realmente, os produtos da coordenação das ações do sujeito. Como exemplo, pode ser citada a ordenação dos elementos de um conjunto (Montangero, Maurice-Naville, 1998, p. 90).

Conforme o que foi colocado por Piaget (1995), pode-se afirmar que, nesse tipo de abstração, o sujeito retira alguma propriedade do objeto que não está nele. É exatamente o oposto da abstração empírica, pois nessa as propriedades retiradas dos objetos já existiam neles antes de qualquer constatação por parte do sujeito. Trata-se de uma falsa abstração empírica, já que na verdade é um processo reflexionante. Por exemplo, quando uma criança visualiza uma camiseta vermelha e relaciona com a cor do seu time de futebol.

Pode-se concluir, também, que a abstração pseudoempírica desempenha uma função muito importante no nível das operações concretas, pois o pensamento continua materializado nos objetos, transformado e enriquecido, pelas ações do sujeito. Assim, as abstrações reflexionantes pseudoempíricas engendram uma relação dialética entre o sujeito e o objeto, pois o sujeito retira do objeto um determinado conteúdo e o devolve transformado, enriquecido por suas contribuições. Tem-se, portanto, um tensionamento contínuo entre o observável empírico puro e a elaboração intelectual que o sujeito vai construindo a respeito desse objeto. Contudo, para que a abstração pseudoempírica seja realmente enriquecedora, os acréscimos, em termos de ordenamentos, classificações, seriações, correlações, etc., devem estar alicerçados em coordenações anteriormente construídas pelo sujeito. Na falta dessas coordenações, os tensionamentos dialéticos ou acréscimos são pobres, conduzindo a uma leitura problemática do objeto. Em outras palavras, isso significa dizer que a progressão nos níveis de desenvolvimento cognitivo depende de uma categoria de compreensão interna ao sujeito. Sem essa categoria, o real, por mais saliente que seja, não tem significados específicos.

GENERALIZAÇÕES[17]

Trata-se de outro conceito importante no que se refere ao conhecimento. Assim, pode-se dizer que a generalização consiste em engendrar estruturas constantemente novas, no sentido de não estarem presentes no ponto de partida, mas que, à medida que são construídas, se caracterizam como o produto necessário da etapa inicial. Essa construção se apoia constantemente no que ainda não está realizado, na mesma intensidade e, frequentemente, com uma intensidade maior do que sobre as concepções anteriores (Piaget, 1991).

Esse processo de generalização pode ser encontrado de duas formas distintas. Primeiramente, tem-se a generalização indutiva, de origem empírica, pois tem início a partir dos observáveis ligados aos objetos. Essa forma de generalização permite que o sujeito possa verificar a validade de relações observadas, para que com base nessa análise possa estabelecer seu grau de generalidade e extrair previsões posteriores. Convém salientar que o sujeito ainda não consegue encontrar explicações sobre a validade das relações observadas, pois isso o levaria a ultrapassar os observáveis. A generalização indutiva apresenta natureza essencialmente extensiva e consiste em proceder de um ponto específico para o todo.

Já a generalização construtiva se apoia sobre as operações do sujeito ou em seus produtos. Sua natureza é paralelamente compreensiva e extensiva, o que permite a produção de novas formas e, também, de novos conteúdos, que são engendrados por essas formas e não dados pelos observáveis empíricos. Esse tipo de generalização pode conduzir à elaboração de estruturas mais ricas, porém de extensão mais limitada (Piaget, 1991). Essa ideia está esquematizada na Figura 4.6.

Em relação à assimilação, o autor coloca que a generalização construtiva não consiste em assimilar novos conteúdos a formas[18] já elaboradas, mas em engendrar novas formas e novos conteúdos. Assim, ela produz novas organizações estruturais. Esse processo envolve uma assimilação recíproca de esquemas inicialmente compreendidos como heterogêneos. Trata-se de uma assimilação com diferenciações e reintegrações, em que o ponto inicial é para o sujeito a dificuldade de uma assimilação particular. De maneira oposta, no ponto de chegada o que dificultava a assimilação se torna uma transformação interna do esquema ampliado e provoca uma diferenciação do esquema inicial em subsistemas. Tem-se a integração desses dois esquemas em um sistema geral que, a partir de então, passa a coordená-los. Nesse processo sempre houve assimilação, mas esta é de ordem superior.

A qualidade geral das generalizações construtivas não permanece puramente extensiva. Isso ocorre somente nas generalizações indutivas, onde existe somente assimilação de novos conteúdos observáveis a um esquema já existente, que não sofre transformação. A generalidade construtiva deve ser definida pela grande riqueza dos sistemas que engendra. Pode-se mensurar o seu crescimento em extensão, o que é facilmente constatado em assimilações recíprocas entre esquemas de mesma ordem. Dessa forma, pode se obter como resultado um conteúdo mais amplo que os de cada subsistema.

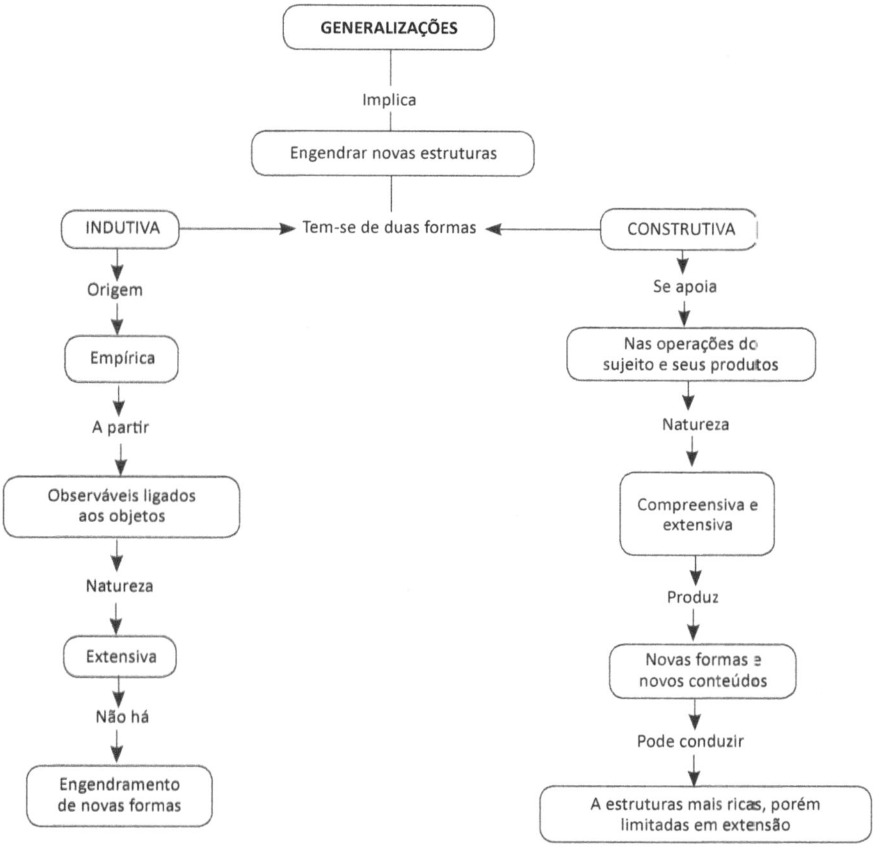

Figura 4.6 Generalizações.

A ideia geral construtiva pode ser constatada também em compreensão, nos casos de diferenciações e de reintegrações, pois as estruturas de ordem superior apresentarão propriedades novas.

Sobre as relações entre compreensão e extensão, Piaget (1991) explica que a generalização construtiva chega, simultaneamente, ou após uma curta decalagem,[19] a um enriquecimento complementar da extensão e da compreensão. É como se elas se desenvolvessem em razão direta e não inversa uma da outra. Contudo, o autor deixa claro que existe apenas uma contradição aparente, pois o que se tem, na verdade, são relações diretas. Essa dupla construtividade é a característica mais importante da generalização construtiva.

As diferenciações não consistem somente em abstrações, mas necessitam também de generalizações, tanto para religá-las às variações dos fatores a diferenciar quanto para abrir novas possibilidades.

Para Piaget (1995), as variações de uma propriedade considerada apontam dois tipos de diferenciações. Primeiramente, têm-se as diferenciações ou variações intrínsecas, que podem ser determinadas por deduções necessárias com base na significação dessa propriedade. O segundo tipo envolve as diferenciações ou variações extrínsecas, que são conduzidas do exterior, por abstrações empíricas.

A variação extrínseca pode sempre estar em um estado provisório, pois permanece aguardando que informações mais desenvolvidas transformem-na em diferenciação intrínseca. Essa passagem possível do extrínseco mal estruturado ao intrínseco bem estruturado nos conduz em direção ao enunciado de uma lei psicogenética muito importante, segundo a qual toda generalização tenderia a se orientar na direção de diferenciações intrínsecas.

Considerando as formas da integração, Piaget (1991) explica que, em todos os níveis de desenvolvimento, a integração em sistemas de conjunto comporta generalizações, sejam construtivas ou mesmo indutivas. Em relação ao caráter extrínseco ou intrínseco das diferenciações, às quais respondem as integrações, o autor introduz duas importantes dicotomias.

A primeira delas tem relação com as variações extrínsecas e intrínsecas. Trata-se de uma integração totalizante, que chega por definição a um sistema global. As propriedades desse sistema são diferentes das propriedades de seus subsistemas, pois estes últimos resultam de variações intrínsecas do sistema total. Dessa forma, o sistema geral acrescenta às suas estruturas de origem determinadas características novas que as enriquecem. Ressalta-se que as estruturas de origem só podem ser consideradas subsistemas, à medida que são integradas nas mais complexas. Como exemplo, dessa primeira distinção, tem-se um grupo e seus subgrupos, pois podem deduzir estes das variações intrínsecas possíveis daquele.

A segunda dicotomia envolve as integrações coordenadoras que, de modo oposto à primeira, apoiam-se somente sobre as variações extrínsecas. Essa variedade de integrações consiste apenas em reunir os subsistemas em uma totalidade, que nada acresce às suas propriedades e comporta somente características comuns menos complexas do que aquelas das subclasses, salvo o fato de que o todo admite um maior número de subdivisões inferiores. Tem-se como exemplo dessa segunda distinção a taxonomia zoológica. Sabe-se que, por causa das propriedades comuns que caracterizam uma ramificação, não se podem deduzir nem as propriedades de Classes, nem as de Ordens, tampouco as das Famílias, dos Gêneros ou das Espécies. Segundo o autor, a única marca distintiva desses encaixes é o fato de que cada um comporta cada vez menos características comuns e cada vez mais subdivisões. Entretanto, nenhuma dessas subdivisões apresenta estrutura própria de fato, pois o gênero é apenas uma Espécie ampliada, a Família é apenas um Gênero ampliado e assim sucessivamente. Os encaixes comportam cada vez menos características comuns e cada vez mais subdivisões, que podem ser modificadas, pois o sistema em questão apoia-se somente sobre variações extrínsecas.

Piaget (1991) apresenta outra dicotomia em relação às integrações totalizantes. Trata-se da diferenciação das integrações totalizantes completivas e das integrações totalizantes sintetizantes. As integrações totalizantes completivas integram uma estrutura menos complexa em uma estrutura mais complexa, o que possibilita uma nova construção por adjunção de novas operações. As integrações totalizantes simples ou sintetizantes ocorrem quando se trata de desprender o conceito comum a muitas estruturas ou as noções anteriormente concebidas como heterogêneas. Estas reúnem, em uma nova totalidade, sistemas até então sem relações diretas entre si. Trata-se de reunir formas e, portanto, variações intrínsecas e não conteúdos, como nas integrações coordenadoras.

No sentido da irredutibilidade ou da complementaridade, as generalizações completivas visam a uma grande compreensão, mas obtendo uma maior extensão por acréscimo. Já as generalizações sintetizantes buscam uma maior extensão, mas devendo passar pelas compreensões. Em relação aos patamares de consciência, as generalizações completivas permanecem inconscientes. Assim, as operações em jogo servem de instrumentos muito antes de se tornarem objetos de pensamento. De outra forma, as generalizações sintetizantes, a partir de determinado nível, exigem uma abstração. Não se trata somente de uma abstração reflexionante, mas também de uma abstração refletida, com tematização dos conceitos e operações.

Se, em relação à natureza, as duas variedades de integrações são distintas, elas são complementares, no sentido que os completivos, que representam o núcleo central das generalizações construtivas, constituem a condição prévia dos sintetizantes. Assim, é necessário construir estruturas que servem, em seguida, para comparar e sintetizar.

Nesse ponto, a tomada de consciência ou tematização exige uma reconstrução no plano reflexivo do que funcionava sem representação no plano empírico. Dessa maneira, tanto as estruturas de comparar quanto a estrutura sintética final darão lugar a reconstruções em parte novas sobre o patamar superior ou patamar da reflexão.

O estudo realizado sobre os processos de tomada de consciência, fazer e compreender, abstração reflexionante e generalização se fez necessário para esclarecer como ocorre a construção do conhecimento na perspectiva piagetiana. Pretende-se, a partir desse foco, estabelecer relações entre o domínio cognitivo na visão de Jean Piaget e o CHA, isto é, o conjunto de competências, habilidades e atitudes no campo da docência.

DOMÍNIO COGNITIVO SEGUNDO PIAGET E SUAS POSSÍVEIS RELAÇÕES COM O CHA

Abordar a questão do domínio cognitivo e suas relações com os conhecimentos, habilidades e atitudes (CHA) não é tarefa fácil, pois são poucos os autores que tratam diretamente sobre essa questão.

Segundo Tardif (2002), o saber docente pode ser definido em um sentido amplo que engloba os conhecimentos, as habilidades e as atitudes (CHA). Nesse contexto, se faz necessário abordar os saberes docentes na perspectiva desse autor, com o propósito de estabelecer possíveis ligações entre o CHA e o domínio cognitivo piagetiano.

Na visão desse autor, as competências, habilidades e atitudes dos professores provêm de fontes diversas. Como exemplo, pode ser citada a formação inicial e continuada, o currículo, a socialização escolar, o conhecimento das disciplinas a serem ensinadas, as experiências profissionais, a cultura pessoal e profissional, a aprendizagem com os colegas, etc.

Um professor nunca define sozinho e em si mesmo o seu próprio saber profissional. Ao contrário, esse saber é construído socialmente por meio de uma negociação entre diferentes grupos. Dessa forma, o saber dos professores não é um acervo de conteúdos cognitivos, mas um processo de construção de conhecimentos, habilidades e atitudes ao longo da carreira. É no exercício da profissão docente que se aprende progressivamente a atuar no ambiente de trabalho, ao mesmo tempo em que se insere nele e o interioriza por meio de regras de ação. Essas regras de ação, gradativamente, se tornam parte integrante da sua *consciência prática* e, consequentemente, do seu fazer pedagógico.

Nessa perspectiva, os saberes que servem de base para o ensino não se limitam apenas a conteúdos que dependem de um conhecimento especializado, mas abrangem uma grande diversidade de objetos, questões e problemas relacionados ao trabalho. Considerando as ideias de Tardif (2002), os saberes docentes não correspondem apenas aos conhecimentos teóricos adquiridos na graduação e produzidos pela pesquisa em educação, pois a experiência de trabalho parece ser a fonte mais importante do saber docente. A integração e participação do docente na vida cotidiana da escola, bem como as relações com os colegas de trabalho, possibilitam a construção de conhecimentos coletivos, tanto teóricos como relativos à maneira de ser e atuar. Esses conhecimentos se referem aos alunos, aos pais, às atividades pedagógicas, materiais didáticos, projetos, entre outros.

Dessa forma, pode-se afirmar que o saber profissional está na convergência entre várias fontes de saberes provenientes da história de vida de cada sujeito, da sociedade, da instituição escolar, dos demais atores educativos, da graduação e da formação continuada.

Logo, se os saberes docentes são construídos em grande parte pela experiência, participação do professor na comunidade escolar e interação com colega, pode-se dizer que as competências, habilidades e atitudes necessárias ao trabalho docente são construídas com base na sua ação pedagógica, isto é, no fazer. Citam-se como exemplo as relações entre o fazer e o compreender na formação continuada de professores que interagem com as tecnologias digitais. Nesse caso, para muitos professores, o uso de computadores, de *softwares*, das redes sociais, da educação a distância, por exemplo, é uma nova realidade, uma nova ação, que precisa ser assimilada. Depois de compreendida, essa ação precisa ser adaptada com sucesso a sua prática pedagógica. Entretanto, para que isso ocorra, é necessário, em um primeiro momento, agir, experimentar, desvendar o novo e adquirir conhecimentos, para posteriormente avançar e inovar. É exatamente quando se atinge os processos formadores ou transformadores que se percebe o mecanismo de dependência entre o fazer e o compreender, pois nesse caso a conceituação ocorre após a ação.

Segundo Zabala e Arnau (2010), as competências não podem ser ensinadas, mas sim desenvolvidas ao longo da vida. Todo projeto educacional apresenta uma intencionalidade que fixa seus resultados em uma aplicação futura e que, por isso, é imprevisível. Nessa perspectiva, sempre que um professor enfrenta e resolve um novo problema, que emerge na prática docente, este age de forma competente, pois obtém sucesso em sua ação. Agir dessa forma implica utilizar competências que talvez nunca tenham sido aprendidas como tal, mas que foram desenvolvidas ao longo da vida. Estas podem ter sido construídas de forma isolada, sem seus componentes conceituais, procedimentais e atitudinais e, na maioria dos casos, desconectados de situações reais. Porém, os professores, muitas vezes, são capazes de converter aprendizagens descontextualizadas em ações mais ou menos competentes, para resolver problemas inesperados, como, por exemplo, uma grande evasão em um curso de educação a distância.

Com base em Zabala e Arnau (2010), pode-se constatar a capacidade que os professores possuem de transferir informações que foram anteriormente apresentadas durante sua formação de forma descontextualizada, isto é, sem relação com a realidade atual, para resolver problemas reais e inusitados que surgem no contexto de trabalho. Assim, o sujeito seleciona esquemas de ação anteriormente construídos e os emprega em novas situações reais. Esse processo transformador ilustra o mecanismo de dependência contínuo entre o fazer e o compreender, pois, para resolver um novo problema, o sujeito precisa recorrer a aprendizagens anteriormente construídas e readaptá-las com sucesso à nova realidade. Entende-se que essa operação não ocorreu isoladamente, mas utilizou como base ações interiorizadas previamente, reversíveis e coordenadas em estruturas gerais. Trata-se de uma ação executada em pensamento, pela representação do seu possível acontecimento e de aplicação a um objeto real evocado por imagens mentais, seja por aplicação direta de sistemas simbólicos. Essa operação não ocorre de forma isolada, mas acontece em função de um conjunto de operações coordenadas entre si.

Nesse contexto, a competência docente implica o saber, o saber fazer e desejar fazer. Logo, o professor é considerado competente quando sabe combinar e mobilizar um conjunto de recursos pertinentes (conhecimentos, habilidades e atitudes) para resolver um determinado problema com sucesso. De forma análoga, Perrenoud (2004) coloca que, na construção de competências, distinguem-se dois momentos: a aquisição de recursos e a aprendizagem da sua mobilização, o que confirma essa ideia. Em suma, trata-se de inventar soluções originais ou parcialmente originais para obter êxito frente a situações problemáticas novas. Parte-se dos conhecimentos já construídos para criar estratégias e vencer novos desafios.

Segundo esse autor, o reinvestimento do adquirido em situações distintas das situações de formação, implica a mobilização de saberes e a construção de competências. Cada competência pressupõe um desenvolvimento global do pensamento crítico e da prática reflexiva, que só podem ser exercidos sobre o conjunto de saberes previamente construído. Vislumbra-se, assim, o sentido do termo competência em educação, que entrelaça a aquisição de conhecimentos com a sua aplicação, conforme foi apresentado no Capítulo 1.

Essas ideias trazidas por Perrenoud (2000) podem ser relacionadas com a teoria da abstração reflexionante de Piaget (1995). A abstração é reflexionante em dois sentidos complementares: o primeiro por reflexionamento e o segundo por abstração refletida ou pensamento reflexivo.

Esse processo de construção constante de novas estruturas ou competências é essencial para os profissionais, principalmente para aqueles que atuam na EAD, e é a abordagem central deste livro. Segundo Benetti e colaboradores (2008), sabe-se que a educação a distância exige uma mudança de paradigma e de modelo mental por parte do professor. Esta implica o desenvolvimento de competências diferentes daquelas tradicionalmente utilizadas no modelo presencial. As competências requeridas dos professores para sua atuação na educação a distância são técnicas (conhecimentos e habilidades) e comportamentais (atitudes). Essas competências são mobilizadas em todos os momentos de atuação do professor na EAD, como no contato com o aluno, com o tutor e na produção de material didático.

Benetti e colaboradores (2008) apontam como exemplo de competências técnicas no contato com o aluno, o conhecimento do conteúdo e o conhecimento da tecnologia. No âmbito das competências comportamentais, o autor menciona o ser acessível, motivador, saber ouvir, identificar as necessidades dos alunos, ser proativo, construção de vínculos, instigar a pesquisa, ter posicionamento aberto para a discussão, entre outras. Essa categorização encontra-se ilustrada na figura a seguir.

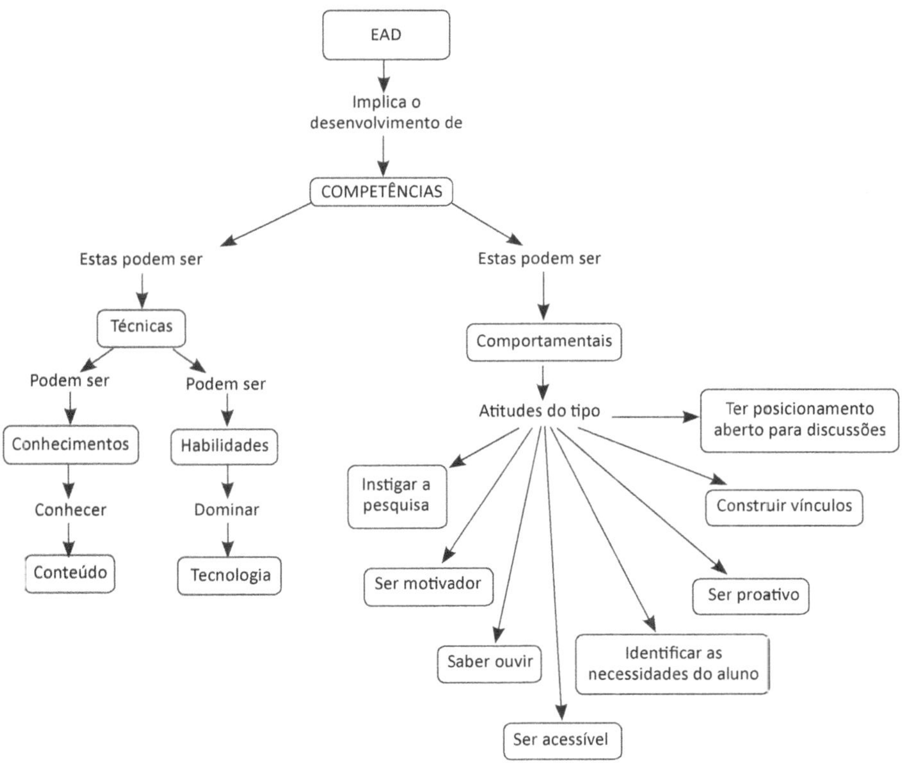

Figura 4.7 Competências em EAD.
Fonte: Adaptada de Benetti e colaboradores (2008).

Logo, de forma geral pode-se dizer que as ideias apresentadas neste capítulo poderiam ser representadas como na Figura 4.8.

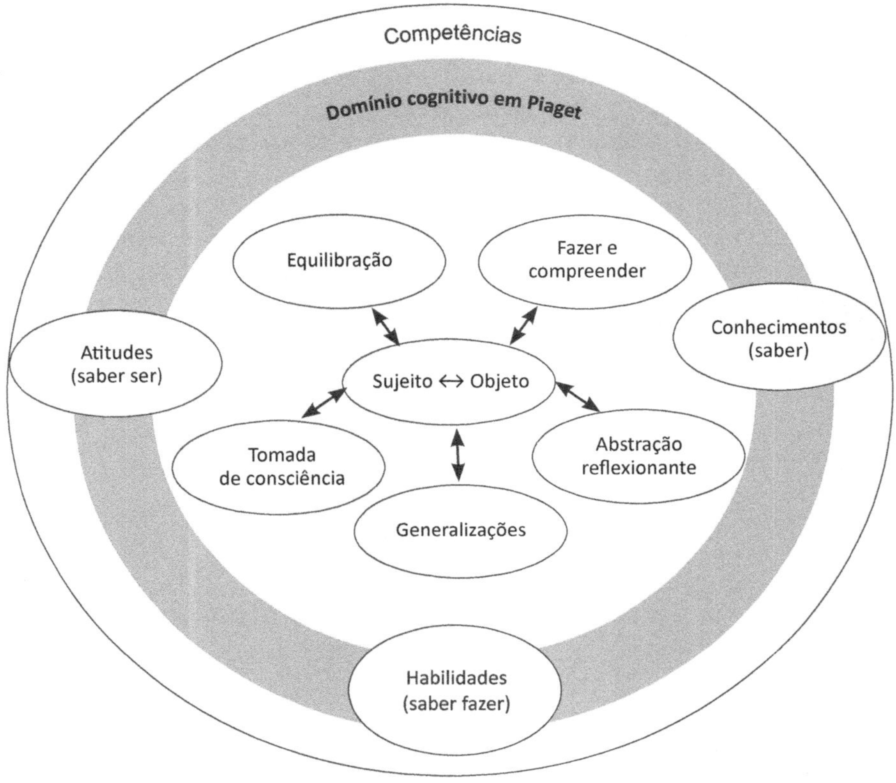

Figura 4.8 Relações entre o domínio cognitivo piagetiano e as competências docentes.

Nesse contexto, pode-se notar cada vez mais uma exigência em relação aos professores para que se tornem profissionais competentes, capazes de lidar com inúmeros desafios suscitados pela escolarização em massa, em todos os níveis e modalidades da educação.

CONSIDERAÇÕES FINAIS

O propósito deste capítulo foi contribuir para o debate sobre as relações entre o domínio cognitivo na perspectiva de Jean Piaget e a abordagem por competência no âmbito educacional.

Partiu-se da análise do domínio cognitivo piagetiano, mais especificamente, da forma como são construídos os conhecimentos por meio dos processos de tomada de consciência, fazer e compreender, abstração reflexionante e generalizações e da importância da ação nesses processos. A partir disso, foi possível estabelecer relações entre as duas abordagens.

Dessa forma, constatou-se o papel determinante da ação na noção de competência, considerando que o conhecimento relativo a conceitos e procedimentos é organizado em esquemas operativos. De maneira semelhante, Piaget se reporta aos esquemas de ação, quando afirma que todo conhecimento supõe assimilação e consiste em conferir significações, isto é, conhecer um objeto implica incorporá-lo aos esquemas de ações e transformá-lo.

Sob essa perspectiva, pode-se concluir que ser um professor competente implica "saber", "saber o que fazer com o conhecimento adquirido", "como fazer" e "quando fazer". Logo, um profissional é competente quando sabe combinar e mobilizar um conjunto de recursos pertinentes para agir com sucesso em determinada situação desafiadora. Ser competente implica ser capaz de inventar soluções originais para obter sucesso em novos desafios, como os que perpassam a educação a distância.

A EAD exige muita dedicação dos professores. Dessa forma, os docentes devem mobilizar um conjunto integrado e dinâmico de saberes, habilidades, capacidades, destrezas, atitudes e valores no desempenho de suas funções. Essa mobilização pode ocorrer de uma maneira ajustada, crítica e reflexiva a uma série de situações ou problemas que permeiam o ambiente educacional. Saber ser, querer ser, poder ser e ser se articulam em uma construção de competência, em um espaço pautado e estruturado, com seus referenciais de desempenho, que apresentam imprevistos e incertezas.

Portanto, vislumbra-se que as ações docentes não se sucedem por acaso, mas se repetem e se aplicam de forma semelhante a situações comparáveis. Elas também podem se diferenciar ou se combinar novamente se houver necessidade. Nesse caso, denominam-se esquemas de ação, que, em determinada situação, podem ser generalizados de uma situação já experimentada a uma nova situação, como na educação presencial para a educação a distância.

Entretanto, a construção de competências depende das condições de assimilação do sujeito, ou seja, do processo de abstração reflexionante, pois o esquema de ação atual serve de base para as futuras aquisições cognitivas. Saber mobilizar os saberes adquiridos em situações novas implica a construção de competências.

Logo, pode-se dizer que o sujeito competente é capaz de reorganizar estruturas previamente construídas, por meio de abstrações reflexionantes, em função de novos desafios, o que caracteriza a criação de novas formas que, por analogia, podem ser compreendidas como novas competências.

NOTAS

1 As estruturas podem ser consideradas formas ou sistemas de relações (Piaget, 1996).

2 A visão empirista supõe que o conhecimento tem origem nos órgãos do sentido. Assim, o conhecimento é algo que vem do meio físico ou social. Portanto, o mundo do objeto é determinante do sujeito e não o contrário (Becker, 1993).

3 A teoria apriorista supõe que as condições de possibilidade do conhecimento são dadas na bagagem hereditária, de forma inata ou submetidas ao processo maturacional. Essas condições são predeterminadas geneticamente e são dadas como condição de possibilidade (Becker, 1993).

4 A ação consiste em um "saber fazer", em uma espécie de fazer com o corpo, que constitui um saber autônomo de eficácia considerável enquanto o sujeito não conheça a ele mesmo. A ação é a fonte da compreensão conceituada (Becker, 2001).

5 Esquema é a estrutura ou organização das ações, da mesma forma como elas se transferem ou se generalizam por ocasião da repetição de uma ação e das circunstâncias semelhantes ou análogas. Os esquemas de ações podem ser definidos também como totalidades organizadas em que elementos internos se implicam mutuamente (Montangero; Maurice-Naville, 1998).

6 As inadaptações podem ser causadas por várias perturbações. A primeira compreende as que se opõem às acomodações: resistência do objeto, obstáculo às assimilações recíprocas de esquemas ou subsistemas, etc. São as causas dos fracassos e erros, na medida em que o sujeito se torna consciente disso, e as regulações que lhe correspondem comportam *feedbacks* negativos. A outra classe de inadaptações consiste em necessidades insatisfeitas e se traduzem pela insuficiente alimentação do esquema de ações. Essa lacuna se torna uma perturbação quando se refere à ausência de um objeto ou das condições de uma situação que seriam indispensáveis para concluir uma ação, ou ainda à carência de um conhecimento que seria indispensável para resolver o problema. A lacuna, sendo uma perturbação, é sempre relativa a um esquema de assimilação já ativado, e o tipo de regulação vinculado a ela comporta um *feedback* positivo (Piaget, 1976).

7 Piaget define os termos fazer e compreender da seguinte forma: "[...] compreender consiste em isolar a razão das coisas, enquanto fazer é somente utilizá-las com sucesso, o que é, certamente, uma condição preliminar da compreensão, mas que esta ultrapassa, visto que atinge um saber que precede a ação e pode abster-se dela [...]" (Piaget, 1977, p. 179).

8 A forma é construída por uma apropriação ativa, no nível da representação, o que implica a tomada de consciência dos mecanismos da coordenação das ações. O sujeito retira do nível da representação, por reflexionamento, algumas características dessa coordenação, constituindo uma nova forma. A nova forma não destrói a forma anterior, mas a subsume, o que implica perdas que podem ser entendidas como características "sucateadas" no sentido de que não são mais necessárias para o funcionamento do novo patamar de organização (Becker, 2001).

9 Piaget (1996) emprega o termo funcionamento para designar a ativação ou atividade de uma estrutura. Já o termo função é empregado no sentido de um conjunto de estruturas, incluindo o funcionamento delas. É nesse sentido que o autor fala em "função cognoscitiva".

10 Esta seção se baseia na obra *Abstração reflexionante: relações lógico-aritméticas e ordem das relações espaciais,* publicada por Piaget em 1977 e traduzida para a língua portuguesa por Fernando Becker e Petronilha Beatriz Gonçalves da Silva em 1995.

11 A assimilação consiste na incorporação de um elemento exterior (objeto, acontecimento, etc.) em um esquema sensório-motor ou conceitual do sujeito. Tem-se, também, assimilação recíproca quando dois esquemas ou dois subsistemas se aplicam aos mesmos objetos (por exemplo, olhar e pegar) ou se coordenam sem mais necessidade de conteúdo atual. Pode-se considerar uma assimilação recíproca as relações entre um sistema total, caracterizado por suas leis próprias de composição, e os subsistemas que ele engloba e sua diferenciação,

porque sua integração em um todo é uma assimilação a uma estrutura comum e as diferenciações comportam assimilações segundo condições particulares mais dedutíveis a partir de variações possíveis do todo (Piaget, 1976, p. 13).

12 Existem ao menos duas formas de generalização. A generalização indutiva parte dos observáveis presos aos objetos, portanto, das abstrações empíricas, e sobre as quais o sujeito se detém para verificar a validade de relações observadas, para estabelecer seu grau de generalidade e tirar daí previsões ulteriores (mas sem, ainda, encontrar explicações ou "razões", o que conduziria a ultrapassar os observáveis). Ela é de natureza essencialmente extensiva e consiste em proceder do "algum" ao "todo" ou do "até aqui" ao "sempre". As generalizações construtivas se apoiam sobre operações do sujeito ou seus produtos. Sua natureza é simultaneamente compreensiva e extensiva, pois chega à produção de novas formas e por vezes novos conteúdos. Esses conteúdos são engendrados por essas formas e não dados nos observáveis empíricos (Piaget, 1991, p. 1-2).

13 A percepção é o conhecimento que temos dos objetos ou dos movimentos por contato direto e atual (Piaget, 1958, p. 81).

14 O termo **patamar** tem o mesmo sentido do termo **nível**. Piaget tende a utilizar o termo **nível** para designar os subestágios de construção das condutas por ele estudadas (Montangero; Maurice-Naville, 1998, p. 177).

15 A noção de estágio se caracteriza sempre, para Piaget, como etapas de estrutu-ração de um domínio dado. O conceito de estágio é ligado a outros conceitos, tais como os de estrutura, de decalagem vertical e horizontal e de equilíbrio. A análise das condutas em termos de agrupamentos fornece um critério estrutural à noção de estágio. Os estágios são degraus de equilíbrio (Montangero; Maurice-Naville, 1998, p. 175).

16 No nível das estruturas operatórias, tornam-se possíveis "reflexões sobre reflexões anteriores". Tem-se a construção de operações sobre operações, que podem ser elevadas à enésima potência. Essas operações se transformam no nível das operações hipotético-dedutivas ou formais e iniciam uma metarreflexão sistemática. Nesse processo, ocorre a elaboração de um pensamento reflexivo procedendo por hipóteses ou ligações necessárias entre elas e suas consequências (Becker, 1993, p. 123). Pode-se comparar o conceito de metarreflexão de Becker (1993) com o conceito de metacognição trazido por Ribeiro (2003). Para essa autora, o termo **metacognição** significa conhecimento sobre conhecimento (tomada de consciência dos processos e das competências necessárias para a realização da tarefa) e controle ou autorregulação (capacidade para avaliar a execução da tarefa e fazer correções quando necessário – controle da atividade cognitiva, da responsabilidade dos processos executivos centrais que avaliam e orientam as operações cognitivas) (Ribeiro, 2003, p. 4).

17 Os estudos descritos sobre o processo de generalização apresentam como referencial teórico a obra *Recherches sur la généralisation* publicada por Piaget em 1978 e traduzida para a língua portuguesa por Fernando Becker em 1991.

18 As formas são estruturas cognoscitivas que contêm elementos ou relações que os ligam, mas sem ser possível definir esses elementos independentemente das relações em jogo. Os elementos das estruturas ou formas cognoscitivas podem ser as percepções, lembranças, conceitos, operações, etc. Assim, com os progressos da inteligência os esquemas operatórios se tornam muito gerais, até no nível das operações hipotético-dedutivas, em que a combinatória proposicional permite uma lógica formal, torna-se possível uma estrutura organizadora ser aplicável a qualquer tipo de conteúdo (Piaget, 1996).

19 Obstáculos que se opõem à generalização das estruturas, a ponto de não se poder afirmar, no que concerne à formação dos conhecimentos, a existência de dois indivíduos iguais, nem em qualidade nem em duração de seus processos de formação, se pode falar apenas de médias de idade (cronologia) (Becker, 2005, p. 30).

REFERÊNCIAS

BECKER, F. *A epistemologia do professor:* o cotidiano da escola. Petrópolis: Vozes, 1993.

BECKER, F. *Educação e construção do conhecimento*. Porto Alegre: Artmed, 2001.

BECKER, F. Um divisor de águas. *Viver Mente & Cérebro,* 2005. (Edições Especiais – Coleção memória da pedagogia, 1).

BENETTI, K. C. et al. Atuação docente na educação a distância: uma análise das competências requeridas. *Renote Novas Tecnologias na Educação*, v. 6, n. 1, 2008. Disponível em: <http://seer.ufrgs.br/renote/article/viewFile/14527/8469>. Acesso em: 14 jan. 2012.

GASPAR, F. M. P. A polaridade saudável no processo do adoecer. *Psicopedagogia online*, 2004. Disponível em: <http://www.fronteirasgestalticas.com.br/Artigos.Asp?Codigo=5>. Acesso em: 31 out. 2011.

MONTANGERO, J.; MAURICE-NAVILLE, D. *Piaget e a inteligência em evolução*. Porto Alegre: Artmed, 1998.

PERRENOUD, P. L'approche par competences, une réponse à l'échec scolaire? In: COLLOQUE DE L'ASSOCIATION DE PÉDAGOGIE COLLÉGIALE, 2000, Montréal. *Actes*... Disponível em: <http://www.unige.ch/fapse/sse/teachers/perrenoud/php_main/php_2000/2000_22.html>. Acesso em: 10 nov. 2011.

PERRENOUD, P. L'université entre transmission de saviors et développement de competences. In: CONGRÈS DE L'ENSEIGNEMENT UNIVERSITAIRE ET DE L'INNOVATION, 2004, Girona. *Actes*... Disponível em: <http://www.unige.ch/fapse/SSE/teachers/perrenoud/php_main/php_2004/ 2004_07.html>. Acesso em: 10 nov. 2011.

PIAGET, J. *A equilibração das estruturas cognitivas:* problema central do desenvolvimento. Rio de Janeiro: Zahar, 1976.

PIAGET, J. *A tomada de consciência*. São Paulo: Melhoramentos, 1977.

PIAGET, J. *Abstração reflexionante:* relações lógico-aritméticas e ordem das relações espaciais. Porto Alegre: Artes Médicas, 1995.

PIAGET, J. *Biologia e conhecimento:* ensaio sobre as relações entre regulações orgânicas e os processos cognoscitivos. Petrópolis: Vozes, 1996.

PIAGET, J. *Fazer e Compreender*. São Paulo: Melhoramentos, 1978.

PIAGET, J. *Psicologia da inteligência*. Rio de Janeiro: Fundo de Cultura, 1958.

PIAGET, J. *Seis estudos de psicologia*. Rio de Janeiro: Forense Universitária, 1991.

RIBEIRO, C. Metacognição: um apoio ao processo de aprendizagem. *Psicologia: Reflexão e Crítica*, v. 16, n. 1, p. 109-116, 2003. Disponível em: <http://www.scielo.br/pdf/prc/v16n1/16802.pdf>. Acesso em: 27 ago. 2008.

SANTOS, V. L. B. Abstração reflexionante: pensando a história da matemática e a ação pedagógica. Coletâneas do Programa de Pós-Graduação em Educação, v. 7, n. 19-20, p. 57-63, 1998.

TARDIF, M. *Saberes docentes e formação profissional*. Petrópolis: Vozes, 2002.

ZABALA, A.; ARNAU, L. *Como aprender e ensinar competências*: uma proposta para o currículo escolar. Porto Alegre: Artmed, 2010.

Domínio sociocultural

foco no trabalho em equipe

5

Alexandra Lorandi Macedo, Cláudia Zank, Patricia Alejandra Behar

INTRODUÇÃO

O primeiro círculo sociocultural a que o ser humano costuma ser submetido é o familiar. Em seguida, a escola proporciona novas condições sociais onde, a partir de diferentes situações, o indivíduo começa a conhecer e respeitar as normas coletivas. Para dar conta dessas normas, é necessário que cada um exercite aspectos cognitivos, físicos e sociais a fim de se adequar aos limites e regras estabelecidas pelo grupo.

Sabe-se que cada indivíduo, de acordo com a cultura onde está inserido, reflete, em seu comportamento, costumes, valores e tradições característicos. Além disso, também costumam ser evidentes aspectos políticos e ideológicos. Esse conjunto de fatores que se constitui de forma particular em diferentes grupos e em cada indivíduo não acontece, cada qual, de forma isolada. Tais aspectos são entendidos como pertencentes a dois eixos, o social e o cultural.

Nesse sentido, eles abarcam as relações intra e interpessoais. Essas relações são destacadas por considerarem ações que permitem ao sujeito expressar e comunicar, de modo adequado, seus sentimentos, desejos, opiniões e expectativas. Assim, o domínio sociocultural evidencia condutas interpessoais, destreza para interagir com outras pessoas de maneira aceitável, além de valorizada, podendo, assim, trazer benefícios aos participantes nos momentos de interação. Esses elementos podem, ainda, ser complementados sob a ótica afetiva. Isso porque a complexidade das relações interpessoais também requer a capacidade de perceber e fazer distinções no humor, nas intenções, nas motivações e nos sentimentos de outras pessoas. Por isso, para o sujeito articular e se desenvolver sob o aspecto do domínio sociocultural é fundamental que ele consiga transpor e adaptar saberes e sentimentos conforme as situações que se apresentam.

De outro lado, existem elementos que podem agir como limitadores desse domínio, que são a passividade e a impulsividade, por exemplo. A primeira pode refletir o controle excessivo da conduta e da expressão de sentimentos, opiniões e necessidades, geralmente associados a um autoconceito limitado. Já a impulsividade pode ser reflexo de um déficit do autocontrole, gerando pouca empatia frente ao grupo. Para Vedove e Camargo (2008, p. 6):

> A empatia precisa ser constantemente aplicada nas relações interpessoais, pois somente é possível ser empático se trabalhar a afetividade e as emoções, especialmente o autoconhecimento, já que para saber o que o outro está sentido e para compreendê-lo é preciso saber o que representa esse sentimento em si. A empatia é a capacidade de se colocar no lugar do outro e ser despertado por emoções que a própria pessoa sentiria se estivesse nesse lugar [...]

Diante desse cenário, entende-se que a interação de cada indivíduo com seus pares reflete de forma decisiva no sucesso ou no fracasso da troca social. Por isso, elementos como o controle de impulsos agressivos, o grau de adaptação às normas estabelecidas, a superação do egocentrismo, a relativização progressiva do próprio ponto de vista, a empatia e o nível de aspiração devem ser considerados no desenvolvimento de cada sujeito. E, para isso, tem-se o suporte dos processos educacionais. Logo, a intervenção pedagógica pode ser decisiva para criar condições para o sucesso das trocas interindividuais e das novas construções realizadas pelos sujeitos envolvidos no processo de ensino e aprendizagem (Coll, 1994). Uma das alternativas para proporcionar a construção de saberes e que dá conta das trocas interindividuais é o trabalho em equipe.

Tratando-se, especificamente, de questões acerca da aprendizagem, Guitert e Giménez (2000) afirmam que esta pode ser maior quando realizada coletivamente do que em um processo individual. Porém, esses autores destacam que essa prática não pode ser realizada com a junção de partes de um trabalho, no qual cada sujeito é responsável por apenas uma parcela do todo, mas sim que o tema seja a base geral em que se apoiam todas as ações da equipe. Frente a isso, vale destacar que é preciso criar condições para garantir a liberdade entre os participantes. Liberdade para questionar, posicionar-se, contra-argumentar. Dessa forma, novos temas e soluções poderão emergir dos debates, favorecendo a continuidade no processo de troca e construção de novos saberes.

A troca, a interação e a negociação entre os pares ao mesmo tempo em que são aspectos fundamentais do domínio sociocultural, também são um dos maiores desafios desse domínio. Para Guitert e Giménez (2000), o trabalho coletivo se apoia no desenvolvimento de ações que tenham um objetivo em comum e que tenham consciência de que o sucesso delas depende da participação de todos os integrantes. Assim, a equipe como um todo é responsável pelas decisões e pelo rumo das produções, e cada integrante preenche um espaço único que encontra seu sentido e sua razão na produção geral. Nessa relação complexa, implicações e benefícios do processo coletivo são uma constante, abarcando um conjunto de especificidades e particularidades. Tais especificidades são descritas na próxima seção considerando três diferentes áreas que envolvem o trabalho em equipe e que são focados nesta obra. São elas: trabalho, computação e educação.

TRABALHO EM EQUIPE

As equipes, entendidas como grupos de pessoas que se reúnem para realizar determinada atividade ou alcançar algum objetivo, são antigas formas de coletividade. Moscovici (2003) diz que a crença no valor das ações coletivas vem desde os tempos bíblicos, nos quais os cultos e pregações religiosas eram praticados em grupos. Tal crença tem perpassado toda a história da humanidade a ponto de sobrepujar o individual.

Essa talvez supervalorização das equipes encontra forte relação com os cenários do mundo do trabalho que se configuram a partir da segunda metade dos anos de 1980. Nesse período, a indústria brasileira passa por diferentes processos de reestruturação, entre estes os de ordem tecnológica e as formas de organização do trabalho, destacando-se aquelas baseadas no trabalho em equipe.

A década seguinte, marcada pela configuração da globalização e por uma acentuada competitividade, revela às empresas a necessidade de buscar estratégias que contribuam para o aumento da produtividade e diminuição dos custos. Em tal contexto, as equipes de trabalho surgem como alternativa para as empresas se manterem em mercados cada vez mais competitivos.

Vistas como uma forma de organização em que se alcançam objetivos com maior eficiência e rapidez, tais coletividades passam a fazer parte do dia a dia de diferentes organizações. Com isso, cresce a exigência de contratação por trabalhadores que saibam se articular em equipe. O próprio termo *equipe* passa a fazer parte do cotidiano de empresas e pessoas sem que haja maiores reflexões. No que tange à computação, diferentes recursos informáticos são desenvolvidos com o intuito de apoiar e potencializar o trabalho em equipe. Já nas escolas, discute-se cada vez mais o trabalho em grupo, onde a coletividade mostra sua força ao oferecer significativas possibilidades de conflito sociocognitivo e, portanto, de construção do conhecimento.

Trabalho em equipe no contexto do trabalho

Empresas e pessoas buscam o trabalho em equipe por diferentes razões. Estas, no entanto, podem ser classificadas, basicamente, como materiais e não materiais. No que tange às empresas, a escolha pelas equipes como forma de organização do trabalho normalmente se relaciona à lucratividade ou à competitividade. Entende-se que as equipes contribuem para o aumento da produtividade e diminuição dos custos.

Em relação ao trabalho individual, as equipes são capazes de proporcionar maiores vantagens às organizações. Naturalmente, indivíduos são limitados por seus conhecimentos, talentos e experiências de vida e laborais. As equipes são, portanto, a possibilidade de, ao reunir diferentes sujeitos, reunir também uma gama de capacidades (e possibilidades) que uma só pessoa jamais poderia proporcionar. Assim, se é desejo o aumento da capacidade empresarial de competir em diferentes mercados, as equipes surgem como uma forte estratégia para que isso ocorra.

Existem ainda organizações e instituições que não têm como objetivo a competitividade. É o caso, por exemplo, das escolas e hospitais públicos. Contudo, mesmo nessas instituições públicas se organizam equipes de trabalho. Nesses casos, as razões são não materiais e podem dizer respeito, por exemplo, à qualidade *do* e *no* trabalho ou à preocupação com os clientes, pacientes ou alunos, que passam a contar com um serviço mais direcionado às suas necessidades ou de mais qualidade.

Para Colomé (2005, p. 23), a diversidade das equipes, garantida pela união de diferentes personalidades, experiências de vida, setores de atuação, níveis de escolaridade, etc., proporciona "[...] riqueza de possibilidades, já que a mesma situação pode ser analisada e discutida sob diversos ângulos [...]". Além disso, quando na equipe os profissionais levam em consideração as interações, os aspectos subjetivos que fazem parte do trabalho passam a ser valorizados. Já a tarefa realizada de modo parcelado, no qual cada um realiza sua atividade de forma desarticulada e independente dos colegas, pode contribuir com a falta de responsabilidade e de comprometimento com os resultados.

Pletsch e Glat (2007), referindo-se ao trabalho desenvolvido por professores itinerantes,[1] atribuem importância às equipes na inclusão dos alunos com necessidades especiais e na prática pedagógica como um todo. Segundo os autores, as equipes contribuem para a capacitação recebida pelo professor que ingressa no ensino itinerante e constituem uma oportunidade para os professores do ensino regular – enquanto agentes principais da inclusão – construírem novas possibilidades e estratégias de atuação, reflexão e experimentação.

De acordo com Mioch (1997, p. 29), "[...] quando não existe espírito de equipe, o professor fica solto no espaço e tem a impressão de que não pertence a lugar nenhum [...]". Para esse autor, a inexistência de um trabalho em equipe afasta o docente e o refugia na autonomia de suas aulas, o que traz como consequência um olhar menos positivo sobre o educando.

Percebe-se, assim, que o trabalho em equipe tem vantagens que extrapolam a competitividade das organizações. Portanto, ainda que sejam inquestionáveis tais vantagens, não se pode afirmá-las como as únicas razões pelas quais as empresas e instituições buscam essa forma de organização do trabalho. Da mesma maneira, não é possível afirmar que o interesse das pessoas em aprender a trabalhar em equipe esteja relacionado apenas a uma exigência do mercado de trabalho.

O pressuposto que se apresenta, nesse sentido, é que, mesmo quando a formação de equipes não é uma exigência da organização, há pessoas que buscam trabalhar em equipe. Geralmente, essas pessoas sentem necessidade de se organizar de uma forma diferente daquela em que o trabalho é executado individualmente. Nesses casos, a formação de equipes não parece se relacionar com compensações materiais, ainda que projetadas em um emprego ou em uma promoção. Essa busca pelo trabalho em equipe parece ir ao encontro de outros tipos de realizações pessoais, que podem estar tanto no prazer de oferecer um serviço de qualidade, quanto na aprendizagem que o grupo proporciona, na novidade que o outro representa ou, ainda, no prazer ou na necessidade da convivência social.

Para Dejours (2009), as pessoas sempre esperam algum tipo de retribuição em troca do trabalho e da dedicação a ele. Essa retribuição teria duas dimensões: a simbólica e a material. No entanto, segundo esse autor, "[...] o que mobiliza a inteligência e o zelo, individuais e coletivos, não é propriamente a dimensão material da retribuição; mas a dimensão simbólica [...]" (Dejours, 2009, p. 52), que se equipararia a um julgamento quanto à utilidade e à qualidade do trabalho realizado. Nesse ponto, a teoria de Dejours poderia ser aplicada a esses profissionais que buscam trabalhar em equipe, independentemente de ser ou não uma exigência das organizações e independentemente de ser ou não uma possibilidade de obter a dimensão material da retribuição.

Ainda que esta seja uma discussão válida, os debates acerca das coletividades no âmbito do trabalho não se limitam às razões pelas quais as equipes são formadas. Outro aspecto que deve ser mais bem examinado diz respeito aos termos **equipe** e **grupo**, geralmente tratados como sinônimos e utilizados sem maiores reflexões.

Este capítulo parte do pressuposto que as coletividades não são simples agrupamentos de pessoas, homogêneas em todos os aspectos. Assim, há de se concordar com os teóricos da administração que entendem grupo e equipe como diferentes formas de organização do trabalho e que, portanto, possuem características distintas.

As características[2] de equipe podem ser agrupadas em três dimensões:

a) Produto: é resultado de um trabalho coletivo. Em outras palavras, é a soma dos trabalhos individuais otimizada pelas interações entre os participantes.
b) Processo: trabalha-se individualmente, mas também há esforço conjunto, o qual ocorre por meio de diálogo, negociação e cooperação entre os membros.
c) Pessoas: sentem-se comprometidas e responsáveis em relação ao trabalho e ao objetivo que se quer atingir, mas também em relação aos colegas. Nesse sentido, há preocupação, respeito e incentivo ao crescimento do outro.

Observando as dimensões sugeridas, é possível perceber **equipe** como uma coletividade praticamente perfeita, na qual o outro é tão importante quanto o produto do seu trabalho. Na contramão, o **grupo** seria uma coletividade na qual o processo e as pessoas envolvidas não seriam valorizados. Por conseguinte, não proporcionariam as mesmas vantagens das equipes e seriam, por isso, evitados.

A dúvida que se apresenta é se as coletividades existentes nas empresas possuem, de fato, as características anteriormente apontadas. Sennet (2005) diz que não. Para esse autor, ainda que haja a celebração do trabalho em equipe, "[...] é o etos de trabalho que permanece na superfície da experiência [...]" (Sennet, 2005, p. 118). Nesse sentido, as equipes não passariam de ficção, pois as relações, e, portanto, as interações e a cooperação não ocorreriam de forma espontânea, sendo norteadas por regras de boa convivência e cordialidade.

Sennet (2005) aponta ainda que a autoridade e o poder têm novas formas dentro das empresas do capitalismo flexível.[3] A figura do chefe, aquele que detém o poder e se responsabiliza por tomadas de decisão, não existe mais. Até existem líderes e facilitadores, mas no lugar do tradicional chefe está a concorrência e, por detrás da concorrência, a competitividade.

Assim, as responsabilidades são da equipe, e, por essa razão, seus membros passam a ter mais autonomia. É essa autonomia que permite concorrer e vencer o outro. Da mesma forma, permite controlá-lo em nome do objetivo da equipe. Para Rosenfield (2003, p. 356), a autonomia, nesse contexto, "[...] propicia o aparecimento de estratégias individuais no seio do grupo de trabalho, as relações profissionais reforçam a relação à empresa e enfraquecem as relações entre os pares [...]".

Para Sennet (2005), quando os indivíduos são incentivados a controlar e vencer seus parceiros de trabalho, não há cooperação, mas "máscaras de cooperatividade". Boa convivência, cordialidade, autonomia para controlar e concorrer se distanciam de possibilidades de comunicação e interação autênticas. Afastam-se, portanto, de preocupações com o processo e com as pessoas envolvidas, dimensões fundamentais do trabalho em equipe.

Embora Moscovici (2005, p. 5) não seja uma autora que faça essa reflexão acerca das equipes de trabalho, ela afirma que "[...] equipes são raras ainda, embora ostentem essa denominação com frequência [...]". O que se questiona, portanto, é que, se equipes são raras, o que são essas coletividades, presentes na maioria das empresas em todo o mundo, que se autodenominam ou são denominadas equipes?

Katzenbach e Smith (1994, p. 91) nomearam como **pseudoequipe** a coletividade, no âmbito do trabalho, que "[...] não tem interesse em moldar um propósito comum ou um conjunto de metas de *performance*, apesar de se autodenominar equipe [...]". Zank, Ribeiro e Behar (2011) sugerem que esse mesmo termo também seja utilizado para se referir, nos dias atuais, às equipes autônomas do capitalismo flexível. Entendendo que se equipes são as coletividades possuidoras das características anteriormente apontadas, o que há nas empresas são pseudoequipes. Assim, ainda que as organizações discursem o trabalho em equipe, o que ocorre, na prática, é o trabalho em grupo.

As relações que se travam no âmbito do trabalho se espelham em outros contextos. Portanto, é natural que também na escola haja reflexos dessa forma de organização do trabalho. Discutir questões relativas a solidariedade, cooperação, ajuda, responsabilidade e comprometimento mútuos é, portanto, essencial. A ideia não é adaptar a escola ao mercado de trabalho, nem formar trabalhadores para atuar em pseudoequipes. O objetivo deve ser formar cidadãos com senso crítico, aptos a questionar, a refletir e, principalmente, dispostos a transformar discursos em realidade. Assim, a meta é fazer de toda coletividade uma equipe, na qual as pessoas e o processo de trabalho sejam tão importantes e valorizados quanto o produto final.

Trabalho em equipe no campo da Educação

Esta seção tem como foco o trabalho em equipe no âmbito educacional. Logo, a escrita aponta algumas implicações e possibilidades desse processo, considerando a inclusão da tecnologia digital.

Os recentes e significativos avanços tecnológicos têm se destacado por permitirem o desenvolvimento de atividades que privilegiem a troca, a comunicação e a negociação entre os sujeitos participantes. A utilização de recursos digitais na educação amplia um espaço para que se reflita sobre possíveis novas estratégias pedagógicas apoiadas na comunicação multidirecional entre os sujeitos envolvidos. A comunicação multidirecional se apoia na interatividade.[4]

Projetos aplicados na área educacional vêm mostrando o quanto as tecnologias facilitam novas formas de estabelecer inter-relações, de pensar, de questionar valores, de produzir e de propagar conhecimento. Nessas condições, o processo educativo sofre alterações nas relações entre os alunos e os formadores, sendo que, para este último, a principal característica passa a ser a de orientar, de fornecer suporte teórico, de lançar desafios onde se apoiarão as atividades de aprendizagem dos grupos.

Nesse contexto, destaca-se Piaget (1973), que entende o fator social como um elemento essencial na construção do conhecimento. Segundo o autor, o conhecimento não está em nenhum dos polos, mas sim na interação. Dessa forma, sob o ponto de vista da relação interpessoal, o sujeito é um "nós" e o objeto são os outros sujeitos (Piaget, 1973).

Quando os participantes de um grupo têm o desafio de desenvolver um trabalho em conjunto a partir de ferramentas digitais e não conseguem, pode ser que não tenham conseguido estruturar as regras, valores e sinais, segundo sustenta a teoria piagetiana. Esses três aspectos constituem a troca social (Piaget, 1973). Nesse cenário, as regras podem ter a função de estruturar os símbolos. Assim, as regras podem ser aqui entendidas como as normas que regem a construção de um texto, a elaboração de um projeto, a construção de um conteúdo. Na prática, esses elementos têm a ver, por exemplo, com a clareza, a objetividade e o uso correto das regras gramaticais. Em paralelo, os valores correspondem aos interesses dos indivíduos, seus esforços, suas vontades em relação à ação proposta e também aos valores de troca que constituem a dependência nas relações. Quando a atividade proposta é a construção coletiva de um texto, a construção de um projeto, o desenvolvimento de um conteúdo, o valor de troca pode ser, por exemplo, uma proposta ou contribuição agregada à produção. Pode ainda ser um valor, algum material disponibilizado por um integrante ao grupo e que tenha servido de referência para a escrita. Nesse caso, cada integrante valoriza essa ação a partir de uma avaliação própria, considerando o grau de importância que o material ou ideia teve para a construção do seu conhecimento em relação ao desenvolvimento da atividade proposta. Por fim, têm-se os sinais que servem como meio para transmissão das regras e valores. Nessa relação, eles são fundamentais para que os sujeitos consigam entender e produzir o material ou desenvolver a escrita. Os sinais se referem ao conhecimento da linguagem escrita pelos integrantes do grupo.

Com base nessa perspectiva, entende-se que os três aspectos (regras, valores e sinais) são fundamentais para sustentar a construção coletiva, a troca social frente ao desenvolvimento de um projeto ou atividade. Porém, neste momento, este capítulo tem o interesse de dar foco ao trabalho em equipe. Como dito anteriormente, sob o ponto de vista da relação interpessoal, o conhecimento não está em nenhum dos polos (sujeito "eu" – outros sujeitos "nós"), mas sim na interação. Nesse sentido, quando há um desequilíbrio nesta relação, esta também pode estar diretamente relacionada com o tipo de respeito que os alunos têm para com as regras construídas no grupo. Assim, se o desenvolvimento da atividade ou do projeto estiver apoiado em um tipo de respeito heterônomo, no qual a obediência rege esse desenvolvimento, aumentam as chances de o grupo não conseguir ajustar as perspectivas dos participantes em relação à clareza e objetividade da produção, podendo, assim, comprometer a qualidade desta.

Ressalta-se que, em uma situação onde prevalece o respeito heterônomo, os indivíduos não conseguem coordenar os diferentes pontos de vista e, com isso, aumenta a probabilidade de não conseguir articular a troca interindividual entre os participantes. Esse cenário potencializa as chances de produzir um texto ou desenvolver um projeto com falta de clareza, incoerente e sem articulação entre seus desdobramentos e o eixo central proposto.

Entende-se que as condições descritas denunciam a necessidade de cooperação entre os sujeitos. Só a cooperação leva à autonomia e ao alcance do respeito mútuo, onde os indivíduos conseguem entender o resultado de acordos entre diferentes pontos de vista e formam, desse modo, um grupo que transcende a perspectiva de um único indivíduo (Piaget, 1973).

Chama-se a atenção para a relação direta que existe entre a prática pedagógica e o cenário posto. O primeiro aspecto a destacar é a importância da apropriação dos recursos digitais pelo docente. Conhecer as potencialidades dos recursos poderá qualificar a prática pedagógica que busca trabalhar na exata medida da necessidade de cada sujeito. Aliada a isso, se ressalta a importância do desenvolvimento de uma prática reflexiva, a qual compreende o planejamento, a execução e a avaliação dos processos desenvolvidos com vistas a qualificar os resultados obtidos junto aos alunos. Sem a presença dessa prática, inexiste a articulação das estratégias em relação às variáveis inerentes ao processo educacional, inviabilizando, assim, o atendimento às diferentes necessidades e potencialidades de cada um dos alunos envolvidos (Zabala, 1998).

Para as condições de troca levantadas até aqui, as quais são intrínsecas ao trabalho em equipe, uma prática pedagógica reflexiva é fundamental a fim de favorecer e respeitar a autonomia dos participantes.

Ressalta-se que o sucesso de uma interação tem estreita relação com o interesse dos indivíduos sobre o assunto (Becker, 2003). Um tema proposto, por si só, pode não causar nenhum interesse para determinado indivíduo, mas conforme este acompanha o fluxo das interações, pode gerar um conflito cognitivo. Tal conflito, naquela situação, permite ao sujeito estabelecer relações com os outros, na busca de respostas para o problema. Quando os sujeitos trabalham em grupo, podem desencadear um conflito sociocognitivo. Para Piaget (1973), esse conflito se dá a partir do confronto entre esquemas de diferentes sujeitos. Nesse sentido, ele pode gerar um desequilíbrio afetivo e cognitivo entre os alunos que buscam, a partir das interações, construir uma nova informação, podendo, ou não, alcançar um novo equilíbrio.

Além das condições já postas, outro elemento importante a investigar é a presença ou ausência de relações de egocentrismo, coação e cooperação. Quando da presença do egocentrismo, os sujeitos não conseguem coordenar seus pontos de vista, uma vez que entendem as coisas e os demais indivíduos a partir de suas próprias ações. Essa condição pode comprometer significativamente a qualidade da troca social. O movimento que essa troca requer depende fundamentalmente da articulação e coordenação das proposições dos sujeitos envolvidos, caso contrário essa relação fica regida por uma situação de desequilíbrio.

A situação de desequilíbrio também pode acontecer quando um indivíduo adota o ponto de vista do outro não de forma espontânea, mas sob efeito de sua autoridade ou prestígio. A isso Piaget (1998) chama de coação. O autor ressalta que tal circunstância pode ser identificada quando um determinado indivíduo respeita o outro sem ser respeitado. Assim, a vontade do segundo se torna obrigação para o primeiro.

Diante do processo de troca interindividual, prevista no trabalho coletivo, essa situação pode configurar a aceitação da contribuição de um colega na produção da equipe, sem necessariamente haver concordância dos demais participantes. A divergência de perspectivas, a não coordenação de diferentes pontos de vista compromete a troca e o alcance da cooperação.

Frente a esse cenário, no que tange à prática docente, entende-se que esta deve aprender a reconhecer e escolher ações que tenham chance de produzir resultados cognitivos, transformando, assim, as estruturas de conhecimento de cada sujeito (Becker, 2003). Destaca-se que não é qualquer ação que proporciona transformações cognitivas, e sim uma ação significativa, que tenha sentido para o sujeito, que o faça pensar sobre o que fez e sobre o próprio pensamento. O sujeito "[...] aprende por força das ações que ele mesmo pratica: ações que buscam êxito e ações que, a partir do êxito obtido, buscam a verdade ao se apropriar das ações que obtiveram êxito [...]" (Becker, 2003, p. 14).

Com o intuito de destacar possibilidades de práticas pedagógicas que possam ser significativas para o processo de aprendizagem, a seção "Estratégias pedagógicas para apoiar práticas utilizando ferramentas colaborativas" deste capítulo descreve algumas estratégias que podem ser utilizadas, adaptadas, reestruturadas conforme as necessidades de cada sujeito envolvido.

Trabalho em equipe no campo da Computação

Quanto mais a internet se popularizou, mais comum se tornou a interação, a colaboração e a cooperação a distância entre as pessoas. Recentemente a Web 2.0 se tornou o termo utilizado para se referir a toda uma geração de serviços e comunidades disponíveis na rede. Esses serviços reforçam os conceitos de colaboração e cooperação ao oferecer uma diversidade de ferramentas e ambientes de uso coletivo e gratuitos.

No âmbito do trabalho, as equipes virtuais passam a contribuir para eliminar gastos desnecessários de tempo e unir parceiros, funcionários e organizações espalhados geograficamente. No âmbito escolar, a educação a distância (EAD) se dissemina e, com ela, as metodologias se apropriam dos trabalhos coletivos, seja com o objetivo de dar conta das trocas sociais ou de promover processos de aprendizagem.

Realizam-se, a partir dessas necessidades, esforços e pesquisas com o intuito de promover, possibilitar e aumentar o potencial de diferentes modalidades de produções coletivas via *web*. Nesse contexto, duas áreas de pesquisa se destacam: Computer Supported Cooperative Work (CSCW – Trabalho Cooperativo Apoiado por Computador) e Computer Supported Collaborative Learning (CSCL – Aprendizagem Colaborativa Apoiada por Computador).

Apesar de as duas áreas se preocuparem com a construção de recursos tecnológicos para apoio à colaboração, seus focos de pesquisa as diferenciam. De um lado, a área CSCW se preocupa com o mundo do trabalho, desenvolvendo tarefas produtivas comercialmente. De outro, a CSCL se preocupa com a aprendizagem colaborativa, a qual permitirá aos alunos agir posteriormente no mundo do trabalho (Stahl, 2006). Logo, a CSCL se dedica ao estudo e desenvolvimento de ambientes colaborativos que potencializem o trabalho coletivo. Segundo Stahl, Koschmann e Suthers (2006, p. 10), "[...] projetar em CSCL é criar artefatos, atividades e ambientes que melhorem as práticas da construção de significado em grupo [...]".

Tanto na área do CSCW quanto na do CSCL existem inúmeras ferramentas que podem ser adquiridas comercialmente. No entanto, também existem ferramentas e ambientes colaborativos gratuitos disponíveis na *web* (alguns serão apresentadas na próxima seção), os quais corroboram com o conceito de Web 2.0. O objetivo principal dessas ferramentas é dar suporte para determinadas ações ou atividades. O apoio às ações ocorre, geralmente, por meio de diferentes formas de interação. Em termos computacionais, pode-se dizer que essas interações se realizam graças a um conjunto de ferramentas e/ou funcionalidades estruturadas em um *groupware*.

O *groupware* é, portanto, um produto das áreas de pesquisa anteriormente referidas e corresponde aos aspectos computacionais da colaboração. Nesse sentido, os aplicativos *groupware* são ferramentas ou conjuntos de ferramentas que, combinados de diferentes formas, podem proporcionar diferentes graus de interação e possibilidades de trabalho coletivo.

Gerosa e colaboradores (2005), ao propor o desenvolvimento de *groupware* baseado em componentes, lembram que tanto a composição e as características dos grupos quanto as tarefas que devem executar e os objetivos a alcançar se alteram com o tempo. Nesse sentido, "[...] mesmo que um projetista de *groupware* consiga fazer uma aplicação ótima para um determinado grupo, com o tempo aparecem novas situações e problemas que tornam o sistema inadequado [...]" (Gerosa et al., 2005, p. 110). Em outras palavras, é impossível prever todas as possibilidades de utilização. Por essa razão, os autores apontam o modelo baseado em componentes como a saída para "fornecer o embasamento e a tecnologia necessários para reduzir a complexidade inerente ao desenvolvimento de *groupware*" (Gerosa et al., 2005, p. 110).

Esse modelo parte do princípio de que, para haver colaboração, é preciso comunicar-se, coordenar-se e cooperar: "Comunicação se realiza a troca de mensagens; coordenação se realiza através do gerenciamento de pessoas, atividades e recursos; e cooperação se realiza através de operações num espaço compartilhado para a execução das tarefas [...]" (Pimentel et al., 2006, p. 56). Nesse sentido, um ambiente colaborativo deve dar suporte às três perspectivas, pois mesmo que o objetivo de determinada ferramenta seja específico para apenas uma delas, a ferramenta ainda deve contemplar as demais.

Assim, normalmente um aplicativo *groupware* conta com um espaço de trabalho, que deve ser compartilhado por todos e que possibilite a realização de atividades concretas, como a criação de um texto, ou abstrata, como tomar uma decisão. O espaço de trabalho pode ser, portanto, uma edição de texto, um quadro branco para desenho, etc. (Campos et al., 2003).

Além do espaço de trabalho, os *groupwares* ainda contam com ferramentas de suporte à produção coletiva:

> [...] a maioria dos sistemas analisados oferece fórum, bate-papo, agenda, relatórios de atividades, questionários, gerenciamento de tarefas, votação, repositório e *links*. Cada ferramenta pode ser vista de forma relativamente autônoma dentro do sistema colaborativo. [...] Além dos sistemas colaborativos possuírem ferramentas similares, tais ferramentas também possuem funcionalidades similares. (Pimentel et al., 2006, p. 63)

Conforme apontam Stahl, Koschmann e Suthers (2006), os ambientes CSCL podem dar suporte pedagógico ou apoio à aprendizagem colaborativa por meio de diferentes técnicas, algumas bastante complexas, como as de Inteligência Artificial (IA). Podem, ainda,

> [...] oferecer visões alternativas da discussão em andamento entre os alunos e das informações compartilhadas que emergem desta discussão. Eles podem

> prover *feedback*, possivelmente baseado num modelo de como grupos atacam problemas. Eles podem dar suporte social através do monitoramento de padrões de interação e do oferecimento de *feedback* aos alunos [...] (Stahl, Koschmann e Suthers, 2006, p. 7)

Para armar as estratégias de produção coletiva, negociar alterações e prazos, dar e receber *feedback*, etc., os usuários interagem mediados pelas ferramentas do ambiente. Assim,

> [...] o lado tecnológico da agenda da CSCL foca no projeto e no estudo de tecnologias fundamentalmente sociais. Ser fundamentalmente social implica na tecnologia ser projetada especificamente para mediar e encorajar ações sociais [...] (Stahl, Koschmann e Suthers, 2006, p. 13)

Para alcançar tantas possibilidades, um ambiente colaborativo integra um conjunto de ferramentas. O uso ou a combinação das aplicações, tecnologias e ferramentas determinará o grau de interação disponibilizado pelo sistema. Quanto maior o grau de interação disponibilizado pelo *groupware*, maiores serão as possibilidades de que os participantes ultrapassem ações colaborativas e partam para ações cooperativas e para um trabalho em equipe, no qual não somente o produto final importe, mas também o processo de trabalho e as pessoas envolvidas.

Nessa perspectiva, uma aprendizagem mediada por computador, no qual se faça uso de aplicativos *groupware*, pode possibilitar resultados educacionais acadêmicos e relacionados à aprendizagem, mas também resultados voltados à sociabilidade e à formação profissional. De uma forma ou de outra, "[...] na maioria dos casos, o processo de colaboração entre os alunos (e, frequentemente, o professor, tutor ou mentor) é mais importante do que o computador. O *software* é feito para dar suporte, e não para substituir esses processos [...]" (Stahl, Koschmann e Suthers, 2006, p. 7).

FERRAMENTAS COLABORATIVAS

Atualmente, a necessidade de proporcionar aos sujeitos o desenvolvimento de elementos, como senso crítico, dinamismo, criatividade, expressão escrita, pessoal e capacidade de trabalhar em equipe, mostra-se cada vez mais latente tanto no contexto do trabalho quanto da educação. Em paralelo, a área da computação se esforça para desenvolver recursos que deem suporte para esse movimento que é dinâmico e constante. Isso porque práticas apoiadas na cooperação têm mostrado significativos resultados. Os benefícios apontam ganhos na qualidade não só no resultado das produções construídas, mas também no desenvolvimento pessoal dos sujeitos envolvidos.

Assim, é cada vez mais comum encontrar ferramentas digitais que oferecem recursos para favorecer e viabilizar as trocas interindividuais. Para tanto, integram recursos de comunicação, de produção, de negociação, de acompanhamento processual – no caso de históricos que podem ser restaurados ou simplesmente consultados, entre outros. Essas ferramentas se aplicam às mais variadas áreas e finalidades. Elas podem criar condições, por exemplo, para o desenvolvimento de escrita coletiva de textos, de desenhos, de animações, convivência em espaços socioculturais, políticos, de simulações, de jogos, de estratégias, de resolução de problemas, entre outros. As aplicações são variadas, mas com o intuito de proporcionar que todos os participantes possam trabalhar juntos, em prol de um objetivo comum.

Com base nessa perspectiva, a seguir destacam-se algumas ferramentas que podem ser utilizadas coletivamente, tanto no campo do trabalho quanto educacional.

Google Docs

O Google Docs é um editor de textos, planilhas, formulários, desenhos e apresentações criado pela Google Inc., uma empresa desenvolvedora de serviços *online*, sediada na Califórnia, Estados Unidos. É formado por um pacote de aplicativos baseado em AJAX que funciona totalmente *online*, ou seja, não é preciso baixar o programa e é possível editar e acessar os documentos de qualquer computador com conexão à internet e com um navegador padrão.

Os documentos são organizados em pastas, as quais podem ser criadas pelo usuário, que conta, ainda, com o recurso "arrastar" e "soltar". Esse recurso possibilita mudar rapidamente um documento de uma pasta para outra. Uma das vantagens do Google Docs é que, além de aceitar os formatos de arquivos mais conhecidos, incluindo DOC, XLS, ODT, ODS, RTF, CSV, PPT, etc., também é possível fazer *upload* de arquivos existentes. O aplicativo está disponível em português e é de fácil utilização, seja para edição de Documento ou para Apresentação e Planilha, versões do Google para Word, Power Point e Excel.

A edição de texto contém funcionalidades padrão, tais como alteração de fontes, criação de listas com marcadores, classificação por colunas, inclusão de tabelas, imagens, comentários, fórmulas, etc. A Figura 5.1 mostra a tela de edição do Google Docs.

Nesse aplicativo o usuário escolhe quem e como serão compartilhados os documentos. Assim, é possível convidar colaboradores, os quais podem alterar o documento, e leitores, que apenas visualizam o documento. Para tanto, basta inserir os endereços de *e-mail* das pessoas com quem se deseja compartilhar um determinado documento e enviar o convite.

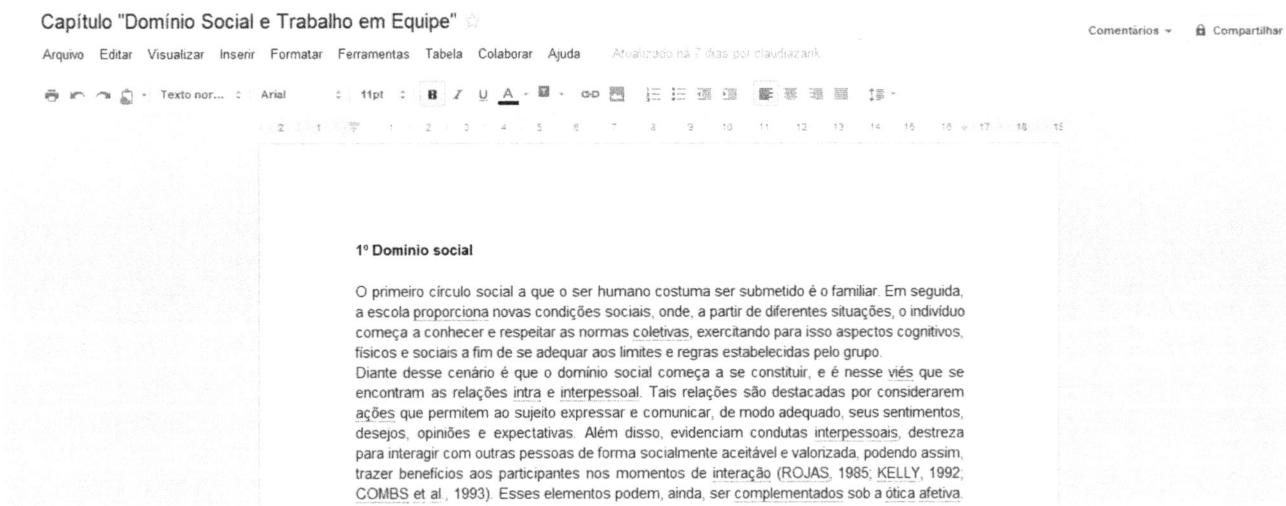

Figura 5.1 Tela de edição do Google Docs.
Fonte: Google Docs (https://docs.google.com).

O Google Docs conta também com uma ferramenta síncrona intitulada "Discussões". Por meio dessa ferramenta, o usuário pode conversar com outros colaboradores simultaneamente sobre as alterações que está realizando.

Como Memória do Grupo, o aplicativo disponibiliza um Histórico de Revisões. Por meio desse recurso é possível saber o número de versões existentes, quando foi feita a última edição, quem editou e quais os trechos alterados.

Além de todas essas possibilidades, o Google Docs oferece ainda um diferencial quanto à publicação. O usuário pode publicar os documentos como páginas da *web* normais, diretamente no *blog* ou, ainda, compartilhar os documentos, planilhas e apresentações por meio do Google Apps, um serviço do Google que agrega diferentes módulos: Gmail, Google Agenda, Talk, Docs e Sites.

PBworks

O PBworks é uma ferramenta eletrônica para construção de páginas *web*. Permite criar espaços públicos ou privados para colaboração, onde o usuário pode inserir vídeos e fotos, salas de *chat*, calendários e todos os outros tipos de mídia.

O *site* existe desde junho de 2005 e tem como objetivo simplificar o trabalho colaborativo em forma de *wikis* – *softwares* de edição de texto que podem ser usados de modo coletivo. Inicialmente a ferramenta tinha como nome PBwiki, em 2009 passou a se chamar PBworks. A maior dificuldade para utilização do *site* em contexto escolar é a ausência de uma versão em português. Por outro lado, a versão gratuita, mesmo com recursos limitados – em comparação às versões pagas, permite até 100 usuários com poderes de edição e oferece 2 GB de espaço de armazenamento.

O PBworks possibilita, assim, que diversos usuários editem e alterem seu conteúdo por meio de um sistema de múltiplas autenticações simultâneas. Os *workspaces* (espaços de trabalho) destinam-se à construção e edição de páginas da *web*, além da elaboração, edição e armazenamento de arquivos.

Na tela de visualização, o usuário pode criar novas páginas, fazer *upload* de arquivos, editar permissões de visualização, editar barra lateral, convidar colaboradores, escrever comentários e visualizar atividades recentes, entre outras funções. Já a tela de edição (Figura 5.2), além de apresentar as funcionalidades habituais, como alteração de fonte, marcação e numeração de listas, inserir e editar gráficos, etc., ainda possibilita renomear a página, inserir *links* e imagens e fazer *upload* de arquivos.

A ferramenta tem como diferencial os variados níveis de acesso (leitor, escritor, editor e administrador), sendo possível determinar quem pode ler ou editar no espaço de trabalho, que pode ser público ou privado e ainda remeter a outros *sites*.

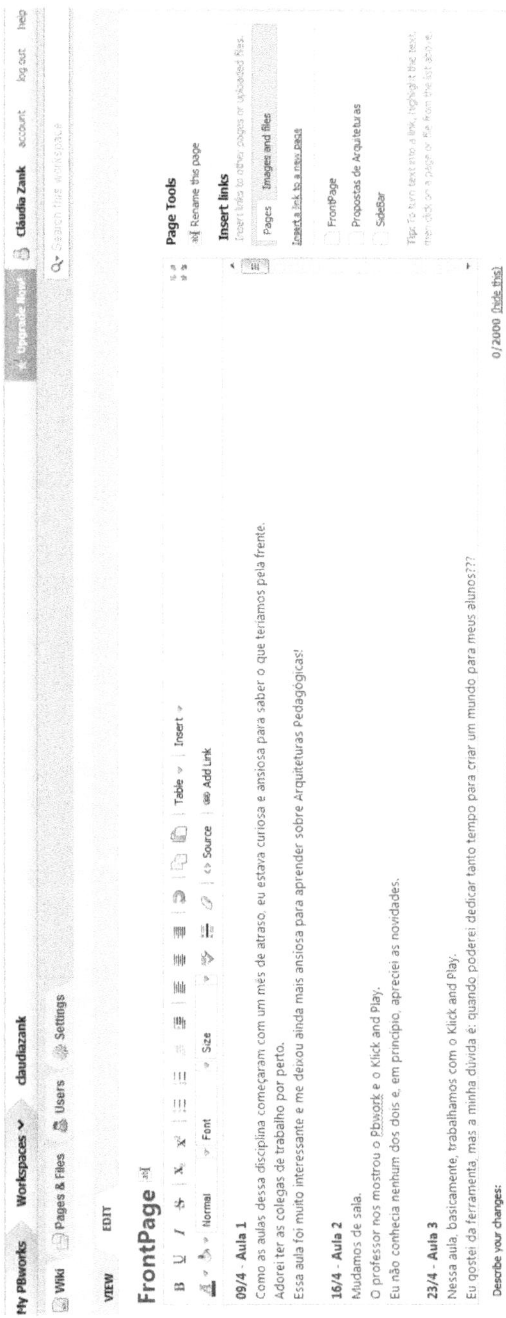

Figura 5.2 Tela de edição do PBworks.
Fonte: PBworks (http://pbworks.com/education).

Editor de Texto Coletivo (ETC)

O ETC[5] começou a ser desenvolvido no final de 2001 pelo Núcleo de Tecnologia Digital Aplicada à Educação da Universidade Federal do Rio Grande do Sul (NUTED/UFRGS).

A necessidade de construção dessa ferramenta surgiu das dificuldades observadas na elaboração de trabalhos coletivos, principalmente em cursos a distância. Desse modo, suas funcionalidades foram planejadas, inicialmente, para promover a escrita coletiva (Behar et al., 2006). O editor é *online*, por isso não necessita instalação em servidor ou computador local.

Em 2009, o ETC foi totalmente reestruturado, passando a contar com novas funcionalidades de interação, novo logotipo e nova interface. A versão atual mantém algumas ferramentas de interação que já existiam na versão anterior, porém novas funcionalidades que dão suporte à comunicação e interação são acrescentadas, tais como:

- Mensagem: permite que os participantes enviem mensagens via *e-mail* uns para os outros.
- Fórum: suporta discussões teóricas sobre a produção textual ou sobre os diferentes pontos de vista entre os participantes. O fórum já existia na versão antiga, e na nova versão foram acrescentadas funcionalidades de edição e busca, além de diferentes opções de visualização.
- Comentários: ferramenta localizada na tela de edição de texto, que permite que os usuários deixem recados uns para os outros ou que façam observações sobre a escrita.
- Comunicador: ferramenta que exibe os usuários *online,* permitindo que conversem em tempo real e simultaneamente à edição.

Uma das maiores alterações que essa versão atual apresenta diz respeito à edição. O Sistema de Coautoria do ETC tem apenas uma página, na qual o texto pode ser visto e editado integralmente e, ainda, pode ser escrito por diferentes usuários de forma simultânea. Além disso, os arquivos são organizados seguindo uma estrutura de pastas e todos os autores têm os mesmos privilégios de edição e administração do sistema para produção textual e comunicação.

Outra significativa alteração foi a inclusão da ferramenta Rede de Conceitos (baseada na tecnologia de Mineração de Textos). Essa ferramenta permite a extração e o relacionamento dos principais termos abordados nas produções textuais. Com base na mesma tecnologia, também foi implementado o MineraFórum, que extrai e relaciona os principais termos discutidos em um fórum, além de atribuir um valor de relevância para cada mensagem postada.

Esses são alguns destaques que caracterizam esse Editor como ferramenta para aplicação educacional. Isso porque ele possui recursos que auxiliam tanto o professor, no acompanhamento e avaliação das produções textuais, quanto o aluno, para elaboração das próprias produções. A Figura 5.3 apresenta a tela de edição do ETC.

Figura 5.3 Tela de edição do ETC.
Fonte: ETC (www.nuted.ufrgs.br/etc2).

CMap Tools

O CMap Tools[6] possibilita a criação (colaborativa ou não) de mapas conceituais. Um mapa conceitual é uma representação gráfica da relação entre diferentes conceitos. Os mapas conceituais podem ser utilizados para planejamentos (de estudos, projetos, textos, etc.); como estratégia de estudo; como forma de apresentação de um conteúdo, entre outros.

No CMap Tools, os conceitos são representados por palavras. Estas são digitadas dentro de caixas (há opções de formato e cores) e as relações entre os conceitos são especificadas por meio de termos ou frases de ligação, como mostra a Figura 5.4.

Figura 5.4 Mapa conceitual construído no CMap Tools.

Esse *software* foi desenvolvido pelo Institute for Human Machine Cognition da University of West Florida, está disponível em português e é gratuito. Para utilizá-lo, basta efetuar um cadastro no *site* do desenvolvedor e, após, fazer o *download*. O CMap Tools permite ao usuário criar mapas no seu computador pessoal; compartilhá-lo em outros servidores (CmapServers); *linkar* seus mapas com outros mapas em outros servidores; procurar na *web* por informações relevantes a um conceito. Ainda é possível editar colaborativamente com outros usuários na internet. Para realizar a edição colaborativa, é preciso salvar o mapa em um dos servidores. Após, basta liberar o mapa para colaboração, clicando no primeiro ícone à direita na tela de edição (Figura 5.5).

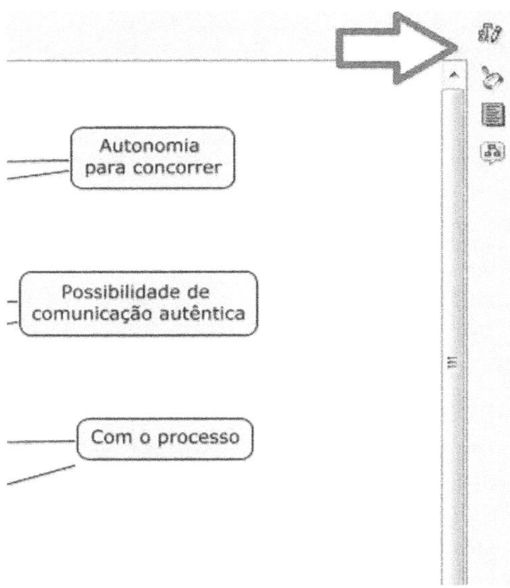

Figura 5.5 Lado direito superior da tela de edição do CMap Tools.

Além de todas essas vantagens, ainda é possível adicionar sons, imagens, vídeos, textos e até mesmo outros mapas em um mapa conceitual, permitindo, assim, detalhar melhor os conceitos.

ESTRATÉGIAS PEDAGÓGICAS PARA APOIAR PRÁTICAS UTILIZANDO FERRAMENTAS COLABORATIVAS

Esta seção tem por objetivo apontar algumas possibilidades que podem apoiar o trabalho do professor que deseja proporcionar aos alunos ações em equipe utilizando ferramentas colaborativas. Não se trata de um manual de instruções, de um passo a passo, mas sim de alternativas práticas que podem ser aplicadas, adaptadas e estruturadas de acordo com os diferentes perfis e necessidades do público com que se trabalha.

Assim, com base no que foi descrito até o momento, foram traçadas algumas metas a serem alcançadas quando o foco é o trabalho coletivo, e será nesse sentido que as possibilidades pedagógicas serão descritas. Por exemplo, dentre os tópicos citados estão a importância de proporcionar condições para que os alunos desenvolvam a capacidade de trabalhar em equipe, de serem autônomos e desenvolverem a expressão escrita, além do senso crítico. Logo, como descrito anteriormente, as regras, valores e sinais são fundamentais, além da presença do respeito heterônomo e da autonomia dos participantes (Piaget, 1973). Nesse sentido, quando uma equipe apresenta indícios de dificuldade para a construção de um trabalho coletivo, a prática pedagógica pode privilegiar experiências estimuladoras de decisão e responsabilidade (Freire, 2003). Por exemplo, o professor, ao desafiar uma equipe a desenvolver, na ferramenta PBworks, o planejamento pedagógico de um curso que tenha como foco o tema interatividade pode perceber limitações em relação ao conteúdo e/ou em relação a participação dos envolvidos. Uma possibilidade para resgatar a equipe e ter sucesso nessa prática pode ser a de o professor disparar aos alunos desafios e questionamentos que favoreçam tanto a tomada de decisões, quanto a busca por recursos materiais que possam beneficiar novas construções e permitam aos alunos avançar qualitativamente na produção. A intenção é proporcionar um processo de aprendizagem no qual os alunos se transformem em reais sujeitos da construção e reconstrução do saber em questão, ao lado do professor, igualmente sujeito no processo (Freire, 2003).

Os desafios e questionamentos propostos, além de contribuirem para o desenvolvimento dos alunos, também poderão servir de referência ao professor, que precisa conhecer o potencial e as limitações de cada indivíduo. Agir na exata medida das necessidades de cada um, problematizando e questionando o porquê e o para quê das coisas, poderá favorecer um movimento dialético entre a ação e a reflexão crítica (Cysneiros, 1998). Tal movimento poderá criar condições favoráveis à constituição ou ao aparecimento da autonomia, além de criar condições para que os alunos desenvolvam a capacidade de trabalhar em equipe, de desenvolver o pensamento crítico e de aprender a aprender. Destaca-se ainda que, em um cenário onde os alunos conseguem desenvolver um trabalho coletivo, os questionamentos e desafios poderão servir de base para que o professor identifique o nível de conhecimento dos sujeitos sobre o tema. Com base nisso, poderá proporcionar materiais e discussões que viabilizam o aprofundamento teórico sobre o assunto abordado. Essas condições podem alavancar o conhecimento e o relacionamento do tema foco com outras vertentes, favorecendo novos desdobramentos, ampliando o conhecimento, bem como aprimorando as trocas sociais que apoiam o trabalho em grupo.

Na prática, isso pode ser aplicado, por exemplo, com o uso do Editor de Texto Coletivo (ETC). Essa ferramenta proporciona condições tanto para uma mediação pedagógica que precise favorecer o aprimoramento das produções e das trocas sociais, quanto viabilizar novos enfoques de desenvolvimento aos participantes que já alcançaram os objetivos propostos na atividade. Logo, quando os sujeitos precisam coordenar diferentes pontos de vista, uma alternativa pode ser a de utilizar o recurso Comentários disponível dentro da área de edição do texto, ou ainda utilizar o comunicador instantâneo que existe na mesma tela. O recurso Comentários pode ser amplamente explorado pelo professor para mediar as trocas sociais e o desenvolvimento da atividade. O desempenho de cada um dos integrantes da equipe pode ser acompanhado por meio do recurso Histórico. Isso poderá dar ao professor informações necessárias para intervir de forma adequada com cada um dos envolvidos.

De outro lado, se a situação requer um aprofundamento ou desdobramento teórico em relação ao tema proposto, o professor poderá disponibilizar, na Biblioteca do ETC, novas referências teóricas e convidar os participantes a discutir tais referências no Fórum do Editor. Dessa forma, criará possibilidades para que os sujeitos aprimorem o conhecimento que já tem sobre o tema. Estas são apenas algumas possibilidades que podem ser adaptadas com diferentes equipes e temas de trabalho.

A Figura 5.6[7] tem por objetivo apontar estratégias para práticas pedagógicas que estão destacadas nos quadros pontilhados com vistas a alcançar condições que favoreçam a troca interindividual. Entende-se que, assim, se privilegia o desenvolvimento de estratégias que deem suporte ao permanente aprimoramento do indivíduo frente ao domínio sociocultural. A prática reflexiva é destacada de forma permanente e contempla a totalidade das ações por estar presente no planejamento, execução e avaliação do processo.

Quando os participantes de um grupo têm o desafio de trabalhar coletivamente e não conseguem, pode ser sinal de que estão diante de um desequilíbrio nas trocas sociais. Só a **cooperação leva à autonomia** e ao alcance do respeito mútuo, no qual os indivíduos conseguem entender o resultado de acordos entre diferentes pontos de vista e integram, desse modo, um grupo que transcende a perspectiva de um único indivíduo (Piaget, 1973). Tais condições favorecem o desenvolvimento do **pensamento crítico**, uma vez que cada sujeito tem a oportunidade de expor, argumentar e contra-argumentar seu próprio ponto de vista frente aos demais integrantes da equipe.

Chama-se a atenção para a relação direta que existe entre a prática pedagógica e o cenário posto. Nesse contexto, nota-se a importância do desenvolvimento de uma prática reflexiva, a qual compreende o planejamento, a execução e a avaliação dos processos desenvolvidos com vistas a qualificar

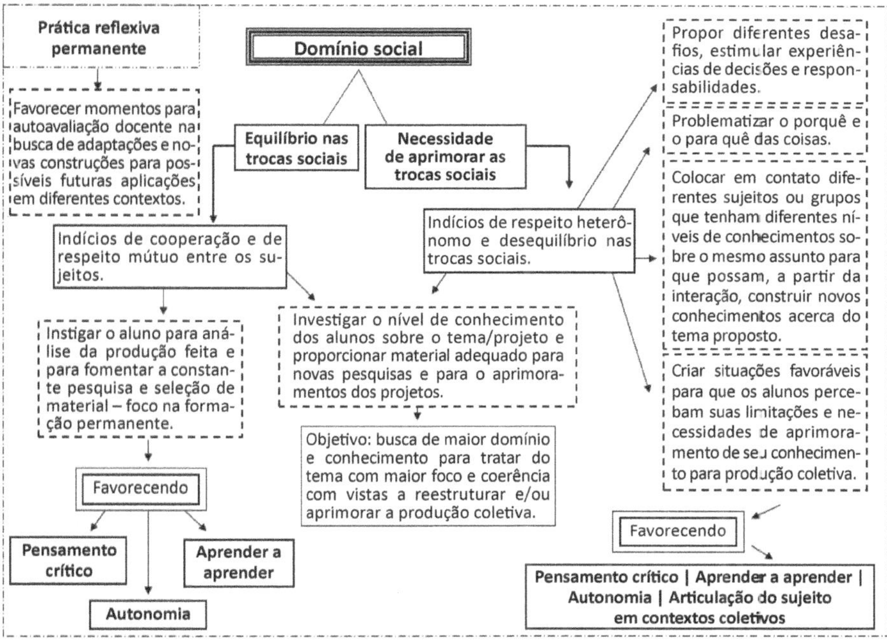

Figura 5.6 Estratégias para prática pedagógica com base nos indícios do domínio sociocultural.
Fonte: Adaptada de Macedo (2010).

os resultados obtidos junto aos alunos. Sem a presença dessa prática, inexiste a articulação das estratégias em relação às variáveis inerentes ao processo educacional, inviabilizando, assim, o atendimento às diferentes necessidades e potencialidades de cada um dos alunos envolvidos (Zabala, 1998).

Para as condições levantadas até aqui, uma prática reflexiva é fundamental a fim de favorecer e respeitar a autonomia dos participantes. Freire (2003) destaca que a **autonomia** se constitui a partir da experiência de inúmeras decisões. Nesse sentido, a prática pedagógica deve privilegiar experiências estimuladoras de decisão e responsabilidade (Freire, 2003). E é sob essa perspectiva que se criam condições para que cada sujeito **aprenda a aprender** e, assim, se desenvolva permanentemente.

Com base nas relações feitas, destaca-se que práticas pedagógicas que incentivem a discussão, tomada de decisões, análise, leitura e pesquisa, poderão proporcionar melhores condições para o desenvolvimento da autonomia, do pensamento crítico, do aprender a aprender e, a partir disso, poderão potencializar condições favoráveis ao desenvolvimento do trabalho em equipe.

CONSIDERAÇÕES FINAIS

O domínio sociocultural, ainda que comece a se constituir na família, faz parte de todos os contextos, perpassando a escola e se configurando no trabalho. É nesse domínio que se encontram as relações intra e interpessoal. Desse modo, mesmo presente em todos os momentos da vida, o domínio sociocultural está constantemente evoluindo, pois assim como mudam as pessoas presentes nos diferentes contextos, mudam as relações, sempre complexas, uma vez que abarcam especificidades e particularidades.

Neste viés, diferentes áreas de pesquisa tentam compreender o trabalho coletivo, seu potencial e suas possibilidades. No que diz respeito à educação, pesquisas ancoradas em Piaget (1973) revelam o fator social como essencial na construção do conhecimento. A partir de então, a aprendizagem colaborativa toma força e novas ferramentas e ambientes de aprendizagem passam a ser desenvolvidos com o intuito de criar condições para o desenvolvimento do trabalho em equipe, favorecendo a comunicação e a negociação entre os pares.

Como citado, conforme Piaget (1973), somente a cooperação pode levar à autonomia e ao respeito mútuo. No entanto, o que muitas vezes se vê no âmbito do trabalho é que pode haver coordenação, injunções para trabalhar em conjunto, mas falta cooperação, e a distância entre as duas é enorme, como aponta Dejours (2009).

Diante disso, destaca-se que a competência para o trabalho em equipe[8] está diretamente relacionada ao tipo de equipe da qual o sujeito faz parte. Logo, pode-se dizer que os elementos dessa competência mudam de acordo com as experiências laborais e as trocas sociais vivenciadas por cada um. Isso pode ocorrer porque cada indivíduo busca se adequar às condições construídas nessa coletividade. Assim, cada um que participa, por exemplo, de uma equipe onde há concorrência, pode desejar desenvolver a **proatividade**. Já quem participa de uma equipe que trabalha de modo cooperativo, pode desenvolver, por exemplo, a capacidade de trabalhar em interdependência com os colegas.

Vale ressaltar que, ainda que os elementos possam variar de equipe para equipe, alguns deles podem ser comuns. Dentre estes, se destacam os relacionados às atitudes, no sentido de saber ser e saber conviver, uma vez que são fundamentais para o sucesso das trocas sociais. Logo, mais do que conhecer determinado assunto/tema/área de atuação, mais do que ter habilidade para realizar as tarefas necessárias para se atingir os objetivos, está nas atitudes o segredo da competência para o trabalho em equipe.

Para Coronado (2008, p. 123), "[...] as competências sociais são, em definitivo, o campo de confluência da inteligência intra e interpessoal [...]" . Inclui-se, assim, um conjunto de atitudes, ideias, crenças, valores, sentimentos e comportamentos que podem ser desenvolvidos em cada integrante da equipe. Para tanto, a autora sugere que se contemplem três eixos: criação de redes sociais; formação de uma cultura de resolução de conflitos; e geração de estruturas que propiciem a cooperação e fomentem o desenvolvimento de lideranças sociais.

Diante do exposto, nota-se que este capítulo destaca, acima de tudo, a importância de considerar as particularidades de cada equipe. Elas é que implicam diretamente a variação/adaptação das competências, habilidades e atitudes de cada indivíduo frente ao grupo. Considerando a amplitude dessas particularidades, destacam-se alguns possíveis indicadores que podem auxiliar cada integrante a obter sucesso nas relações sociais. Assim, por exemplo, quando o foco é o conhecimento, ou seja, princípios que o indivíduo precisa saber para se articular em equipe, é possível destacar como de alta relevância:

- ✓ Conhecer as necessidades da equipe; conhecer estratégias que favoreçam a adequação das ações de cada um em relação ao grupo em busca dos objetivos propostos; perceber as mudanças de humor, de sentimentos, de desejos e expectativas dos envolvidos; saber analisar o próprio comportamento de acordo com os princípios da equipe, entre outros.

Em paralelo, quando o foco forem as habilidades, ou seja, o que o indivíduo precisa saber fazer para dar conta da troca social pode se considerar como importantes elementos:

- ✓ Saber negociar, saber se comunicar; saber adaptar sua postura diante de um conflito; saber colaborar, cooperar, respeitar, perguntar, escutar, argumentar, dominar impulsos; saber buscar soluções alternativas para resolver possíveis conflitos; saber se redimir, entre outros.

Por fim, quando o foco forem as atitudes, isto é, como o indivíduo precisa saber ser quando inserido em um contexto sociocultural, destacam-se as seguintes ações:

- ✓ Saber ser flexível, paciente, afetivo para criar vínculo com os demais integrantes da equipe; ser confiável, saber ser crítico e saber receber críticas; ser capaz de se adaptar a situações novas e/ou imprevisíveis, etc.

Dessa forma, é no sentido de possibilitar ao aluno e ao docente o desenvolvimento de elementos necessários às competências que fazem parte do domínio sociocultural, que este capítulo apresentou algumas sugestões que podem favorecer momentos de autoavaliação, de aprimoramento do trabalho em equipe e de realização de práticas reflexivas.

Ressalta-se, no entanto, que tanto as perspectivas descritas na seção das estratégias pedagógicas, quanto os indicadores de competências, habilidades e atitudes destacados, não são fechados ou considerados únicos, mas foram descritos com o intuito de sugerir alternativas de práticas pedagógicas e de aprimoramento para o desenvolvimento humano que possam favorecer ou ampliar as condições para o trabalho em equipe. Esse conjunto de elementos pode ser aplicado, desenvolvido ou adaptado conforme as necessidades dos diferentes sujeitos envolvidos no processo.

O mesmo ocorre com as ferramentas digitais destacadas. Vale lembrar que tais ferramentas, por si só, não garantem o desenvolvimento do trabalho coletivo, nem de um equilíbrio nas trocas sociais, seja no âmbito do trabalho ou escolar. Em ambos os contextos se faz necessário proporcionar condições para que os sujeitos envolvidos consigam se articular coletivamente, consigam estabelecer um objetivo em comum e agir segundo as normas socioculturais que sustentam a coletividade, adequando-se aos limites estabelecidos pelo grupo.

NOTAS

1 Professor itinerante é o professor especialista em Educação Especial que dá suporte a escolas que têm alunos com necessidades educacionais especiais incluídos em classes regulares.
2 Levantamento realizado a partir de Katzenbach e Smith (1994), Preisler, Borba e Battirola (2002), Monteiro e colaboradores (2001-2002), Moscovici (2003), Robbins (2004), Chiavenato (2005) e Bejarano e colaboradores (2005).
3 Para Sennet (2005, p. 10), o capitalismo flexível é a expressão mais adequada para descrever o sistema capitalista nos moldes atuais: "[...] um sistema que é mais uma variação sobre um velho tema [...]" . Nesse sentido, a "flexibilidade" não passaria de uma nova forma de controle e de opressão.
4 Este capítulo entende interação como uma relação que se estabelece entre os sujeitos participantes e interatividade como uma interação mediada por computador (Silva, 1998).
5 O aplicativo pode ser encontrado no *site* do NUTED/UFRGS. Disponível em: www.nuted.ufrgs.br/etc2.
6 O aplicativo está disponível no *site* http://cmap.ihmc.us/.
7 A Figura 5.6 foi adaptada de Macedo (2010).
8 Detalhes em Zank (2010).

REFERÊNCIAS

BECKER, F. *A origem do conhecimento e a aprendizagem escolar*. Porto Alegre: Artmed, 2003.

BEHAR, P. A. et al. Escrita coletiva: o potencial de um groupware via web. *Revista Renote Novas Tecnologias na Educação,* v. 4, n. 1, 2006. Disponível em: <http://www6.ufrgs.br/limc/escritacoletiva/pdf/groupware.pdf>. Acesso em: 02 ago. 2012.

BEJARANO, V. C. et al. Como formar equipes com o equilíbrio ideal de personalidades e perfis pessoais: a teoria e as ferramentas de Meredith Belbin. In: CONGRESSO BRASILEIRO DE ENSINO DE ENGENHARIA – COBENGE, 33., 2005. Campina Grande. *Anais*... Campina Grande: ABENGE, 2005. p. 1-12. Disponível em: <http://www.abenge.org.br/CobengeAnteriores/2005/artigos/PR-10-54091721915-1117506615484.pdf >. Acesso em: 15 jul. 2011.

CAMPOS, F. C. A. et al. *Cooperação e aprendizagem online*. Rio de Janeiro: DP&A, 2003.

CHIAVENATO, I. *Comportamento organizacional:* a dinâmica do sucesso das organizações. 2. ed. Rio de Janeiro: Elsevier, 2005.

COLL, C. *Aprendizagem escolar e construção do conhecimento*. Porto Alegre: Artes Médicas, 1994.

COLOMÉ, I. C. S. *Trabalho em equipe no programa saúde da família na concepção de enfermeiras*. 2005. Dissertação (Mestrado em Enfermagem) – Escola de Enfermagem, Universidade Federal do Rio Grande do Sul, Porto Alegre, 2005.

CORONADO, M. El desarollo social como objetivo educativo: el desarollo de competencias sociales. In: CORONADO, M. *Competências sociales y convivencia*: herramientas de análisis y proyectos de intervención. Buenos Aires: Centro de Publicaciones Educativas e Material Didáctico, 2008. p. 121-144.

CYSNEIROS, P. G. *Professores e máquinas:* uma concepção de informática na educação. Campinas: EduTecNet – Rede de Educação e Tecnologia, 1998. Disponível em: <http://edutec.net/Textos/Alia/PROINFO/prf_txtie08.htm>. Acesso em: 21 set. 2008.

DEJOURS, C. Entre o desespero e a esperança: como reencantar o trabalho? *Revista Cult*, n. 139, p. 49-53, 2009.

FREIRE, P. *Pedagogia da autonomia:* saberes necessários à prática educativa. São Paulo: Paz e Terra, 2003.

GEROSA, M. A. et al. Componentes Baseados no Modelo 3C para o desenvolvimento de ferramentas colaborativas. In: WORKSHOP DE DESENVOLVIMENTO BASEADO EM COMPONENTES – WDBC 2005, 5., 2005, Juiz de Fora. *Anais*... São Paulo: USP, 2005. p. 109-112. Disponível em: <http://lapessc.ime.usp.br/work.jsf?p1=2249>. Acesso em: 15 set. 2012.

GUITERT, M.; GIMÉNEZ, F. Trabajo cooperativo en entornos virtuales de aprendizaje. In: DUART, J. M.; SANGRÁ, A. *Aprender en la virtualidad*. Barcelona: Gedisa, 2000.

KATZENBACH, J. R.; SMITH, D. K. *A força e o poder das equipes*. São Paulo: Makron Books, 1994.

MACEDO, A. L. *Rede de Conceitos:* uma ferramenta para contribuir com a prática pedagógica no acompanhamento da produção textual coletiva. 2010. 210 f. Tese (Doutorado) – Centro de Estudos Interdisciplinares em Novas Tecnologias da Educação, Universidade Federal do Rio Grande do Sul, Porto Alegre, 2010.

MIOCH, R. Quando o ambiente de trabalho prejudica o desenvolvimento profissional do professor. In: MIOCH, R. *Mudar para melhorar:* pequenos passos rumo ao êxito de todos. São Paulo: SE/APS, 1997. p. 24-31.

MONTEIRO, J. K. et al. Habilidade para trabalhar em equipe. *Aletheia*, n. 16, p. 7-14, 2002.

MOSCOVICI, F. *Equipes dão certo:* a multiplicação do talento humano. 10. ed. Rio de Janeiro: José Olympio, 2005.

MOSCOVICI, F. *A organização por trás do espelho:* reflexos e reflexões. 2. ed. Rio de Janeiro: José Olympio, 2003.

PIAGET, J. *Estudos sociológicos*. Rio de Janeiro: Forense, 1973.

PIAGET, J. *Sobre a pedagogia:* textos inéditos. São Paulo: Casa do Psicólogo, 1998.

PIMENTEL, M. et al. Modelo 3C de colaboração no desenvolvimento de sistemas colaborativos. In: SIMPÓSIO BRASILEIRO DE SISTEMAS COLABORATIVOS, 3., Natal, 2006. *Anais*..., Porto Alegre: Sociedade Brasileira de Computação, 2006. p. 58-67. Disponível em: <http://www.tecgraf.puc-rio.br/~abraposo/pubs/SBSC2006/07_Pimentel_Modelo3C.pdf>. Acesso em: 12 ago. 2011.

PLETSCH, M. D.; GLAT, R. O ensino itinerante como suporte para a inclusão de pessoas com necessidades educacionais especiais na rede pública de ensino: uma abordagem etnográfica.

Revista Iberoamericana de Educación, n. 41-42, 2007. Seção Experiencias e Innovaciones (E+I). Disponível em: <http://www.rieoei.org/experiencias139.htm> Acesso em: 23 jul. 2011.

PREISLER, A. M.; BORBA, J. A.; BATTIROLA, J. C. Os tipos de personalidade humana e o trabalho em equipe. *Revista PEC*, v. 2, n. 1, p. 113-126, 2001-2002.

ROBBINS, S. P. *Fundamentos do comportamento organizacional*. São Paulo: Pearson Prentice Hall, 2004.

ROSENFIELD, C. L. Autonomia outorgada e relação com o trabalho: liberdade e resistência no trabalho na indústria de processo. *Sociologias*, ano 5, n. 10, p. 350-378, 2003.

SENNETT, R. *A Corrosão do Caráter:* consequências pessoais do trabalho no novo capitalismo. 10. ed. Rio de Janeiro: Record, 2005.

SILVA, M. O que é interatividade? *Boletim Técnico do Senac*, v. 24, n. 2, 1998. Disponível em: <http://www.senac.br/informativo/bts/242/boltec242d.htm.> Acesso em: 10 ago. 2011.

STAHL, G. *Group cognition:* computer support for building collaborative knowledge. Cambridge: MIT Press, 2006. Disponível em: <http://www.gerrystahl.net/mit/> Acesso em: 10 ago. 2011.

STAHL, G.; KOSCHMANN, T.; SUTHERS, D. Computer-supported collaborative learning: A historical perspective. In: SAWYER, R. K. (Ed.). *Cambridge handbook of the learning sciences*. Cambridge: Cambridge University Press, 2006. p. 409-426. Disponível em: <http://gerrystahl.net/cscl/CSCL_English.pdf.> Acesso em: 10 ago. 2011.

VEDOVE, J. C. D.; CAMARGO, R. T. M. A influência da empatia na relação tutor-aluno. *Revista Intersaberes*, v. 3, n. 6, p. 155-165, 2008. Disponível em: <http://www.grupouninter.com.br/intersaberes/index.php/revista/article/view/135>. Acesso em: junho/2011.

ZABALA, A. *A prática educativa:* como ensinar. Porto Alegre: Artmed, 1998.

ZANK, C. *Editor de Texto Coletivo (ETC):* contribuições para o desenvolvimento da competência para o trabalho em equipe. 2010. 200 f. Dissertação (Mestrado) – Faculdade de Educação, Universidade Federal do Rio Grande do Sul, Porto Alegre, 2010.

ZANK, C.; RIBEIRO, J. A. R.; BEHAR, P. A. Um estudo sobre coletividades no âmbito do trabalho. In: ENCONTRO NACIONAL DA ASSOCIAÇÃO BRASILEIRA DOS ESTUDOS DO TRABALHO, 12., *Anais*... João Pessoa, 2011. p. 1940-1954

Domínio da gestão em educação a distância

foco na coordenação de cursos

6

Maira Bernardi, Sônia Dondonis Daudt, Patricia Alejandra Behar

INTRODUÇÃO

Atualmente, pode-se afirmar que a educação a distância (EAD) contribui para a difusão das tecnologias e para a constituição e ampliação de redes de convivência virtual. Nesse contexto, encontra-se inserida a instituição universitária, pública ou privada que, com suas características e complexidades particulares, passa a exigir novos processos de gestão do sistema educativo frente a essa circunstância.

Acredita-se que o uso das tecnologias na educação com ênfase na reprodução do conhecimento não responde mais às expectativas de aprendizagem no mundo atual. Percebe-se, assim, a superação da ideia de armazenamento e difusão da informação por meio de tecnologia em si. Por essa razão, a sua utilização deve estar entre as principais preocupações dos gestores, assim como a proposição de iniciativas de gestão que possibilitem uma mudança organizacional flexível, "[...] possível apenas com a interação humana, livre, criativa e variada [...]" (Sathler; Josgrilberg; Azevedo, 2008, p. 2).

A ampliação da oferta de cursos a distância tem obrigado as instituições de ensino superior (IES) a conviver com novas formas de ver e organizar a educação universitária. Por esse motivo, busca-se identificar e desenvolver, por meio de seus gestores, processos acadêmicos voltados a essas novas circunstâncias sob o ponto de vista educativo e administrativo.

A gestão da educação a distância está atrelada ao paradigma da sociedade em rede. Neste, exige-se das instituições a adoção de políticas e fluxos que possibilitem e qualifiquem as relações no seu interior. A partir dessas ações, propõe-se um novo conceito de organização educacional que requer funções descentralizadas, participativas, interdependentes e integradas (Rumble, 2003). Busca-se, portanto, uma migração de uma cultura individualista para outra mais colaborativa e baseada no trabalho coletivo (Mansur, 2001).

A gestão, analisada por essa perspectiva, demanda uma nova dinâmica no contexto da EAD, visto que os modelos tradicionais relacionados ao ensino presencial costumam não apresentar a flexibilidade e organização exigidas por essa modalidade.

Sob essa ótica, o presente capítulo busca refletir sobre as demandas da gestão da educação a distância, ressaltando o papel dos coordenadores[1] de curso nessa modalidade em uma dimensão organizacional do ensino superior. Pretende, ainda, caracterizar o domínio da gestão na compreensão destacada nesta obra sobre o desenvolvimento de competências. Aborda-se, assim, a importância da criação ou manutenção de redes de interação entre os setores institucionais, visando ao aprimoramento e à realização do trabalho do coordenador de curso.

CONCEITOS DE GESTÃO

Fazendo uma revisão teórica da literatura disponível, observam-se algumas definições clássicas para a terminologia **gestão**. Dentre estas, encontram-se semelhanças e, por vezes, complementações que auxiliam a abordagem do tema neste capítulo.

No presente capítulo, entende-se por gestão educacional a ação específica de **organizar e mobilizar e organizar as condições humanas e materiais disponíveis e necessárias** para o sucesso do processo educativo, operados pelos estabelecimentos de ensino para impulsionar a aprendizagem dos alunos (Menezes; Santos apud Monteiro, 2010).

Segundo Rumble (2003), a gestão pode ser definida como "[...] um processo que permite o desenvolvimento de atividades com eficiência e eficácia, a tomada de decisões com respeito às ações que se fizerem necessárias, a escolha e verificação da melhor forma de executá-las". A posição de Rumble (2003) pode ser complementada com a opinião de Sartori e Roesler (2005). Para as autoras, trata-se da uma ação que compreende o planejamento, a organização, a coordenação e o controle de ações decisórias de uma organização, tendo em vista seus propósitos (Sartori e Roesler, 2005).

Uma interpretação complementar à ideia dos autores citados é encontrada nos escritos de Lacombe e Heilborn (2003). De acordo com os autores, a gestão pode ser entendida como o processo que abrange o planejamento, a organização, o controle, a coordenação e a liderança referente às ações decisórias de uma organização para atingir seus objetivos (Lacombe e Heilborn, 2003).

Além das características apresentadas, Colombo e colaboradores (2008) acrescenta outra consideração. Na opinião da autora, em uma abordagem voltada à gestão educacional, deve-se, também, buscar a inovação e a melhoria nos processos em desenvolvimento. Dessa forma, é possível constituir uma ação preventiva às possíveis ameaças ao processo de gestão.

Os escritos de Lück (1997) contribuem para essa análise ao ressaltar que o termo gestão está associado à democratização do processo pedagógico, pressupondo a responsabilidade e participação ativa, dando vez e voz para todos os envolvidos. Busca-se, assim, a efetivação de resultados educacionais cada vez mais significativos como um compromisso coletivo.

Acredita-se que a gestão educativa pode oportunizar reflexões em torno dos princípios administrativos. Partindo dessa concepção, administrar a gestão envolve o uso adequado de recursos disponíveis para atingir os objetivos propostos. Trata-se, pois, de um processo de tomada de decisão, antecipada pelo acompanhamento e avaliação daquilo que foi proposto (Bussmann, 1995).

Nessa perspectiva, a gestão está sendo relacionada aos processos, políticas e ações administrativas que são elaboradas nas IES. Compreende-se, assim, a necessidade de organizar o planejamento da proposta de gestão e suas ações à luz das legislações específicas. Será por meio do desenvolvimento dessa proposta que será possível acompanhar a aplicação dos objetivos, de modo que estes sejam alcançados, bem como o resultado almejado (Bernardi, 2008).

Entretanto, alguns autores advertem que o termo gestão seja utilizado como sinônimo de administração. Entende-se que os fins da administração e os da gestão educativa apresentam diferenças pontuais. Atualmente, considera-se que a gestão da educação está relacionada ao paradigma da sociedade em rede. Busca-se, dessa forma, uma orientação dinamizadora para as relações dentro da instituição de ensino, em uma proposição de um novo conceito de organização educacional. Este, por sua vez, demanda funções descentralizadas, participativas, interdependentes, mas também integradas (Rumble, 2003).

Julga-se, assim, que a organização educativa precisa passar por um redimensionamento a fim de responder a essa nova realidade. Devem ser superadas as limitações existentes de enfoque dicotomizado, simplificado e reduzido. Nessa nova proposta organizacional, os processos de interação social precisam substituir a cultura individualista por uma pautada na colaboração e no trabalho de equipe (Mansur, 2001).

No contexto da EAD, constata-se, assim, a necessidade de uma gestão adequada e diferenciada, principalmente relacionada aos aspectos de *design* pedagógico, planejamento e estratégias de comunicação. A mobilização e implementação desses aspectos podem garantir a mediação dos diferentes atores envolvidos no processo (professores, tutores, alunos e gestores) dentre seus espaços (polos de apoio presencial e demais setores envolvidos), no oferecimento de um ensino de excelência nos cursos dessa modalidade.

Acredita-se, que a oferta de cursos a distância envolve uma organização bastante elaborada e complexa, sendo necessária uma estrutura diferenciada da organização exigida na modalidade presencial. Aspectos como a natureza dos cursos, o perfil dos estudantes e a disponibilidade dos recursos podem dificultar ou mesmo impossibilitar a adoção de um modelo único de curso a distância, até mesmo em se tratando de uma mesma instituição.

Com base nas ideias destacadas anteriormente, entende-se que o desenvolvimento de um projeto de EAD implica um planejamento apurado da organização do trabalho a ser realizado. Nesse projeto, é preciso identificar e atribuir as responsabilidades para cada um dos envolvidos em todas as etapas acadêmicas e administrativas que apoiam o processo formativo. Na seção seguinte serão abordados aspectos específicos, relacionados com a gestão da EAD.

GESTÃO DA EDUCAÇÃO A DISTÂNCIA

A gestão da EAD pressupõe a compreensão das variáveis que compõem o conjunto do seu sistema. O conhecimento acerca da sua abrangência poderá permitir a busca de soluções criativas, inovadoras e viáveis economicamente. Por outro lado, coloca outros desafios para os gestores.

A introdução das tecnologias digitais provoca mudanças no paradigma educacional, deslocando o foco do processo do ensino para o de uma aprendizagem autônoma e cooperativa. É preciso deixar para trás os modelos educacionais predominantemente individuais em detrimento dos grupais, criando novas oportunidades de aprendizagem que possam se efetivar a qualquer hora, em qualquer lugar e de múltiplas maneiras.

Na EAD, a questão da gestão dos cursos tem sido tratada com bastante ênfase, dada a complexidade da tarefa e a sua importância para o sucessos dos projetos. Abu-Duhou (2002), por exemplo, referindo-se aos processos de gestão na educação, afirma que esta demanda autonomia e poder de decisão, distribuídos para todos os envolvidos, mantendo sempre o propósito em comum. Dessa forma, o processo de gestão pressupõe autonomia, ação descentralizadora. Ao mesmo tempo, esse processo requer organização na determinação, implementação e controle dos recursos: o saber, a tecnologia, o poder, o material, o corpo docente e discente, o tempo e as finanças.

Nesse sentido, o desafio está na superação do paradigma burocrático, que enfatiza o desenvolvimento de práticas fragmentadas e hierarquizadas, em um formato individualista e mais diretivo de ensino. Parte-se, assim, para uma direção voltada à socialização e vivência de situações-problema em busca de soluções obtidas por meio do consenso, do estabelecimento de trocas e da interação. Isso requer, segundo Lévy (1999, p. 62), "[...] imaginar, experimentar e promover estruturas de organizações e estilos de decisões orientadas para o aprofundamento da democracia [...]" (Santos, 2003).

De acordo com essa abordagem, percebe-se que a propagação da EAD é um fenômeno que traz consigo a necessidade de gerenciamento de problemas e dificuldades próprios da modalidade. Dentre estas, podem-se destacar: (1) a falta de pessoal capacitado didática e tecnologicamente para o trabalho; (2) as possíveis limitações ou falhas técnicas; (3) a necessidade de operacionalizar metodologias e recursos adequados ao ensino e à aprendizagem a distância, muitas vezes ainda estranhas ao corpo docente, entre outros.

Segundo Menezes e Santos (apud Monteiro, 2010), a gestão educacional na EAD está diretamente relacionada à organização e mobilização das condições tanto humanas como materiais disponíveis. Ambas são fundamentais para o bom desenvolvimento do processo educativo realizado pelas instituições. Por vezes, a organização e implementação de um curso a distância, como escreve Moran (2005), impõe a necessidade de gerenciar dimensões em parte contraditórias, para a qual trazemos como exemplo a interação e o atendimento em larga escala.

Bielshowisck (2008) sublinha a importância de os gestores de cursos a distância dedicarem especial atenção aos processos ligados ao funcionamento eficiente dessa engrenagem. Segundo o autor, é preciso tomar decisões sobre prioridades, alocação de recursos humanos e materiais adequados e necessários a cada proposta de curso.

Partindo dos apontamentos analisados, percebe-se que muitos são os desafios para a gestão da EAD. Entre estes, destaca-se a necessidade da modalidade a distância adquirir o reconhecimento factual do mercado educativo. Quanto a esse aspecto, observa-se uma tendência de superação da discriminação existente à EAD por meio dos resultados obtidos nos sistemas de avaliação como o ENADE[2] em comparação à educação presencial. Soma-se também a relevância do estudo acerca da avaliação institucional e forma como seus resultados afetam o processo de gestão.

Outro ponto a ser ressaltado está relacionado à institucionalização da EAD nas IES. É por meio destas que poderá ser oportunizado o amadurecimento do processo de gestão, com investimentos em pesquisa e formação continuada dos profissionais envolvidos. Portanto, aponta-se para a importância da realização de pesquisas voltadas ao desenvolvimento de inovação científica que traga benefícios e novos conhecimentos para serem aplicados na EAD. Essas são ações que poderão garantir também a otimização dos recursos tecnológicos na área educacional e no desenvolvimento de atividades pedagógicas voltadas para o exercício da autonomia pelos alunos.

Entre os atores envolvidos, entende-se também como um desafio para a gestão, a definição e a identificação do perfil a ser exercido pelo tutor. Percebe-se a importância de seu papel estar sintonizado com o trabalho do docente, visando qualificar o andamento das atividades, bem como melhor atender às necessidades dos alunos virtuais. Também vinculado ao planejamento e sua aplicação, está o desafio em promover e acompanhar a produção de conteúdos e materiais educacionais,[3] a partir do modelo pedagógico[4] almejado.

Além da preocupação constante com os direitos autorais, cabe ao gestor auxiliar na definição das diretrizes que embasarão a elaboração e avaliação dos materiais. Todos os aspectos apontados anteriormente devem atender às normas de regulamentação definidas pelo Ministério da Educação e Cultura (MEC), por meio da legislação específica para a EAD.

Nesse caso, o destaque está direcionado para uma proposta gestora aberta, participante e flexível, pautada na tomada de decisões e no estabelecimento de orientações claras. Não pode, por isso, estar reduzida a uma ação puramente técnica no que diz respeito ao acompanhamento do desempenho acadêmico dos alunos, das atividades do curso e da atuação dos professores e dos tutores. Ao contrário, pretende-se constituir uma proposta de gestão alicerçada nos valores e objetivos educacionais. Esta tem a finalidade de estruturar uma atividade que não esteja pautada apenas na disponibilização de textos e tarefas, mas na curiosidade investigativa, na pesquisa, na colaboração e na cooperação.

Nessa abordagem, acredita-se que, para exercer uma gestão que possibilite o funcionamento do processo na modalidade a distância, são requeridas competências[5] específicas voltadas para a realização de um trabalho colaborativo e em rede. Logo, entende-se que a atividade de gestor não é limitada ao controle, mas principalmente deve levar em conta as demais habilidades relacionadas ao saber fazer. Para tanto, é necessário ter uma visão integral da ação gestora, considerando a instituição e seus diferentes processos. Nesse sentido, o gestor precisa levar em consideração as três dimensões (econômica, social e pedagógica) do seu fazer profissional. A seguir, serão discutidas a gestão e as principais competências da coordenação de cursos.

GESTÃO DA COORDENAÇÃO DE CURSOS EM EAD

Administração, marketing, psicologia, pleno conhecimento acadêmico de sua área e liderança são fundamentais na substituição de um simples coordenador para um profissional inovador: o gestor de cursos.
Portal @prender (2011)

A atividade de coordenação de cursos em EAD exige competências que possibilitem a organização e garantia do bom funcionamento e atendimento nos cursos. Além disso, esse profissional necessita ter uma visão inovadora, possuindo conhecimentos sobre as tecnologias educativas, seus avanços e suas possibilidades pedagógicas. Dele se espera ainda a capacidade de administrar o relacionamento e a integração entre novos sujeitos envolvidos nas tarefas acadêmicas – como tutores presenciais e a distância, suporte tecnológico, entre outros. Logo, para atuar como coordenador de curso *online*, apenas competências acadêmicas já não são mais suficientes.

> Assim, é preciso que o coordenador deixe de ser o gerente operacional e passe a ser um gestor de oportunidades e potencialidades internas e externas, valorizando a integração dos docentes, discentes e colaboradores na busca da eficiência, eficácia e a efetividade de seu curso. (Silva, 2007)

Coordenar um curso no ensino superior a distância implica assumir responsabilidades cada vez mais abrangentes dentro do processo de permanente atualização pelo qual passam as instituições nos dias de hoje. Destacam-se as solicitações por competências que atendam a dois aspectos principais:

a) o momento de intensa inclusão das tecnologias na educação superior; e
b) o conhecimento de novas técnicas e métodos de gestão que resultem em novos e mais adequados procedimentos acadêmicos.

Em um estudo sobre as representações sociais dos coordenadores de curso a distância, Jacques, Tomelin e Coelho (2011, p. 5) afirmam que, dentre as palavras e/ou expressões representativas da função de coordenador mais lembradas por eles estão: liderar, gerir, coordenar e organizar. Um dos entrevistados relatou que "[...] o exercício da liderança por parte do coordenador de curso seja, talvez, a condição primeira para o sucesso do curso".

Observa-se, assim, que o coordenador, além de executar as funções relacionadas ao seu curso, precisa assumir uma posição gestora mais complexa. Essa posição se torna uma peça-chave a fim de efetivar a introdução de propostas inovadoras no ambiente universitário e ainda promover as modificações necessárias na rotina do seu cotidiano de trabalho. Dessa forma, compete a ele "transformar, diariamente, conhecimento em competência" (Universidade Federal do Pampa, 2010).

A gestão acadêmica de um curso a distância deve ter, no mínimo, a mesma integração e condições de suporte que os cursos presenciais oferecem. Além disso, é necessário atender as especificidades que a modalidade a distância impõe, pois os fundamentos da EAD não se resumem simplesmente à adaptação da modalidade presencial. É preciso "[...] uma maneira particular de criar um espaço para gerar, promover e implementar situações em que os alunos aprendam [...]" (Litwin, 2001, p. 13).

Para Moran (2005, p. 147), um bom curso, presencial ou a distância, depende de um conjunto de fatores previsíveis e da forma de integração desses fatores, o que, segundo ele, fará toda a diferença. Conforme o autor salienta, entre esses aspectos, é preciso uma postura aberta dos administradores, diretores e coordenadores, compreendendo a totalidade de dimensões existentes no processo pedagógico. Nesse sentido, é requerido um equilíbrio entre os gerenciamentos empresarial, tecnológico e humano (apoio aos professores inovadores). É a soma desses aspectos que oportunizará a constituição de um ambiente mais inovador, intercambialista e comunicativo.

Nessa abordagem, a coordenação está envolvida diretamente com a execução e gestão dos cursos. Nessa condição, compromete-se com os aspectos que subsidiam as tomadas de decisão relativas a:

(1) proposições, elaboração e implementação dos recursos;
(2) escolha, junto ao corpo docente, das tecnologias adequadas a cada proposta de curso ou mesmo de disciplinas;
(3) disponibilização de recursos;
(4) definição do corpo docente e dos conhecimentos com relação ao corpo discente e ao curso; e, ainda,
(5) levantamento sobre os recursos financeiros necessários junto à instituição em que atua.

Na busca do desenvolvimento dessa função, encontra-se, também, o grande desafio de projetar o curso na direção de uma aprendizagem centrada na pessoa e não nos conteúdos, em uma abordagem oposta à simples entrega e armazenamento de conteúdos na forma digital. É imprescindível que o coordenador de curso esteja presente na tarefa de acompanhamento permanente de todos os processos que envolvem uma oferta nessa modalidade. Logo, sua atividade perpassa os diferentes momentos, desde a indicação dos professores e tutores, a produção de conteúdos e a definição das mídias e estratégias de aprendizagem utilizadas, até o acompanhamento da aprendizagem efetivada no curso.

Compreende-se, assim, que a boa gestão de um curso é um aspecto de extrema importância, à medida que se deseja uma educação que atenda às atuais exigências da vida social. Outro aspecto a ser salientado diz respeito ao cumprimento legal dos referenciais de qualidade considerados pelo MEC para a avaliação de um projeto em EAD. Com relação aos referenciais do MEC, apontam-se alguns itens: sistemas de comunicação, material didático, equipe multidisciplinar, gestão acadêmico-administrativa, infraestrutura de apoio e sustentabilidade financeira (Brasil, 2007). São essas as diretrizes que deverão embasar a elaboração do projeto pedagógico do curso (PPC) no que concerne a sua aplicação na modalidade a distância e o trabalho a ser exercido pela coordenação de curso.

Principais competências da gestão de coordenação de cursos

Entre as definições de gestão trazidas e discutidas neste capítulo, retoma-se, para pensar o aspecto da gestão da coordenação de curso, a definição postulada por Lacombe e Heilborn (2003). Para estes, a gestão compreende o planejamento, a organização, o controle, a coordenação e a liderança referentes às ações decisórias de uma organização para atingir seus objetivos.

O planejamento do trabalho do coordenador envolve a organização do curso e a definição de objetivos, a previsão dos recursos e as ações mais adequadas tendo em vista alcançar as metas estabelecidas. Nesse contexto, encontram-se a definição das atribuições e as responsabilidades, além da administração do relacionamento entre as pessoas envolvidas no curso. É o coordenador quem deve acompanhar o processo de gestão do curso para que as competências de cada um dos sujeitos envolvidos no curso sejam colocadas em prática. Além disso, devem ser valorizadas dentro da equipe, pois dessa forma se "[...] alinha os objetivos individuais aos objetivos comuns e aos institucionais e promove, através de sua ação, o autodesenvolvimento dos membros da equipe [...]" (Sathler; Josgrilberg; Azevedo, 2008, p. 9).

Já a liderança do gestor está relacionada à capacidade deste na condução do grupo para "[...] alcançar seus próprios objetivos e os objetivos da instituição e de tomar decisões pautadas numa visão de futuro, por isso o líder comanda, delega, cobra resultados e ações de seus liderados [...]" (Sartori; Roesler, 2005, p. 5). O controle na gestão envolve atividades de acompanhamento, de orientação e de avaliação do planejado, tendo em vista a correção de rumos e processos e a organização adotada no empreendimento, buscando assegurar a realização do planejado pelo curso e/ou pela instituição. Coordenar, nessa perspectiva, implica assumir e incentivar ações colaborativas que favoreçam a integração e a sincronia entre as ações definidas e os envolvidos no processo, tendo em vista atingir os objetivos definidos de forma eficiente e eficaz.

De acordo com Bielshowisck (2002), a elaboração e gestão de um sistema de EAD é considerada uma tarefa de grande complexidade. Quando está comprometida com uma prática pedagógica voltada para a inclusão e a qualidade acadêmica, seu êxito depende também da competência técnica e política do coordenador de curso.

Um curso a distância precisa prever a interação entre seus participantes, o que demandará tanto mais horas de envolvimento, quanto maior for o nível de interação pretendido. Nessa circunstância, é essencial um bom planejamento do trabalho e a previsão de professores e tutores com competências voltadas ao desenvolvimento do trabalho, adequando, sempre que preciso, o planejamento às necessidades dos estudantes. Ao coordenador de curso, neste caso, caberá a tarefa de gerenciar tais processos, sem se descuidar da preservação e do respeito ao estilo e característica de cada um ao exercer a docência.

Neste sentido, pode-se pensar no coordenador de curso também como um gestor dos aspectos pedagógicos e epistemológicos envolvidos na aprendizagem a distância. Em seu trabalho, o coordenador de curso a distância deve participar da elaboração do projeto pedagógico, bem como de todas as etapas do planejamento das demais ações didáticas que envolvem professores, tutores e monitores dos polos de apoio presencial. Para isso, precisa se manter em comunicação constante com a equipe multidisciplinar de produção de objetos educacionais. Em sua atividade, é necessário também manter um espaço de diálogo aberto com os alunos, mantendo-se informado sobre o desenvolvimento da aprendizagem (Sathler; Josgrilberg; Azevedo, 2008).

À coordenação de curso cabe a atividade de articulação que auxiliará no gerenciamento de tarefas, na determinação de procedimentos, rotinas e atribuições de professores e tutores e demais envolvidos no processo educativo. Todas essas ações devem estar sempre em consonância com os objetivos traçados nos projeto político-pedagógico (PPP) e plano de desenvolvimento institucional (PDI).

O PPP, enquanto um instrumento de ação política, deve ser construído e vivenciado por todos os envolvidos no processo educativo, abordando tanto os conhecimentos técnico-científicos como aqueles voltados para as questões políticas, sociais, culturais, éticas e humanistas referentes à educação. Parte-se do entendimento de que todo projeto político-pedagógico é apoiado em paradigmas educacionais. Estes encaminham a constituição de seus elementos como os princípios norteadores do currículo. E, por conseguinte, devem levar à compreensão sobre suas finalidades, à direção dada ao currículo, ao processo de gestão e avaliação desenvolvido.

A visão paradigmática norteará, assim, ainda os processos de comunicação, de avaliação e de gestão como um todo a serem implementados. Portanto, compreender quais são os paradigmas que sustentam o projeto é o primeiro passo, para que seja definido o processo de gestão e as demais dimensões e elementos explicitados anteriormente (Moraes et al., 2007).

O PDI indica a missão, os objetivos e os princípios que norteiam a instituição, neste caso, no que tange a educação a distância. Trata-se de um documento institucional que abrange a filosofia de trabalho, as diretrizes pedagógicas que orientam suas ações e o modelo da sua estrutura organizacional (Moraes et al., 2007).

Hoje, visivelmente mais do que em momentos anteriores, o coordenador deve ter a competência de contribuir junto às decisões estratégicas das instituições. O desenvolvimento dessa competência demanda, necessariamente, uma atualização permanente a respeito do universo educacional e suas engrenagens operativas.

De acordo com Moraes e colaboradores (2007, p. 30) deve existir uma relação direta e coerente entre o PDI, o projeto do curso e o plano de ensino do professor. Essa relação deve oportunizar a concretização de ações efetivas, sendo estas acompanhadas de revisão e avaliação contínuas. Conforme os autores salientam, para garantir a execução de um programa, as bases devem estar fundamentadas nas instâncias relacionadas ao planejamento e à gestão e no comprometimento de todos os envolvidos.

A gestão da coordenação deve prever não apenas estratégias que possibilitem o bom funcionamento do trabalho docente e a operação da proposta pedagógica do curso, mas todo o processo de capacitação, acompanhamento e avaliação dos envolvidos e dos processos instituídos no curso. Moraes e colaboradores (2007) ressaltam a necessidade do acompanhamento do trabalho de cada integrante da equipe para identificar pontos de sucesso ou de estrangulamento que precisam ser revistos, replanejados. Logo, observa-se a exigência da realização de uma avaliação contínua dos processos de produção, de apoio e de execução.

O advento da EAD traz consigo novos problemas em relação às concepções epistemológicas, a revisão de crenças e de práticas dos professores. É fundamental que o entendimento da função docente somente como uma ação instrutiva seja substituído por outro pensamento. Assim, as concepções de conhecimento precisam ser modificadas, especialmente ao considerar a entrada das tecnologias no cenário educativo. Essa nova realidade implica novas competências metodológicas matizadas com o novo paradigma educacional.

O processo difícil e lento de questionar paradigmas implica uma mudança de premissas, ou seja, uma desorganização de toda uma estrutura de ideias que, provavelmente, contribui para que seja, muitas vezes, resistente à mudança.

> Como em qualquer contexto educativo, também na aprendizagem docente devemos ter em consideração as questões da temporalidade – pois os processos de mudança demandam períodos de reflexão crítica e de experimentação – e da disposição das pessoas para se envolverem em processos que as perturbarão ao colocar em pauta questões que dizem respeito aos seus paradigmas educacionais e sobre os quais edificam suas práticas, às vezes por uma vida inteira. (Daudt, 2005, p. 130)

Vasconcellos (2003) afirma que pessoas com paradigmas diferentes, olhando para uma mesma situação, podem ver coisas diferentes. E ainda que, para saber quais as coisas que estão sendo vistas, é preciso perguntar pelos mundos daqueles que estão vendo. Mudar os modos de ver e viver a docência é, assim, fruto de um convencimento que necessariamente passa pela reflexão do professor (Daudt, 2005).

Frente a esse desafio, o coordenador em EAD funciona como articulador entre as pessoas e as ações planejadas para aprimorar os processos didático-pedagógicos que envolvem seu curso. Sua ação está entremeada com a orientação e a coordenação do "[...] trabalho dos professores em relação ao planejamento, execução e controle das propostas de ensino e no que se refere a procedimentos didáticos e recursos pedagógicos que auxiliem, facilitem e aperfeiçoem o desenvolvimento do trabalho [...]" (Sathler; Josgrilberg; Azevedo, 2008, p. 5).

Levantamento das competências do coordenador de curso

A partir das considerações e discussões promovidas anteriormente, busca-se, nesta seção, elaborar uma síntese com as principais competências requeridas para o coordenador de curso na modalidade a distância. O intuito dessa síntese foi o de estabelecer o entrelaçamento entre as funções administrativas e pedagógicas voltadas para o exercício da gestão, como mostra a Figura 6.1.

Figura 6.1 Competências do coordenador de cursos de EAD.

Percebe-se, assim, que a atividade do coordenador de curso pressupõe o alinhamento das suas funções, levando em consideração as características da sua área de atuação. Dessa forma, foram identificadas competências básicas do coordenador de curso na modalidade a distância, apresentadas no Quadro 6.1.

Tem-se como propósito que os conhecimentos, atitudes e habilidades elencados possam ser empregados independentemente da área de conhecimento do curso. O intuito de fazer esse levantamento foi o de mapear quais destas são competências específicas do perfil do coordenador de cursos da EAD. Aponta-se, ainda, que o objetivo não é promover uma leitura horizontal, pois se entende que as habilidades e atitudes podem perpassar por vários e diferentes conhecimentos.

Quadro 6.1 Conhecimentos, habilidades e atitudes do coordenador de curso da modalidade EAD

Conhecimentos	Habilidades	Atitudes
Uso das tecnologias educativas	Identificar possibilidades pedagógicas em materiais disponíveis	Ter bom relacionamento interpessoal
Técnicas e métodos de gestão	Identificar um critério de valor e determinar a aplicabilidade dos recursos educativos (tecnológicos ou não)	Ser eficiente e eficaz
Compreensão acerca das dimensões (pedagógica, tecnológica, administrativa, etc.) existentes no projeto pedagógico do curso	Operacionalizar as técnicas e métodos de gestão que resultem em novos e adequados procedimentos acadêmicos	Ter iniciativa Exercer liderança
Coordenação de equipes a partir de uma relação heterárquica	Administrar o relacionamento e a integração entre sujeitos envolvidos nas tarefas acadêmicas – como tutores presenciais e a distância, suporte tecnológico, entre outros.	Tomar decisões Ser comunicativo
Planificação didática Plano Institucional para a EAD	Promover a integração dos docentes, identificar as demandas e necessidades de cada uma das dimensões do PPP.	Ser flexível Ser articulado
Plano de gestão para EAD	Criar condições sinérgicas entre as dimensões, visando seu entrelaçamento	Ter foco, objetivo
Processos didático-pedagógicos	Projetar o curso na direção de uma aprendizagem centrada nas competências estabelecidas	Ser organizado Ser inovador

Entre os conhecimentos listados, percebe-se a inter-relação entre aspectos específicos da gestão, os institucionais e também os de cunho didático-pedagógico, principalmente aqueles voltados para a utilização das tecnologias nas atividades de ensino. Essa articulação pode ser considerada um dos pontos-chave da ação do coordenador de curso.

A respeito das habilidades elencadas, é observada a ênfase para as ações de identificação, operacionalização e promoção das demandas voltadas para a aplicabilidade dos conhecimentos pedagógicos e de gestão. E quanto às atitudes, estas permeiam as diferentes atividades e momentos do trabalho de coordenação, com foco no relacionamento interpessoal de todos os sujeitos envolvidos nos cursos a distância.

CONSIDERAÇÕES FINAIS

Neste capítulo foi proposta uma análise acerca da gestão da modalidade a distância, enfocando suas perspectivas e implicações no trabalho e no desenvolvimento das competências do coordenador de curso. Entende-se que esses conhecimentos devem ser compartilhados com todos os sujeitos envolvidos e interessados em atuar nessa modalidade, a fim de compreenderem a estrutura que alicerça e que deve ser considerada na execução da ação gestora em cursos de educação a distância.

Acredita-se que o conhecimento acerca dos pressupostos de gestão presentes em um curso de EAD auxilia o coordenador a realizar seu trabalho de forma que este seja relacionado com a proposta elaborada para a instituição como um todo.

Entretanto, mais do que ter ciência da estrutura de gestão do curso do qual faz parte, o coordenador necessita ter competências na sua prática profissional, tendo como base a importância dos aspectos pedagógicos, administrativos, tecnológicos e de gestão. Entende-se, assim, que a relação construída entre os diferentes elementos que compõe o planejamento e a prática de sua proposta de gestão podem intervir nos resultados almejados.

NOTAS

1 Entenda-se, em todo o corpo do texto: um coordenador ou uma coordenadora, um professor ou uma professora, um aluno ou uma aluna.
2 O Exame Nacional de Desempenho de Estudantes (ENADE) é um exame obrigatório que avalia o rendimento de estudantes dos cursos de graduação, ingressantes e concluintes, tomando por base os conteúdos programáticos dos cursos em que estão matriculados.
3 De acordo com as orientações do MEC, trata-se da produção de materiais impressos e *online*, além da criação das disciplinas e sua disponibilização em ambientes virtuais de aprendizagem.
4 De acordo com a definição de Behar (2009).
5 A definição do termo competências foi detalhada no Capítulo 1.

REFERÊNCIAS

ABU-DUHOU, I. *Uma gestão mais autônoma das escolas*. Brasília: UNESCO, 2002.

BEHAR, P. A. *Modelos pedagógicos em educação a distância*. Porto Alegre: Artmed, 2009.

BERNARDI, M. *Construindo e (re)construindo os caminhos da educação a distância:* da gestão às arquiteturas pedagógicas. 2008. Projeto de Tese (Doutorado) – Faculdade de Educação, Universidade Federal do Rio Grande do Sul, Porto Alegre, 2008.

BIELSHOWISCK, C. *A gestão na educação superior a distância*. [S.l.: s.n.], 2008. PGM 2 – Gestão de programas de EAD. Disponível em. <http://www.ufrgs.br/nucleoead/documentos/educacao3.htm>. Acesso em: 15 jul. 2008.

BRASIL. Ministério da Educação. Secretaria de Educação a Distância. *Referenciais de qualidade para educação superior a distância*. Brasília: MEC, 2007. Disponível em: <http://portal.mec.gov.br/seed/arquivos/pdf/legislacao/refead1.pdf>. Acesso em: 08 set. 2009.

BUSSMANN, A, C. O Projeto Político Pedagógico e a Gestão da Escola. In: VEIGA, I. P. A. *Projeto Político Pedagógico da escola:* uma construção possível. São Paulo: Papirus, 1995.

COLOMBO, S. S. et al. *Gestão Educacional:* uma nova visão. Porto Alegre: Artmed, 2008.

DAUDT, S. I. D. *Da Uni-versidade para a multi-versidade:* redes de ação e convivência em uma proposta de graduação com o uso de AVA. 2005. Tese (Doutorado) – Centro de Estudos Interdisciplinares em Novas Tecnologias da Educação, Universidade Federal do Rio Grande do Sul, Porto Alegre, 2005.

JACQUES, E. M. V.; TOMELIN, J. F.; COELHO, K. S. Coordenador de curso em EAD: representação social de sua função. In: CONGRESSO INTERNACIONAL DE EDUCAÇÃO A DISTÂNCIA, XVII., 2011, *Anais*... Manaus: ABED, 2011.

LACOMBE, F. J. M.; HEILBORN, G. L. J. *Administração:* princípios e tendências. São Paulo: Saraiva, 2003.

LÉVY, P. *Cibercultura*. São Paulo: Editora 34, 1999.

LITWIN, E. (Org). *Educação a distância:* temas para o debate de uma nova agenda educativa. Porto Alegre: Artmed, 2001.

LÜCK, H. A evolução da gestão educacional a partir de mudança paradigmática. *Revista Gestão em Rede*, n. 3, p. 13-18, 1997. Disponível em: <http://cedhap.com.br/publico/ge_GestaoEscolar_02.pdf>. Acesso em: 20 jan. de 2005.

MANSUR, A. A gestão na Educação a Distância: novas propostas, novas questões. In: LITWIN, E. (Org). *Educação a distância*: temas para o debate de uma nova agenda educativa. Porto Alegre: Artmed, 2001.

MONTEIRO, V. C. T. A contribuição da Educação Física na gestão escolar: o entendimento de profissionais da área, enquanto Gestor e enquanto Professor. In: COLÓQUIO DE EPISTEMOLOGIA DA EDUCAÇÃO FÍSICA, 5., 2010. *Anais*... [S.l.]: Sistema Online de Apoio a Congressos, 2010.

MORAES, M. et al. *Gestão e Docência em EaD:* guia geral do programa Aberta/Sul. Florianópolis: UFSC/UFSM, 2007.

MORAN, J. M. O que é um bom curso a distância? In: MORAN, J.M.; ALMEIDA, M. E. B. *Integração das tecnologias na educação*. Brasília. Ministério da Educação/Secretaria de Educação a Distância, 2005. p. 147-148. Disponível em: <http://tvescola.mec.gov.br/images/stories/publicacoes/salto_para_o_futuro/livro_salto_tecnologias.pdf>. Acesso em: 10 set. 2011.

RUMBLE, G. *A gestão dos sistemas de ensino a distância*. Brasília: UNB, 2003.

SANTOS, L. C. A gestão da educação a distância: notas prolegominais. *Revista ADM Pública: vista & revista*, ano I, n. 3, p. 43-53, 2003. Disponível em: http://www.lcsantos.pro.br/arquivos/A_Gest%C3%A3o_da_Educacao_a_Distancia26062008-122823.pdf. Acesso em: 18 jul. 2008.

SARTORI, A.; ROESLER, J. *Educação superior a distância:* gestão da aprendizagem e da produção de materiais didáticos impressos e *online*. Tubarão: Unisul, 2005.

SATHLER, L.; JOSGRILBERG, F.; AZEVEDO, A. B (Org.). *Educação a distância:* uma trajetória colaborativa. São Bernardo do Campo: UMESP, 2008.

SILVA, P. R. *Coordenador de curso:* atribuições e desafios atuais. Brasília: [s.n.], 2007. Disponível em <http://saturno.crea-rs.org.br/crea/documentos/coord_curso. doc>. Acesso em: 10 set. 2011.

UNIVERSIDADE FEDERAL DO PAMPA. *Projeto pedagógico do curso*: engenharia de energias renováveis e ambiente. Bagé: Unipampa, 2010. Disponível em: <http://cursos.unipampa.edu.br/cursos/engenhariadeenergias/files/2012/03/PPC_EERA_UNIPAMPA-16032012-MEC.pdf>. Acesso em: 18 jul. 2008.

VASCONCELLOS, M. J. E. *Pensamento sistêmico*: novo paradigma da ciência. 2. ed. São Paulo: Papirus, 2003.

Unidade III

Competências específicas e aplicadas

7 Competências dos atores da educação a distância

professor, tutor e aluno

Daisy Schneider, Ketia Kellen Araújo de Silva,
Patricia Alejandra Behar

INTRODUÇÃO

O avanço da tecnologia na educação e a incorporação da internet como suporte para a educação a distância (EAD) geraram uma mudança nos perfis dos seus atores, configurando novas formas de ensinar e aprender. Ao mesmo tempo, verifica-se que o perfil dos alunos está em transformação, exigindo a revisão das práticas pedagógicas dos professores. Com a difusão da educação a distância e as novas demandas dessa modalidade para acompanhar o processo pedagógico, houve o surgimento de um novo ator no contexto educacional brasileiro, o tutor. Ou seja, percebe-se que novos papéis são criados, novas estratégias pedagógicas são necessárias, modificando o contexto educacional a partir das tecnologias digitais e da aprendizagem a distância.

Compreende-se que existem particularidades da EAD que requerem de seus atores conhecimentos, habilidades e atitudes (CHA), os quais podem ser identificados como competências específicas. Nesse sentido, o presente capítulo aborda o perfil dos professores, tutores e alunos na educação a distância, bem como o mapeamento de competências em prol dessa modalidade.

DELINEANDO O PERFIL DOS ATORES DA EDUCAÇÃO A DISTÂNCIA

Perfil do professor da educação a distância

O professor na EAD tem o papel fundamental de organizar e aplicar uma arquitetura pedagógica adequada à modalidade e que contemple as mudanças sociais e educacionais que interferem na sua prática pedagógica. Segundo Belloni (2006), "[...] o papel que o professor assume na EAD é o de parceiro do estudante no processo de construção do conhecimento [...]". Além de atuar mais próximo do aluno, em acompanhamento constante, o professor passa a lidar com outros atores participantes da equipe do curso, especialmente os tutores. Nesse sentido, acontece a transformação do professor de uma entidade individual em uma entidade coletiva e o foco deixa de ser o ensino e se torna a aprendizagem.

Com isso, apresenta-se como essencial uma formação docente voltada para essa perspectiva, a fim de preparar o professor para a inovação tecnológica e suas consequências pedagógicas. Buarque (2011) destaca que o professor do século XXI precisa se adaptar ao uso de sistemas de computação e tem de trabalhar em grupo, com pessoas de diferentes áreas. Além disso, também deve ser capaz de reaprender permanentemente, não apenas técnicas de programação visual e de informática, mas também o conteúdo de suas matérias. Por último, ainda destaca que o docente tem de utilizar a mídia aberta não apenas para contrabalançar os prejuízos que esta provoca à aprendizagem, mas também para tirar proveito dos programas educacionais que ela possui.

As formações continuadas dos docentes vêm ao encontro das mudanças tecnológicas, que mostram a necessidade de se introduzir nos currículos escolares considerações sobre a EAD. Os professores devem ter em mente que tais saberes são caminhos reais e possíveis para se instaurar uma educação de qualidade, sintonizada com a realidade. No cenário atual, vale destacar o Sistema Universidade Aberta do Brasil (UAB)[1], programa que tem tido grande expansão no Brasil com os cursos a distância nas instituições de ensino públicas e que indica como atribuições dos professores participantes de cursos a distância sob o seu financiamento:

- realizar **capacitações** da equipe pedagógica, bem como participar das capacitações oferecidas;
- desempenhar **atividades de docência**;
- participar de grupo de trabalho para o **desenvolvimento de metodologia** na modalidade a distância;
- **coordenar** as atividades acadêmicas dos **seus tutores**;
- desenvolver o **sistema e a metodologia de avaliação** de alunos;
- apresentar **relatório do desempenho** dos estudantes e do desenvolvimento da disciplina;
- desenvolver, em colaboração com o coordenador de curso, **pesquisa de acompanhamento** das atividades de ensino desenvolvidas;
- elaborar **relatórios semestrais** sobre as atividades de ensino para encaminhamento à Coordenação de Aperfeiçoamento de Pessoal de

Nível Superior (CAPES)/Ministério da Educação (MEC), ou quando solicitado.

No documento "Referenciais de qualidade para educação superior a distância" (Brasil, 2007), constam como exigências ao professor as capacidades de:

- estabelecer os **fundamentos teóricos** do projeto;
- selecionar e preparar o **conteúdo** articulado a procedimentos e atividades pedagógicas;
- identificar os **objetivos** referentes a competências cognitivas, habilidades e atitudes;
- definir **bibliografia e demais materiais de apoio**;
- elaborar o **material didático**;
- realizar a **gestão acadêmica** do processo de ensino-aprendizagem;
- **avaliar-se** continuamente.

Para Meirieu (1989 apud Perrenoud, 2000, p. 11), em relação ao papel docente:

> Prática reflexiva, profissionalização, trabalho em equipe e por projetos, autonomia e responsabilidade crescentes, pedagogias diferenciadas, centralização sobre dispositivos e sobre as situações de aprendizagem, sensibilidade à relação com o saber e com a lei delineiam um roteiro para um novo ofício.

O professor na modalidade a distância é bastante exigido, uma vez que não cabem improvisações. O trabalho precisa ser planejado, os materiais desenvolvidos para apoiá-lo, bem como compreender quem é seu grupo de alunos. O professor tem atividades pedagógicas, mas também de gestão bastante importantes, envolvendo vários domínios de competências como é descrito neste livro. Ou seja, não é tarefa fácil.

Gaspar (2004) pressupõe que os professores possuam determinados saberes, mas não devam se limitar a eles, pois na abordagem por competências necessita-se da ação, conforme foi visto no Capítulo 4. Ao tratar da formação de professores, a autora aponta que é necessário pensar nesse processo com o olhar no presente contexto. Isso nem sempre ocorre, pois o professor tem de buscar alternativas fora da formação, ou mesmo acabe se incorporando à EAD sem a compreensão adequada. Mas é preciso que o professor esteja constantemente refletindo, reorganizando e atualizando seu fazer. De acordo com Perrenoud (2002, p. 216), "[...] o paradigma reflexivo é um emblema da profissionalização, entendida como um poder dos professores sobre seu trabalho e sua organização [...]".

Behar (2009) afirma que toda relação de ensino e de aprendizagem é representada por um modelo pedagógico[2] do professor, o qual é perpassado por essas questões. O modelo do professor perpassa toda sua concepção de ensino e aprendizagem, independentemente da modalidade educacional, pois:

> Parte-se de um paradigma dominante que, em geral, influencia as teorias de aprendizagem vigentes, assim como outras teorias científicas. A partir dele, os sujeitos constroem um modelo pessoal próprio que é compartilhado com os pares, gerando, assim, um modelo pedagógico compartilhado. (Behar, 2009, p. 22)

O conceito de modelo pedagógico (MP) focado na EAD é, de acordo com Behar (2009, p. 24), "[...] um sistema de premissas teóricas que representa, explica e orienta a forma como se aborda o currículo e que se concretiza nas práticas pedagógicas e nas interações professor/aluno/objeto de estudo". Tem como base as concepções epistemológicas e pedagógicas, como é ilustrado na Figura 7.1.

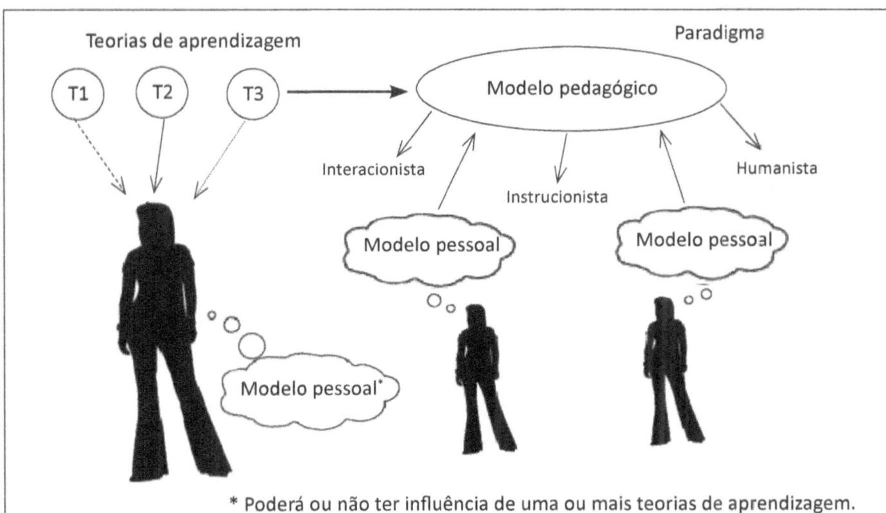

Figura 7.1 Modelos pedagógicos do professor.
Fonte: Behar (2009, p. 23).

Em vista disso, para que o professor atue na EAD, deve construir um MP específico para esse tipo de modalidade.

O modelo é composto por alguns elementos essenciais que são apresentados na Figura 7.2.

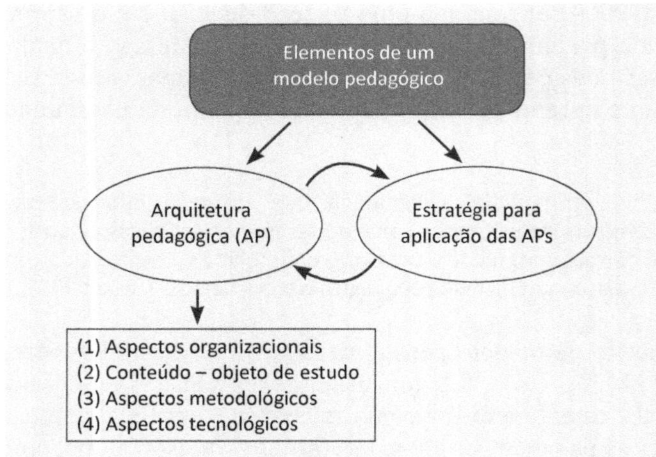

Figura 7.2 Elementos do modelo pedagógico e da arquitetura pedagógica.
Fonte: Behar (2009, p. 25).

Como se pode perceber no modelo, o cerne está nas arquiteturas pedagógicas (AP), que organizam e sustentam a prática e são aplicadas por meio das estratégias pedagógicas. Para Behar (2009), a AP, conforme Figura 7.2, é constituída pelos seguintes fatores:

(1) fundamentação do planejamento/proposta pedagógica (aspectos organizacionais), em que estão incluídos os propósitos do processo de ensino-aprendizagem a distância, a organização do tempo e do espaço e as expectativas na relação da atuação dos participantes ou da também chamada organização social da classe;
(2) conteúdo – materiais instrucionais e/ou recursos informáticos utilizados – objetos de aprendizagem, *software* e outras ferramentas de aprendizagem;
(3) atividades, formas de interação/comunicação, procedimentos de avaliação e a organização de todos esses elementos numa sequência didática para a aprendizagem (aspectos metodológicos);
(4) definição do ambiente virtual de aprendizagem (AVA) e suas funcionalidades, ferramentas de comunicação tais como vídeo e/ou teleconferência, entre outros (aspectos tecnológicos).

O professor, nesse espaço, tem um papel essencial, propondo estratégias didáticas por meio das quais o aluno conseguirá se orientar quanto aos estudos e refletir sobre suas atividades. Nesse sentido, Behar (2009, p. 31) afirma que:

> [...] as estratégias para aplicação das arquiteturas pedagógicas é que dão a dinamicidade às mesmas, ao permitir que uma determinada arquitetura possa

> contemplar diferentes estratégias de ação. [...] estratégia de aplicação das APs como um ato didático que aponta à articulação e ao ajuste de uma arquitetura para uma situação de aprendizagem determinada (turma, curso, aula).

Dessa forma, a AP possibilita a organização e orientação do trabalho a distância. Para isso, o professor deve realizar um planejamento claro, escolhendo intencionalmente os recursos, de acordo com seus objetivos pedagógicos.

Quanto a esses aspectos, ao mudar a concepção de ensino, de aprendizagem, como também o espaço e o meio, ocorre uma mudança de atitudes. Tal mudança é aprendida na prática tanto pelos professores, quanto pelos tutores e alunos. Isso porque a EAD realizada com o suporte das tecnologias de informação e comunicação (TIC) é consideravelmente nova. Para Peters (2004, p. 149):

> Se estudantes e professores são encorajados a imaginar espaços reais de aprendizagem em espaços virtuais de aprendizagem como modelos, parece óbvio para muitos deles manter o comportamento de ensino e aprendizagem [...] e, na medida do possível, transpor isso para o espaço virtual de aprendizagem.

Os recursos digitais cada vez mais são desenvolvidos com a perspectiva de propiciar a interação, o que é fundamental para a educação, especialmente na concepção construtivista sobre a aprendizagem. No entanto, para que isso aconteça, o professor deve estar sempre motivando e promovendo condições favoráveis às trocas e à cooperação, que podem ser promovidas por meio das TIC. O autor (Peters, 2004, p. 72) também afirma que:

> Os professores têm que planejar tudo muito cuidadosamente com antecedência, porque têm que construir os artefatos que [...] têm que ser capazes de realizar funções de ensino necessárias. [...] Têm que se manter informados e ficar totalmente conscientes do que está acontecendo no processo ensino-aprendizagem [...]. Têm que conseguir dados relevantes sobre o progresso deste processo e avaliá-lo constantemente. [...] Devem estar motivados e até ansiosos para ajudar os alunos a se tornarem independentes. Acima de tudo, têm também de desenvolver o hábito de refletir sobre o modo especial como ensinam a distância.

Com isso, um dos desafios do professor da EAD é potencializar o desenvolvimento de ações e reflexões a partir da interação com os diversos objetos de conhecimento, entre eles as ferramentas tecnológicas. Igualmente, a realização de propostas interdisciplinares se torna uma alternativa tendo em vista a importância de buscar a formação integral do aluno com a perspectiva das competências.

Sabe-se que o número de recursos tecnológicos existentes na rede é imenso. Por isso, é importante a busca, pesquisa e atualização, a fim de conhecer diferentes possibilidades para o ensino e a aprendizagem do aluno, transformando-os em um processo atrativo e motivador.

Não há dúvida de que, em um futuro breve, a educação presencial e a distância, com uso dos recursos digitais, estarão mescladas no cotidiano das instituições educacionais. Assim, é importante que se saiba usar a tecnologia de forma correta, aliando-a à pedagogia, ambas a serviço da educação. Para isso ocorrer, é necessário que o professor tenha uma formação para utilizar as tecnologias. Coll e Monereo (2010) ao tratar dessa questão afirmam que, na nova sociedade da informação, da aprendizagem e do conhecimento, o papel mais importante do professor é o de mediador, alguém que propicia auxílios educacionais ajustados à atividade construtiva do aluno, utilizando para isso as TIC.

Tarcia e Cabral (2011), ao discorrerem sobre a atuação docente em relação à EAD, afirmam que talvez o professor nunca tenha assumido um papel tão importante e necessário como nos dias atuais. Contrariamente ao que se pensava, ou seja, que a tecnologia substituiria o professor, a verdade é que nunca o professor foi tão essencial no processo de ensino e aprendizagem. Por conseguinte, o papel do professor não é o de apenas transmitir conhecimentos, mas sim motivar situações de aprendizagem, organizando tais experiências de acordo com seus alunos e possibilidades.

Perfil do tutor da educação a distância

A palavra tutor tem uso antigo na educação. Segundo pesquisas de Ferreira e Lôbo (2005, p. 2624):

> Etimologicamente a palavra tutor vem do latim *tútorōris* que significa guarda, defensor, protetor, curador, ou seja, aquele que exerce uma tutela, que ampara, protege, defende, é o guardião. Segundo Houaiss (2001) a palavra tutor tem sua origem no século XIII e possui diferentes significados de acordo com a área que está sendo empregada. Em Direito, tutor significa indivíduo que exerce uma tutela àquele que ampara e protege. Na Administração, tutor é quem ou o que supervisiona, dirige, governa. Para algumas instituições de ensino, tutor é o aluno a quem se delega a instrução de outros alunos. [...] Por volta da década de 1960, a EAD utilizava material impresso e/ou mídias de massa (basicamente o rádio e a televisão) e desta forma o tutor tinha como tarefa assegurar o cumprimento dos objetivos do curso cuidando para que os alunos recebessem os recursos necessários à sua autoaprendizagem.

Já segundo os "Referenciais de qualidade para educação superior a distância" (Brasil, 2007), o tutor deve agir:

- **esclarecendo dúvidas** por meio das ferramentas de comunicação;
- **promovendo espaços de construção coletiva** de conhecimento;

- **selecionando material de apoio e sustentação teórica** aos conteúdos;
- **participando dos processos avaliativos** de ensino-aprendizagem, junto com os docentes.

Na Resolução nº 26 (Brasil, 2009), de 5 de junho de 2009, no seu Anexo I, item 2.6, as atribuições do tutor são:

- **mediar a comunicação de conteúdos** entre o professor e os cursistas;
- **acompanhar as atividades discentes**;
- **apoiar o professor** da disciplina;
- **manter regularidade de acesso** ao ambiente virtual de aprendizagem (AVA) e **dar retorno** às solicitações do cursista;
- **estabelecer contato** permanente com os alunos e **mediar as atividades discentes**;
- **colaborar** com a coordenação do curso **na avaliação** dos estudantes;
- **participar** das atividades de **capacitação**;
- **elaborar relatórios** mensais de acompanhamento dos alunos;
- **participar do processo de avaliação da disciplina** sob orientação do professor responsável;
- **apoiar** operacionalmente a coordenação do curso nas **atividades presenciais** nos polos, em especial na aplicação de avaliações.

Logo, o tutor também exerce o papel de mediador e atua como um professor auxiliar na medida em que acompanha o processo de aprendizagem dos alunos por meio das TIC. No Brasil, o ensino presencial de um modo geral pouco utiliza a colaboração do tutor, exceto em algumas áreas como na Saúde. Por outro lado, na educação a distância o tutor tem adquirido importância considerável para, muitas vezes, viabilizar a execução de alguns cursos.

Diante disso, existe uma grande discussão acerca do papel do tutor na EAD. Algumas perspectivas assinalam que o tutor tem a função de orientar e apoiar a aprendizagem dos alunos, mas não de ensinar. Schmid (2004, p. 278) sustenta que:

> [...] o tutor não ensina no sentido convencional da palavra, como também não dá aulas, nem produz materiais. Ele é a pessoa designada pela instituição para estabelecer contato com o aluno e, através de uma relação pessoal, facilitar a este o desenvolvimento de todo o seu potencial intelectual e comunicacional.

No entanto, Maggio (2001, p. 99) afirma que "[...] nas perspectivas pedagógicas atuais, [...] tanto o tutor como o docente são responsáveis pelo ensino, pelo *bom* ensino, e nesse aspecto não há distinções importantes no sentido didático [...]" (grifo nosso). Em uma concepção de tutoria entre iguais, Duran e Vidal (2007) definem os tutores como "[...] pessoas de grupos sociais similares, que não são professores profissionais, que ajudam a outras a aprender e que aprendem elas mesmas ensinando [...]". Ou seja, o tutor como aluno de pós-graduação, por exemplo, poderia se utilizar dessa experiência para construir competências docentes como um espaço prático durante sua formação. Com tantas possibilidades e pontos de vista, percebe-se a incerteza quanto ao papel realizado por esse ator. Existe uma indefinição quanto a suas competências devido ao caráter recente da sua atividade na EAD. Apresenta-se também como uma função em desenvolvimento, sendo que cada instituição organiza as atividades do tutor de acordo com as características que acredita serem adequadas para seu curso.

García Aretio (2001) expõe que existem três funções principais para o tutor: a orientadora, centrada na área afetiva; a acadêmica, relacionada ao aspecto cognitivo; e a institucional, referente ao relacionamento entre aluno e instituição. Já Loyolla (2009) apresenta algumas atividades de tutoria: orientar sobre a melhor forma de utilização do material, solucionar dúvidas, realizar orientações individuais ou em grupo, orientar quanto ao uso dos materiais de aprendizagem e quanto ao uso adequado das mídias, assim como nos protocolos de comportamento e nas comunicações entre colegas e entre formadores e alunos.

A intenção do tutor nos cursos a distância é promover qualidade na educação por meio do suporte ao aluno, ocupando, desse modo, um espaço indispensável nessa modalidade. A tutoria não significa apenas dar atenção, também é realizar uma orientação acerca da aprendizagem do aluno, de forma organizada e planejada.

Preti (1996) já afirmava que o tutor seria um dos grandes responsáveis pela efetivação do curso em todos os níveis. Ele estará constantemente orientando, dirigindo e supervisionando o processo de ensino e de aprendizagem dos alunos respeitando a autonomia destes.

Em algumas instituições, o tutor é chamado de tutor-professor, orientador acadêmico, professor-orientador, entre outros. Apesar das diferentes nomenclaturas, sua função fica mais clara quando relacionamos o tutor a um docente que participa do processo, dá orientações e estabelece um contato mais direto com o aluno durante todo o curso.

Moreira (2009, p. 373) intitula o tutor como monitor pedagógico e afirma que ele:

> [...] é o profissional que acompanha os participantes durante toda a trajetória de aprendizagem; comunica-se com eles sobre dúvidas na organização do tempo ou na execução das atividades, identifica dificuldades e busca soluções,

elabora planilhas de acompanhamento, comunica-se com aqueles que não participam identificando as causas, estimula a participação dos alunos e acompanha a interação.

O documento "Referenciais de qualidade para educação superior a distância" explica a função do tutor da seguinte maneira:

> [...] um dos sujeitos que participa ativamente da prática pedagógica. Suas atividades desenvolvidas a distância e/ou presencialmente devem contribuir para o desenvolvimento dos processos de ensino e de aprendizagem e para o acompanhamento e avaliação do projeto pedagógico. (Brasil, 2008, p. 21)

O tutor auxilia o aluno e esclarece dúvidas monitorando e mediando o processo pedagógico das atividades a distância. Em conjunto com o professor, utiliza como ferramentas principais para interação e comunicação com os alunos o *chat*, fórum, *e-mail*, telefone. Além disso, tem como função promover a comunicação entre os colegas coletivamente, ou seja, colocá-los em contato no mundo virtual.

Assim, para exercer sua função e utilizar os recursos adequadamente, o tutor também deve compreender o perfil do aluno em termos de localização geográfica, proximidade e acesso às tecnologias digitais, faixa etária, experiências de estudo e de trabalho anteriores. Schneider (2011, p. 23) coloca que:

> O levantamento das características dos alunos e suas trajetórias são fundamentais na composição do planejamento pedagógico de modo a elaborar diferentes estratégias que incluam todos os alunos no processo de ensino e de aprendizagem. O perfil dos alunos influencia e, por vezes, determina a necessidade de adaptações ou mudanças no planejamento e sua aplicação.

Logo, o tutor deve ser um agente motivador e orientador, além de saber acompanhar, avaliar e ter conhecimento sobre os conteúdos. Com isso, desempenha um papel importante para colaborar no processo de ensino e de aprendizagem, principalmente com o permanente *feedback* para garantir a aprendizagem do aluno a distância.

Perfil do aluno da educação a distância

O perfil do aluno sofreu mudanças com o acesso às tecnologias digitais. Porém, continua em um processo de transição, no qual ainda muitos brasileiros não têm acesso a tais recursos. Monereo e Pozo (2010) chamam esse fenômeno de "brecha digital". Por outro lado, no universo dos incluídos digitalmente, esses autores problematizam a divisão em nativos e imigrantes digitais, expondo que:

> Da mesma maneira que existem jovens que estabelecem uma relação distante com as TIC, podemos encontrar pessoas de idade mais avançada que desde o começo entram na rede e, atualmente, suas formas de trabalhar, comunicar-se e pensar estão firmemente mediadas por sistemas informatizados. (Monereo; Pozo, 2010, p. 98)

Existe uma diversidade de alunos, com diferentes perfis, gostos, conhecimentos, culturas e idades. Nesse sentido, toda a gama de perfis de sujeitos da sociedade conectada deve ser compreendida por aqueles que trabalham com a EAD, ferramenta pela qual muitos indivíduos têm a oportunidade de, finalmente, diminuírem a brecha digital e se incluírem nesse universo. Sabe-se, por meio do Censo EaDbr 2010 (Associação Brasileira de Educação a Distância, 2010), que o atual aluno da EAD no Brasil é adulto, tem pouca familiaridade com as tecnologias e tem, em sua maioria, família e emprego.

Segundo Palloff e Pratt (2004, p. 29), "[...] saber quem é o aluno virtual e quais são suas necessidades *online* ajuda o professor a planejar um curso que atenda a tais necessidades e que seja verdadeiramente focado no aluno". Palloff e Pratt (2004) apresentam como recursos necessários ao aluno "[...] a conexão com a tecnologia; treinamento e suporte acerca da tecnologia do curso; acesso a serviços como os do *campus* da universidade; serviços de apoio aos estudantes e ser informado com *feedbacks*, avaliações, e etc.".

Para Moore e Kearsley (2008), nem sempre o aluno virtual consegue se adaptar a essa modalidade de educação. Os autores afirmam também que:

> Toda pessoa que participa da elaboração e do ensino de cursos precisa compreender as motivações do adulto para participar de um programa de aprendizado a distância e o que significa em termos de criação e veiculação de tais programas. Os adultos possuem muitas preocupações em suas vidas (trabalho, família, vida social), e a educação a distância precisa incluir essas preocupações como recursos na elaboração e instrução, e também como fontes potenciais de problemas que podem dificultar o estudo. (Moore; Kearlson, 2008, p. 197)

Além das questões pessoais, outro fator que também pode influenciar e se apresentar como dificuldade aos alunos é a experiência com a tecnologia. Alguns alunos ainda estão na fase de alfabetização e letramento digital, o que influencia na sua relação com os recursos digitais. Esse aluno, ao ingressar em um curso a distância, passa a ter de lidar com duas situações de aprendizagem: quanto ao próprio conteúdo e quanto ao uso dos recursos selecionados como suporte ao curso. Nessa perspectiva, torna-se visível o impacto gerado pelas TIC, principalmente sobre as formas de pensar e aprender.

Constata-se que houve um aumento do número de alunos em cursos a distância, em especial aqueles que estão longe dos estudos acadêmicos há algum tempo e têm pouca experiência com o uso dos recursos digitais, conforme apresentado no Censo EadBr (Associação Brasileira de Educação a Distância, 2010). Desse modo, é importante conquistar o aluno, apresentar as inovações e as possibilidades da EAD, bem como identificar as competências que são necessárias nesse processo. Logo, será possível antecipar e atenuar conflitos e situações-problema, aumentando a motivação, tão essencial e necessária no processo de ensino e aprendizagem.

Muitas vezes, o aluno da EAD chega com conceitos pré-concebidos sobre como funciona essa modalidade, como é ser aluno, como estudar, entre outros fatores. Salienta-se que os alunos a distância, normalmente adultos, frequentaram no mínimo 11 anos no ensino presencial, sem sequer ter contato com as tecnologias.

Em outras palavras, eles chegam à modalidade a distância com concepções, estratégias e formas de atuar diferentes das que serão necessárias. Esse processo ocorre da seguinte maneira. Inicialmente, o estudante leva para o mundo virtual suas experiências presenciais, bem como a compreensão das estratégias, das características e do aparato tecnológico. O aluno começa, então, a criar uma espécie de hibridização ou *blended learning* (Tori, 2010).

Essa convergência entre suas experiências presenciais e virtuais irá desencadear seu estilo e sua forma de atuar em cada situação, ora no presencial, ora no virtual, conforme Figura 7.3.

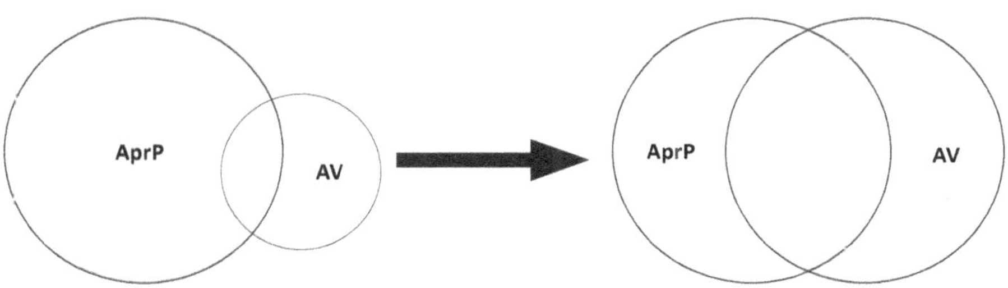

Figura 7.3 Processo de hibridização entre aprendizagem presencial (AprP) e aprendizagem virtual (AV).
Fonte: Adaptada de Tori (2010).

Notare e Behar (2009) abordam que, no início da EAD, toda a atenção estava voltada para o professor e para os recursos tecnológicos, enquanto o aluno ficava como coadjuvante do processo. Atualmente, o aluno da EAD, ou aluno virtual, torna-se o centro das atenções. O curso, os materiais e a estrutura são organizados e pensados para o contexto do ciberespaço.

Segundo os "Referenciais de qualidade para educação superior a distância" (Brasil, 2008), o estudante é colocado como o centro do processo educacional. Consequentemente, há um rompimento não só para o aluno, mas também para o professor. Tais mudanças, necessárias para uma educação interacional e dinâmica, não ocorrem de forma rápida, pois formam um aprendizado lento do qual todos devem se ocupar.

No caso dos sujeitos que já têm mais experiência com o uso das tecnologias digitais, estes criam uma identidade virtual com maior facilidade, diferentemente daqueles que precisam percorrer um caminho mais longo devido a pouca experiência tecnológica. Práticas cotidianas com a tecnologia progressivamente levam o aluno a ir se apropriando das ferramentas e dos procedimentos que elas incorporam, mas não são suficientes para que ele as utilize da mesma forma para outros contextos.

Para desenvolver tal identidade, são necessários três pontos fundamentais, conforme Figura 7.4, a saber:

- atuação estratégica: organização do tempo, formas de comunicação, disposição, motivação para a temática, etc.;
- compreensão das características do grupo, bem como das tarefas, dos objetivos do curso e do contexto em que está inserido; e, por fim,
- condições tecnológicas, que se referem à conexão do aluno, à utilização das ferramentas e à familiaridade com a tecnologia.

Figura 7.4 Representação da identidade do aluno virtual.
Fonte: Adaptada de Silva (2011).

Nesse sentido, Notare e Behar (2009, p. 182) afirmam que:

> para que o aluno tenha sucesso em um curso virtual é preciso automotivação e autodisciplina, pois o ambiente *online* é livre e, juntamente com a liberdade, deve haver responsabilidade, comprometimento e disciplina. Além disso, deve saber trabalhar em conjunto com seus colegas para atingir seus objetivos de

aprendizagem e do curso. Sabendo que o professor é apenas o facilitador, o aluno se torna responsável pelo seu processo de aprendizagem.

É necessário que o professor compreenda o potencial de seu aluno, de seus diferentes perfis e de suas competências. Aprender é um processo de construção e reconstrução de conhecimentos constantes. Não é apenas receber informações, mas conseguir transformá-las, assimilá-las, dar-lhes sentido. Nessa abordagem, acredita-se que aluno e professor aprendam e ensinem ao mesmo tempo.

MAPEAMENTO DAS COMPETÊNCIAS DOS ATORES DA EDUCAÇÃO A DISTÂNCIA

O mapeamento é utilizado para identificar, delinear e representar em forma de um quadro ou matriz as competências de determinado sujeito individualmente ou, como nesse caso, de um tipo de ator social (professor, tutor e aluno). Pode ser usado, também, para verificar o grau de desenvolvimento de determinada competência, com apoio de outros materiais como a Roda das Competências (Schneider et al., 2012). A Roda foi criada a partir da "Roda da Vida", que é instrumento que ajuda na medição/autoavaliação pelo sujeito em graus de 0 a 10 quanto às diversas áreas da vida: relacionamentos, condição física, emocional, espiritual, financeira, profissional, entre outras.

Com base nisso, as autoras realizaram pesquisas que buscaram mapear as competências de professores, tutores e alunos para a atuação na educação a distância por meio da realização de cursos de extensão, capacitação e disciplinas de pós-graduação na UFRGS. Tais ações ocorreram entre 2010 e 2012 O público-alvo era composto por alunos de pós-graduação com experiência na EAD; professores, tutores, técnicos administrativos e interessados em ingressar na modalidade; alunos de cursos a distância conforme o foco de cada curso.

Ao todo, foram realizadas cinco ações para a coleta de dados e desenvolvimento do mapeamento. Para tanto, foram utilizados os ambientes virtuais de aprendizagem ROODA[3] e MOODLE[4], bloco de anotações e a Roda das Competências.

A partir disso, foram mapeadas as competências que serão apresentadas em três blocos, para fins didáticos de compreensão desse levantamento:

1. competências comuns a professores, tutores e alunos;
2. competências comuns a professores e tutores;
3. competências identificadas apenas nos alunos.

As competências indicadas como necessárias aos professores, tutores e alunos para a atuação na EAD são:

Quadro 7.1 Descrição e CHA das competências necessárias aos professores, tutores e alunos

Competência	**FLUÊNCIA DIGITAL**
Descrição	Está ligada à utilização da tecnologia de modo que o sujeito se sinta digitalmente ativo/participante dos avanços tecnológicos. A fluência possibilita não só o uso, mas também a criação e produção de conteúdos/materiais.
Conhecimentos	Teórico/tecnológico sobre as ferramentas.
Habilidades	Mexer, buscar, selecionar, produzir.
Atitudes	Ter iniciativa para buscar inovações e sempre se manter atualizado.
Competência	**AUTONOMIA**
Descrição	Para Piaget, autonomia significa ser governado por si mesmo. É o oposto de heteronomia, que significa que uma pessoa é governada por outra pessoa.
Conhecimentos	Normas sociais e culturais, valores morais, conhecimentos sobre ética.
Habilidades	Analisar, interpretar dados e situações, realizar escolhas complexas, antecipar situações, selecionar, sistematizar, relacionar, interpretar dados e informações, tomar decisões.
Atitudes	Ter autocontrole e ser responsável, autocrítico, proativo, compromissado e ético.
Competência	**REFLEXÃO**
Descrição	Está baseada na abstração para refletir e analisar criticamente situações, atividades e modos de agir.
Conhecimentos	Conhecer o objeto em questão e seus diferentes aspectos.
Habilidades	Analisar e interpretar dados/fatos/situações.
Atitudes	Ser proativo, crítico, ponderado e ter autodidaxia e autocontrole.
Competência	**ORGANIZAÇÃO**
Descrição	Relaciona-se com a ordenação, estruturação e sistematização de atividades, materiais e grupos.
Conhecimentos	Ter autoconhecimento, planejar, conhecer os prazos.
Habilidades	Criar estratégias, sistematizar, ordenar e classificar.
Atitudes	Ser engajado, estar envolvido, ser proativo, tomar decisões e ter persistência.
Competência	**COMUNICAÇÃO**
Descrição	Está fundamentada na clareza e na objetividade da expressão oral, gestual e escrita.
Conhecimentos	Norma culta da língua, compreender regras de comportamento, formas de comunicação, público/receptores.
Habilidades	Escrita de forma clara, objetiva e coerente, interpretar mensagens recebidas, como impostar a voz, articular as palavras, usar vocabulário adequado.
Atitudes	Ser expressivo, empático, cauteloso e articulado.

continua

Quadro 7.1 *continuação*

Competência	ADMINISTRAÇÃO DO TEMPO
Descrição	É pautada no cumprimento da agenda, conciliar atividades de compromissos para a gestão das atividades, atingindo as prioridades, metas e objetivos.
Conhecimentos	Prazos, formas de organização, autoconhecimento.
Habilidades	Utilizar o tempo de forma eficiente, dar limites, estabelecer prazos, delimitar prioridades, ordenar as ações, identificar objetivos.
Atitudes	Ser proativo, objetivo e focado.
Competência	**TRABALHO EM EQUIPE[5]**
Descrição	O trabalho em equipe contempla as relações intra e interpessoal, as quais permitem ao sujeito expressar e comunicar, de modo adequado, seus sentimentos, desejos, opiniões e expectativas. Além disso, evidencia condutas interpessoais, destreza para interagir com outras pessoas de forma socialmente aceitável e valorizada, podendo, assim, trazer benefícios aos participantes nos momentos de interação. Esses elementos podem, ainda, ser complementados sob a ótica afetiva, isso porque a complexidade das relações sociais também requer a capacidade de perceber e fazer distinções no humor, nas intenções, nas motivações e nos sentimentos de outras pessoas.
Conhecimentos	Tipos de equipes, saber parcial das áreas que compõe a equipe.
Habilidades	Adequar ações intra e interpessoais, criar estratégias, articular a comunicação com os sujeitos. Identificar perfil e necessidades da equipe em que está inserido, saber trabalhar em clima de equidade, articular conflitos, negociar, comunicar, colaborar, cooperar, ser capaz de se adaptar a situações novas, conduzir diferentes situações.
Atitudes	Ser preocupado em alcançar os objetivos comuns à equipe, flexível, aberto a críticas e sugestões, saber ouvir o outro, colaborativo e cooperativo
Competência	**MOTIVAÇÃO**
Descrição	Estabelece as condições para manter a motivação entre pares e consigo mesmo, sendo um facilitador dos processos. Da mesma forma, ser capaz de acolher as dificuldades do outro, incentivando-o a permanecer e concluir uma atividade, sendo ativo e participativo. Ser capaz de lidar com as próprias dificuldades.
Conhecimentos	Autoconhecimento, conhecimento sobre o outro, mecanismos motivacionais.
Habilidades	Discernir, criticar, analisar, enfrentar obstáculos.
Atitudes	Ter autoestima, autoconfiança, disposição, ser participativo, engajado, acolhedor, aberto a trocas, empático, receptivo e se colocar no lugar do outro.

Além dessas, outras competências foram relacionadas como necessárias, neste caso, somente aos professores e tutores, conforme segue:

Quadro 7.2 Descrição e CHA das competências necessárias aos professores e tutores

Competência	**PLANEJAMENTO**
Descrição	Baseado no estabelecimento de prioridades, metas e objetivos. Em educação, consideram-se também as condições necessárias para criar situações e aplicar estratégias de aprendizagem.
Conhecimentos	Tipos de planejamento, contexto, potencialidades, fragilidades, público (se houver).
Habilidades	Sistematizar, avaliar, analisar.
Atitudes	Ser proativo, objetivo e metódico.
Competência	**RELACIONAMENTO INTERPESSOAL**
Descrição	É fundamentada na empatia, na mediação pedagógica, na facilitação nos processos de ensino e de aprendizagem, na cooperação, na transparência, no foco ao ser humano, além de adequado relacionamento com os parceiros.
Conhecimentos	Sobre como se comportar, regras de etiqueta, normas sociais.
Habilidades	Comportar-se, como agir dentro das normas.
Atitudes	Ser aberto a trocas, empático, receptivo e se colocar no lugar do outro.
Competência	**MEDIAÇÃO PEDAGÓGICA**
Descrição	Condições para incentivar e mobilizar as trocas entre os alunos, organizar grupos, orientar ações, problematizar posicionamentos e entendimentos sobre o conteúdo em questão, administrar conflitos, realizar negociações, tendo por objetivo aproximar os alunos do conteúdo de forma ativa e coletiva, visando a construção de conhecimentos.
Conhecimentos	Processo de aprendizagem/construção de conhecimento, dinâmicas dos grupos, didática, pedagogia da pergunta.
Habilidades	Como realizar as intervenções descritas na competência.
Atitudes	Ser respeitoso, acolhedor, responsável, atento, proativo e flexível.
Competência	**DAR E RECEBER *FEEDBACK***
Descrição	Leitura e compreensão da(s) ação(ões) ou da(s) mensagem(ns) emitida(s) por outro, dando retorno ao emissor de forma respeitosa e adequada ao contexto da ação ou mensagem, como também compreender e aceitar o retorno de outro sobre sua(s) ação(ões) ou mensagem(ns). No caso do contexto educacional, trata-se da leitura e compreensão do trabalho do aluno apresentado presencialmente ou a distância, de postagens de mensagens nas ferramentas de interação dos recursos digitais, entre outras possibilidades, dando retorno de forma acolhedora e respeitosa diante do processo de aprendizagem, bem como alunos, monitores/tutores e professores, recebendo o *feedback* de modo a compreender e a aceitar o retorno do outro sobre sua atuação.
Conhecimentos	Sobre processo de aprendizagem, contexto de ação/conhecimentos envolvidos, público, conhecimentos científicos, normas de escrita, regras de etiqueta.
Habilidades	Como realizar o *feedback* (por exemplo, uso da técnica do "sanduíche"), usar o vocabulário adequadamente.
Atitudes	Ser acolhedor, aberto, respeitoso e responsável.

continua

Quadro 7.2 *continuação*

Competência	DIDÁTICA
Descrição	Revela-se na ação dos professores. Considera-se como a reflexão sistemática da prática pedagógica. Pressupõe a ação educativa em uma sociedade historicamente determinada; capacidade de seleção e aplicação de procedimentos, métodos, técnicas e recursos aos conteúdos, por meio da determinação de objetivos e finalidades pedagógicas.
Conhecimentos	Conhecimentos científicos e metodologias de ensino diversificadas; aplicação de tecnologias na educação e "saber como aplicar com finalidade pedagógica"; bem como conhecer os diferentes contextos educacionais, estrutura educacional.
Habilidades	Fazer e refazer sua prática de modo crítico e criativo; estabelecer a relação entre experiência do aluno e conhecimento teórico/científico; planejar as atividades docentes, levando em consideração o perfil e os estilos de aprendizagem dos alunos; interpretar dados e informações buscando mediar o processo de ensino e aprendizagem; dominar a sala de aula.
Atitudes	Ser reflexivo, proativo, crítico, responsável, autônomo, acolhedor e mobilizador.
Competência	**GESTÃO ACADÊMICA**
Descrição	Refere-se ao planejamento, adequação, organização de várias etapas do processo de desenvolvimento do curso: 1) pensar a transposição didática do projeto do curso, disciplina/módulo e estratégias pedagógicas, conforme o modelo pedagógico; 2) produção do material didático e organização do ambiente virtual de aprendizagem; 3) desenvolvimento da disciplina/módulo, acompanhamento e avaliação do aluno (e do tutor); 4) elaboração de relatórios e realização de registros acadêmicos. Paralelamente, envolve a parte logística como a realização de aulas presenciais e *webconferências*, prazos e envio de materiais aos polos de apoio presencial.
Conhecimentos	Conhecer os processos de educação a distância, as formas de organização de cursos, o projeto pedagógico, metodologias didático-pedagógicas, processos de avaliação, formas de produção de material didático, as tecnologias que serão utilizadas no curso.
Habilidades	Dominar as tecnologias em questão, analisar as características do grupo de alunos, planejar pedagogicamente, estruturar procedimentos de avaliação.
Atitudes	Ser atento, responsável, comprometido e analítico, ter iniciativa, autocontrole e discernimento.

Para o aluno, ainda foram levantadas competências específicas para a sua atuação na modalidade a distância:

Quadro 7.3 Descrição e CHA das competências necessárias ao aluno

Competência	**PRESENCIALIDADE VIRTUAL**
Descrição	Tem relação com a presença no ambiente virtual por meio da interação com os colegas e da realização das atividades.
Conhecimentos	Sobre o ambiente virtual e suas ferramentas, formas de comunicação e prazos.
Habilidades	Utilizar as ferramentas do ambiente virtual de forma eficiente para comunicação e envio de atividades.
Atitudes	Ser proativo, analítico e participativo e ter discernimento.
Competência	**AUTOAVALIAÇÃO**
Descrição	Trata-se da compreensão acerca do desenvolvimento do próprio processo de aprendizagem, a fim de colaborar ou avaliar as atividades propostas.
Conhecimentos	Conhecer suas necessidades de aprendizagem, conhecer seu processo de aprendizagem e as formas de avaliação.
Habilidades	Analisar o processo de aprendizagem, sistematizar atividades, mediar, levar em consideração suas particularidades.
Atitudes	Ter autocontrole, ser crítico, ser atualizado e ter acolhimento.
Competência	**FLEXIBILIDADE**
Descrição	Consegue lidar com diferentes necessidades, examinando e interpretando as possibilidades de ações, bem como mudanças de opinião e atitudes.
Conhecimentos	Sobre relacionamento interpessoal, saber lidar com as diferenças socioculturais.
Habilidades	Identificar situações, analisar possíveis soluções, contornar situações.
Atitudes	Ser ético e responsável e saber mudar de postura.

CONSIDERAÇÕES FINAIS

É comum dizer que se vive um momento de mudanças e de desenvolvimento de competências. No entanto, pouco se questiona o que é a competência e qual seu potencial para a aprendizagem. Neste capítulo, a competência foi compreendida como a mobilização de elementos (conhecimentos, habilidades e atitudes) em tarefas ou situações inéditas em um determinado contexto, seguindo definições de autores como Perrenoud (2000, 2002) e Zabala e Arnau (2010).

O foco deste capítulo foi relacionar os estudos acerca das competências com a educação a distância, buscando identificar nos professores, tutores e alunos aquelas que são necessárias para atuar com qualidade nessa modalidade. Ao final, foi possível realizar o mapeamento dessas competências e seus elementos.

Primeiramente procurou-se compreender o perfil do professor, do tutor e do aluno da EAD e, por meio das competências, refletir sobre esses papéis. Além disso, enfrentou-se o desafio de relacionar os perfis com as competências, conceito tão discutido frente a suas diversas definições. O mapeamento dessas competências foi um trabalho de coleta, análise e organização dos dados realizado durante dois anos juntamente com o levantamento dos estudos atuais acerca dessa temática.

A partir desta análise, busca-se auxiliar gestores, equipe pedagógica e alunos a conhecer a sua composição (descrição e conjunto de CHAs de cada uma delas) e aplicá-las nas situações de aprendizagem. Pretende-se, com isso, colaborar com subsídios para o desenvolvimento de uma educação a distância afinada aos seus atores e às suas exigências, com foco na qualidade da formação por meio dessa modalidade.

NOTAS

1 Resolução CD/FNDE nº 8 de 30 de abril de 2010, que altera os incisos I a V do art. 9º, o § 1º do art. 10 e o item 2.4 do Anexo I da Resolução CD/FNDE nº 26, de 5 de junho de 2009, que estabelece orientações e diretrizes para o pagamento de bolsas de estudo e de pesquisa a participantes do Sistema UAB (Brasil 2010).

2 "Os modelos são 'reinterpretações' de teorias a partir de concepções individuais dos professores que se apropriam parcial ou totalmente de tais construtos teóricos imbuídos em um paradigma vigente. Desta forma, o modelo construído muitas vezes recebe o nome de uma teoria (piagetiana, rogeriana, vygotskyana, skinneriana, etc.) ou de um paradigma (interacionista, humanista, instrucionista, etc.)" (Behar, 2009, p. 22).

3 Disponível em: https://www.ead.ufrgs.br/rooda/.

4 Disponível em: https://moodleinstitucional.ufrgs.br/.

5 A competência do trabalho em equipe foi desenvolvida a partir de um projeto de pesquisa do Edital MCT/CNPq n.° 14/2009 – Universal intitulado: "Trabalho em equipe: uma competência para a laboralidade por meio do ETC".

REFERÊNCIAS

ASSOCIAÇÃO BRASILEIRA DE EDUCAÇÃO A DISTÂNCIA (Org.). *Censo EaD.br:* relatório analítico da aprendizagem a distância no Brasil. São Paulo: Pearson Education do Brasil, 2010.

BEHAR, P. A. *Modelos pedagógicos em educação a distância*. Porto Alegre: Artmed, 2009.

BELLONI, M. L. *Educação à distância*. 4. ed. Campinas: Autores Associados, 2006.

BRASIL. Ministério da Educação. Secretaria de Educação a Distância. *Referenciais de qualidade para educação superior a distância*. Brasília: MEC, 2007. Disponível em: <http://portal.mec.gov.br/seed/arquivos/pdf/legislacao/refead1.pdf>. Acesso em: 08 set. 2009.

BRASIL. Ministério da Educação. *Resolução/CD/FNDE n° 8, de 30 de abril de 2010*. Altera os incisos I a IV do art. 9, o § 1° do art. 10 e o item 2.4 do Anexo I da Resolução CNDE/PNDE nº 26/2009. Brasília: MEC, 2010.

BRASIL, Ministério da Educação. *Resolução/CD/FNDE n° 26, de 5 de junho de 2009*. Estabelece orientações e diretrizes para o pagamento de bolsas de estudo e de pesquisa a participantes de preparação e execução dos programas de formação superior, inicial e continuada no âmbito do Sistema Universidade Aberta do Brasil (UAB), vinculado à Coordenação de Aperfeiçoamento de Pessoal de Nível Superior (CAPES), a serem pagas pelo FNDE a partir do exercício de 2009. Brasília: MEC, 2009.

BUARQUE, C. Formação e invenção do professor no século XXI. In: LITTO, F. M.; FORMIGA, M. (Org.). *Educação a distância:* o estado da arte. São Paulo: Pearson Education do Brasil, 2011. v. 2.

COLL, C.; MONEREO, C. *Psicologia da educação virtual*: aprender e ensinar com as tecnologias da informação e da comunicação. Porto Alegre: Artmed, 2010.

DURAN, D.; VIDAL, V. *Tutoria*: aprendizagem entre iguais: da teoria à prática. Porto Alegre: Artmed, 2007.

FERREIRA, S. L.; LÔBO, V. I. T. De tutor a professor online: que sujeito é esse? In: WORKSHOP DE INFORMÁTICA NA ESCOLA -WIE, 11., 2005, São Leopoldo. *Anais*... São Leopoldo: [s.n.], 2005. Disponível em: <http://ceie-sbc.tempsite.ws/pub/index.php/wie/ article/viewFile/840/826>. Acesso em: 23 jun. 2011.

GARCÍA ARETIO, L. *La educación a distancia:* de la teoría a la práctica. Barcelona: Ariel, 2001.

GASPAR, M. I. Competências em questão: contributo para a formação de professores. *Discursos: perspectivas em educação*, p. 55-71, 2004. Disponível em: <https://repositorioaberto.uab.pt/handle/10400.2/158>. Acesso em: 23 mar. 2010.

LOYOLLA, W. O suporte ao aprendiz. In: LITTO, F. M.; FORMIGA, M. (Org.). *Educação a distância*: o estado da arte. São Paulo: Pearson Education do Brasil, 2009.

MAGGIO, M. O tutor na educação a distância. In: LITWIN, E. (Org). *Educação a distância*: temas para o debate de uma nova agenda educativa. Porto Alegre: Artmed, 2001.

MONEREO, C.; POZO, J. I. O aluno em ambientes virtuais: condições, perfil e competências. In: COLL, C; MONEREO, C. *Psicologia da educação virtual*: aprender e ensinar com as tecnologias da informação e da comunicação. Porto Alegre: Artmed, 2010. p. 97-117.

MOORE, M.; KEARSLEY, G. *Educação a distância*: uma visão integrada. São Paulo: Thomson Learning, 2008.

MOREIRA, M. G. A composição e o funcionamento da equipe de produção. In: LITTO, F. M.; FORMIGA, M. (Org.). Educação a distância: o estado da arte. São Paulo: Pearson Education do Brasil, 2009.

NOTARE, M. R.; BEHAR, P. A. A comunicação matemática *online* por meio do ROODA Exata. In: BEHAR, P. A. *Modelos pedagógicos em educação a distância*. Porto Alegre: Artmed, 2009.

PALLOFF, R. M.; PRATT, K. *O aluno virtual:* um guia para trabalhar com estudantes *online*. Porto Alegre: Artmed, 2004.

PEREIRA, D. F. et al. *Roda das competências*: objeto de aprendizagem ComEAD. [S.l.: s.n.], 2009. Disponível em: <http://www.nuted.ufrgs.br/objetos_de_aprendizagem/ 2009/compead/index.html>. Acesso em: 21 out. 2012.

PERRENOUD, P. *Dez novas competências para ensinar:* convite à viagem. Porto Alegre: Artmed, 2000.

PERRENOUD, P. *As competências para ensinar no século XXI:* a formação dos professores e o desafio da avaliação. Porto Alegre: Artmed, 2002.

PETERS, O. *A educação a distância em transição:* tendências e desafios. São Leopoldo: Unisinos, 2004.

PRETI, O. (Org.). *Educação a distância:* inícios e indícios de um percurso. Cuiabá: NEAD/IE - UFMT, 1996.

SCHMID, A. M. Tutorías: los rostros de la educación a distancia. *Revista da FAEEBA - Educação e Contemporaneidade,* v. 13, n. 22, p. 275-285, 2004.

SCHNEIDER, D. *Modelo pedagógico para a construção de competências de professores e tutores para a educação a distância.* 2011. 131 f. Projeto de Tese (Doutorado) – Faculdade de Educação, Universidade Federal do Rio Grande do Sul, Porto Alegre, 2011.

SCHNEIDER, D. et. al. *Competências na tutoria em educação a distância.* Educação a distância e tutoria: considerações pedagógicas e práticas. Porto Alegre: UFRGS, 2012 No prelo.

SILVA, K. K. A. *Mapeamento de competências:* um foco no aluno da Educação a Distância. 2012. 185 f. Dissertação (Mestrado) – Faculdade de Educação, Universidade Federal do Rio Grande do Sul, Porto Alegre, 2012.

TARCIA, R. M. L.; CABRAL, A. L. T. O novo papel do professor na EAD. In: LITTO, F. M.; FORMIGA, M. M. (Org.). *Educação a distância:* o estado da arte. São Paulo: Pearson Education do Brasil, 2011. v. 2.

TORI, R. *Educação sem distância:* as tecnologias interativas na redução de distâncias em ensino e aprendizagem. São Paulo: Senac, 2010.

ZABALA, A.; ARNAU, L. *Como aprender e ensinar competências:* uma proposta para o currículo escolar. Porto Alegre: Artmed, 2010.

Leitura recomendada

LE BOTERF, G. Avaliar a competência de um profissional: três dimensões a explorar. *Pessoal*, v. 1, n. 1, p. 60-63, 2006. Reflexão RH. Disponível em: <http://www.guyleboterf-conseil.com/Article%20evaluation%20version%20directe%20 Pessoal.pdf>. Acesso em: 11 set. 2009.

8 Competências para a prática pedagógica na educação a distância

uma análise a partir do modelo pedagógico

Maira Bernardi, Silvia Ferreto da Silva Moresco, Patricia Alejandra Behar

INTRODUÇÃO

No âmbito educativo, a temática das competências tem sido pauta nas discussões sobre a qualidade do processo de ensino e aprendizagem nos diferentes níveis educacionais.

Nesse contexto, a abordagem pedagógica das competências tem focado o planejamento pedagógico, sua aplicação nas salas de aula e o modelo de avaliação. Visa-se, assim, atender ao perfil almejado para o aluno egresso com vistas às necessidades profissionais e sociais. Logo, o ensino por competências é considerado uma possibilidade para atender às novas demandas educacionais.

A partir dessa realidade, este capítulo busca conhecer e compreender quais as competências docentes necessárias para a prática pedagógica na educação a distância (EAD).

Para isso, parte-se da análise da didática e suas contribuições para a educação a distância. A seguir, é trazido um levantamento acerca dos estudos de autores que contribuem para a reflexão sobre o estabelecimento dos saberes necessários à docência. Dentre esses saberes, é enfatizada a importância do planejamento pedagógico, evidenciando as concepções teóricas acerca dos modelos pedagógicos e seus elementos. Nesse sentido, as arquiteturas pedagógicas são abordadas como um de seus desdobramentos. Parte-se, assim, para o estado da arte acerca das competências docentes, buscando reunir referências que procuram orientar as práticas educativas na modalidade a distância.

Com isso, é proposta uma aproximação das concepções de competência, prática pedagógica, didática e modelo pedagógico, ressaltando a convergência entre seus elementos. Inicia-se sua apresentação pela principal característica da ação docente, a didática, evidenciando aspectos específicos de seu olhar sobre a educação a distância.

REFLEXÕES ACERCA DA DIDÁTICA PARA A EAD

Neste capítulo, define-se didática como uma ciência e uma tecnologia que está em constante construção, baseando-se na relação teoria e prática. Engendra-se em um contexto comunicacional e intencional, no qual são desenvolvidos os processos de ensino e aprendizagem para a formação dos sujeitos (Benedito, 2010).

Nesse sentido, a didática pode ser compreendida como um elo entre a teoria e a prática, adotando uma postura multidimensional no processo ensino e aprendizagem. Logo, favorece a relação entre as dimensões técnica, humano-psicológica, política e social. Entende-se, assim, que a didática oportuniza a transposição dos referenciais teóricos (e seus aspectos filosóficos, políticos e epistemológicos) em práticas educativas diferenciadas (Candau, 1984).

Partindo das condições atuais da educação, acredita-se na necessidade de uma compreensão contextualizada da didática. Esta, por sua vez, precisa estar articulada com outros elementos, a fim de superar os reducionismos históricos que a tem caracterizado. Esse posicionamento implica uma feição mais pluralista, comunicativa, capaz de estabelecer relações complexas com as diversas ciências, áreas e disciplinas, bem como com as modalidades de ensino (presencial, semipresencial e a distância).

Com relação à educação na modalidade a distância, a didática tradicional não consegue atender às suas demandas pedagógicas. Nessa tendência, o conhecimento acumulado é repassado por meio da transmissão passiva de informações, de forma linear e simplificada. Logo, a didática é desenvolvida de forma genérica, sem considerar o contexto, os demais fenômenos envolvidos e suas manifestações.

Considera-se, dessa forma, que a concepção da didática para a EAD deve ser pautada no desenvolvimento de um processo de construção de conhecimento. Nessa perspectiva, o centro da aprendizagem deve ser ocupado pelo aluno, considerando suas vivências e experiências prévias (Palloff; Pratt, 2004; Tori, 2010). Assim, por meio de um processo de interação/negociação, é possibilitada a construção de novos significados, experiências e conhecimentos. Ao professor, são oportunizadas novas vivências de interação, cabendo-lhe uma ação mediadora entre o conhecimento científico e os conhecimentos prévios dos alunos (Ricardo; Vilarinho, 2006).

Entretanto, deve-se alertar para outros desafios colocados à didática na prática da EAD. Surgem, também, como necessidades vigentes, a reformulação das propostas curriculares e de seus métodos de ensino e os investimentos na formação continuada. Busca-se, assim, a atualização e preparação dos professores para uso dos recursos tecnológicos. Nesse ponto, é esperada a otimização do uso de recursos didáticos, enfatizando uma aprendizagem crítica e reflexiva. Cabe aos docentes assumir novos desafios no seu fazer pedagógico.

Peters (2003) corrobora as considerações anteriores. Ele ressalta o descompasso existente entre o ritmo da evolução tecnológica e a movimentação teórica, científica e institucional que atinge a área educacional. Como salienta o autor, é preciso levar em conta as variáveis e aspectos relacionados aos atos de ensinar e aprender, além das características e perfis do público em questão.

Tendo como base as ideias levantadas, observa-se que as metodologias didáticas devem promover a integração e/ou renovação das práticas educativas, por meio de uma proposta mais inovadora, na modalidade a distância. A elaboração e aplicação de novos procedimentos deve se pautar nas vivências, experiências e necessidades dessa modalidade. Acredita-se, assim, que a didática para a EAD pode também oportunizar importantes repercussões e melhorias relacionadas com a qualidade do ensino presencial. Isso porque viabiliza uma reflexão acerca das experiências adquiridas com a utilização dos recursos da educação a distância em sistemas acadêmicos convencionais.

Nessa perspectiva contemporânea de interpretação acerca da didática, pressupõe-se que a aquisição de conhecimentos não ocorra somente em espaços delimitados como a sala de aula. Devido a essa ampliação dos espaços de aprendizagem, faz-se necessária a criação e sistematização de um conjunto de conhecimentos que possibilite a aplicação de metodologias didáticas capazes de propiciar o atendimento às novas exigências do saber fazer docente. É preciso, portanto, conhecer os pressupostos didáticos que até hoje acompanham as práticas pedagógicas com a finalidade de ampliar seus horizontes.

SABER DOCENTE

Nesta seção são apresentados os estudos de Cunha (2004), Perrenoud e colaboradores (2001) e Tardif (2003) acerca dos **saberes** dos professores[1]. Seus trabalhos oportunizam importantes reflexões sobre a profissionalização do professor e os saberes necessários ao exercício da docência.

Considera-se o termo saberes como sinônimo das ações de conhecer, compreender e do saber fazer relacionadas à prática profissional do professor. Perrenoud e colaboradores (2001) definem os saberes docentes relacionando-os com as competências necessárias ao exercício da profissão. Assim, as competências são compreendidas como a reunião de conhecimentos, *savoir-faire* (saber fazer), posturas, ações e atitudes necessárias à atividade docente.

Para definir o saber, Perrenoud se apoia nos escritos de Beillerot (1989, 1994 apud Perrenoud et al., 2001), ao considerá-lo como algo que "[...] é adquirido, construído e elaborado através do estudo ou da experiência [...]". Logo, para o autor, trata-se de uma terminologia com características polissêmicas, ao assumir distintas interpretações, mas mantendo uma relação de sentido entre si.

Dessa forma, o saber é estabelecido em meio a dois polos, sendo estes o conhecimento (integrado ao sujeito e constituído de forma pessoal) e a informação (exterior ao sujeito e formado socialmente). De acordo com Perrenoud e colaboradores (2001, p. 28), "[...] no ensino, as competências abrangem os saberes plurais trazidos pelo planejamento, pela organização, pela preparação cognitiva da aula e pela experiência prática advinda das interações em sala de aula [...]". Neste mesmo estudo, Perrenoud apresenta uma tipologia de saberes, que se dividem em teóricos e práticos.

Os **saberes teóricos** compreendem os **saberes a serem ensinados** e os **saberes para ensinar**. Os primeiros são compostos pelos saberes científicos e didáticos, enfatizando os saberes disciplinares, enquanto os saberes para ensinar abrangem os saberes pedagógicos (gerenciamento das interações da sala de aula), os didáticos (relativos ao ensino das disciplinas) e os culturais.

Já os **saberes práticos** emergem das experiências docentes, sendo denominados saberes empíricos. Estes são constituídos pelos saberes sobre a prática e os saberes da prática. Os saberes construídos sobre a prática estão relacionados aos procedimentos metodológicos, ao como fazer, na formalização do ato de ensinar. São estes que diferenciam os professores pelo grau de especialização no exercício da docência – o seu saber fazer.

Conforme Perrenoud e colaboradores (2001), o saber da prática "[...] é contextualizado, encarnado e finalizado, transformando-se em um saber adaptado à situação [...]". Essa adequação é elaborada a partir das experiências que permitem relacionar as percepções e interpretações atuais com as vivenciadas anteriormente. Convém ressaltar que os saberes teóricos e práticos não existem de forma isolada, exigindo uma relação de interdependência, como duas faces de uma mesma moeda.

Tardif (2003, p. 18) se aproxima das ideias apresentadas por Perrenoud, ao considerar que "[...] o saber dos professores é plural, compósito, heterogêneo, porque envolve, no próprio exercício do trabalho, conhecimentos e um saber fazer bastante diversos, provenientes de fontes variadas e, provavelmente, de natureza diferente [...]". Além de ser plural, o saber docente também é temporal, por ser construído na sua história de vida social e profissional. Logo, estes saberes passam por fases de transformação, de continuidade e de ruptura e mudanças, determinando a identidade dos professores.

O autor aponta ainda um conjunto de saberes docentes: saberes da formação profissional, saberes disciplinares, saberes curriculares e saberes experienciais.

Os **saberes da formação profissional** são propagados no interior das instituições de formação docente. Essa formação contém ainda conhecimentos disciplinares desconectados da ação profissional desempenhada na prática pedagógica. Dessa forma, permanece com uma visão "[...] disciplinar e aplicacionista [...]", que não satisfaz o paradigma pedagógico atual (Tardif, 2003, p. 23). Neste contexto, destaca-se, também, a importância das experiências vivenciadas no convívio social e escolar, anteriores à sua formação. O autor defende a realização da formação continuada pautada na diversificação de conhecimentos. Esta deve permitir aos professores o desenvolvimento de atividades de pesquisas *in loco*, executadas em colaboração com seus colegas.

Já os **saberes disciplinares** são vinculados aos saberes provenientes dos diferentes campos de conhecimento, sendo abordados nas disciplinas pelos estabelecimentos de ensino. Cabe aos professores compreendê-los em um grau de profundidade, oportunizando sua articulação com a experiência dos alunos. Para Tardif (2003, p. 39), "[...] o professor ideal é alguém que deve conhecer sua matéria, sua disciplina e seu programa, além de possuir certos conhecimentos relativos às ciências da educação e à pedagogia [...]".

Os **saberes curriculares** podem ser descritos como saberes pedagógicos. Isso ocorre devido à interdependência existente com programas, conteúdos, regras impostas pelas instituições e outros fatores, que condicionam e explicitam a sua situação. Nesse sentido, os saberes curriculares são concebidos a partir das doutrinas e compreensões resultantes da prática educativa. Estes pressupõem a tomada de decisão constante estabelecida na interação com os alunos. Para Tardif (2003, p. 222), as escolhas estão subordinadas às experiências dos professores e dos alunos, dos valores, crenças e conhecimentos construídos. Ensinar é, portanto, "[...] obrigatoriamente, entrar em relação com o outro."

Sobre os **saberes experienciais**, Tardif (2003) considera que estes serão reconhecidos pelos professores no uso dos diferentes saberes (curriculares, disciplinares e relativos à sua formação), por meio da interpretação e compartilhamento de posições. Partindo dessa ideia, os saberes originados a partir da experiência profissional docente, "parecem constituir o alicerce da prática e da competência profissional, pois essa experiência é, para o professor, a condição para a aquisição e produção de seus próprios saberes profissionais." (Tardif, 2003, p. 21).

A seguir, o Quadro 8.1 sintetiza os saberes docentes, as fontes sociais de aquisição e os modos de integração no trabalho docente, conforme a perspectiva apresentada por Tardif.

No trabalho de Cunha (2004), é apresentada uma listagem de saberes docentes com enfoque na área da didática. Busca-se, assim, elencar quais desses podem ser entendidos como saberes essenciais na formação do professor, seja na instância inicial ou continuada.

Quadro 8.1. Saberes dos professores

Saberes docentes	Fontes sociais de aquisição	Modos de integração no trabalho docente
Saberes pessoais dos professores	Família, ambiente social, educação no sentido lato, etc.	História de vida e socialização coletiva
Saberes da formação escolar anterior	Escolas primária e secundária, estudos pós-secundários não especializados, etc.	Formação e socialização pré-profissional
Saberes da formação profissional para o magistério	Estágios, cursos de formação inicial e/ou continuada, etc.	Socialização constituída nas instituições de formação de professores
Saberes dos programas e livros didáticos usados no trabalho	Utilização das "ferramentas" dos professores; programas, livros didáticos, cadernos de exercícios, fichas, etc.	Pela utilização e adaptação dos procedimentos pedagógicos às tarefas profissionais
Saberes da própria experiência docente, vivida na sala de aula e no âmbito educativo	A prática do ofício docente no dia a dia da sala de aula, bem como com a experiência dos seus colegas, etc.	Prática do trabalho e socialização profissional

Fonte: Adaptado de Tardif (2003, p. 63).

A partir dos parâmetros estabelecidos pela autora, são reunidos cinco agrupamentos de saberes articuláveis entre si por suas relações, destacando-se os saberes (Cunha, 2004):

- do contexto da prática pedagógica;
- da ambiência de aprendizagem;
- relativos ao planejamento das atividades educativas;
- sobre a multiplicidade de possibilidades para a execução da aula; e
- referentes à avaliação da aprendizagem

No primeiro agrupamento – **contexto da prática pedagógica** – estão inseridos os saberes que permitem reconhecer os segmentos sociais e culturais, nos quais o processo de ensino e aprendizagem ocorre.

Os saberes da **ambiência de aprendizagem** oportunizam ao professor adquirir habilidades didáticas. Estas enfatizam a aprendizagem para desenvolver as possibilidades pedagógicas de relação entre conhecimentos e realidade social, a fim de incitar a curiosidade e o interesse dos alunos.

De acordo com as afirmações de Cunha (2004), os saberes em torno do **planejamento das atividades educativas** oportunizam a elaboração dos objetivos frente às metas de aprendizagem, a partir do domínio dos conteúdos de ensino. Envolve também a seleção de métodos e metodologias e seu emprego dentro do tempo pedagógico para o desenvolvimento da prática. Esses saberes estão intimamente relacionados com os saberes em torno da **multiplicidade de possibilidades para a execução da aula**. Nessa compreensão, esses saberes correspondem a habilidade do professor de exercer seu papel de coordenador das atividades, sendo criativo e inventivo ao dar aula. Para isso, é requerido o uso adequado de recursos e procedimentos metodológicos e à aplicação de estratégias voltadas ao desenvolvimento de uma aprendizagem significativa.

Da mesma forma, os saberes referentes à **avaliação da aprendizagem** devem auxiliar o professor na condução do seu trabalho pedagógico. Verificar o cumprimento dos objetivos planejados e analisar os resultados obtidos pelos instrumentos de avaliação aplicados são algumas das instâncias a serem empreendidas pelo processo avaliativo. É por meio deste que o professor poderá ter uma ampla visão sobre a aprendizagem dos alunos e poderá ter indicadores para repensar sua prática docente.

Tendo como base os autores citados, ressalta-se que este capítulo se fundamenta na definição e classificação dos saberes proposta por Tardif (2003). De acordo com as ideias manifestadas pelo autor, os professores devem assumir seu papel de produtores de saberes, principalmente os considerados específicos da sua prática profissional. Nesse sentido, compreende-se que as considerações de Tardif são as mais apropriadas para embasar os saberes construídos pelos professores no contexto da educação a distância.

Como lembra Tardif (2003, p. 11), "[...] o saber não é uma coisa que flutua no espaço [...]", sendo diretamente influenciado pelas características pessoais, pela identidade do professor, suas experiências e relações constituídas com seus alunos e demais elementos do trabalho docente. Assim, acredita-se no caráter dinâmico da profissionalidade docente e da produção de seus saberes.

Partindo das considerações realizadas nesta seção, compreende-se que a docência se configura como um ofício respaldado em saberes múltiplos, sendo necessário que cada professor construa seu acervo próprio de conhecimentos voltados para o exercício da docência. E, para concretizar uma prática educativa diferenciada, deve-se elaborar um criterioso planejamento pedagógico. Este deve ser pautado em princípios didáticos apropriados à modalidade de ensino. São aspectos relacionados ao planejamento para atividades na modalidade a distância que serão discutidos a seguir.

IMPORTÂNCIA DO PLANEJAMENTO PEDAGÓGICO NO EXERCÍCIO DA DOCÊNCIA NA MODALIDADE EAD

Neste capítulo, compreende-se que o planejamento é uma atividade intrínseca à didática e à prática docente. O planejamento é considerado o elemento orientador que guiará a realização do trabalho docente no processo educativo.

Nesse sentido, é entendido como um instrumento direcional, "[...] pois estabelece e determina as grandes urgências, indica as prioridades básicas, ordena e determina todos os recursos e meios necessários para a consecução de grandes finalidades, metas e objetivos da educação" (Menegolla; Sant'Anna, 2001, p. 40). Entretanto, sabe-se que a construção de um planejamento ocorre em um terreno indefinido, e por isso seus resultados podem ser, no máximo, previstos.

Observa-se, assim, que o ato de planejar estabelece a coordenação entre os objetivos almejados, as metodologias didáticas e as atividades. Essa ação coordenadora se faz necessária para garantir o intercâmbio de informações a fim de oportunizar sua revisão, avaliação e adequação no decorrer do processo educativo. De acordo com Gandin (2009), o planejamento torna-se, para o professor, um momento intenso de pesquisa e reflexão. Logo, a ação de planejar é apenas um dos aspectos do processo que somente será complementado com a execução e a avaliação do seu fazer.

Nos escritos de Libâneo (1994, p. 223), percebe-se que esse autor concorda com o pressuposto citado, ao declarar a importância do planejamento para assegurar a unidade e a coerência do trabalho docente. Dessa forma, os elementos do processo de ensino (objetivos/conteúdos/métodos e técnicas/avaliação) estarão em um movimento constante de interação. O planejamento poderá, então, contribuir para a sincronização das ideias em face da realidade e dos recursos que se fazem pertinentes para garantir a eficiência e eficácia da ação docente.

Encontra-se nas ideias apresentadas por Luckesi (2001) um alerta sobre a importância do planejamento estar relacionado ao contexto. O autor salienta que o ato de planejar encontra-se sem uma significação na realidade educacional. Menegolla e Sant'Anna (2001) também manifestam opinião semelhante ao considerarem que o planejamento encontra-se esvaziado de sua sofisticação pedagógica, permanecendo desprestigiado no meio educativo.

Partindo das posições analisadas e das considerações dos autores estudados, defende-se a necessidade de ultrapassar o paradigma que rotula o planejamento como atividade técnica. Nessa perspectiva, o planejamento "[...] será sim um ato ao mesmo tempo político-social, científico e técnico" (Luckesi, 2001, p. 108). Entende-se o caráter político-social, pelo seu comprometimento com as finalidades sociais e políticas da educação; científico, pela necessidade de um embasamento teórico que respalde sua ação; e técnico, por compreender a exigência da definição de meios que viabilizem o alcance de resultados.

No contexto da EAD, é ressaltada a importância do planejamento pedagógico. Conforme Carlini e Tarcia (2010), o planejamento de atividades pressupõe uma seleção de recursos pelo professor a fim de serem atendidas as especificidades dessa modalidade. Assim, o desafio está em promover uma proposta pedagógica inovadora e, ao mesmo tempo, garantir a harmonização entre os elementos constituintes do planejamento.

Logo, a organização didática deve desencadear a articulação entre as partes do planejamento. Portanto, será explicitada a relação constituída entre os objetivos previamente estabelecidos, os conteúdos de ensino, as atividades propostas e o uso das ferramentas. De acordo com Carlini e Tarcia (2010), o processo de planejamento pode ser organizado pelas questões: "A quem ensinar? Por que ensinar? O quê ensinar? Como ensinar? E que recursos usar?" (Carlini; Tarcia, 2010, p. 43).

A quem ensinar? As respostas para essa questão incluem informações sobre o perfil dos alunos e suas características. Destacam-se a fluência digital, a autonomia e as escolhas e caminhos profissionais trilhados (Carlini; Tarcia, 2010). Nesse sentido, a fluência digital pode ser compreendida como a "[...] capacidade de reformular conhecimentos, expressar-se criativa e apropriadamente, bem como produzir e gerar informação (em vez de meramente compreendê-la) [...]" (Computer Science and Telecommunications Board – CSTB, 1999).

Nesse contexto, o enfoque do perfil está relacionado ao aluno adulto. A andragogia é a modalidade de ensino que busca o planejamento pedagógico específico para o aluno adulto. Entre os autores que fazem referência ao tema, destaca-se o trabalho de Knowles, Holton e Swanson (1998) e suas influências para o modelo andragógico que repercurtem até os dias atuais. Dentre alguns princípios básicos do modelo andragógico, destacam-se:

- conhecimento acerca do processo de aprendizagem do adulto;
- explicitação da utilidade da aprendizagem;
- foco na resolução de problemas e tarefas da vida cotidiana;
- promoção da autonomia do aprendiz adulto;
- ênfase nas experiências, motivações e necessidades em aprender;
- importância dos fatores motivacionais externos (oportunidade de empregos, promoções e aumento da remuneração);
- atendimento das pressões internas dos sujeitos adultos (desejo de obter satisfação no trabalho, autoestima, qualidade de vida).

Dessa forma, na elaboração do planejamento, cabe ao professor a construção de um ambiente acolhedor, que oportunize a interação entre todos e o cumprimento desses princípios. Na andragogia, o ponto central é a necessidade e experiência dos alunos, e não as reflexões puras dos conteúdos teóricos. Nas palavras de Carlini e Tarcia (2010, p. 44), "[...] é preciso olhar para o aluno como ele é, ultrapassando a visão idealizada e tratando do aluno real."

Por que ensinar? Está relacionada com os objetivos da aprendizagem. São estes que expressam as transformações desejadas. Os objetivos orientam a seleção dos conteúdos, das estratégias, dos recursos e procedimentos ou dos instrumentos de avaliação. De acordo com as autoras, os objetivos estão relacionados aos aspectos conceituais (conteúdos), procedimentais (desenvolvimento de habilidades) e atitudinais (formação do cidadão, da pessoas e suas atitudes no contexto sócio-histórico) (Carlini; Tarcia, 2010, p. 45).

O que ensinar? Diz respeito aos conteúdos da aprendizagem. Na resposta a essa pergunta, o professor precisa determinar os saberes que irão auxiliar o aluno, no alcance dos objetivos traçados. Na opinião de Carlini e Tarcia (2010), o exercício não se reduz à seleção de informações e conhecimentos. É preciso "[...] ressignificar tais conhecimentos no sentido de avaliar suas contribuições efetivas para a concretização dos objetivos." (Carlini; Tarcia, 2010, p. 45).

Como ensinar? Vinculada às atividades de aprendizagem e às ações educativas promovidas pelo professor para motivar os alunos. São estas que desafiam e incentivam os alunos em um processo de construção e reconstrução dos conhecimentos. Conforme ressaltado pelas autoras, ao contemplar o uso das tecnologias, as orientações didáticas devem ser descritas com objetividade e clareza para garantir sua compreensão.

Que recursos usar? Refere-se à utilização das mídias e recursos disponíveis por meio da *web* para subsidiar as atividades de aprendizagem. Trata-se de textos, vídeos, fotos, imagens, esquemas disponíveis na rede pública ou em repositórios institucionais. A atenção do professor deve estar voltada na escolha de uma ferramenta ou recurso, para que agregue novas informações ou suporte aos procedimentos metodológicos adotados.

Outro aspecto a ser abordado é da possível necessidade de revisão do planejamento das aulas na modalidade a distância. Neste caso, remete-se também a uma adaptação da abordagem pedagógica. Essa adaptação poderá incidir na elaboração de materiais, de atividades didáticas a serem desenvolvidas com o suporte das tecnologias, das práticas avaliativas e de mudanças pontuais no papel docente a ser desempenhado nesse novo contexto.

Quanto ao gerenciamento das aulas na EAD, é preciso desenvolver formas diferenciadas de interação com o apoio dos recursos tecnológicos. Para isso, o professor deve prever horários de atendimento virtual para os *feedbacks* das dúvidas surgidas e para o encaminhamento de orientações mais detalhadas.

Partindo dessa perspectiva, o presente capítulo traz para a discussão o modelo pedagógico e seus elementos para as práticas pedagógicas na EAD, como um desdobramento da didática e do planejamento.

Modelo pedagógico: concepção e elementos

Esta seção fundamenta-se na definição de modelo pedagógico de Behar (2009).[2] Partindo da abordagem da autora, entende-se que os modelos podem se apoiar em mais de uma teoria de aprendizagem. Assim, são considerados "reinterpretações" dessas teorias de acordo com as construções e reflexões pessoais de cada professor, por meio do exercício de apropriação teórica. Sobre esse aspecto, Behar (2009) destaca a necessidade de clareza acerca do significado dos diferentes conceitos imbricados nas diretrizes que irão embasar o modelo pedagógico.

Nessa perspectiva, a constituição do modelo pedagógico é tratada como um processo particular, exclusivo de cada professor, sendo adquirido pela experiência, e, por isso, também intransferível. Tal consideração é apoiada pelas ideias de Nóvoa (1992, p. 16) ao entender que "[...] cada um tem seu próprio modo de organizar as aulas, de se dirigir aos alunos, de utilizar os meios pedagógicos (e tecnológicos), um modo que se constitui uma espécie de segunda pele profissional".

Ainda de acordo com Behar (2009), são elementos constituintes do modelo pedagógico, a arquitetura pedagógica (AP) e as estratégias para sua aplicação.

A arquitetura pedagógica (AP) é entendida como "um sistema de premissas teóricas que representa, explica e orienta a forma como se aborda o currículo e que se concretiza nas práticas pedagógicas e nas interações professor-aluno-objeto de estudo/conhecimento" (Behar, 2009). Logo, a AP é constituída por um conjunto de elementos (organizacionais, instrucionais, metodológicos e tecnológicos), os quais mantêm uma inter-relação, como pode ser visualizado na Figura 8.1.

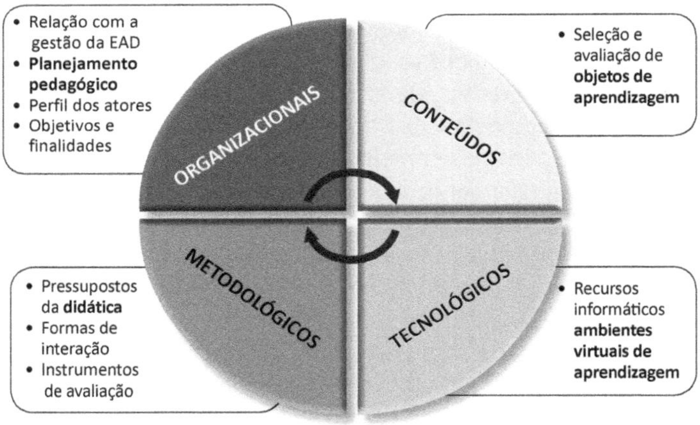

Figura 8.1 Conjunto de elementos de uma arquitetura pedagógica.

Entre os elementos organizacionais da arquitetura pedagógica (AP), estão aqueles envolvidos na elaboração da proposta pedagógica e sua culminância: objetivos e finalidades da EAD, compreensão do tempo e do espaço (neste caso, pautados na perspectiva da virtualização[3]), perfis dos sujeitos envolvidos no processo – o aluno, tutor e professor, bem como a definição das suas competências (Behar, 2009).

Os conteúdos estão relacionados, como enfatiza Carlini e Tarcia (2010) e Behar (2009), "ao 'o quê' será trabalhado", isto é, os conteúdos de ensino. Devem ser consideradas todas as formas e formatos (impresso, digitalizado, imagético, etc.) de proposição e de disponibilização (objetos de aprendizagem, *softwares* educativos ou mesmo páginas *web*, hipertextos), seja de forma isolada ou agregada. Vislumbra-se, assim, a importância do processo de seleção de conteúdo, com destaque para a construção de objetos de aprendizagem.

Entre os aspectos metodológicos constituintes de uma AP, estão as atividades, as formas de interação/comunicação, os procedimentos de avaliação adotados e a organização desse conjunto de elementos em uma determinada sequência didática (Zabala, 1998). Trata-se, pois, da articulação e estruturação da proposta pedagógica elaborada, combinando os elementos (técnicas, procedimentos e recursos tecnológicos) para o alcance dos objetivos almejados.

Como elementos tecnológicos, estão inseridos a definição da plataforma tecnológica e suas funcionalidades, bem como recursos destinados à comunicação (síncrona e/ou assíncrona), como a *webconferência* (Behar; Passerino; Bernardi, 2007). É importante observar se a plataforma a ser selecionada corrobora o planejamento pedagógico, atendendo às características da proposta pedagógica adotada.

Compreende-se, assim, que são muitos os aspectos a serem considerados na construção e aplicação de um modelo pedagógico. Logo, o diferencial de sua aplicação está nas estratégias empregadas por cada professor. Estas são definidas como o "[...] ato didático que aponta à articulação e ao ajuste de uma arquitetura para uma determinada situação de aprendizagem." (Behar, 2009, p. 31). Segundo a autora, são as estratégias de aplicação de uma AP que dão dinamicidade ao modelo pedagógico.

Retomando a explanação realizada, buscou-se estabelecer a relação entre o planejamento, a construção do modelo pedagógico e a ação docente. Nessa perspectiva, foram analisados os diferentes aspectos didáticos e pedagógicos do trabalho do professor na modalidade a distância.

Parte-se, então, para o estado da arte sobre as competências docentes, abordadas por diferentes autores, a fim de buscar denominadores que auxiliem no mapeamento das competências docentes para a prática pedagógica na EAD.

ESTADO DA ARTE SOBRE AS COMPETÊNCIAS DOCENTES

Para este capítulo, foi realizado um estado da arte buscando referenciais sobre as competências docentes. Logo, foram analisados documentos disponibilizados pela Secretaria de Educação a Distância do Ministério da Educação e do programa federal Universidade Aberta do Brasil (UAB), que subsidiam atividades na modalidade a distância. Também foram pesquisados autores como Benetti e colaboradores (2008), Coronado (2009), Zabala e Arnau (2010), que estudam as competências na perspectiva pedagógica.

De acordo com os referenciais de qualidade para cursos EAD, a atividade do professor pressupõe:

- estabelecimento de fundamentos teóricos;
- seleção e preparo dos conteúdos de ensino;
- identificação dos objetivos que nortearão suas atividades;
- definição dos materiais complementares;
- elaboração dos materiais didáticos;
- realização da gestão acadêmica como orientações e avaliações voltadas para o acompanhamento do processo de ensino e aprendizagem; e
- realização da autoavaliação.

Na documentação disponibilizada pela Universidade Aberta do Brasil (UAB), são trazidas as ações a serem desempenhadas pelos professores de seus cursos, de acordo com sua atribuição – professor conteudista ou professor pesquisador (formador). Cabe ao professor conteudista, principalmente, a produção de materiais didáticos a serem disponibilizados para alunos. Concomitantes a essa atividade estão aquelas voltadas à participação de ações de capacitação, atuação junto ao seu grupo de trabalho e pesquisas para elaboração de conteúdo. O professor pesquisador está diretamente envolvido com as ações de capacitação, em disciplinas, participando de grupos de trabalho para o desenvolvimento de metodologias, processo de avaliação e pesquisas.

No estudo proposto por Benetti e colaboradores (2008), define-se competência como a soma de competências técnicas e competências comportamentais (Leme, 2005). As competências técnicas se referem aos conhecimentos e habilidades (saber e saber fazer) e as competências comportamentais, às atitudes dos sujeitos (querer fazer).[4]

Na pesquisa desenvolvida por Coronado (2009), é desenvolvido um levantamento de concepções acerca do conceito de competência, enfatizando a atuação do professor. Assim, pode-se considerar que o enfoque do estudo versa sobre a prática profissional docente. Nesse trabalho, são citados teóricos como Ruiz Bueno (2001), Zabalza (2003), Mertens (1997), Clark e Peterson (1990), etc.

A contribuição de Ruiz Bueno (2001) está no embasamento que considera a noção de competência docente como um conjunto de saberes integrados, sendo que o saber implica cognição (epistemológico, disciplinar, pedagógico, político, antropológico, etc.); o saber fazer se refere à habilidade e execução (aquele que dá sentido e articula suas práticas educativas); o saber estar trata-se do domínio afetivo do indivíduo (ou seja, adaptar-se ao contexto e suas demandas, participar e compreender a institucionalidade); o saber ser (relacionado com as atitudes e valores, com a ética profissional, com a satisfação dos papéis); o saber fazer (capacidade para inovar, investigar, reflexionar, decidir); o saber desaprender (desfazer-se de concepções que dificultam o trabalho, modalidades de trabalho obsoletas e resistências às mudanças) para se adaptar a um diferente contexto, encontrar soluções e transferir experiências a novas situações. A partir da integração desses saberes, torna-se possível identificar e enunciar as competências docentes.

Zabalza (2003) categorizou e desenvolveu dez competências docentes necessárias ao professor universitário. O autor considera como núcleo dessa classificação as seguintes atividades e tarefas próprias do perfil profissional:

- planejar o processo de ensino e aprendizagem;
- selecionar e preparar os conteúdos disciplinares;
- oferecer informações e explicações compressíveis e bem organizadas;
- manejar as novas tecnologias;
- desenhar a metodologia e organizar as atividades (organização dos espaços, seleção de métodos, seleção e desenvolvimento das tarefas instrucionais);
- comunicar-se e relacionar-se com os alunos;
- levar a cabo ações de tutoria e acompanhamento aos alunos;
- avaliar;
- refletir e investigar sobre a educação;
- implicar-se institucionalmente, identificar-se com a instituição e trabalhar em equipe.

Mertens (1997) distingue três categorias de competências. As competências gerais, mais amplas e globais, polivalentes, aplicáveis em outros campos de trabalho, que, junto com as transversais, configuram um perfil de desempenho que permite migrar de campo ocupacional.

As competências básicas e genéricas enriquecem o capital de trabalho e sua empregabilidade, ou seja, a capacidade para desenvolver o trabalho no seu próprio ou em outros campos ocupacionais. Seu desenvolvimento dentro dos processos de formação garante que o sujeito esteja preparado para desempenhar suas funções neste ou em outro campo ocupacional, além do específico no qual está sendo preparado. Por exemplo, a compreensão e produção de textos, a gestão da informação, etc.

A empregabilidade é uma noção que designa a aptidão que o sujeito tem em função do capital adquirido em experiência e na formação para obter, gerar ou migrar de trabalho, que lhe permite não se limitar a um determinado posto de trabalho. Essas qualidades e qualificações lhe pertencem e são intransferíveis, é patrimônio, são meios de produção, obviamente, dentro da estrutura de oportunidades de trabalho que excede.

Diversos trajetos formativos podem ter idênticas competências gerais que admitem diversos graus de complexidade. São competências gerais: desenhar, conduzir e avaliar os processos de ensino e aprendizagem, observando, compreendendo, aplicando e ressignificando os marcos epistemológicos integradores da educação; desenhar, conduzir e avaliar os processos de ensino e aprendizagem, com o fim de gerar espaços, instâncias e oportunidades para que os alunos desenvolvam suas capacidades cognitivas, sociais e afetivas.

As competências específicas, próprias do exercício profissional, são desenvolvidas em circunstâncias educacionais. Tem relação com as tarefas da profissão, que dão sua identidade e singularidade. As competências docentes variam em níveis e modalidades, mantendo aspectos de desenvolvimento comuns. São pré-requisitos das competências específicas didático-pedagógicas:

- domínio disciplinar pertinente;
- manejo teórico-prático dos conceitos a ensinar;
- participação institucional e profissional docente;
- compreensão dos marcos epistemológicos gerais da educação.

Já as competências transversais, que atravessam a formação, fornecem transcendência, sentido e significado e integram aspectos atitudinais, de valores, disposições e sensibilidade, cuja emergência em todo o processo formativo é permanente.

Por fim, Clark e Peterson (1990) reportam-se às competências didático-pedagógicas, que apresentam em comum atividades específicas dos professores e a manipulação do conhecimento. Essa competência é entendida pelo autor como uma combinação muito variada de esforços tendendo à descoberta, conservação, depuração, transformação e aplicação do mesmo.

Nessa perspectiva, Coronado (2009) faz um recorte sobre as competências específicas didático-pedagógicas organizando-as da seguinte forma:

- programar;
- planejar;
- produzir atividades e material didático-pedagógico;
- conduzir o processo de ensino e aprendizagem; e
- avaliar.

Para a autora, programar implica definir e estruturar um programa de análise que esteja de acordo com o currículo, regulamento da instituição e perfil dos estudantes. Planificar envolve o desenvolvimento de um plano de trabalho anual/semestral para o espaço curricular, de forma que contemple tempos, recursos, atividades e conduza a níveis de avaliação e recuperação. A produção de atividades e materiais didático-pedagógicos requer o *design* de atividades, ambientes e materiais de instrução conforme critérios de relevância, congruência e funcionalidade.

Conduzir o processo de ensino e aprendizagem supõe o desenvolvimento de um roteiro de classe que estabeleça a dinâmica de trabalho e do ambiente de aprendizagem selecionado. Essa competência também diz respeito a analisar e avaliar de forma crítica e reflexiva o próprio desempenho.

A competência de avaliar remete ao *design* e planejamento de instâncias, ambientes e instrumentos de avaliação que permitam coletar evidências de conhecimento e desempenho, conforme os critérios de objetividade, transparência e flexibilidade. Essa competência implica também oferecer retroalimentação ou *feedback* aos alunos.

Com base no que foi discutido nesta seção, propõe-se a seguir uma aproximação dos conceitos de competência, com o modelo pedagógico proposto neste capítulo.

COMPETÊNCIAS DOCENTES DA PRÁTICA PEDAGÓGICA EM EAD E SUAS RELAÇÕES COM O MODELO E ARQUITETURA PEDAGÓGICOS

Neste capítulo, parte-se da concepção de competência de Coronado (2009, p. 19), como um "conjunto integrado e dinâmico de saberes, habilidades, capacidades e destrezas, atitudes e valores postos em jogo em uma tomada de decisões, na ação e no desempenho concreto do sujeito em um determinado espaço profissional". Portanto, no conceito de competência, são destacadas a interação e a articulação de diversas ordens de saberes em contextos que se modificam.

Como tal, a competência implica um conjunto complexo e integrado de conhecimentos, habilidades e destrezas, valores e atitudes, que dotam o indivíduo da capacidade, com um saber ser e saber estar. Dessa forma, parte-se do entendimento que a "[...] competência é uma construção subjetiva, individual e, portanto, intransferível." (Coronado, 2009 p. 25).

Assim, a competência é adquirida integrando, confrontando e articulando o conhecimento e a ação, a qual requer tanto a ação como uma atividade cognitiva complexa que a suporte. Como escreve Le Boterf (1997) trata-se de um conceito em construção. Por isso, seria ingenuidade pensar em um conceito único tendo em vista a pluralidade de sentidos que envolvem o tema. Desse modo, buscou-se congregar o conceito de competência com o entendimento sobre o modelo pedagógico e seus elementos, como mostra a Figura 8.2.

Fundamentando-se nas ideias citadas, são apontadas as seguintes competências necessárias à prática pedagógica em EAD:

- comunicar;
- interagir;
- orientar;
- flexibilizar;
- construir material didático-pedagógico;
- motivar; e
- avaliar.

Nesse sentido, comunicar implica a capacidade de comunicação oral e escrita, preferencialmente em mais de um idioma, e a habilidade no uso das tecnologias de informação e comunicação. Interagir significa manejar as relações interpessoais e resolver conflitos. Orientar o processo de ensino e aprendizagem envolve o desenvolvimento de um roteiro de classe que estabeleça a dinâmica de trabalho e do ambiente de aprendizagem selecionado. Flexibilidade requer a capacidade de adaptação, com uma personalidade em constante formação e abertura para o novo.

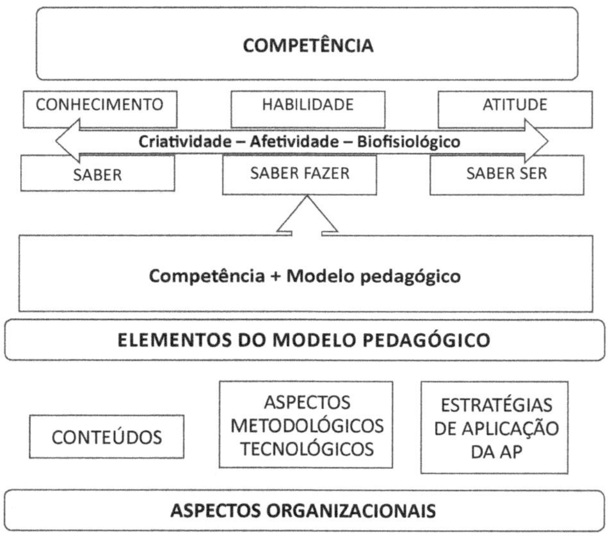

Figura 8.2 Aproximação entre os conceitos de competência e modelo pedagógico.

A construção do material didático-pedagógico envolve selecionar, adequar, elaborar instrumentos didático-pedagógicos, conforme o currículo, normas institucionais e perfil dos alunos. A competência de motivar o processo de ensino e aprendizagem constitui a criação de ambientes favoráveis e desafiadores aos aprendizes.

Quanto à avaliação em EAD, é necessário refletir sobre a qualidade do programa de formação, os seus resultados para o mercado de trabalho, os custos, o conhecimento e desempenho dos alunos conforme os critérios de objetividade, transparência e flexibilidade, bem como oferecer aos alunos *feedback*.

Logo, entende-se que, para atuar com sucesso em EAD, o professor precisa se comunicar de forma clara e objetiva, manter boas relações interpessoais e ser capaz de resolver eventuais conflitos. Quanto à orientação do processo de ensino e aprendizagem, é de fundamental importância que este consiga estabelecer uma dinâmica produtiva e harmônica de trabalho no ambiente virtual, bem com ser flexível suficiente para se adaptar às novas situações que surgirem durante o curso.

Em relação à produção de material didático-pedagógico, o docente necessita estar atento ao perfil dos alunos, considerar as normas de sua instituição de ensino e o currículo, de forma a criar ambientes favoráveis e desafiadores, que possibilitem e potencializem o processo de ensino e aprendizagem. Outro aspecto relevante para o sucesso docente em EAD é a avaliação. Esse quesito exige uma postura docente crítica e reflexiva, que precisa considerar a qualidade do programa de formação, os seus resultados no mercado de trabalho, os custos operacionais, o conhecimento e o desenvolvimento dos alunos conforme os critérios de objetividade, transparência e flexibilidade. Fornecer um *feedback* aos alunos e a si mesmo é uma etapa muito importante do processo de avaliação que não deve ser negligenciado por um professor que atua em EAD.

Partindo do levantamento das competências docentes para a prática pedagógica em EAD, buscou-se, no Quadro 8.2, apresentar o mapeamento de alguns dos conhecimentos, habilidades e atitudes.

Quadro 8.2 CHA – Competências docentes para a prática pedagógica na EAD

CONHECIMENTOS	HABILIDADES	ATITUDES
Domínio da teoria e metodologia para orientar ações educativas (planejamento/execução avaliação)	Conhecer e aplicar, em ação, as teorias que fundamentam as didáticas gerais e específicas.	Atitude reflexiva e crítica Iniciativa
Planejamento e operacionalização das estratégias de ensino e aprendizagem conforme contextos	Identificar e gerenciar apoios para atender às necessidades educativas específicas em diferentes contextos. Desenvolver o pensamento lógico, crítico e criativo dos educandos. Selecionar, elaborar e utilizar materiais didáticos pertinentes.	Comunicabilidade Determinar sua aplicação com qualidade Intencionalidade pedagógica
Conhecimento sobre o uso pedagógico das tecnologias digitais	Selecionar, utilizar e avaliar as tecnologias digitais como recurso de ensino e aprendizagem.	Compreensão dos fins pedagógicos
Formulação de objetivos e metas	Aplicar a metodologia visando o alcance dos objetivos e metas.	Compromisso Autoavaliação
Avaliação enquanto processo	Realizar uma avaliação contínua. Estabelecer os critérios avaliativos e analisar o desempenho docente e dos alunos.	Motivacional Negociação

A partir desse quadro, são evidenciados alguns dos conhecimentos, habilidades e atitudes relacionados à ação didática e pedagógica do professor na

EAD. Entende-se, porém, que, em meio a cada um desses conhecimentos, outros aspectos poderão ser enfatizados e detalhados, dependendo, assim, do modelo pedagógico de cada professor.

CONSIDERAÇÕES FINAIS

Neste capítulo buscou-se oportunizar uma discussão acerca das competências docentes para a prática pedagógica em EAD.

Primeiramente, foram abordadas as concepções relacionadas à didática, apontando aspectos específicos da modalidade a distância. A seguir, foi apresentado um estado da arte acerca dos saberes dos professores. Para sua construção, partiu-se de documentos dos estudos de autores que contribuem para essa reflexão.

Neste capítulo também foi ressaltada a importância do planejamento pedagógico e suas contribuições para a EAD. Como um desdobramento do planejamento, apresentou-se um embasamento teórico acerca dos modelos pedagógicos e seus elementos, associando-os ao conceito de competência. Entre estes, foram elucidadas as arquiteturas pedagógicas e as estratégias empregadas para aplicação do modelo como uma perspectiva de aplicação da didática na EAD.

Tanto nos meios pedagógicos tradicionais como na educação a distância, cada professor tem seu próprio modo de organizar, dirigir-se aos alunos, utilizar os recursos pedagógicos, como uma espécie de segunda pele profissional (Nóvoa, 1992). Esta é adquirida individualmente pela experiência profissional e é intransferível. Entretanto, é preciso que cada instituição incentive a realização de atividades de EAD, procurando obter o equilíbrio entre o ensino presencial e o virtual, pautando-se nas vantagens e limitações de cada modalidade. Essa experimentação pode vir a se traduzir em soluções para os problemas enfrentados nas diversas áreas do conhecimento.

NOTAS

1 Em Bernardi (2011), encontra-se um estudo ampliado, amparado nos trabalhos dos autores Freire e Pimenta e Anastasiou.

2 A definição de Behar (2009) sobre modelo pedagógico encontra-se detalhada no Capítulo 7.

3 A virtualização trata da possibilidade de transpor a prática da sala de aula presencial para uma aula virtual, contando com o uso de ferramentas de comunicação como a internet (Moura; Cruz, 2005).

4 Apresentado no Capítulo 7.

REFERÊNCIAS

BEHAR, P. A. *Modelos pedagógicos em educação a distância*. Porto Alegre: Artmed, 2009.

BEHAR, P. A.; PASSERINO, L.; BERNARDI, M. Modelos pedagógicos para educação a distância: pressupostos teóricos para a construção de objetos de aprendizagem. *Renote Novas Tecnologias na Educação*, v. 5, n. 2, p. 25-38, 2007.

BENETTI, K. C. et al. Atuação docente na educação a distância: uma análise das competências requeridas. *Novas Tecnologias na Educação*, v. 6, n. 1, 2008. Disponível em: <http://seer.ufrgs.br/renote/article/viewFile/14527/8469>. Acesso em: 14 jan. 2012.

BENEDITO, V. A didática como espaço e área do conhecimento: fundamentação teórica e pesquisa didática. In: FAZENDA, I. C. A. (Org.) *Didática e interdisciplinaridade*. 15. ed. São Paulo: Papirus, 2010.

BERNARDI, M. *Prática Pedagógica em EAD:* uma proposta de Arquitetura Pedagógica para formação continuada de professores. 2011. Tese (Doutorado) –Faculdade de Educação, Universidade Federal do Rio Grande do Sul, Porto Alegre, 2011.

CORONADO, M. *Competencias docentes:* ampliación, enriquecimiento e y consolidación de la práctica profesional. Buenos Aires: Noveduc, 2009.

CANDAU, V. M. F. *A didática em questão*. Petrópolis: Vozes, 1984.

CARLINI, A.; TARCIA, R. M. *20% a distância e agora?* Orientações práticas para o uso de tecnologia de educação a distância no ensino presencial. São Paulo: Pearson Education do Brasil, 2010.

CLARK, C.; PETERSON, P. L. Processos de pensamiento de los docentes. In: WITTROCK, M. C. (Ed.). *La investigación de la enseñanza III*: profesores y alumnos. Barcelona: Paidós Educador, 1990. p. 443-543.

COMPUTER SCIENCE AND TELECOMMUNICATIONS BOARD – CSTB. Committee on Information Technology Literacy. *Being Fluent*: with Information Technology. Washington: National Academy Press, 1999. Disponível em: <http://www.nap.edu/catalog/6482.html>. Acesso em: 14 jan. 2012.

CUNHA, M. I. Docência como ação complexa: o papel da didática na formação de professores. In: ROMANOWSKI, J. P.; MARTINS, P. L.; JUNQUEIRA, S. R. A. (Org.). *Conhecimento local e conhecimento universal:* pesquisa, didática e ação docente. Curitiba: Champagnat, 2004.

GANDIN, D. *Planejamento como prática educativa*. São Paulo: Loyola, 2009.

KNOWLES, M. S.; HOLTON, E. F.; SWANSON, R. A. *The adult learner*: the definitive classic in adult education and human resource development. Houston: Gulf Pub. Co., 1998.

LEME, R. *Aplicação prática de gestão de pessoas por competências*: mapeamento, treinamento, seleção, avaliação e mensuração de resultados de treinamento. Rio de Janeiro: Qualitymark, 2005.

LE BOTERF, G. Construire la Competence Collective de Lémtreprise. *Gestion,* v. 22, n. 3, 1997.

LIBÂNEO, J. C. *Didática*. São Paulo: Cortez, 1994. (Série Formação do Professor).

LUCKESI, C. C. *Filosofia da Educação*. São Paulo: Cortez, 2001.

MENEGOLLA, M.; SANT'ANNA, I. M. *Por que planejar? Como planejar?* Petrópolis: Vozes, 2001.

MERTENS, L. *Competência laboral*: sistemas, surgimento y modelos. Montevideo: Cinterfor, 1997.

MOURA,T. R. A.; CRUZ, D.M. A virtualização do ensino presencial. In: CONGRESSO BRASILEIRO DE CIÊNCIAS DA COMUNICACÃO, 28., 2005, Rio de Janeiro. *Anais...* São Paulo: Intercom, 2005. CD-ROM. Disponível em: <http://www2.intercom.org.br/navegacaoDetalhe.php?option=trabalho&id=43720>. Acesso em: 20 jan. 2011.

NÓVOA, A. Formação de professores e profissão docente. In: NÓVOA, A. (Org.). *Os professores e sua formação*. Lisboa: Nova Enciclopédia, 1992.

PALOFF, R. M.; PRATT, K. *O aluno virtual:* um guia para trabalhar com estudantes online. Porto Alegre: Artmed, 2004.

PERRENOUD, P. et. al. *Formando professores profissionais:* quais estratégias? Quais competências? 2. ed. Porto Alegre: Artmed, 2001.

PETERS, O. *Didática do ensino a distância:* experiências e estágio da discussão numa visão internacional. São Leopoldo: UNISINOS, 2003.

RICARDO, E. J.; VILARINHO, L. R. G. Práticas educacionais e tecnologias de informação e comunicação: potencializando a autoria do aluno *online*. In: SANTOS, E. O.; ALVES, L. R. G. *Práticas pedagógicas e tecnologias digitais*. Rio de Janeiro: E-papers, 2006.

RUIZ BUENO, C. *Evaluación de programas de formación de formadores en el contexto de la formación en y para la empresa*. 2001. Tesis (Doctorat) – Facultat de Ciències de L' Educació, Universitat Autònoma de Barcelona, Barcelona, 2001.

TARDIF, M. *Saberes docentes e formação profissional*. 2. ed. Petrópolis: Vozes, 2003.

TORI, R. *Educação sem distância:* as tecnologias interativas na redução de distâncias em ensino e aprendizagem. São Paulo: SENAC, 2010.

ZABALA, A. *A prática educativa:* como ensinar. Porto Alegre: Artmed, 1998.

ZABALA, A.; ARNAU, L. *Como aprender e ensinar competências:* uma proposta para o currículo escolar. Porto Alegre: Artmed, 2010.

ZABALZA, M. A. *Competências docentes de profesorado universitário*: calidad y desarrollo profesional. Madrid: Narcea, 2003.

Leituras recomendadas

ANDRAGOGIA: aprendizagem efetiva para o desenvolvimento de adultos. *Pocket Learning*, n. 3, 2009. Disponível em: <http://www.ssj.com.br/criacao/pocketandragogia.pdf>.

FREIRE, P. *Pedagogia da autonomia:* saberes necessários à prática educativa. 2. ed. São Paulo: Paz e Terra, 1996. (Coleção Saberes).

OLIVEIRA, E. S. G; SANTOS, L.; ENCARNAÇÃO, A. P. Didática e Competências docentes: um estudo sobre tutoria na educação a distancia. In: BIENNALE DE L'ÉDUCATION ET DE LA FORMATION, 8., 2006, Lyon. *Annales*... Lyon: l'INRP, 2006. n. 429.

PIMENTA, S. G.; ANASTASIOU, L. G. C. *Docência no ensino superior*. 4. ed. São Paulo: Cortez, 2010.

SANTOS, A. *Didática sob a ótica do pensamento complexo*. Porto Alegre: Sulina, 2003.

9 Competências docentes para o uso de metaversos na educação a distância

Patricia Alejandra Behar, Sandra Andrea Assumpção Maria

INTRODUÇÃO

Na educação a distância (EAD), ao longo do tempo, muitos recursos tecnológicos foram integrados ao processo de ensino e aprendizagem. Diante disso, surgiu a necessidade de construir e aprimorar novas formas de comunicação e interação entre os envolvidos (professores, alunos, tutores, gestores, entre outros) e as tecnologias que fazem parte da EAD.

A partir das experiências nesse contexto, foi possível conceber que se estava à frente de um novo paradigma ao refletir sobre o uso de metaversos no âmbito educacional. Tal conjuntura mostrou uma perspectiva de trabalho diferenciada, em que as competências emergem como uma nova visão de proposta para o uso dessas tecnologias digitais na EAD.

Portanto, o advento dos metaversos ocasionou uma acelerada expansão e um forte interesse na exploração e compreensão do seu potencial para a educação. Inúmeras instituições de ensino se inseriram nesse universo.

Nesse sentido, este capítulo discorre sobre o conceito e características do metaverso para a educação, as competências docentes para a utilização dos metaversos na EAD e, por fim, as considerações finais relacionadas à temática.

METAVERSOS: CONCEITOS E CARACTERÍSTICAS PARA A EDUCAÇÃO

Os metaversos, embora estejam presentes no âmbito da educação há algum tempo, ainda representam uma novidade para muitas instituições de ensino, principalmente, para professores e alunos.

No que se refere ao emprego do termo metaverso, este foi inspirado no romance *Snow crash* (1994), de Neal Stephenson. Nessa obra, o autor imaginou um mundo virtual em que os usuários interagiam entre si a partir da representação por avatares[1] em um espaço tridimensional.

Nesse sentido, os metaversos são compreendidos como um universo dentro da tecnologia e são constituídos com base na Web 3D. Caracterizam-se por ambientes dinâmicos, pois são modificados à medida que os usuários interagem com ele.

Além disso, os metaversos permitem a criação de mundos digitais virtuais em 3D (MDV3D), onde se pode viver e conviver entre os sujeitos. De acordo com Schlemmer e Backes (2008, p. 522), metaverso é

> [...] uma tecnologia que se constitui no ciberespaço e se "materializa" por meio da criação de Mundos Digitais Virtuais em 3D – MDV3D, no qual diferentes espaços para o viver e conviver são representados em 3D, propiciando o surgimento dos "mundos paralelos" contemporâneos.

A dimensão 3D favorece uma nova perspectiva de relação com o sujeito, pois este passa a se sentir parte, envolvido nas situações vivenciadas naquele contexto.

É interessante citar que, além dos MDV3D, há os MDV2D, que são tecnologias digitais fundamentadas na Web 2D. A diferença entre eles se refere, primeiramente, à representação nas dimensões 2D e 3D. Na dimensão 2D, as interfaces movimentam os eixos X e Y na tela. Contudo, as interfaces 3D são representadas por imagens de duas dimensões, elaboradas de forma a proporcionarem a ilusão de conterem três dimensões, a partir da utilização do eixo Z que indica a percepção de profundidade.

Conforme ilustra a Figura 9.1, os mundos virtuais constituídos em 2D e 3D apresentam algumas particularidades.

Os MDV3D possibilitam a representação digital virtual de acordo com os interesses de cada sujeito, ou seja, há liberdade para caracterização do avatar, enquanto nos MDV2D as possibilidades de personalização são menos flexíveis. Geralmente, os MDV2D apresentam avatares pré-estabelecidos pelo sistema, com poucos recursos para alterar a aparência.

Por sua vez, a dimensão 3D pode favorecer o processo de imersão à medida que os sujeitos interagem e exploram de forma profunda o metaverso. As ações realizadas nesse contexto produzem o isolamento, até certo ponto, do mundo "real". Nesse instante, o sujeito percebe que faz parte daquele espaço, por que vê a si mesmo como parte integrante/atuante.

A interação é outra forte característica. Nos metaversos há diversas linguagens para a comunicação e interação, enquanto nos MDV2D geralmente é utilizado somente o texto e/ou áudio.

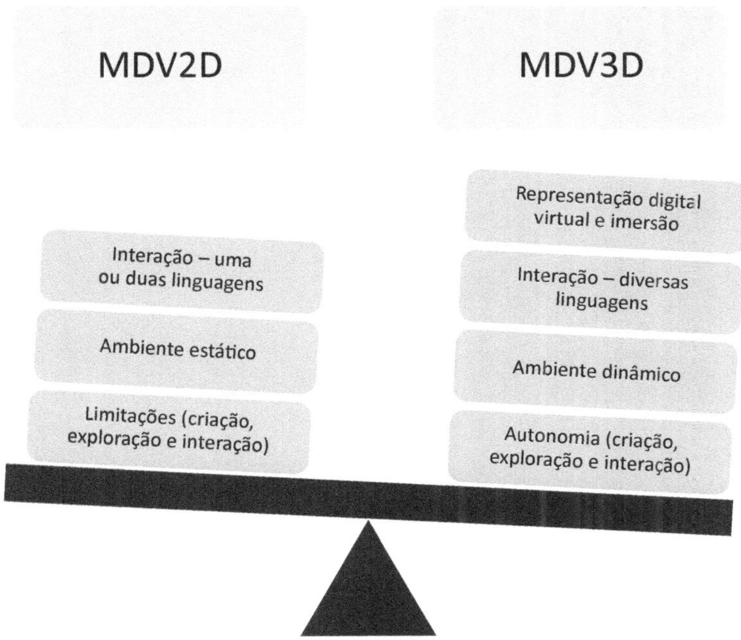

Figura 9.1 Comparativo entre as particularidades dos MDV2D e MDV3D.

Além disso, nos MDV2D são encontrados espaços já construídos ou que limitam a construção e o seu aprimoramento, normalmente, é realizado por empresas proprietárias. Diferentemente dessas interfaces, os metaversos são dinâmicos, pois as modificações que são realizadas pelos usuários que o habitam acontecem em tempo real.

Atualmente, existem diversos exemplos de MDV2D. Podem ser citados: o Club Penguin,[2] o Habbo Hotel,[3] o Puzzle Pirates,[4] entre outros. Uma característica interessante dos MDV2D é que, em sua maioria, são ambientes voltados para o público infantil e adolescente. A Figura 9.2 ilustra o MDV2D Club Penguin.

Entre os diversos sistemas que se enquadram na categoria de metaversos pode-se destacar o Second Life,[5] o Active Worlds,[6] o OpenSimulator[7] e o OpenWonderland.[8]

O metaverso Second Life é considerado um dos mais populares e é muito utilizado por diversos países. Ele foi criado em 2003 pela empresa LindenLab e seu objetivo inicial era favorecer o relacionamento entre as pessoas a partir de uma interface semelhante à do jogo The Sims[9]. Na Figura 9.3 é possível visualizar um encontro informal entre avatares no metaverso Second Life.

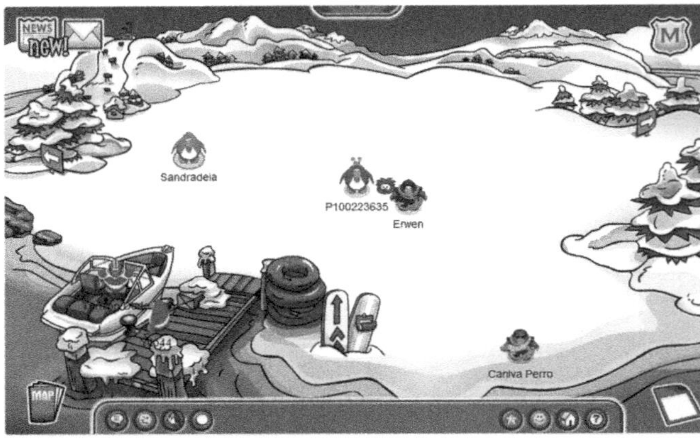

Figura 9.2 MDV2D Club Penguin.
Fonte: Club Penguin.

Figura 9.3 Metaverso Second Life.
Fonte: Second Life.

Os sujeitos que utilizam esse ambiente são representados por um avatar. Por meio dele é que acontece a interação entre os demais avatares (pessoas representadas por ele), objetos e espaços.

A representação do sujeito por meio de um avatar o torna livre para escolher o que quiser ser. Não há limites para a personalização. Por essa razão, a caracterização pode ocorrer de maneira semelhante à forma física ou, por exemplo, a um animal, um robô, um personagem de desenho, entre outros.

Com a utilização do avatar, o sujeito possui diversas formas de linguagens pelas quais pode exercer a comunicação: a linguagem oral, gestual, textual e gráfica. A Figura 9.4 apresenta um exemplo de avatar fazendo uso da linguagem gestual.

Figura 9.4 Avatar e linguagem gestual.
Fonte: Second Life.

Por meio do avatar, ainda, os sujeitos podem experimentar sensações que não são possíveis de serem efetuadas no presencial físico, como voar, teletransportar,[10] participar de simulações, atravessar paredes, entre outros.

Além das características citadas, os metaversos se destacam em relação às tecnologias digitais que apoiam a EAD em diversos aspectos, conforme ilustra a Figura 9.5.

- Ambientes desenvolvidos na dimensão 3D
- Interação/interatividade em tempo real
- Presença de avatares
- Possibilidade de criar e compartilhar espaços
- Liberdade para dar significado à sua utilização

Figura 9.5 Características dos metaversos.

Os ambientes desenvolvidos na dimensão 3D proporcionam um realismo maior e aproximado do contexto físico em que se vive. Contudo, essa aproximação não é regra, uma vez que, nesses espaços, não há limites para a criação. Outro aspecto importante se refere ao processo de imersão que pode ser favorecido ao sujeito quando em contato, a partir do seu avatar, com um ambiente tridimensional.

Os metaversos são dinâmicos por favorecerem a interação entre os sujeitos, além da interatividade com os objetos e espaços do próprio ambiente. Essa interação e interatividade acontecem em tempo real, pois exigem a presença digital virtual para exercê-la.

A presença digital virtual é estabelecida pela representação do sujeito por meio de um avatar, que dá "vida" a esses espaços. Os avatares podem criar, modificar e apagar objetos, interagir sob diversas linguagens com os outros avatares – também sujeitos –, realizar explorações e passeios, trabalhar, namorar, entre diversas outras possibilidades que fazem com que esses espaços tornem-se diferenciados.

A criação e o compartilhamento possibilitam que os avatares realizem construções – sejam elas análogas às realizadas no presencial físico –, criem objetos para executar algum procedimento (como dar as boas-vindas para um visitante em um determinado espaço), representem sentimentos, épocas e até mesmo conceitos. A partir disso, os avatares podem compartilhar o que criaram, assim como também podem convidar outros avatares para colaborar ou cooperar nessa construção.

Valente e Mattar (2007, p. 189), sobre o metaverso Second Life, destacam que

> [...] o Second Life, como linguagem instrumental, permite ao aluno uma forma diferente de participação. Ele não está limitado somente a ver imagens, mas pode também vivenciar o espaço em que a experiência está ocorrendo e aprender. Assim, o ambiente virtual propicia uma viagem em busca do conhecimento, na qual o aluno vivencia o conhecimento na prática e não somente na teoria.

Um dos aspectos mais importantes e que caracterizam os metaversos é a liberdade de utilização. Por essa razão, esses ambientes não podem ser considerados jogos, pois, ao contrário dos jogos, não exigem mudança de nível ou um roteiro a ser seguido. O sujeito pode dar significado à sua utilização. Isso não significa que o sujeito não poderá jogar nesse espaço, porém ele precisará construir o seu jogo ou ter permissão para utilizar o jogo de outro usuário.

Por fim, as possibilidades dos metaversos são amplas e, do mesmo modo, exigem competências para desenvolvê-las. Logo, a próxima seção tratará das competências docentes para o uso dos metaversos na EAD.

COMPETÊNCIAS DOCENTES PARA A UTILIZAÇÃO DE METAVERSOS NA EDUCAÇÃO A DISTÂNCIA

Atualmente, não há restrição quanto ao uso das tecnologias na educação a distância e, cada vez mais, um híbrido de recursos está fazendo parte desse contexto. As universidades e os professores estão buscando integrar em suas práticas docentes diferenciadas tecnologias com o intuito de aprimorar a qualidade do ensino e, de certo modo, acompanhar a nova geração de alunos.

Trata-se da geração dos nativos digitais, como já foi comentado nos outros capítulos, que vem exigindo uma abordagem mais ativa por parte dos docentes. Nesse sentido, as competências para o desempenho da docência estão se tornando cada vez mais relevantes na sociedade do conhecimento.

Os materiais didáticos digitais dessa geração passam a ser transformados em artefatos digitais. Logo, torna-se comum visualizar a presença frequente na sala de aula do uso de *tablets*, celulares, *notebooks*, mp3, entre tantos outros.

A diversidade de tecnologias digitais vai ao encontro do conceito de ambientes pessoais de aprendizagem (*personal learning environments* – PLE). De acordo com Mattar (2012, p. 144), o aluno

> [...] pode agora organizar seu próprio ambiente de aprendizagem, escolhendo as plataformas, as ferramentas e os conteúdos que mais lhe interessam e que estejam mais em sintonia com seus estilos de aprendizagem preponderantes.

A flexibilidade de uso dos metaversos, para qualquer situação ou interesse, permite que alunos e professores o utilizem considerando o formato dos PLE. Mesmo com uma infinidade de possibilidades que abarcam os metaversos na EAD, também é viável o uso paralelo de outros recursos que possam complementar e potencializar as ações educacionais.

Desse modo, os metaversos podem se tornar ambientes promissores para atender a demanda dessa nova geração e podem ampliar significativamente as possibilidades para o desenvolvimento de atividades na modalidade de EAD.

Entretanto, a EAD vem se constituindo pelo amadurecimento teórico e prático no que se refere às estratégias didático-pedagógicas exercidas pelo docente. Por isso, é exigido que todos os envolvidos no processo de ensino e de aprendizagem possuam competências específicas para desempenhar seus papéis a contento.

Nessa perspectiva, a Figura 9.6 destaca as principais competências docentes para a utilização dos metaversos na EAD.

Figura 9.6 Principais competências docentes para o uso dos metaversos na EAD.

A competência do **planejamento**, no contexto dos metaversos, faz referência aos aspectos organizacionais em relação às intenções educacionais para o desenvolvimento de ações na EAD. Para que o docente consiga realizar um planejamento adequado no tocante ao desempenho dos processos de ensino e de aprendizagem nos metaversos, será necessário conhecer os tipos de ambientes e suas especificidades.

Ao utilizar um metaverso, de imediato, é possível perceber as principais diferenças que existem em relação às usuais tecnologias digitais. Logo, o docente precisa compreender que as suas ações nesses espaços também serão diferenciadas. Assim, é importante que o docente avalie as condições necessárias para o exercício das ações educacionais, considerando especialmente as potencialidades, a modalidade de EAD, o público-alvo e as questões técnicas.

O processo de avaliação inicial dos ambientes, suas possibilidades e limitações serão determinantes para um planejamento adequado, assim como a identificação da infraestrutura necessária para o desenvolvimento das atividades.

Sendo assim, destaca-se a importância do desenvolvimento e apropriação da competência de planejamento e dos elementos que o constitui:

Conhecimento	• Metaverso, tipos de ambientes e características
Habilidade	• Análise, classificação e avaliação
Atitude	• Objetividade, responsabilidade, flexibilidade

Todos os elementos citados são fundamentais. Contudo, evidencia-se que a compreensão dos aspectos conceituais é determinante para que se possa construir e organizar de maneira apropriada o planejamento pedagógico nesses espaços.

A **mediação pedagógica** nos metaversos se refere, principalmente, aos conhecimentos necessários para saber utilizar e se comunicar por meio dos meios de comunicação e interação. Além disso, está fortemente relacionada ao processo que coordena as interações entre os sujeitos, com o intuito de acompanhá-los e motivá-los.

A seguir, os elementos que compõem a competência de mediação pedagógica a partir da leitura dos metaversos:

Conhecimento	• Linguagens de comunicação e interação dos metaversos, didática, processo de ensino e de aprendizagem
Habilidade	• Realizar intervenções, interpretar informações, negociar, facilitar trabalhos em grupo, explorar, manusear as funções básicas do ambiente
Atitude	• Ser educado, responsável, curioso, organizado, motivador, facilitador, flexível

Por meio da mediação pedagógica, o docente poderá estabelecer os relacionamentos entre professor-aluno e aluno-aluno, na busca da aprendizagem como um processo de construção. Além disso, poderá propor que o aluno reflita criticamente sobre suas experiências nesse ambiente diferenciado, assim como do seu processo de atuação nele.

Nesse sentido, para exercer a mediação pedagógica nos metaversos, o docente deve compreender a importância do uso das linguagens de comunicação e interação disponíveis. Dessa forma, será capaz de auxiliar seus alunos à alcançarem seus objetivos educacionais.

A **didática**, de certa forma, está associada à competência de mediação pedagógica. Contudo, revela-se especificamente na ação pedagógica dos docentes. Nos metaversos, a didática deve exercer um papel importante, pois será por meio dela que as estratégias educacionais serão desenvolvidas.

Para isso, o docente precisa conhecer as possibilidades educacionais dos metaversos, vivenciando e habitando os diferentes espaços, para identificar quais estratégias, métodos e técnicas podem adotar para a sua prática. Assim, são ilustrados os elementos da competência de didática.

Conhecimento	• Construção de estratégias didático-pedagógicas considerando as potencialidades dos metaversos
Habilidade	• Organização, acompanhamento, mediação, planejamento, interação e comunicação
Atitude	• Desenvoltura, criticidade, motivação, afetividade, responsabilidade, reflexão

Sob esse aspecto, o docente poderá fazer uso de diversas estratégias didático-pedagógicas. Entre elas, é possível propor: atividades de aulas dialogadas em determinados espaços, uso de objetos de aprendizagem, simulações, exploração e criação de espaços e objetos, utilização dos meios de comunicação e interação, fotografar, entre outros. A Figura 9.7 ilustra um exemplo de estratégia didático-pedagógica, nesse caso, a exploração de um objeto de aprendizagem.

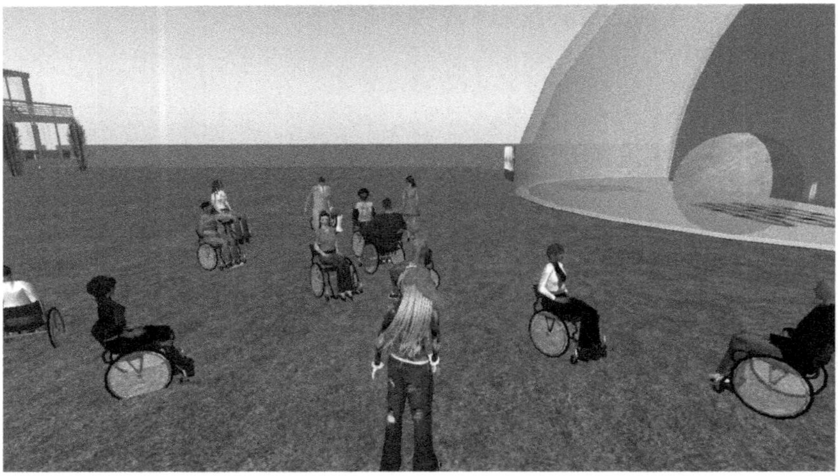

Figura 9.7 Objeto de aprendizagem acessibilidade.
Fonte: Second Life – Ilha Educação.[11]

Nos metaversos, as interações sociais são aspectos diferenciais, pois por meio delas é possível promover a cooperação, a colaboração, as relações, entre outros. Estas favorecem sustentação para o desenvolvimento das relações entre os sujeitos, objetos e o meio. Desse modo, ao considerar as características dos metaversos, ressalta-se a relevância do desenvolvimento da competência da **relação interpessoal.**

Nesse sentido, para que os processos de ensino e aprendizagem sejam direcionados de forma adequada, é necessário que a relação interpessoal nesses espaços expresse, principalmente, empatia, disponibilidade para cooperar e colaborar nesses ambientes.

No processo inicial do uso dos metaversos, muitos sujeitos apresentam dificuldades básicas em relação aos recursos disponíveis. Logo, se o sujeito obtiver apoio para sanar dúvidas ou receber auxílio, tanto por parte dos docentes, quanto dos colegas, certamente, poderá se sentir mais confiante e seguro para continuar a interagir nesses espaços.

Além disso, as relações interpessoais estão diretamente integradas à forma como todos os envolvidos irão se comunicar e expressar seus sentimentos. Logo, o comportamento é extremamente influente nas relações, podendo trazer benefícios aos que estão em interação como também dificuldades de se relacionar.

Nos metaversos, são destacados alguns exemplos que expressam uma boa conduta interpessoal entre os sujeitos: não empurrar o avatar do outro, não ficar na frente do outro, respeitar os momentos de diálogo público, trocar mensagens individuais quando em participação de eventos, etc.

Desse modo, são descritos os principais elementos dessa competência.

Conhecimento	• Relações sociais nos metaversos, comportamento
Habilidade	• Cooperação, colaboração, participação, uso de linguagens gestual, oral, gráfica e textual
Atitude	• Estar disposto, ser solícito, empático, tolerante, respeitoso

A competência da **autonomia** é uma das mais fortes nos metaversos, por que ela está relacionada também à liberdade que o sujeito possui dentro desses espaços.

O significado para o uso dos metaversos é dado pelo sujeito, ou seja, os sistemas não impõem roteiros ou condições para serem seguidos. Por essa razão que os metaversos estão associados ao conceito de mundos digitais virtuais, pois dentro desse mundo também existe autonomia para viver e conviver, do mesmo modo como o sujeito faz no presencial físico.

Contudo, como em muitos ambientes a autonomia também tem sua limitação. O ditado popular "a sua liberdade termina quando inicia a do outro" também é válido para os metaversos. Nesse sentido, do mesmo modo é necessário respeito ao outro.

Por exemplo, quando um congresso ou seminário está ocorrendo nesses espaços, é comum se deparar com um sujeito direcionando sua fala a um público. Logo, é importante respeitar o espaço do outro e não interrompê-lo. O fato de estar representado por um avatar não o isenta de ser educado.

Outra situação, por exemplo, se refere à apropriação de objetos que não são de sua propriedade. Em algumas ocasiões, o sujeito poderá ser punido caso venha desobedecer às regras estabelecidas para o uso de determinados objetos e/ou espaços.

Desse modo, os elementos que constituem a competência da autonomia são:

Conhecimento	• Saber usufruir da liberdade de uso dos metaversos, respeitar o sujeito, ética
Habilidade	• Refletir, tomar decisões, comportar-se, fazer explorações, manusear recursos de interação e comunicação
Atitude	• Ser responsável, curioso, ético

A **fluência digital**, nesse contexto, exerce um papel fundamental, pois essa competência está relacionada à capacidadede compreender e utilizar as funcionalidades básicas dos metaversos, bem como em identificar o potencial pedagógico dessa tecnologia.

Em um primeiro momento, torna-se necessário o desenvolvimento de um processo de familiarização e apropriação de recursos no metaverso. Isso porque as funcionalidades dessa tecnologia diferem significativamente das tecnologias apoiadas pela Web 2D. Sob esse aspecto, Schlemmer (2010, p. 105) enfatiza que:

> As tecnologias da Web 3D, que surgem com uma infinidade de possibilidades de ambientes 3D, em rede, tais como: os metaversos (Active World, There, Second Life, entre outros), que permitem a criação de Mundos Digitais Virtuais em 3D (MDV3Ds), nos quais vivem e convivem avatares; os MMORPGs, que possibilitam desenvolver estratégias de resolução de problemas; e ainda os ECoDIs, híbridos entre AVAs, jogos, MDV3Ds e comunidades virtuais, onde a interação não ocorre apenas textualmente, como tradicionalmente ocorre com outras tecnologias, mas também de forma oral, gestual e gráfica.

Quando o sujeito passa a ser representado digitalmente por um avatar, a interação entre as outras pessoas e espaços pode acontecer por meio da utilização do próprio corpo tecnologizado (Lévy, 1999). Logo, este deverá saber caminhar em todas as direções, realizar gestos, voar, teletransportar, correr, personalizar a aparência, comunicar-se por voz, texto, entre outros.

Após a finalização do processo de ambientação com a tecnologia torna-se possível explorar as potencialidades do metaverso. Desse modo, tanto o aluno quanto o docente poderá fazer buscas, conhecer diferentes locais, interagir com outros avatares, participar de simulações, manipular objetos de aprendizagem, trocar mensagens síncronas e assíncronas, fazer fotos, entre outros. Contudo, para a prática pedagógica é importante que o docente explore outras possibilidades e, principalmente, visualize e construa (re)significações para o uso dos diversos recursos. Assim, poderá criar estratégias para a utilização do metaverso, independentemente do contexto.

Foram identificados os seguintes elementos constituintes da competência de fluência digital:

Conhecimento	• Funcionalidades básicas do metaverso e seu potencial pedagógico
Habilidade	• Movimentação do avatar, recursos de interação e comunicação, estratégias educacionais
Atitude	• Ser explorador, autônomo, persistente, ter iniciativa

A competência da **comunicação** nos metaversos está apoiada na utilização dos quatro tipos de linguagens: textual, oral, gestual e gráfica. A linguagem textual é a mais comum nas tecnologias oriundas da Web 2D. Nos metaversos, ela também se faz presente. Contudo, tem o seu funcionamento normalmente atrelado a um mecanismo semelhante ao de um *chat* (bate-papo), que pode ser utilizado para uma comunicação coletiva entre os avatares.

Além disso, a comunicação textual também pode ocorrer de maneira individual, realizando trocas síncronas ou assíncronas.

A linguagem oral acontece por meio da comunicação por voz, em que os avatares conversam em tempo real. Para isso, é necessário ter um microfone e o som externo do computador em funcionamento.

A linguagem gestual possibilita a comunicação por gestos, como acenar, bater palmas, dançar, pular, rir, etc. Os gestos são muito utilizados em palestras, seminários, eventos, festas, reuniões, entre outros, para ampliar e acentuar a comunicação e a expressões textual e oral.

A linguagem gráfica permite expressar emoções e sentimentos por meio dos avatares, caracterizados em sua real forma ou buscando a personalização com o auxílio de acessórios e objetos. Além disso, é também utilizada para representar conceitos que podem ser construídos a partir da modelagem de objetos nesses espaços.

A esse respeito, são elucidados os seguintes elementos dessa competência:

Conhecimento	• Linguagens de comunicação textual, oral, gestual e gráfica dos metaversos, língua e vocabulário
Habilidade	• Utilizar envio de mensagens individuais e coletivas, manusear som e microfone, manipular os recursos de gestos e personalização do avatar
Atitude	• Ser cauteloso, comunicativo, ter empatia, criatividade, criticidade, autonomia, ser expressivo, articulado

A competência da **presença digital virtual**, no contexto dos metaversos, está vinculada à representação digital virtual do sujeito via avatar. Segundo Backes (2010), a presencialidade (física ou digital-virtual) é definida pela participação e interação, por meio da representação de suas ações no contexto onde se dá o viver e o conviver dos seres humanos.

A representação gráfica via avatar pode gerar uma sensação de presença, porém de uma presença digital virtual. A partir disso, o sujeito pode experimentar a sensação de projeção para dentro do ambiente, favorecendo assim a imersão.

A imersão pode beneficiar a aprendizagem do sujeito, pois por meio dela o sujeito percebe estar participando de maneira real de determinada atividade, ou que está verdadeiramente inserido em um espaço específico. Dessa forma, o avatar garante a "presença digital virtual" (Schlemmer; Soares; Bandeira, 2008), ou virtualidade primária, onde "presença" significa "presença física", por meio do avatar, o membro do mundo é parte “em primeira pessoa” daquele espaço. Sendo assim, os elementos que integram a competência de presença digital virtual são:

Conhecimento	• Compreensão de identidade, conceito de presença digital virtual
Habilidade	• Reflexão sobre si e o outro, caracterização, personalização, representação no digital virtual
Atitude	• Ser criativo, proativo, autônomo

Por fim, para desenvolver as competências docentes para o uso dos metaversos na educação a distância será necessário mergulhar nesse universo. Isso significa considerar os conhecimentos prévios, os interesses pessoais, as motivações dos envolvidos no processo e partir de situações e problemas reais vivenciando-os nesse contexto.

CONSIDERAÇÕES FINAIS

Os metaversos integram infindáveis possibilidades educacionais. Incluir essa tecnologia na prática pedagógica em EAD pode promover o desenvolvimento de atividades diferenciadas e a construção do conhecimento. Contudo, para usufruir de todo o potencial pedagógico dessa tecnologia, é necessário que o docente desenvolva competências específicas para tal.

Ao considerar as características e as experiências vivenciadas nesses espaços, são elencadas oito principais competências docentes para a sua utilização na modalidade de EAD: o planejamento, a mediação pedagógica, a didática, as relações interpessoais, a autonomia, a fluência digital, a comunicação e a presença digital virtual.

Em particular, podem ser destacadas as competências da autonomia e da presença digital virtual, por compreender que seus elementos e significações nesses espaços representam as suas principais potencialidades.

A competência da autonomia possibilitará que o sujeito utilize os metaversos de maneira a dar o seu significado, sem restringi-lo ou condicioná-lo a realizar determinadas tarefas. Por sua vez, a competência da presença digital virtual vai permitir que o sujeito imerso nessa tecnologia seja representado via avatar e, a partir disso, construa a sua identidade digital virtual.

Para a utilização dos metaversos no âmbito da EAD, não é necessário que o docente seja capaz de desenvolver a contento todas as competências indicadas. Isso significa que cada situação a ser vivenciada é única e diferente das demais. Logo, no contexto dessa vivência, muitas pessoas mostrarão evidências apenas para algumas competências.

Portanto, o docente deve procurar compreender a importância e o diferencial de cada uma delas em sua prática pedagógica. Além disso, à medida que a investigação vai sendo aprofundada pelo docente e as interações ganham mais espaço, o aprimoramento dessas competências tende a ser aperfeiçoado.

Sendo assim, para desenvolver as competências docentes necessárias, é fundamental a exploração, o aprofundamento e a imersão nessa tecnologia, para igualmente compreender como melhor utilizá-la educacionalmente.

NOTAS

1 Avatar é a representação digital virtual do sujeito nos metaversos.
2 Disponível em: http://www.clubpenguin.com/.
3 Disponível em: http://www.habbo.com.br/.
4 Disponível em: http://www.puzzlepirates.com/.
5 Disponível em: http://www.secondlife.com/.
6 Disponível em: http://www.activeworlds.com/.
7 Disponível em: http://opensimulator.org/.
8 Disponível em: http://openwonderland.org/.
9 O jogo The Sims tem como objetivo criar e controlar a vida de pessoas virtuais. No *site* oficial do jogo há mais informações, acesse: http://thesims.com.
10 O teletransporte consiste no desaparecimento do avatar de um determinado ponto e o aparecimento deste em outra localidade.
11 Disponível em: <http://slurl.com/secondlife/Ilha%20da%20Educacao/35/148/25>.

REFERÊNCIAS

BACKES, L. A cultura emergente na convivência em MDV3D. *Conjectura*, v. 15, n. 2, p. 99-117, 2010. Disponível em: <http://www.ucs.br/etc/revistas/index.php/conjectura/article/viewFile/327/281>. Acesso em: 03 maio. 2012.

LÉVY, P. *Cibercultura*. São Paulo: Editora 34, 1999.

MATTAR, J. *Tutoria e interação em educação a distância*. São Paulo: Cengage Learning, 2012. (Série Educação e Tecnologia).

SCHLEMMER, E. Formação de professores na modalidade *online*: experiências e reflexões sobre a criação de espaços de convivência digitais virtuais. *Em Aberto*, v. 23, n. 84, p. 99-122, 2010. Disponível em: <http://emaberto.inep.gov.br/index.php/emaberto/article/viewFile/1793/135>. Acesso em: 22 jun. 2012.

SCHLEMMER, E,; BACKES, L. Metaversos: novos espaços para a construção do conhecimento. *Revista Diálogo Educacional*, v. 8, n. 24, p. 519-532, 2008. Disponível em: <http://www2.pucpr.br/reol/index.php/DIALOGO?dd1=2038&dd99=view>. Acesso em: 10 maio 2012.

SCHLEMMER, E.; SOARES, H. C. M.; BANDEIRA, B. F. Mundos Digitais Virtuais em 3D no espaço da Pesquisa. In: CONGRESSO IBEROAMERICANO DE INFORMÁTICA EDUCATIVA, 9., 2008, Caracas. *Anais*... Caracas: RIBIE, 2008. Disponível em: <http://www.niee.ufrgs.br/eventos/RIBIE/2008/pdf/mundos_digitales.pdf >. Acesso em: 27 abr. 2012.

STEPHENSON, N. *Snow crash*. London: Penguin Books, 1994.

VALENTE, C.; MATTAR, J. *Second life e web 2.0 na educação:* o potencial revolucionário das novas tecnologias. São Paulo: Novatec, 2007.

Leituras recomendadas

SCHLEMMER, E. Inovações tecnológicas na educação. In: MILL, D.; PIMENTEL, N. (Org.). *Educação a distância:* desafios contemporâneos. São Carlos: EdUFSCar, 2010.

ZABALA, A. *A prática educativa:* como ensinar. Porto Alegre: Artmed, 1998.

ZABALA, A.; ARNAU, L. *Como aprender e ensinar competências*: uma proposta para o currículo escolar. Porto Alegre: Artmed, 2010.

Competências para o letramento digital 10

Ana Carolina Ribeiro Ribeiro, Patricia Alejandra Behar

INTRODUÇÃO

A difusão das tecnologias na vida cotidiana acarretou mudanças significativas nas relações que os indivíduos estabelecem entre si e o meio. Entre os maiores atingidos por essa "onda" tecnológica estão os jovens, que deram seus primeiros passos já rodeados de diversos recursos tecnológicos. No entanto, esse fenômeno influencia também a vida dos adultos, que precisam estar atentos às transformações propiciadas pela presença constante das tecnologias.

As facilidades de acesso e uso dessas tecnologias permitem aos indivíduos uma participação ativa no espaço virtual. Este é denominado por Lemos (2004, p. 137) como **ciberespaço**, constituindo um espaço físico ou territorial, composto por um conjunto de redes de computadores, pelos quais circulam todas as informações em suas mais diversas formas. Duas perspectivas possibilitam o entendimento desse ciberespaço, seja como o lugar que se está ao ingressar em um ambiente simulado ou o "[...] conjunto de redes de computadores, interligadas ou não, em todo o planeta, a internet." Resultante da convivência no ciberespaço há o crescimento de uma cultura própria contemporânea marcada pelas tecnologias digitais, a chamada cibercultura. É por meio do crescimento da cibercultura que um conjunto de técnicas materiais e intelectuais, como práticas, atitudes, modos de pensamento e valores, se desenvolvem nesse meio.

Alonso (2010-2011, p. 16) destaca que, atualmente, os sujeitos são constantemente "[...] assaltados por novos códigos e linguagens que devem ser codificadas culturalmente." É então, a partir do contexto cultural, que sentidos e significados são criados e recriados, acarretando novas experiências nos processos de comunicação, no acesso à informação, entre outros, por meio de novas formas e suportes antes inimagináveis. Percebe-se, dessa forma, que o modo pelo qual as tecnologias de informação e comunicação (TIC) são utilizadas exige determinados saberes e habilidades.

De acordo com a Unesco (2009), para que se possa viver, aprender e trabalhar nesse contexto de constante presença das TIC, tanto alunos quanto professores precisam utilizar a tecnologia de forma efetiva, pois

> [...] em um ambiente educacional qualificado, a tecnologia pode permitir que os alunos se tornem: usuários qualificados das tecnologias da informação; pessoas que buscam, analisam e avaliam a informação; solucionadores de problemas e tomadores de decisões; usuários criativos e efetivos de ferramentas de produtividade; comunicadores, colaboradores, editores e produtores; cidadãos informados, responsáveis e que oferecem contribuições. (Unesco, 2009, p. 1)

Coll e Illera (2010) destacam a necessidade de um domínio funcional das tecnologias, principalmente de leitura e de escrita, para que se tenha acesso ao conhecimento. De acordo com os autores, o letramento digital abrangeria uma série de conhecimentos no domínio das tecnologias que seriam básicas na sociedade da informação. Dessa forma, esse letramento proporcionaria "[...] o conjunto de conhecimentos, habilidades e competências necessários para um uso funcional e construtivo das TIC." (Coll; Illera, 2010, p. 289).

Estudos sobre letramento digital são introduzidos neste capítulo, tendo em vista a necessidade de instrumentalização de professores para o uso efetivo das tecnologias, para que se tornem guias de seus alunos que já as utilizam. Duran (2011) alerta para o uso que é feito das tecnologias pelos jovens, já que o acesso a elas por si só não garante a criatividade, a cooperação e a autonomia. Dessa forma, para que as tecnologias contribuam de forma significativa no contexto escolar, é necessário dominar o seu uso para que, além da busca de informações, alunos e professores sejam capazes de construir conhecimento.

TECNOLOGIAS DE INFORMAÇÃO E COMUNICAÇÃO E FORMAÇÃO DE PROFESSORES

Vive-se uma época de constantes mudanças guiadas, sobretudo, pela constante evolução dos recursos tecnológicos. O rápido desenvolvimento dos computadores nos últimos anos do século XX proporcionou máquinas com capacidade de processamento e armazenamento a preços sensivelmente mais acessíveis. Como resultado, pode ser observado, desde então, uma disseminação crescente dos computadores nos lares. Esse desenvolvimento propiciou que, grande parte das crianças, hoje em idade escolar, tivessem algum tipo de contato com essas máquinas. Tal transformação, porém, não se limitou aos computadores pessoais; em seu bojo vieram aparelhos que fazem parte do dia a dia da população, como celulares munidos de diversos recursos, câmeras digitais, tocadores de música e *videogames*. É impossível conceber que uma sociedade que é apresentada a uma gama tão vasta de recursos não sofra profundas transformações; é inimaginável que o próprio ser humano passe à margem dessa revolução. Seu comportamento, a forma de se relacionar com seus semelhantes sofre, nesse âmbito, profundas modificações.

A preparação para trabalhar sob a luz desse novo paradigma, no entanto, não é suficiente, por si só, para garantir que o professor capte a frequência dos nativos digitais. Se os jovens transitam tão intensamente por meios virtuais, nada mais natural do que levar um pouco da sala de aula para essa dimensão.

De acordo com Guimarães (2012), a expressão "nativo digital" define bem quem são os falantes nativos da linguagem própria das tecnologias, pois permite a diferenciação dos imigrantes digitais, adultos que estão se apropriando dos recursos digitais ao longo de sua vida. Os imigrantes, mesmo que utilizem *e-mails*, preferem imprimi-los para uma melhor leitura, além de preferir mostrar as impressões de *sites* que visitam em vez de enviar o endereço de localização por *e-mail*. Palfrey e Gasser (2011) salientam ainda a existência de um outro grupo de pessoas, de extrema importância para disseminação da internet, os colonizadores digitais. Não seriam considerados nativos, pois cresceram em um mundo analógico, mas teriam auxiliado a moldar os seus contornos.

Os imigrantes e colonizadores digitais podem ser encontrados com frequência nas escolas, como professores de nativos, buscando ensinar uma população que está falando uma linguagem diferenciada e totalmente nova. Alguns deles acreditam que seus alunos não aprendem ao assistir a televisão, escutar músicas ou navegar na *web*. Para eles, os alunos continuam sendo os mesmos e, se os métodos utilizados anteriormente funcionaram, não há porque mudá-los. Dornelles (2005) salienta que se vê nesses jovens um perigo, justamente por ainda não se ter produzido saberes suficientes para controlá-los. Já de acordo com Buckingham (2010), as crianças de hoje são ativas e autônomas por estarem imersas em uma cultura de consumo, o que contrasta com a passividade que é exigida pela escola.

Para Buckingham (2010) as escolas ainda oferecem pouco acesso à internet e muitas delas adotam sistemas de filtragem que buscam bloquear os *sites* que costumam ser acessados pelos alunos. As poucas tentativas de utilização da informática no contexto escolar, por sua vez, abrangeriam apenas processamento de textos e planilhas eletrônicas. As tarefas de casa incumbiriam os alunos a realizar pesquisas, muitas vezes apenas em *sites* sugeridos. Dessa forma, "[...] em comparação com as complexas experiências multimídia que algumas crianças têm fora da escola, muitas das atividades em sala de aula parecem desestimulantes." (Buckingham, 2010, p. 44).

De acordo com Palfrey e Gasser (2011), as escolas e professores encontram-se em uma encruzilhada, onde há dois caminhos que podem ser seguidos: proibir a utilização da internet e ignorar o uso que os jovens estão fazendo dela ou caminhar em direção a uma era digital. Os autores destacam que "[...] o medo é a maior ameaça que atualmente enfrentamos para seguir o segundo caminho quando se trata de entender o potencial da tecnologia digital e a maneira em que os nativos digitais a estão usando." (2011, p. 17). Por isso, muitas vezes as diferenças e dificuldades do ambiente *online* são superestimadas e a escola acaba por perder oportunidades de se envolver nesse mundo globalizado e digital. Os jovens precisam aprender melhores maneiras de utilizar as ferramentas que estão disponíveis na *web* e é principalmente por meio da escola que esse aprendizado pode se tornar efetivo. O principal desafio, assim, é garantir que os jovens tenham as "[...] habilidades e as ferramentas necessárias para navegar nos ambientes novos e híbridos de tal forma que se mantenham seguros, tanto *online* quanto *offline*" (Palfrey; Gasser, 2011, p. 102).

A principal função dos educadores, nesse contexto, é a criação de estratégias para que esses alunos alcancem não apenas um bom uso das ferramentas, mas apliquem-nas de forma construtiva e diferenciada. É com os professores, por meio de espaços de discussão e criação, que os conhecimentos, habilidades e atitudes necessárias poderão ser construídos. Dessa forma, para que possam ser guias para os jovens, os "[...] professores precisam começar a arranjar tempo para entender como o ambiente digital funciona [...]" (Palfrey; Gasser, 2010, p. 117).

Tardif (2002) destaca a questão de que o papel do professor e da escola precisa ser repensado, uma vez que "[...] os saberes da escola não parecem mais corresponder, senão de forma muito inadequada, aos saberes socialmente úteis no mercado de trabalho [...]" (Tardif, 2002, p. 47). Dessa forma, o autor salienta que essa inadequação pode levar a uma desvalorização dos saberes transmitidos pelos professores, "[...] cuja pertinência social não é mais tida como óbvia [...]" (Tardif, 2002, p. 47). O professor precisa mudar a sua postura frente à constante atualização exigida pelo ensino, pois, "[...] se os professores são, efetivamente, sujeitos do conhecimento, devem fazer, então, o esforço de agir como tais, ou seja, o esforço de se tornarem atores capazes de nomear, de objetivar e de partilhar sua própria prática e sua vivência profissional." (Tardif, 2002, p. 239). Assim, para promover uma mudança efetiva na educação, com o uso das tecnologias, Sancho e Hernández (2006) afirmam que é preciso uma mudança na cultura pedagógica e tecnológica nas escolas. Oferecer alternativas para superar as limitações que dificultam a mudança e a melhoria dos ambientes educativos é uma necessidade cada vez mais evidente.

Para Tardif (2000), os primeiros anos de prática pedagógica são decisivos para o sentimento de competência e o estabelecimento da rotina de trabalho de um professor. Com o passar do tempo a experiência profissional provoca uma mudança na sua postura, já que adquire um maior domínio sobre sua profissão. Dessa forma, o autor destaca que os "saberes profissionais são temporais, ou seja, são adquiridos através do tempo." (Tardif, 2000, p. 14). Além disso, "[...] são utilizados e se desenvolvem no âmbito de uma carreira, isto é, em um processo de vida profissional de longa duração do qual fazem parte dimensões identitárias e dimensões de socialização profissional [...]" (Tardif, 2000, p. 14).

Sabe-se que os fundamentos do ensino são sociais e os saberes profissionais são plurais, pois são provenientes de diversos setores sociais, como família, escola, etc. Por isso, a relação do professor com seus próprios saberes é acompanhada de uma relação social exterior ao trabalho docente. Os saberes profissionais ligados às funções dos professores são pragmáticos, estão intensamente conectados tanto ao trabalho educacional quanto à pessoa do trabalhador da educação. São saberes práticos operacionais e normativos, cujo emprego está sujeito à sua adaptação às funções, aos problemas e às situações do trabalho, para alcançar objetivos educacionais dentro de seu valor social. São também interativos, adequados às interações entre o professor e os outros atores educacionais e sociais (Tardif, 2000). Sendo assim, os professores devem reconhecer que esses saberes estão em constante construção e ser capazes de refletir sobre si mesmos e sobre a sua prática educacional e pedagógica, reconhecendo a importância da constante atualização.

LETRAMENTO DIGITAL E COMPETÊNCIAS

Uma melhor compreensão das competências necessárias à era da informação pode ser efetivada por meio do letramento digital de professores e alunos. Para Soares (2002), o letramento compreende o *estado* ou a *condição* de quem exerce as práticas sociais de leitura e de escrita e de quem participa de eventos em que a escrita é parte integrante da interação entre pessoas. Vê-se, dessa forma, o conceito de letramento relacionado com competências no uso da língua, com o sujeito dispondo de habilidades e atitudes básicas de leitura e de escrita. Assim, na formação da própria palavra **letramento**, se faz presente a ideia de estado, pois, "[...] a palavra traz o sufixo *-mento*, que forma substantivos de verbos, acrescentando a estes o sentido de 'estado resultante de uma ação', [...] forma-se a palavra *letramento*: estado resultante da ação de *letrar*." (Soares, 2002, p. 146).

Warschauer (2006) destaca que, apesar de o senso comum definir *letramento* como a habilidade de ser capaz de ler e escrever, os teóricos que estudam as práticas de letramento possuem uma visão mais abrangente. É necessário, dessa forma, levar em consideração os contextos sociais da prática associada ao letramento. Assim, a leitura e a escrita hábil dependem dos contextos histórico, político e sociocultural. Segundo o autor (Warschauer, 2006), a noção de letramento emergiu para prover habilidades, conhecimentos e atitudes sociais básicas para a sociedade que se desenvolvia com a industrialização no início do século XX. Por isso, o letramento digital abrange os diferentes tipos de letramento realizados a partir do uso das tecnologias digitais.

De acordo com Pereira (2011, p. 16), a palavra digital "[...] nos leva à associação imediata ao computador". Essa associação se justifica, pois os computadores processam as informações em forma de dígitos e a palavra *digital* compreenderia, dessa forma, um modo de "[...] processar, transferir ou guardar informações." (Pereira, 2011, p. 16).

> Os números são utilizados para representar muitas coisas, por exemplo, quantidades. Porém, quando nos referirmos a computadores, os números são utilizados para representar todo e qualquer tipo de informação. Por exemplo, uma mensagem escrita, uma fotografia, uma imagem, um vídeo, uma música, etc. Isso tudo é informação, que nos computadores é representada digitalmente, ou seja, a palavra digital, quando referenciado a computação, tem um sentido muito ampliado. (Pereira, 2011, p. 16)

Devido à flexibilidade da informação digital, novos meios estão sendo criados, buscando o aprimoramento de serviços convencionais, seja em televisão, comunicação móvel, entre outros. Esse aprimoramento possibilitou que uma diversidade de equipamentos fossem integrados e utilizados em uma grande rede digital convergida, o que permite o acesso à informação em qualquer lugar, a qualquer momento e, futuramente, por qualquer meio. Dessa forma, já é possível acessar a internet pela televisão e assistir à televisão pelo celular, por exemplo. Essa convergência se deve, principalmente, a três fatores: diferentes plataformas de rede possuem a capacidade de transportar tipos similares de serviço, à integração de diferentes tipos de dispositivos microprocessados e, ainda, à digitalização, unificando meio e mídia (Pereira, 2011). De acordo com o autor, é importante compreender o processo de virtualização da sociedade da informação uma vez que, para ela, a representação não é mais física nem abstrata, mas digital.

A partir dessas questões, um sujeito letrado digital necessitaria de "[...] habilidade para construir sentidos a partir de textos [...] por meio de hipertextos, *links* e *hiperlinks*; elementos pictóricos e sonoros numa mesma superfície." (Aquino, 2005, p. 1). Quanto às informações, precisa "[...] ter capacidade para localizar, filtrar e avaliar criticamente informação disponibilizada eletronicamente [...]" (Aquino, 2005, p. 41), além de ter familiaridade com as normas da comunicação.

Novos tipos de práticas baseadas na informática e na internet estão surgindo e com eles diferentes tipos de letramento. Dessa forma, o letramento digital seria uma expressão geral que abrangeria uma série de outros letramentos, originados tanto dos aspectos tecnológicos quando do cenário social, que inclui os letramentos por meio do computador, informacional, multimídia e comunicacional (Warschauer, 2006).

O termo **letramento por meio do computador** (Warschauer, 2006) surgiu nos anos de 1980, com o desenvolvimento e a difusão dos computadores pessoais. No entanto, o termo logo foi desacreditado por fazer referências às formas básicas de uso do computador, como, por exemplo, "[...] ligá-lo, abrir uma pasta e salvar um arquivo, e, desse modo, tendia a justificar uma visão muito limitada da educação relacionada à informática." (Warschauer, 2006, p. 154). Sem fazer referências a questões como conteúdos, objetivos ou propósitos significativos, esse tipo de letramento pouco tinha a contribuir com as práticas educacionais.

O **letramento informacional** (Warschauer, 2006), por sua vez, abrangeria não apenas a informática e a internet, mas a sociedade da informação resultante desse uso. Diz respeito não apenas ao domínio do uso do computador, mas às habilidades de selecionar, analisar e avaliar as fontes de informação. Assim, muitas dessas habilidades que já eram importantes na era pré-internet se tornariam fundamentais para o tratamento da informação disponível *online*.

O **letramento multimídia** (Warschauer, 2006) tornou-se um grande diferencial, uma vez que, anteriormente, as noções de letramento faziam referência apenas à linguagem escrita, não levando em consideração questões como a representação verbal da informação e as representações iconográficas. Assim, foi no domínio da informática que "[...] a comunicação multimodal apresentou o maior progresso, combinando texto, planos de fundo, fotografias, materiais gráficos, áudio e vídeo numa apresentação única." (Warschauer, 2006, p. 160).

O **letramento comunicacional mediado por computador** (Warschauer, 2006) faz referências às habilidades necessárias para que as pessoas consigam se comunicar efetivamente, por meio das mídias *online*. Diz respeito às regras de comportamento na rede, como a netiqueta,[1] e as diferentes formas de escrita nas várias ferramentas que estão disponíveis na internet, como bate-papo, fórum, *e-mail*, etc.

O letramento remete, assim, a um conjunto de aprendizados e domínios que podem ser considerados básicos para várias dimensões do sujeito. Dessa forma, uma vez que são importantes para diversas aprendizagens e estão presentes em diferentes áreas do currículo, "[...] ou seja, são uma condição *sine qua non* para realizar outros muitos aprendizados, condicionam as possibilidades futuras de educação e formação das pessoas." (Coll; Illera, 2010, p. 290). Além disso, "[...] tem uma incidência direta sobre o seu desenvolvimento pessoal, social e profissional [...]" (Coll; Illera, 2010, p. 290). Assim, o aperfeiçoamento das competências associadas à participação dos sujeitos nas práticas letradas é constante e deve acompanhar o contínuo desenvolvimento das ferramentas que as suportam.

Compreendendo o letramento digital como a competência para o uso das tecnologias digitais, buscou-se mapear os conhecimentos, habilidades e atitudes necessárias para sua promoção. Partiu-se da definição de Warschauer (2006), que define que o letramento digital é composto por diferentes letramentos. Dessa forma, procurou-se indicar algumas competências básicas para esse letramento em quatro grupos: comunicacionais, informacionais, computacionais e multimídia. Para isso, foi realizado um mapeamento preliminar descrito a seguir.

MAPEAMENTO PRELIMINAR

Para realizar um mapeamento preliminar buscando explicitar os conhecimentos, habilidades e atitudes necessárias para o letramento digital, foi realizado um levantamento teórico (Buckingham, 2010; Coll; Illera, 2010; Duran, 2011; Graells, 2007; Lèvy, 2010; Pereira, 2011; Soares, 2002; Unesco, 2009; Varis, 2003; Warschauer, 2006) de estudos que exploram os temas competências e letramento digital, além de cursos de extensão com professores da educação básica.[2]

Foram estabelecidas quatro categorias de competências, de acordo com o estudo de Warschauer (2006) que fazem parte de um mapeamento preliminar: competência computacional, competência comunicacional, competência multimídia e competência informacional, que serão descritas no Quadro 10.1.

Entende-se que o mapeamento das competências do letramento digital permite o aprimoramento das capacitações de professores para o uso das tecnologias digitais, além da criação de estratégias para o desenvolvimento de competências na área. Ferramentas e ambientes que sejam abertos e gratuitos e que já estejam presentes no cotidiano dos professores, como as redes sociais, repositórios e ambientes virtuais de aprendizagem, por exemplo, podem promover ricos espaços de desenvolvimento de competências.

Quadro 10.1 Quatro categorias de competências

Competência	Computacional
Descrição	Relacionada aos conhecimentos básicos para o uso do computador.
Conhecimentos	– Conhecer os *softwares* (programas e ferramentas) disponíveis; – saber instalar programas e reconhecer aqueles que são desnecessários e que deixam o computador lento; – conhecer atalhos, que facilitem a realização das tarefas, como, por exemplo, selecionar o texto, copiar e colar, etc.; – conhecer os elementos básicos do computador e suas funções; – conhecer a terminologia básica do sistema operacional (arquivos, pastas, programas, etc.); – salvar e recuperar a informação no computador e em diferentes suportes (*pen-drives*, disco rígido, pastas, etc.).
Habilidades	– Manusear os recursos computacionais; – saber operar o básico de uma ferramenta; – saber operar os recursos multimídia; – saber utilizar as ferramentas básicas do sistema operacional: explorar discos, copiar, executar programas, etc.; – utilizar editor de textos para redigir documentos, armazená-los e imprimi-los; – utilizar editores gráficos para fazer desenhos, gráficos simples, armazenar e imprimir o trabalho; – utilizar ferramentas de apresentação para organizar e expor a informação.
Atitudes	– saber administrar as informações que são apresentadas; – explorar o computador sem receio; – aceitar a ajuda oferecida por colegas sobre as ferramentas que serão usadas; – ter uma atitude aberta, responsável e crítica frente às contribuições das tecnologias; – valorizar as vantagens que a tecnologia oferece para a aprendizagem de todo o tipo de conhecimento e para a comunicação.
Competência	**Comunicacional**
Descrição	Relacionada à expressão oral, gestual e escrita.
Conhecimentos	– Conhecer a netiqueta e as diferentes formas de escrita nas várias ferramentas que estão disponíveis na internet, como bate-papo, fórum, *e-mail*, etc.; – conhecer as formas de escrita específicas de cada ferramenta, como bate-papo, fórum, *e-mail*; – conhecer as diferentes redes sociais.
Habilidades	– Saber utilizar as redes para contatar outras pessoas, debater com elas e ajudá-las e pedir-lhes ajuda; – digitar razoavelmente rápido; – selecionar o conteúdo exposto nas redes sociais; – fazer contribuições relevantes.
Atitudes	– Ter atenção ao tema trabalhado; – ter respeito às diferentes formas de interpretação e opinião que é pessoal; – utilizar as redes sociais para trocar informações e conhecimentos e não só para falar besteiras; – respeitar a opinião alheia; – divulgar o conhecimento para que novas contribuições sejam provocadas; – manter o mínimo da boa educação, independentemente da ferramenta a utilizar; – saber qual o melhor momento para utilizar cada um dos recursos, como *e-mail*, fórum, rede social, entre outros.

continua

Quadro 10.1 *continuação*

Competência	**Multimídia**
Descrição	Relacionada à utilização de diferentes tipos de mídia.
Conhecimentos	– Conhecer diferentes tipos de mídia; – saber preparar conteúdos atrativos; – ter conhecimento para escolher o conteúdo dos jogos pedagógicos; – conhecer hipertextos e hipermídia; – saber elaborar transparências e apresentações multimídia. – ter conhecimentos de *design* e elaboração de páginas *web*; – saber realizar a manutenção de um espaço *web* em um servidor.
Habilidades	– Combinar visualmente diferentes tipos de mídia; – criar materiais atrativos e de acordo com a faixa etária de cada um; – produzir materiais que sejam visualmente agradáveis; – testar as mídias e estar preparado para alguns contratempos; – ter habilidades de leitura e compreensão em um ambiente de hipertexto dinâmico e não sequencial; – saber realizar tratamento de imagem e de som: editores gráficos, uso do escâner, gravação de som, vídeo digital, etc.
Atitudes	– Elaborar jogos pedagógicos; – determinar o tempo para cada apresentação; – usar e confeccionar materiais de acordo com a faixa etária; – saber o que priorizar dentro de determinado tempo.
Competência	**Informacional**
Descrição	Relacionada à busca, avaliação e utilização de informações.
Conhecimentos	– Conhecer diferentes *sites* de busca; – conhecer e aprender a utilizar *sites* de *download* para programas, livros, filmes; – ter claro o que é informação e o que é conhecimento; – fazer juízos de valor informados e fundamentados sobre a informação obtida por meio das tecnologias digitais.
Habilidades	– Avaliar as diferentes fontes; – relacionar o conteúdo trabalhado com informações adicionais coletadas; – comparar e selecionar as informações relevantes; – desenvolver técnicas e instrumentos para a busca, exame e seleção de informações na internet; – construir informações confiáveis a partir de diversas fontes.
Atitudes	– Ler textos em diversas fontes de informação; – analisar essas fontes de informação de forma reflexiva e construtiva; – utilizar as informações como apoio para a construção de novas ideias; – criar uma estratégia pessoal de busca e organização de informação; – ser precavido na formulação de julgamentos sobre a validade e exaustividade da informação a qual se tem acesso pela internet e pelos *hiperlinks*.

Recuero (2009) afirma que as redes sociais permitem o estudo de diversos aspectos, sejam a criação de estruturas sociais, dinâmicas, as funções das estruturas e seu impacto nos indivíduos. Esses aspectos fornecem importantes contribuições para o processo educacional, afinal aprender constitui-se como um processo social. Já *sites* como o do YouTube e da Wikipédia podem ser grandes facilitadores do processo de letramento. Mateus e Teruya (2011) sugerem que a grande quantidade de vídeos e textos disponibilizados nesses portais torna necessário um processo de pensamento crítico. De acordo com os autores, é "[...] preciso aprender a desconstruir os textos culturais, o seu significado e a produção de significado, para compreender como eles interferem e moldam a subjetividade dos leitores." (Mateus; Teruya, 2011, p. 5).

Entende-se que uma melhor compreensão a respeito da complexidade e amplitude do acesso às tecnologias de informação e comunicação permite uma melhor capacitação. É necessário compreender que o simples fato de ter acesso aos equipamentos e à conectividade não garantirá um bom uso das ferramentas ou, ainda, a inclusão digital. Ao contrário, se deve "[...] envolver uma série de recursos, todos desenvolvidos e fomentados com a intenção de acentuar os poderes social, econômico e político dos usuários e das comunidades visadas." (Warschauer, 2006, p. 75).

CONSIDERAÇÕES FINAIS

Estudos sobre letramento digital já fazem parte há algum tempo do cotidiano dos professores que trabalham com tecnologias. No entanto, as competências para o uso efetivo das TIC ainda são desconhecidas para muitos deles. Entende-se que a exploração dos conceitos de letramento por meio das competências permite a compreensão dos conhecimentos, habilidades e atitudes necessárias para uma participação ativa e competente no ciberespaço.

Por meio do mapeamento das competências os professores podem perceber como aprimorar ou iniciar a utilização das tecnologias, identificando quais são os assuntos que precisam ser estudados, quais habilidades precisam ser trabalhadas e quais atitudes precisam ser modificadas.

Warschauer (2006) salienta que o letramento e a educação afetam consideravelmente o acesso às tecnologias, tanto no nível macro quanto micro. No nível macro, esse acesso tende a contribuir para o aceleramento da forma motora do desenvolvimento econômico, na criação de condições para uma sociedade mais tecnologizada. No nível micro, o autor destaca que a educação e o letramento auxiliam nos usos que serão feitos da internet pelo indivíduo, já que as habilidades de leitura, escrita e pensamento são decisivas na capacidade de utilização das ferramentas. Dessa forma, a "[...] mera existência da internet não criará pesquisadores ou buscadores de conhecimento entre as pessoas sem base ou habilidades necessárias." (Warschauer, 2006, p. 152).

Acredita-se que, proporcionando a construção dos conhecimentos teóricos e espaços para o desenvolvimento de habilidades, aumentará o incentivo dos professores, podendo de alguma forma mudar suas atitudes e promover o seu próprio letramento digital. Assim, o professor poderá compreender que o aperfeiçoamento de suas competências associadas às práticas letradas é constante e deve acompanhar o contínuo desenvolvimento das ferramentas que as suportam.

NOTAS

1 A netiqueta é um conjunto de práticas para a comunicação próprias da internet.
2 Diversos cursos de extensão foram realizados na UFRGS ao longo dos anos de 2011 e 2012, divulgados nos *sites* da universidade e em jornais de grande circulação.

REFERÊNCIAS

ALONSO, K. M. O fetiche à contradição. *Revista Pátio,* ano 14, n. 56, 2010-2011.

AQUINO, R. *Usabilidade é a chave para aprendizado em EAD*. [S.l.]: Universia, 2005. Disponível em: <http://noticias.universia.com.br/destaque/noticia/2005/01/28/490613/usabilidade-e-chave--aprendizado-em-ead.html>. Acesso em: 15 jan. 2012.

BUCKINGHAM, D. Cultura Digital, Educação Midiática e o Lugar da Escolarização. *Educação & Realidade,* v. 35, n. 3, p. 37-58, 2010.

COLL, C.; ILLERA, L. R. Alfabetização, novas alfabetizações e alfabetização digital: as TIC no currículo escolar. In: COLL, C.; MONEREO, C. (Org.). *Psicologia da educação virtual*: aprender e ensinar com as tecnologias de informação e comunicação. Porto Alegre: Artmed, 2010. p. 289-310.

DORNELLES, L. V. *Infâncias que nos escapam:* da criança da rua à criança cyber. Petrópolis: Vozes, 2005.

DURAN, D. Letramento digital e desenvolvimento. *Revista Pátio,* ano 15, n. 57, 2011.

GRAELLS, P. M. *Competencias básicas en la sociedad de la información:* la alfabetización digital. Roles de los estudiantes hoy. Barcelona: UAB, 2000. Disponível em: <http://peremarques.pangea.org/competen.htm>. Acesso em: 04 jan. 2012

GUIMARÃES, L. S. R. O aluno e a sala de aula virtual. In: LITTO, F.; FORMIGA, M. (Org.). *Educação a distância:* o estado da arte. São Paulo: Pearson Education do Brasil, 2012.

LEMOS, A. (Org.). *Cibercidade:* as cidades na cibercultura. Rio de Janeiro: E-papers, 2004. Disponível em: <http://www.facom.ufba.br/ciberpesquisa/andrelemos/modelo.pdf>. Acesso em: 08 mar. 2009.

LÉVY, P. *Cibercultura*. 3. ed. São Paulo: Editora 34, 2010.

MATEUS, M.; TERUYA, T. K. YouTube e o fascínio da imagem na escola. In: SEMINÁRIO BRASILEIRO DE ESTUDOS CULTURAIS E EDUCAÇÃO, 4., SEMINÁRIO INTERNACIONAL DE ESTUDOS CULTURAIS E EDUCAÇÃO, 1., 2011, Canoas. *Anais*... Canoas: ULBRA, 2011.

PALFREY, J.; GASSER, U. *Nascidos na era digital:* entendendo a primeira geração dos nativos digitais. Porto Alegre: Artmed, 2011.

PEREIRA, J. T. Educação e Sociedade da Informação. In: COSCARELLI, C. V., RIBEIRO, A. E. (Org.). *Letramento digital:* aspectos sociais e possibilidades pedagógicas. 3. ed. Belo Horizonte: Autêntica, 2011.

RECUERO, R. C. *Redes sociais na internet*: diversidade cultural e tecnologias do poder. Porto Alegre: Sulina, 2009.

SANCHO, J. M; HERNÁNDEZ, F. *Tecnologias para transformar a educação*. Porto Alegre: Artmed, 2006.

SOARES, M. B. Novas práticas de leitura e escrita: letramento na cibercultura. *Educação e Sociedade,* v. 23, n. 81, p. 143-160, 2002.

TARDIF, M. Saberes profissionais dos professores e conhecimentos universitários: elementos para uma epistemologia da prática profissional dos professores e suas consequências em relação à formação para o magistério. *Revista Brasileira de Educação,* n. 13, p. 5-24, 2000.

TARDIF, M. *Saberes docentes e formação profissional.* Petrópolis: Vozes, 2002.

UNESCO. *Padrões de competências em TIC para professores:* diretrizes de implementação, versão 1.0. [S.l.: s.n.], 2009. Disponível em: <unesdoc.unesco.org/images/0015/ 001562/156209por.pdf>. Acesso em: 04 jan. 2012.

VARIS, T. Nuevas formas de alfabetizacion y nuevas competências em el e-learning. *E-learning America Latina,* n. 6, 2003. Disponível em: <http://www.elearningamericalatina.com/edicion/marzo1/na_1.php>. Acesso em: 04 jan. 2012.

WARSCHAUER, M. *Tecnologia e inclusão social:* a exclusão digital em debate. São Paulo: SENAC, 2006.

Competências necessárias para os alunos idosos na educação a distância

11

Leticia Rocha Machado, Patricia Alejandra Behar

É muito mais difícil desaprender o aprendido do que aprender uma coisa nova. O aprendido se agarra na gente de uma forma terrível e é o aprendido que impede que eu aprenda uma coisa de maneira diferente. Então, é preciso desaprender o aprendido... É preciso ter olho novo para ver as coisas velhas de maneira diferente.

Rubem Alves

INTRODUÇÃO

Com o avanço das tecnologias se discute cada vez mais novas perspectivas do uso do computador por diferentes públicos e faixas etárias devido, principalmente, à incorporação desta no cotidiano. No mesmo patamar, cresce o número de pessoas com 60 anos ou mais e interessadas em estarem incluídas digitalmente.

A educação ao longo da vida é um direito que os idosos possuem, para que possam acompanhar e se adaptar às mudanças que estão ocorrendo na sociedade, entre elas a aprendizagem das tecnologias de informação e comunicação (TIC) (Doll; Machado, 2011; Palma, 2000).

Monereo e Pozo (2010) retratam que com o avanço tecnológico se formou um abismo entre gerações, o que os autores denominam abismo sociocognitivo. Esse abismo possui essa nomenclatura devido às mudanças que ocorreram na forma de se relacionar e pensar. Complementando, "[...] as TIC começaram a criar uma separação entre a maneira como pensam e se relacionam com o mundo aqueles que fazem um uso esporádico ou circunstancial dessas tecnologias e aqueles outros cujas atividades seriam diferentes." (Monereo; Pozo, 2010, p. 98).

Para atender a demanda que emerge com o passar dos anos, as instituições de ensino estão investindo em pesquisas, projetos e cursos de alfabetização digital[1] na modalidade a distância para o público idoso. No entanto, infelizmente não há uma preparação para o uso, pelos idosos, dos recursos específicos utilizados na educação a distância (EAD), bem como uma metodologia adequada para atender as suas necessidades biopsicossociais. Com isso, surge a necessidade de aprofundar quais seriam as competências necessárias para o público idoso na EAD. Indaga-se se poderiam ser as mesmas competências dos alunos adultos ou seriam diferentes.

Desta forma, foi desenvolvido um estudo[2] na Universidade Federal do Rio Grande do Sul (UFRGS), no qual foi construída uma arquitetura pedagógica[3] para os idosos na EAD. A partir da aplicação desse projeto em cursos ofertados para o público mais velho, e referencial teórico, foi possível elencar algumas competências essenciais para os idosos nessa modalidade de educação. No entanto, antes de falar sobre quais competências o aluno idoso necessita no virtual, é preciso rever um pouco do contexto envolvido nesse processo, como os fatores educacionais implicados.

EDUCAÇÃO AO LONGO DA VIDA

Apesar de haver um consenso em algumas populações em considerar que o processo de aprendizagem se limita apenas às faixas etárias escolares, alguns estudos possuem outra abordagem. O novo paradigma emergente sobre o envelhecer prioriza a oportunidade de uma aprendizagem em todas as idades para atualização e crescimento pessoal. O que irá permitir a possibilidade de assumir responsabilidades nas diversas épocas da vida (Delors, 1996; Oliveira; Oliveira, 2007; Osório, 2007).

A aprendizagem pode acontecer ao longo da vida (e não apenas em um período da vida pessoal) e na "largura" da vida (não apenas no sistema escolar) (Delors, 1996; Martín, 2007; Scortegagna, 2006; Vallespir; Morey, 2007). De acordo com o relatório da Unesco (Delors, 1996) pode-se oportunizar uma educação ao longo da vida para acompanhar e se atualizar constantemente em relação às mudanças da sociedade.

Partindo da premissa de que é necessário investir na educação, muitos estudos estão sendo desenvolvidos para melhorar a qualidade do processo de ensino e aprendizagem. As mudanças educacionais e etárias da população proporcionaram uma discussão das possíveis adaptações necessárias na educação e didática para atender as necessidades (mudanças fisiológicas, psicológicas e cognitivas) dos idosos, criando áreas como gerontogogia ou gerontologia educacional.[4]

Portanto, é possível considerar que a educação, a partir da oferta de atividade de leitura, interpretação e resolução de problemas, auxilia a manutenção dos níveis de ativação cerebral e permite na maioria dos casos "[...] recuperar e compensar a perda de estimulação ambiental ou contextual, que ocorre particularmente depois da reforma *(aposentadoria)*" (Martín, 2007, p. 61, grifo das autoras).

As tecnologias podem ser um meio de proporcionar o desenvolvimento dos quatro pilares com os idosos, pois para o seu uso é necessário uma reconstrução da perspectiva individual de vida, onde o "aprender a ser" envolve mudanças culturais.

IDOSOS *ONLINE*: COMPETÊNCIAS NECESSÁRIAS PARA A EAD

Com todas as mudanças que estão ocorrendo na sociedade em termos econômicos, tecnológicos, culturais e educacionais, cresceu o número de pesquisadores interessados em conhecer e aprofundar sobre competências. Nesse contexto surgiram diferentes linhas e paradigmas sobre o tema, gerando diferentes conceituações sobre as competências.

Para tanto, a perspectiva adotada será a desenvolvida neste livro nos capítulos 1 e 2. Apesar de existirem ainda diferentes linhas de pesquisa sobre o tema, adotou-se como base a perspectiva de considerar a competência uma forma de capacidade de mobilizar diferentes recursos e elementos cognitivos para enfrentar uma determinada situação. Para tanto, pressupõe os seguintes elementos como formadores da competência: conhecimentos, habilidades e atitudes, CHA. Assim, "[...] qualquer atuação competente sempre envolve o uso de conhecimentos inter-relacionados a habilidades e atitudes." (Zabala; Arnau, 2010).

Mazzone (2007), ao contextualizar sobre competências, trata das referentes ao profissional que ingressa hoje no mercado de trabalho. O autor analisa 11 competências, ou como ele próprio denomina fluências, necessárias para "sobreviver" na sociedade atual: de aprendizagem, de comunicação (linguística e interpessoal), tecnológica, sociocultural, de manutenção organizacional, participativa-colaborativa, fiscal-empresarial, inovacional, em visão (focalização e visão ampla), em introspecção e em ética. Schneckenberg, Ehlers e Adelsberger (2011) também discutem sobre a importância da competência na área empresarial e o que se espera da educação nesse contexto.

Devido ao panorama atual da sociedade, Monereo e Pozo (2010) realizam uma contextualização do que se espera dos alunos que estão ingressando nas escolas e quais as competências envolvidas no processo. Os autores analisam o cenário social e principalmente quem são os nativos e imigrantes digitais.[5] Cabe indagar como os imigrantes e nativos aprendem e se seria da mesma forma.

Pelo fato de as crianças e adolescentes hoje já possuírem acesso a alguma tecnologia, acabam desenvolvendo algumas competências diferentes das de adultos. Isso ocorre, pois os "imigrantes digitais", incluindo idosos, nasceram ainda na transição tecnológica e em muitos casos estão iniciando uma inclusão digital com 60 ou 70 anos.

Formiga (2012) cita a importância de uma aprendizagem transfronteira, que seria uma educação permanente, salientando a importância de se investir nesse tipo de educação e utilizar as tecnologias de informação e comunicação. Portanto, a realidade atual quase impõe ao ser humano o uso das tecnologias necessitando do uso de determinados CHA. Além da preocupação com as competências a serem desenvolvidas na escola, emerge o interesse em desvelar quais competências seriam necessárias para cada protagonista (professor, gestor, tutor e aluno) que participa de cursos *online*.

A EAD, que atualmente utiliza recursos interativos, como as da Web 2.0,[6] e que proporcionam uma aprendizagem além da aquisição de conhecimentos, está cada vez mais aprofundando os estudos sobre o desenvolvimento de competências para o virtual.

Assim, este capítulo aborda as competências necessárias de alunos que utilizam a EAD com idade igual ou superior a 60 anos. Existem estudos isolados que relacionam as palavras competência e idosos. Underwood (2010), por exemplo, realizou uma pesquisa sobre as competências comunicativas de idosos, contestando outros estudos que relatam um declínio linguístico elevado dessa parcela da população. Para a autora, os idosos utilizam outras competências, incluindo o afetivo, para se expressar e realizar narrativas e estas não são consideradas nas avaliações que estão sendo realizadas pelas pesquisas (Underwood, 2010).

Na literatura nacional e internacional, não foram encontradas pesquisas específicas sobre esse tema. Muitos estudos descrevem as competências de cuidadores ou médicos de idosos (quais seriam importantes para um bom desempenho desses profissionais) e competências de idosos com algum tipo de demência ou limitação física (para realização de atividades de vida diária) (Barbosa; Koopmans; Silveira, 2010; Furåker, Nilsson, 2009; Law et al., 2012; Moraes, 2006; Motta; Aguiar, 2007).

Dessa forma, foram utilizadas como base muitas das experiências que vêm sendo feitas a nível acadêmico na UFRGS com grupos de idosos, realizando o paralelo a partir de discussões de autores que trabalham sobre temas transversais relacionados a esse assunto, conforme é trazido a seguir.

Assim, serão considerados três principais domínios: tecnológico, cognitivo e sociocultural[7]. Não será utilizado o domínio de gestão pois não se aplica a esse caso, já que o objetivo é apresentar algumas das competências do idoso como aluno virtual.

A partir da experiência desenvolvida na UFRGS com um grupo de idosos que participam de cursos,[8] foi possível definir oito competências básicas (Figura 11.1).

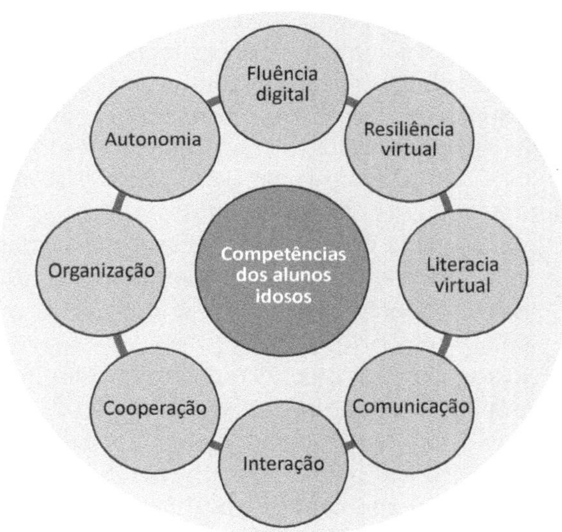

Figura 11.1 Competências do aluno idoso na EAD.

Desta forma, consideram-se as seguintes competências:

– **Literacia virtual**: a literacia vem sendo muito estudada, pois se refere a leitura, escrita e resolução de problemas no intuito de resolver dificuldades cotidianas em um patamar de compreensão. Kirsch e colaboradores (1993) consideram a utilização de informações que possibilitem o funcionamento da sociedade a fim de atingir objetivos, desenvolver e potencializar os conhecimentos pessoais. Alguns estudos apontam a literacia informacional, referente às questões que envolvem o avanço das tecnologias e a atualização rápida de informações (em muitos casos denominada sociedade da informação[9]). Também é utilizado o termo *literacia digital*, referente ao manuseio das ferramentas disponíveis na internet. A partir das leituras realizadas e da aplicação do projeto, observou-se a necessidade emergente de se desenvolver essa competência nos idosos que estão especificamente na EAD. Portanto, foi adotada neste capítulo a competência *literacia virtual*, a qual está relacionada com a utilização dessas capacidades básicas (leitura, escrita e questões matemáticas) como aporte para a compreensão dos conteúdos e relações cotidianas desempenhadas na EAD. Entende-se que é uma das competências importantes para os idosos no virtual e deveria ser usufruída pelos professores que trabalham com esse público. Mesmo que a pessoa mais velha não tenha habilidade suficiente para lidar com os recursos virtuais, o professor/tutor pode utilizar metáforas presentes no cotidiano para o idoso solucionar as questões emergentes na EAD.

– **Fluência digital:**[10] como já foi apresentado nos capítulos anteriores, essa competência se refere não apenas a saber utilizar as ferramentas tecnológicas, mas à possibilidade de construir significados para a aprendizagem durante toda a vida (Resnick, 2002). Para o contexto da EAD, a fluência digital é necessária nos idosos assim como para qualquer aluno que participe dessa modalidade. A diferença é que nos idosos a fluência digital deve ser considerada para muito além de técnicas de uso das tecnologias, portanto, em um patamar de reflexão e relação com metáforas da vida diária. Essas relações com o passado poderão possibilitar ao idoso dar significado ao uso das TIC em sua vida.

– Comunicação: com o avanço tecnológico, a comunicação se tornou uma competência muito presente. Iniciou-se com o uso da comunicação escrita e linear na Web 1.0, e passou-se para a comunicação multimídia presente na nova web (Web 2.0), onde são utilizados recursos audiovisuais como vídeo, fala, escrita. Como citam Illera e Roig (2010), a comunicação mediada por computador (*computer-mediated communication*) permite uma nova forma de se comunicar, delineada como um conjunto de situações comunicacionais entre duas ou mais pessoas mediadas pelas ferramentas digitais. A EAD é uma modalidade que sempre necessitou de ferramentas comunicativas, e, a partir da evolução das tecnologias, acabou incluindo o uso de recursos de comunicação como fórum, *messengers*, videoconferência e *e-mail*. Nessa modalidade de ensino, a comunicação é primordial. Ou seja, o diálogo deveria ser mais utilizado, não apenas de uma forma centrada em um locutor (professor) e tendo um receptor passivo (aluno), mas havendo dois ou mais indivíduos se comunicando, interagindo e dialogando. Os alunos idosos utilizam mais intensamente a comunicação no virtual, principalmente a verbal escrita por trazer segurança na troca (envio e recebimento) das mensagens. Desta forma, acarreta, de acordo com os idosos, uma relação mais próxima, ou seja, o afetivo. Essas reclamações decorrem da falta da "presença" visual do professor e colegas, o que reflete no desenvolvimento da competência em um âmbito multimidiático, por meio, por exemplo, do uso da fala e imagem como é o caso da videoconferência.

– **Interação**: quando se discute sobre interação, a palavra interatividade acaba sendo citada. A interação é a inter-relação entre os atores (professor/tutor, alunos e gestores) envolvidos na EAD (Moore; Kearsley, 2008). Portanto, envolve as relações interpessoais e intrapessoais. Nessa competência também está relacionado o uso da comunicação. Na EAD a interação é diferenciada, necessitando de recursos digitais como meio de se comunicar, o que limita os idosos de realizar mais interações do que necessitariam, por faltar habilidade suficiente em utilizar os recursos tecnológicos. Para refletir sobre essa competência, é necessário pensar nos seus elementos (CHA). Em uma interação, o aluno deve se informar sobre o tema que o professor propôs para realizar as discussões. Além disso, o aluno tem de possuir habilidades técnicas para o manuseio das ferramentas digitais e a atitude de iniciar uma conversa, saber mediar conflitos e promover variadas trocas entre os participantes (professores, tutores e colegas).

– **Cooperação**: é uma competência que está relacionada com outras já citadas neste e em outros capítulos como, por exemplo, comunicação e interação. A cooperação se refere ao trabalho em conjunto em prol de um objetivo em comum do grupo envolvido. Os idosos possuem a capacidade desenvolvida durante a vida de compartilhar conhecimentos, chamada em muitos casos de sabedoria, principalmente em se tratando de cenários desconhecidos como é o caso do virtual. Portanto, se torna simples desenvolver trabalhos cooperativos na EAD com idosos e, mesmo não sendo solicitados, acabam se ajudando em prol dos indivíduos e do grupo social que se forma naturalmente. Assim, o professor/tutor deve aproveitar e utilizar essa competência nos cursos virtuais.

– **Organização**: a EAD, como uma modalidade que favorece mais a autonomia, acaba necessitando que o aluno tenha uma organização para poder participar dessa modalidade. Quando se trata de organização, fala-se em diferentes tipos de organização, não apenas a pessoal do tempo e espaço, mas também a social que se refere à agenda de atividades propostas, a interação com os colegas no virtual. O que foi possível observar nos cursos[11] desenvolvidos nessa modalidade e nas poucas literaturas sobre o assunto é que os idosos não estão habituados a essa modalidade de ensino, e, por serem uma população extremamente heterogênea (em relação aos estilos de aprendizagem), acabam perdendo prazos das atividades, aulas presenciais, quando é o caso, ou mesmo não sabendo priorizar o que é importante. Dessa forma, é importante no início das aulas explicar ao aluno o que se espera deles, de suas limitações e realizar uma agenda presencial que deverá acompanhá-lo durante todo o curso, bem como ser lembrado pelos professores e tutores.

– **Autonomia**: quando se trata desse termo na EAD muitos outros acabam se relacionando. O que se espera de um aluno virtual é a autodireção, autorresponsabilidade, auto-organização ou, como alguns autores escrevem, se objetiva uma heutagogia[12] na EAD (Litto; Formiga, 2012; Mattar, 2007; Moore; Kearsley, 2008). Assim, os idosos devem assumir a responsabilidade pela sua aprendizagem, o que requer, no caso desse público, uma mudança radical de paradigma. Relembrando o contexto histórico, os idosos fizeram parte de uma época na qual o professor era o detentor do saber e não havia flexibilidade nem preocupação com o diálogo e a construção do conhecimento. Portanto, esta é uma das competências mais complexas e difíceis para os idosos, já que cabe a eles tomarem decisões a respeito do que, como e em que grau devem aprender.

– **Resiliência virtual**: a resiliência ainda é um campo pouco estudado no Brasil. Os estudos iniciaram na Psicologia, objetivando entender como as pessoas reagiam, se adaptavam e se ajustavam a situações de risco, estresse e experiências adversas. Na Educação, a resiliência é utilizada como uma capacidade de se adaptar às mudanças que estão ocorrendo, pensar, repensar e autoavaliar as atitudes, valores, conhecimentos e buscar se desenvolver individual e coletivamente (Tavares, 2001). Ela pode ser aprendida e exercitada (Afonso, 2012). O termo resiliência virtual aqui está relacionado com a capacidade de enfrentar as dificuldades provenientes das ferramentas digitais. No contexto dos idosos, a resiliência virtual é primordial, já que muitos ainda não estão abertos ao novo, ou mesmo não realizaram uma autoavaliação para se transformar e reavaliar o seu processo de aprendizagem. Nessa autoavaliação devem ser considerados os aspectos biopsicossociais[13] da velhice, já que estes interferem muito no processo de ensino e aprendizagem e acabam desmotivando e limitando o idoso a continuar na sua aprendizagem. Portanto, a resiliência virtual necessita que o idoso conheça sobre aspectos teóricos da velhice (o conhecimento), saiba utilizar as limitações ao seu favor (habilidade) e reavalie a sua atitude para continuar a aprender na modalidade *online*.

Cabe ressaltar que em muitos casos as competências são formadas por outros conjuntos (como, por exemplo, a comunicação) e se relacionam entre si. Apesar de terem sido identificadas oito competências nesse estudo, outras podem existir (e existem) dependendo muito do contexto cultural e social no qual se encontram os indivíduos.

Apesar de a maioria das competências serem basicamente as mesmas necessárias a qualquer aluno virtual, o que diferencia é a intensidade com que os idosos usufruem dos elementos envolvidos (habilidades, conhecimento e atitudes) para desenvolverem as competências em determinada situação, conforme o exemplo da Figura 11.2.

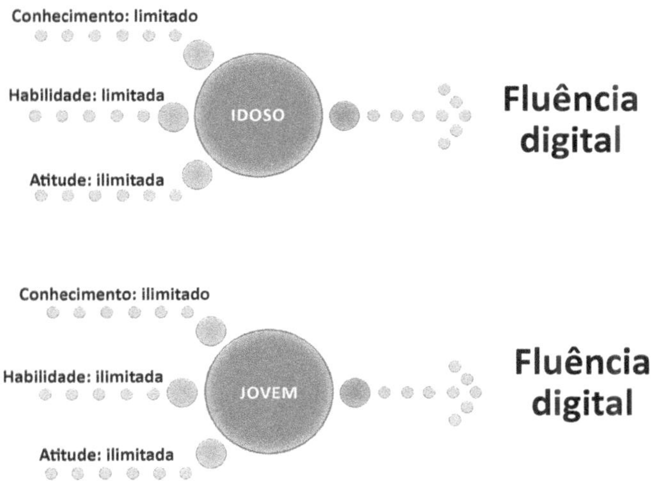

Figura 11.2 Diferença na competência de um jovem para um idoso.

Pode-se perceber que a competência escolhida para o exemplo é a mesma para o jovem e para o idoso (fluência digital). No entanto, a diferença de um idoso para um jovem seria os elementos que a compõem. Os jovens possuem conhecimento, habilidade e atitude suficientes para serem fluentes digitalmente e, por isso, possuem tanta facilidade no manuseio das tecnologias. Diferentemente, os idosos possuem limitações no conhecimento e habilidade para manusear o computador, por exemplo, mas possuem atitude suficiente para procurar um curso de informática.

Nesse contexto, pode-se dizer que os idosos não são competentes em termos de fluência digital. Então, por essa razão, nem deveriam utilizar o computador? O tema gera muitas reflexões, uma vez que o idoso já possui a atitude necessária para aprender a usar o computador (no caso, os que procuram cursos de inclusão digital). Portanto, o que é necessário a esse idoso é a habilidade e o conhecimento suficientes para manusear as tecnologias e se tornarem fluentes digitalmente.

Outro fator que diferencia os idosos do restante dos alunos virtuais são os recursos de mobilização, evolução e suporte.[14]

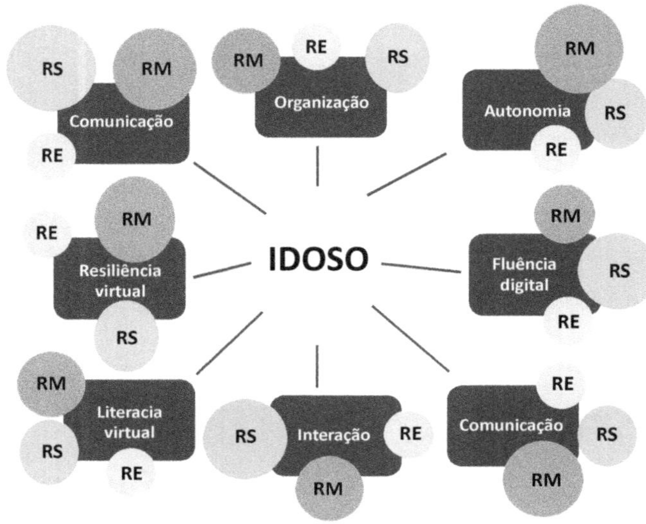

Figura 11.3 Os recursos de evolução (RE), de suporte (RS) e de mobilização (RM).

Como se observa na Figura 11.3, para os idosos cada competência vai exigir mais ou menos de um determinado recurso. Por exemplo, a autonomia e a resiliência necessitam mais do recurso de mobilização do idoso, que é a afetividade, já que pressupõe questões motivacionais e emocionais. A interação, a comunicação e a fluência digital necessitam mais do recurso de suporte (biofisiológico) por necessitar da fala, motricidade (uso das ferramentas digitais) do que as outras competências. E assim as outras competências utilizam mais ou menos determinados recursos conforme a necessidade. Salienta-se que as competências, seus elementos (CHA) e recursos sempre estarão inseridos em um contexto social e cultural que deve ser considerado.

Todos os recursos são essenciais, no entanto, dois se destacam por influenciar mais os idosos no contexto da EAD: o biofisiológico e o afetivo. O biofisiológico é fundamental no aprimoramento e desenvolvimento de competências em idosos. Esse recurso de suporte exerce um forte impacto, já que se sabe que ao envelhecer os fatores fisiológicos se acentuam, como a diminuição da visão, audição, tato, declínio cognitivo como memorização de eventos e funções, entre outros envolvidos no processo. Dessa forma, esses fatores devem ser considerados no que tange o oferecimento de cursos para esse público. Nesse processo, considera-se que o recurso afetivo é essencial. Em situações de aprendizagem como, por exemplo, interações, comunicações, resolução de conflitos, enfrentamento de valores individuais e coletivos a afetividade é instrumento propulsor das ações (Schneckenberg; Ehlers; Adelsberger, 2010).

Portanto, o aspecto afetivo é primordial em cursos na modalidade EAD. Nessa modalidade de ensino deveriam ser criados espaços de socialização, onde pudesse haver trocas de experiências, angústias e medos, fortalecendo assim a motivação em aprender e superar barreiras para isso.

Cabe ressaltar que o recurso de evolução, a criatividade, também é importante para os idosos, mas os outros dois acabam se acentuando na velhice. Sabe-se que outras competências, elementos e recursos devem existir e possuem seu valor para/com os idosos na EAD. Assim, neste contexto, salienta-se a importância de realizar mais estudos sobre o tema para que seja possível um maior aprofundamento.

CONSIDERAÇÕES FINAIS

O objetivo deste capítulo foi iniciar uma discussão sobre a atuação dos idosos e as competências necessárias para esse novo aluno virtual. Os estudos na EAD com esse tipo de público ainda são emergentes, mas, aos poucos, o interesse da população sobre o tema aumenta e vai se tornando, cada vez mais, essencial para a Gerontologia e a Educação.

Foi possível elencar algumas competências para os idosos na EAD, como: fluência digital, resiliência virtual, literacia virtual, cooperação, interação, comunicação, organização e autonomia. Observa-se que, apesar de os idosos na sua maioria não estarem habituados com as tecnologias e com a modalidade de ensino virtual, no caso da EAD, os professores/tutores podem desenvolver as competências necessárias para atuar nesse tipo de ensino. No entanto, cabe salientar que o educador deve saber sobre os recursos (biofisiológico, criativo e afetividade) e identificar quais são os mais necessários para esse público. Esse educador também deve ser capaz de reconhecer os elementos (CHA) para usufruir de suas possibilidades com os idosos, pois em muitos casos falta mais a habilidade do que o conteúdo trabalhado, por exemplo.

Apesar de ainda ser recente a participação dos idosos na EAD, esse "novo" público se mostra com grande potencial para participar ativamente no processo de ensino e aprendizagem virtual, cabendo às organizações governamentais e não governamentais iniciarem investimentos em cursos *online* para pessoas mais velhas. Cabe ressaltar que esse público, em muitos casos, retorna aos estudos não para se qualificar para o mercado de trabalho, mas sim para sua autovalorização e afirmação como cidadãos ainda produtivos e ativos na sociedade contemporânea.

NOTAS

1 Alfabetização digital se refere a estar preparado para utilizar as tecnologias de informação e comunicação, não apenas técnica, mas criticamente.

2 O estudo foi desenvolvido no Programa de Pós-graduação em Informática na Educação/UFRGS. Foi criada uma matriz de arquitetura pedagógica voltada para a EAD com o público idoso. Para isso, estão sendo desenvolvidos cursos para utilização das ferramentas da EAD, bem como oficinas virtuais de assuntos diversificados no intuito de analisar as interações, comunicações e construções desenvolvidas pelos idosos.

3 Arquitetura pedagógica é entendida neste capítulo como combinação e interação de estratégias e diferentes elementos que compõem uma prática pedagógica. É uma forma organizacional da aprendizagem, a partir da composição de quatro aspectos: de conteúdo, tecnológico, metodológico e organização (Behar, 2009).

4 A gerontogogia, ou gerontologia educacional, basicamente tem por objetivo uma educação voltada para os idosos de acordo com as necessidades específicas desse público, ou seja, uma "[...] educação para uma longevidade transformadora." (Both, 2001, p. 11).

5 Retoma-se aqui a classificação realizada por Prensky (2001) que considera os nativos digitais todos os que nasceram rodeados e estão imersos no mundo digital, repleto de tecnologias como computadores, *games*, mp3, entre outros. Já os imigrantes digitais são aqueles que estão aprendendo e se adaptando ao uso das "novas" tecnologias.

6 Web 2.0 é considerada a segunda geração da internet. O diferencial é que os serviços e as ferramentas possibilitam uma maior autoria e colaboração. As ferramentas mais notáveis desta nova geração da *web* são os *wikis*, as comunidades virtuais e os *blogs*.

7 Os quatro domínios (cognitivo, sociocultural, tecnológico e de gestão) foram tratados em detalhe na Unidade II deste livro.

8 Desde 2009 são ministrados na UFRGS cursos para idosos (com idade igual ou superior a 60 anos) com o objetivo de alfabetizá-los digitalmente e, após, torná-los fluentes digitais com o uso de ferramentas da EAD. A partir dos cursos ofertados, foi possível realizar a coleta de dados por meio de questionários, entrevistas e análise das observações das interações na sala de aula e no ambiente virtual de aprendizagem utilizado pelos alunos. Essa coleta ocorreu entre 2009 e 2011. A partir dos dados foi possível definir as competências citadas neste capítulo e construir a arquitetura pedagógica na EAD.

9 A sociedade da informação é um reflexo da nova realidade, conectada, interligada, imediatista e formada pelo excesso de informação, sendo capaz inclusive de causar distúrbios variados sobre a memória e a atenção (Guimarães, 2012).

10 A fluência digital foi mais detalhada no Capítulo 14 deste livro.

11 Conforme mencionado, foram desenvolvidos cursos na UFRGS para idosos no intuito de possibilitar uma maior capacitação e abrangência desse público em realizar/participar de cursos oferecidos virtualmente. Esse estudo fez parte de uma tese de doutorado na universidade (Machado, 2011).

12 Heutagogia é a aprendizagem autodirecionada, em que o aluno é o gestor e responsável pela própria aprendizagem (Litto; Formiga, 2012; Maia; Mattar, 2007).

13 Nos últimos anos, pesquisadores (Engel, 1977, 1982, 1997; White, 2005) observaram que a pessoa é formada por uma rede complexa de fatores, em que o biológico não é o mais importante como era defendido. Muitos autores iniciaram discussões na área, entre eles Edgar Morin (2010). Dessa forma, passou-se a ter uma visão integral do ser humano, sendo importante trabalhar/desenvolver aspectos biológicos, sociais e psicológicos, surgindo assim o termo *biopsicossocial*.

14 Os recursos tratados neste livro, na Unidade I, são três: recurso de evolução (criatividade), de suporte (biofisiológico) e de mobilização (afetividade).

REFERÊNCIAS

AFONSO, M. Stress, coping e resiliência em pessoas idosas. In: PAÚL, C.; RIBEIRO, O. *Manual de gerontologia:* aspectos biocomportamentais, psicológicos e sociais do envelhecimento. Lisboa: LIDEL, 2012.

BEHAR, P. A. (Org.). *Modelos pedagógicos em educação a distância.* Porto Alegre: Artmed, 2009.

BARBOSA, B. C. A. L; KOOPMANS, F. F; SILVEIRA, A. C. D. O desenvolvimento de competências do cuidador do paciente com Alzheimer a partir das ideias de Paulo Freire. *Revista Augustus,* v. 14, n. 29, p. 35-44, 2010.

BOTH, A. *Educação gerontológica:* posições e proposições. Erechim: São Cristóvão, 2001.

DELORS, J. (Coord.). Os quatro pilares da educação. In: UNESCO. *Educação:* um tesouro a descobrir. São Paulo: Cortez, 1996.

DOLL, J.; MACHADO, L. R. Os idosos e as novas tecnologias. In: FREITAS, E. V. et al. (Org.). *Tratado de geriatria e gerontologia.* 3. ed. Rio de Janeiro: Guanabara Koogan, 2011.

ENGEL, G. L. The need for new medical model: a challenge for biomedicine. *Science,* v. 196, n. 4286, p. 129-136, 1977.

ENGEL, G. L. The biopsychosocial model and medical education: who are to be teachers? *The New England journal of medicine,* v. 306, n. 13, p. 802-805, 1982.

ENGEL, G. L. From biomedical to biopsychosocial. *Psychother Psychosom,* v. 66, p. 57-62, 1997.

FORMIGA, M. Aprendizagem além-fronteira e a EAD. In: LITTO, F. M.; FORMIGA, M. (Org.). *Educação a distância:* o estado da arte. São Paulo: Pearson Education do Brasil, 2012.

FURÅKER, C.; NILSSON, A. The competence of certified nurse assistants caring for persons with dementia diseases in residential facilities. *Journal of Psychiatric and Mental Health Nursing,* v. 16, n. 2, p. 146-152, 2009.

GUIMARÃES, L. S. R. O aluno e a sala de aula virtual. In: LITTO, F. M.; FORMIGA, M. M. (Org.). *Educação a distância:* o estado da arte. São Paulo: Pearson Education do Brasil,, 2012.

ILLERA, J. L. R.; ROIG, A. E. Ensino e aprendizagem de competências comunicacionais em ambiente virtuais. In: COLL, C.; MONEREO, C. *Psicologia da educação virtual:* aprender e ensinar com as tecnologias da informação e da comunicação. Porto Alegre: Artmed, 2010.

KIRSCH, I. S. et al. *Adult literacy in America:* a first look at the results of the national adult literacy survey. Washington: National Center for Education Statistics, 1993.

LAW, L. L. F. et al. Measures of everyday competence in older adults with cognitive impairment: a systematic review. *Age and Ageing,* v. 41, n. 1, p. 9-16, 2012.

LITTO, F.; FORMIGA, M. (Org.). *Educação a distância:* o estado da arte. São Paulo: Pearson Education do Brasil, 2012.

MACHADO, L. R. *Construção de uma arquitetura pedagógica para idosos:* desvelando o potencial inclusivo da educação a distância. 2011. Proposta de Tese (Doutorado) – Faculdade de Educação, Universidade Federal do Rio Grande do Sul, Porto Alegre, 2011.

MAIA, C.; MATTAR, J. *ABC da EaD:* a educação a distância hoje. São Paulo: Pearson Prentice Hall, 2007.

MARTÍN, A. V. Gerontologia educativa: enquadramento disciplinar para o estudo e intervenção socioeducativo com idosos. In: OSÓRIO, A. R.; PINTO, F. C. *As pessoas idosas:* contexto social e intervenção educativa. Lisboa: Instituto Piaget, 2007.

MAZZONE, J. S. Preparando-se para trabalhar e viver no mundo do capitalismo acelerado: adquirindo as fluências essenciais para competir e sobreviver no ambiente criado pelas novas tecnologias e pela globalização. In: VALENTE. J. A.; MAZZONE, J.; BARANAUSKAS, M. C. (Org.). *Aprendizagem na era das tecnologias digitais.* São Paulo: Cortez, 2007

MONEREO, C.; POZO, J. I. O aluno em ambientes virtuais: condições, perfil e competências. In: COLL, C; MONEREO, C. *Psicologia da educação virtual:* aprender e ensinar com as tecnologias da informação e da comunicação. Porto Alegre: Artmed, 2010. p. 97-117.

MOORE, M. G.; KEARSLEY, G. *Educação a distância:* uma visão integrada. São Paulo: Cengage Learning, 2008.

MORAES, G. L. A. *Competências e habilidades do enfermeiro no cuidado ao cuidador de idoso dependente.* 2006. 84 f. Dissertação (Mestrado) – Faculdade de Farmácia, Odontologia e Enfermagem, Universidade Federal do Ceará, Fortaleza, 2006.

MORIN, E. *Educação e complexidade:* os sete saberes e outros ensaios. Rio de Janeiro: Cortez, 2010.

MOTTA, L. B.; AGUIAR, A. C. Novas competências profissionais em saúde e o envelhecimento populacional brasileiro: integralidade, interdisciplinaridade e intersetorialidade. *Ciência & Saúde Coletiva*, v. 12, n. 2, p. 363-372, 2007.

OLIVEIRA, F. S.; OLIVEIRA, R. C. As pessoas idosas no Brasil: contexto demográfico, político e social. In: OSÓRIO, A. R.; PINTO, F. C. *As pessoas idosas:* contexto social e intervenção educativa. Lisboa: Instituto Piaget, 2007.

OSÓRIO, A. R. Os idosos na sociedade actual. In: OSÓRIO, A. R.; PINTO F. C. (Org.). *As pessoas idosas:* contexto social e intervenção educativa. Lisboa: Instituto Piaget, 2007.

PALMA, L. T. S. *Educação permanente e qualidade de vida:* indicativos para uma velhice bem-sucedida. Passo Fundo: UPF, 2000.

PRENSKY, M. Digital natives, digital immigrants. *On the horizon*, v. 9, n. 5, p. 1-6, 2001. Disponível em: <http://www.marcprensky.com/writing/prensky%20-%20digital%20natives,%20digital%20immigrants%20-%20part1.pdf>. Acesso em: 17 out. 2008.

RESNICK, M. Rethinking learning in the digital age. In: KIRKMAN, G. S. et al. *The Global Information Technology Report* 2002: readiness for the networked world. New York: Oxford University Press, 2002.

SCHNECKENBERG, D.; EHLERS, U.; ADELSBERGER, H. Web 2.0 and competenceoriented design of learning: potentials and implications for higher education. *British Journal of Educational Technology*, v. 42, n. 5, p. 747-762, 2011.

SCORTEGAGNA, H. M. Oficinas temáticas como estratégia pedagógica. In: CASARA, M. B.; CORTELLETTI, I. A.; BOTH, A. *Educação e envelhecimento humano.* Caxias do Sul: EDUCS, 2006.

TAVARES, J. (Org.) *Resiliência e educação.* São Paulo: Cortez, 2001

UNDERWOOD, K. Interactive remembering: Insights into the communicative competence of older adults. *Journal of Aging Studies*, v. 24, n. 3, p. 145-166, 2010.

VALLESPIR, J.; MOREY, M. A participação dos idosos na sociedade: integração vs. Segregação. In: OSÓRIO, A. R.; PINTO F. C. (Org.). *As pessoas idosas*: contexto social e intervenção educativa. Lisboa: Instituto Piaget, 2007.

WHITE, P. (Ed). *Biopsychosocial medicine:* an integrated approach to understanding illness. Oxford: Oxford University Press, 2005.

ZABALA, A; ARNAU, L. *Como aprender e ensinar competências:* uma proposta para o currículo escolar. Porto Alegre: Artmed, 2010.

Leituras recomendadas

ALVES, R.; DIMENSTEIN, G. *Fomos maus alunos.* Campinas: Papirus, 2003.

PERRENOUD, P. *Dez novas competências para ensinar:* convite à viagem. Porto Alegre: Artmed, 2000.

Competências para a construção de materiais educacionais digitais baseados no *design* pedagógico 12

Cristina Alba Wildt Torrezzan, Patricia Alejandra Behar

INTRODUÇÃO

Frente à expansão da internet e das tecnologias digitais[1] em várias áreas da sociedade atual, verifica-se a crescente utilização de materiais educacionais digitais (MED's) na educação. A sua aplicação não envolve a simples digitalização da sala de aula, mas sim a sua ampliação. O seu grande diferencial está justamente em possibilitar uma gama de novas situações, antes prejudicadas por limites geográficos, físicos, financeiros e temporais. No entanto, para a conquista desse objetivo, torna-se necessário analisar as transformações ocorrentes na atual geração digital[2] e voltar a atenção às práticas pedagógicas[3] a serem aplicadas nos MED's e ao seu processo de construção.

A geração digital abrange os indivíduos que nasceram no final da década de 1980, interagindo, desde pequenos, com o uso do computador e distintos recursos digitais,[4] desenvolvendo uma postura cibernética, interativa e colaborativa. A procura da informação e conhecimento entre esses jovens, muitas vezes ocorre por meio de *sites* de busca, tutoriais *online* e fóruns de discussão na *web*. Além disso, os jogos de *videogame* normalmente simulam situações-problema em que os jogadores precisam elaborar hipóteses e estratégias de ação para alcançar seus objetivos e ultrapassar fases e recordes. Dessa forma, aos poucos, essa geração começa a ingressar em um espaço em que se torna necessário não apenas conhecer, mas também saber ser e saber agir. Precisam desenvolver essa nova postura para conseguir ter iniciativa, saber buscar, analisar, selecionar e aplicar a informação do modo mais adequado para cada situação. Esse novo perfil se origina da interatividade com as ferramentas digitais, que possibilita cada vez mais aos nativos digitais o desenvolvimento de novas habilidades, descritas por Veen e Vrakking (2009) como icônicas, de executar múltiplas tarefas, de zapear, do comportamento não linear e colaborativas. Dessa forma, a geração digital inicia seu aprendizado sobre a relação conhecimento/habilidades/atitudes, ainda sem dominar totalmente o equilíbrio entre esses três fatores. Cabe à escola, portanto, apoiar esse desenvolvimento, em busca do equilíbrio entre o saber conhecer, o saber ser e o saber agir perante o objeto de estudo.

Porém, a educação vive um momento de transformação, já que os paradigmas presentes na sociedade não estão sendo suficientes para dar conta das relações, necessidades e desafios sociais. Segundo Behar (2009), o modelo educacional atual privilegia o ensino tecnicista, que tem por objetivo preparar os indivíduos para desempenhar papéis conforme aptidões. Por consequência, os alunos encontram dificuldade em relacionar o conteúdo estudado com a realidade, de modo a não se sentirem instigados a investigar o assunto. Essa prática educacional se reflete na dificuldade que os profissionais estão enfrentando em saber aplicar os conceitos estudados em seu tempo escolar ou universitário em situações reais, no âmbito profissional ou cotidiano. Essa realidade, segundo Zabala e Arnau (2010), gera a necessidade de revisar o caráter dessas aprendizagens, provocando uma opinião favorável a uma educação por competências. O objetivo seria "[...] uma escola que formasse em todas as competências imprescindíveis para o desenvolvimento pessoal, interpessoal, social e profissional [...]" (Zabala; Arnau, 2010, p. 22).

Nesse contexto, visualiza-se a importância da abordagem da educação por competências na sala de aula e, por sua vez, a necessidade da criação de materiais educacionais digitais que possibilitem aos alunos o desenvolvimento de conhecimentos, habilidades e atitudes. Para tanto, esses MED's precisam contemplar práticas pedagógicas que propiciem ao usuário a investigação do conteúdo estudado, a criação de hipóteses e a aplicação de estratégias de ação, em um ensaio entre o saber conhecer, saber ser e saber agir perante o objeto de estudo.

Entende-se que a abordagem do *design* pedagógico (Torrezzan, 2009), pode apoiar essa prática. Ele envolve a construção de MED's ressaltando a importância do caráter interdisciplinar[5] da equipe desenvolvedora, do concomitante planejamento técnico-gráfico-pedagógico e da abordagem da experiência estética. Por meio dessa construção, é possibilitado ao aluno a oportunidade de investigar o objeto de estudo sob a sua essência, sem a limitação de conceituações e funcionalidades pré-definidas, aproximando-se da concepção da educação por competências.

Desse modo, neste capítulo são abordados os principais conceitos envolvidos na construção de materiais educacionais digitais baseados no *design* pedagógico. O objetivo é, a partir dessa análise, identificar os principais elementos envolvidos nessa prática, configurando as competências necessárias à equipe desenvolvedora para a construção de MED's baseados no *design* pedagógico. O intuito é colaborar com a formação de equipes desenvolvedoras desse tipo de material e com a articulação entre os seus diferentes membros interdisciplinares durante a elaboração de MED's.

MATERIAIS EDUCACIONAIS DIGITAIS

Material educacional digital (MED) é conceituado neste livro como todo o material voltado à aprendizagem e que utiliza um ou mais recursos digitais na sua elaboração. O termo é utilizado quando não há a necessidade de especificar a natureza do material e ao mesmo tempo abrangendo todas elas. Os mais utilizados atualmente são as páginas *web, blogs, wikis,* os *softwares* educacionais e os objetos de aprendizagem (OA).

A página *web* (*site*) pode ser publicada na internet ou ainda na intranet da escola. Em vez da simples "digitalização" do conteúdo abordado, dependendo da metodologia pedagógica aplicada, o seu caráter hipertextual pode permitir aos alunos o acesso a várias fontes de informação, possibilitando o confrontamento de diferentes autores e pontos de vista. O caráter interativo também pode ser contemplado. O *site* pode disponibilizar *links* para a página *web* de cada aluno; pode ainda conter animações e simulações interativas, possibilitar a postagem de comentários, entre outras dinâmicas. Além de aproximar a rotina da sala de aula às atividades que os alunos realizam no seu dia a dia, possibilita um apoio pedagógico que não se limita à duração de uma determinada aula. Embora seja aconselhável que o editor da página possua um conhecimento mínimo em programação html, cada vez mais estão sendo lançados no mercado *softwares* gratuitos para leigos no assunto.

O ***blog*** é uma espécie de página *web*, mas de edição bem mais simples, podendo ser manipulado por pessoas que não dominam linguagens de programação. Alguns são pagos, mas existem muitos gratuitos. A sua utilização permite não apenas a comunicação de uma informação. Textos podem ser construídos em conjunto com professores e alunos, já que é possível habilitar o *blog* para permitir que tanto o administrador quanto os usuários o editem. Além disso, também há um espaço destinado a comentários, que pode ser utilizado para a comunicação entre os alunos e professores (sem precisar ocupar o corpo principal de edição). O *blog* permite ainda a colocação de *links* para páginas *web*, *wikis* e outros *blogs*. Suporta imagens, *gifs* animados, relógios, mural de recados, todos disponibilizados gratuitamente por muitos *sites*.

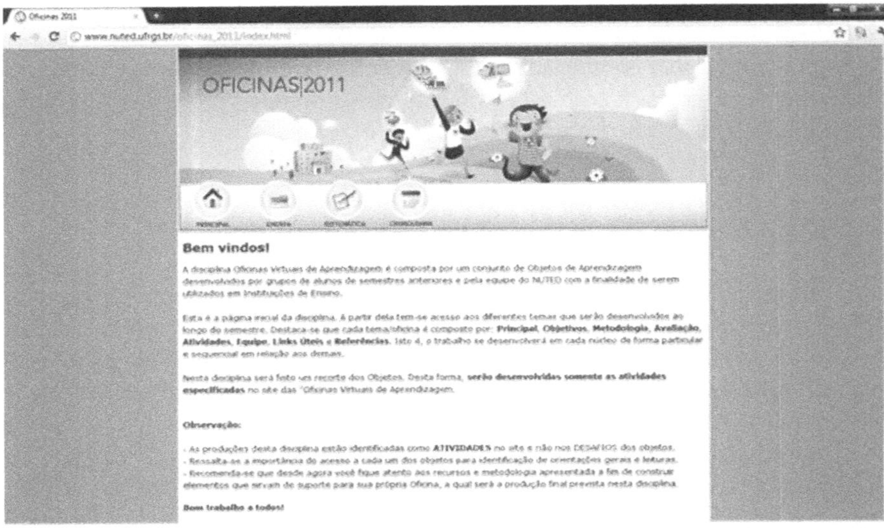

Figura 12.1 Página da disciplina Oficinas virtuais de aprendizagem da Pós-graduação da UFRGS.
Fonte: Núcleo de Tecnologia Digital Aplicada à Educação – NUTED (2011).

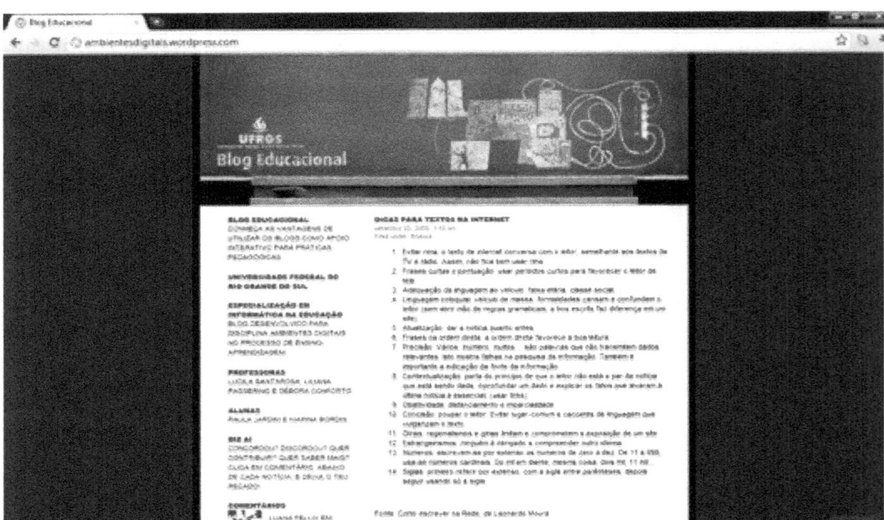

Figura 12.2 *Blog* da disciplina Ambientes no processo de ensino-aprendizagem do Curso de Especialização em Informática na Educação da UFRGS.
Fonte: Universidade Federal do Rio Grande do Sul – UFRGS (2007).

Os *wikis* são aplicações *web* que permitem a construção de documentos de maneira colaborativa. Os exemplos mais conhecidos são a Wikipédia (Figura 12.3), que permite tanto a criação quanto a edição de textos existentes e o PBwiki (Figura 12.4) – de uso e manipulação semelhante ao *blog*, mas sem tantas ferramentas de personalização de interface.

Figura 12.3 Página sobre PBwiki na Wikipédia.
Fonte: Wikipédia (2012).

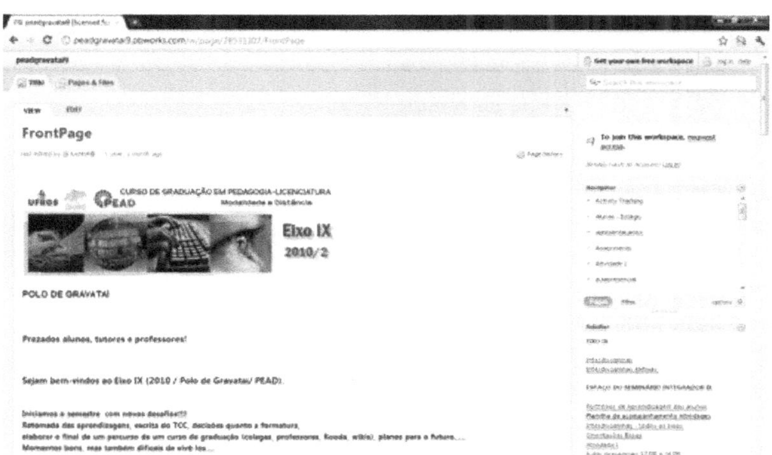

Figura 12.4 PBwiki utilizado no curso de Pedagogia a distância da UFRGS, polo Gravataí.
Fonte: Universidade Federal do Rio Grande do Sul – UFRGS (2010).

Além desses recursos digitais que podem ser aplicados em sala de aula, destacam-se ainda os **agregadores de notícias *web***, como exemplo o Bloglines (gratuito). Ele auxilia o usuário a ter um maior controle sobre suas páginas *web*, *wikis*, *blogs* preferidos, avisando quando novas edições ocorrem. Essa ferramenta mostra-se muito útil, principalmente a professores, que podem acompanhar as publicações dos alunos de maneira mais dinâmica e detalhada. Em vez, por exemplo, de ter que acessar diariamente o *blog* de cada aluno procurando se há novidades, com o Bloglines (Figura 12.5), o professor acessa apenas aqueles que realmente realizaram alguma alteração.

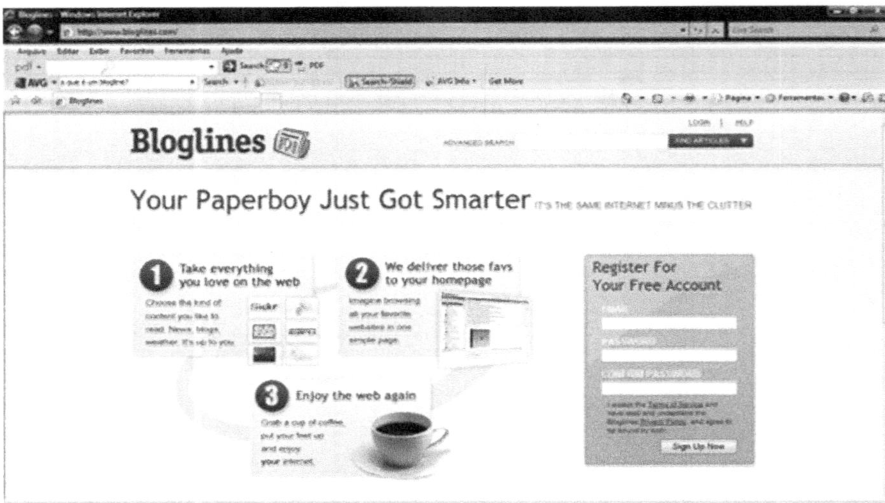

Figura 12.5 Página de acesso ao Bloglines.
Fonte: Bloglines (2006-2012).

O ***software* educacional** é todo o programa de computador voltado ao processo de ensino-aprendizagem. Segundo Gamez (1998), dependendo de suas características, divide-se em: Exercício e prática, Tutorial, Sistema tutor inteligente, Simulação e modelagem, Jogo educacional, Informativo, Hipertexto/hipermídia. Uma das grandes vantagens da utilização do *software* educacional na sala de aula é a adoção do caráter lúdico, que tende a libertar o aluno da "tensão de aprender". Ele pode ser classificado como aberto ou fechado. O software educacional aberto propõe situações-problema ao aluno, que por sua vez necessita criar estratégias para solucioná-las. Possibilita uma aprendizagem realizada por descoberta através da livre manipulação do aluno e sob seu próprio controle (Behar, 2008). Já o software educacional fechado *se* baseia em sequências pré-definidas de atividades instrucionais que guiam a trajetória do usuário pelo ambiente (Behar, 2008). Foca o desempenho do aluno e não o seu processo de aprendizagem. Ressalta-se que, embora o *software* educacional fechado se distancie um pouco de uma aprendizagem construtivista, dependendo da metodologia pedagógica e dinâmica aplicada à sua utilização será possível possibilitar ao aluno uma postura crítica e autônoma sobre ele. Os *softwares* educacionais são facilmente encontrados na internet, em lojas de informática e na biblioteca de escolas.

Figura 12.6 *Site* com *softwares* educacionais disponíveis para *download*.
Fonte: Rede Escola (2012).

O **objeto de aprendizagem (OA)** é conceituado por diversos autores, exigindo uma análise mais complexa. Wiley (2000) compara o objeto de aprendizagem ao átomo, no que diz respeito à qualidade de um elemento pequeno ser combinado e recombinado a outros, formando um elemento maior. A partir da análise desse autor, Behar e Gaspar (2007) conceituam o OA como todo recurso digital modular utilizado para apoiar a aprendizagem presencial e a distância. Definiram ainda as características básicas de um OA: devem ser autoexplicativos, modulados, agregáveis, digitais, interoperáveis e reutilizáveis (Behar; Gaspar, 2007). Wiley (2010) relatou que atualmente já considera "tudo" como um objeto de aprendizagem: o próprio professor, colegas, animações, jogos educacionais, livros, entre outros. Sob essa perspectiva, é como se Wiley, de certa forma, considerasse OA todo elemento capaz de interagir com o sujeito durante o seu processo de construção do conhecimento, sendo essa conceituação a mais adotada atualmente.

A principal característica de um OA é a possibilidade de ser reutilizável, ou seja, propiciar que diferentes conteúdos sejam aplicados à sua estrutura. Além disso, ainda pode ser utilizado em diversas turmas ou disciplinas, por meio da reestruturação das práticas pedagógicas referentes à sua aplicação. Ao abordar diferentes mídias, possibilita que os alunos entrem em contato com distintos tipos e formas de informação, contemplando vários estilos de aprendizagem. A estrutura não linear permite que o aluno crie a sua estratégia de exploração pelo OA a partir da sua lógica. Desse modo, o objeto de aprendizagem pode ser o material educacional digital mais completo, por isso é um dos mais utilizados na atualidade, principalmente na educação a distância. Existem repositórios na *web* que disponibilizam o *download* gratuito de objetos de aprendizagem, como o Banco Internacional de Objetos Educacionais (BIOE), disponível no endereço http://objetoseducacionais2.mec.gov.br/ (Figura 12.7) e o Portal do Professor, disponível em: http://portaldoprofessor.mec.gov.br/recursos.html (Figura 12.8).

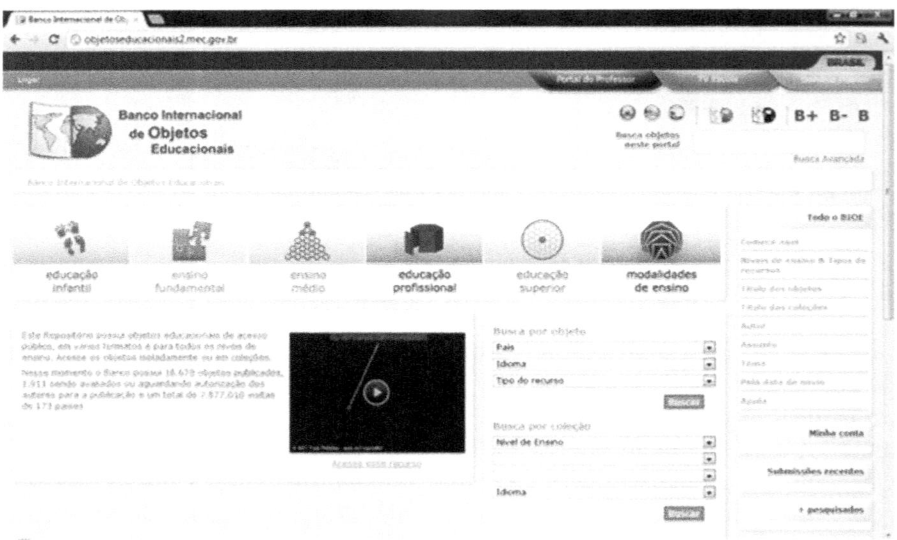

Figura 12.7 Banco Internacional de Objetos Educacionais (BIOE), que disponibiliza o *download* e *upload* de objetos de aprendizagem.
Fonte: Brasil (2008).

Figura 12.8 Portal do Professor, disponibiliza o *download* de conteúdos multimídia. Fonte: Brasil (2008-2011).

A partir dessa análise, é possível verificar que os MED's, por meio da aplicação das tecnologias digitais (TD), possibilitam interações e interatividades que extrapolam o limite físico da sala de aula. Essa prática, por sua vez, possibilita a aproximação da educação com o caráter atemporal que vem se instalando na sociedade desde a popularização da internet. Porém, visualiza-se a necessidade dessas TD serem apoiadas por metodologias pedagógicas compatíveis com o novo perfil do aluno: crítico, criativo, autônomo, colaborativo e não linear. Para alcançar esse objetivo é necessário planejar dinâmicas sob o prisma dessa nova geração digital, ultrapassando o paradigma do ensino tradicional.

Dessa forma, a escola poderá abordar o desenvolvimento de novos conhecimentos, habilidades e atitudes emergentes na era digital. Em busca desse objetivo, este capítulo sugere o planejamento de MED's por meio da integração da educação por competências ao conceito de *design* pedagógico. O intuito é colaborar com a construção de MED's que apoiem o perfil da geração digital e o desenvolvimento de conhecimentos, habilidades e atitudes necessários à resolução de problemas da vida real.

Equipes desenvolvedoras

O processo de elaboração de MED's envolve a participação de professores, educadores, pedagogos, *designers*, programadores e alunos bolsistas.

A integração entre esses diferentes membros deveria denotar um trabalho em conjunto, de forma integrada. No entanto, a prática interdisciplinar nem sempre pode ser observada, já que exige a articulação entre as diferentes funções de cada membro da equipe desenvolvedora – fator que se mostra complexo. O desafio está em identificar as responsabilidades, distribuí-las entre cada uma das áreas envolvidas e, ao mesmo tempo, gerenciar a intercomunicação entre as partes.

Entende-se que o ideal seria a atuação de uma equipe interdisciplinar composta por, no mínimo, um profissional de cada uma das seguintes áreas: *design*, pedagogia e programação, conformando a subequipe gráfica, pedagógica e técnica, respectivamente. Todavia, observa-se que, muitas vezes, não é isso o que ocorre na prática. Normalmente, as equipes desenvolvedoras de MED's são compostas apenas por um professor responsável (conteudista) e um ou dois bolsistas (normalmente programadores). Além disso, nem sempre possuem experiência na elaboração desses materiais e na utilização da tecnologia digital, sendo guiados apenas pelo esforço em ultrapassar o paradigma da educação tradicional. Por outro lado, mesmo quando há a atuação de uma equipe interdisciplinar, verifica-se a dificuldade enfrentada na articulação entre as diferentes funções de cada membro. Na realidade, talvez seja este um dos maiores problemas enfrentados: a falta de uma orientação objetiva a respeito dos fatores envolvidos na elaboração de MED's e a sua distribuição entre as diferentes funções de cada membro da equipe interdisciplinar. Por isso, este capítulo visa analisar os principais elementos envolvidos na construção de materiais educacionais digitais. O objetivo é identificar os conhecimentos, habilidades e atitudes (CHA) necessários à equipe desenvolvedora, em seus diferentes setores: técnico, gráfico e pedagógico. Dessa forma, essa análise pretende colaborar em dois aspectos fundamentais:

- **Processo de seleção e formação dos membros da equipe.** A partir dos principais elementos de competências identificados, será possível auxiliar o processo de seleção e formação dos membros da equipe. Ainda nos casos em que não for possível a organização de uma equipe interdisciplinar, os elaboradores terão acesso aos conhecimentos, habilidades e atitudes que necessitarão desenvolver para a elaboração de MED's.
- **Solução de possíveis inconsistências no MED construído.** A organização dos elementos de competências em setores (técnico, gráfico e pedagógico) poderá auxiliar na localização pontual do setor responsável por possíveis erros ou inconsistências no material. Dessa forma, poderá ser facilitada a identificação da etapa responsável, dos fatores envolvidos e a sua correção. Além disso, também será possível propiciar a articulação entre as diferentes funções dos membros da equipe.

Logo, por meio da identificação das competências da equipe desenvolvedora, pretende-se divulgar, de forma objetiva, os elementos envolvidos nessa prática, assim como sugerir um novo olhar a respeito do processo de construção de MED's, uma vez baseado nas competências da equipe. Desse modo, nas seções a seguir serão abordados os principais temas relacionados à construção de MED's: educação por competências, *design* pedagógico e experiência estética. O intuito é identificar os fatores envolvidos para, a partir deles, identificar os conhecimentos, habilidades e atitudes necessários à equipe desenvolvedora, denotando as competências para a construção de materiais educacionais digitais baseados no *design* pedagógico.

EDUCAÇÃO POR COMPETÊNCIAS

A educação por competências é uma concepção teórica que aborda a formação integral do indivíduo por meio do desenvolvimento de competências, ou seja, de conhecimentos, habilidades e atitudes. Ela surge da necessidade de uma alternativa a modelos formativos, que priorizam o saber teórico sobre o prático (Zabala; Arnau, 2010). Ressalta a abordagem aplicável do saber, pois parte-se do princípio de que o indivíduo só encontra sentido para um determinado conhecimento quando é capaz de utilizá-lo.

Nessa perspectiva, Zabala e Arnau (2010, p. 11) afirmam que, no âmbito escolar, a competência "[...] deve identificar o que qualquer pessoa necessita para responder os problemas aos quais será exposta ao longo da vida." Porém, cada situação vivida é única, de modo a uma pessoa poder apresentar algumas competências em certas situações e em outras não. Dependerá das diferentes variáveis envolvidas em um determinado momento. Além disso, o desenvolvimento de uma competência somente poderá ser analisada a partir da sua aplicação em situações da vida real. Nesse sentido, a escola pode colaborar com dinâmicas pedagógicas que, de certa forma, simulem essas situações, possibilitando ao aluno um ensaio a respeito do saber conhecer, saber ser e saber agir sobre o objeto de estudo. Logo, verifica-se que as competências podem ser aplicadas desde a trajetória acadêmica do aluno, até o seu desempenho profissional e pessoal em sociedade. Por isso, acredita-se na relevância de se abordar a educação por competências desde a fase escolar até a universitária e formação complementar. Dessa forma, desde cedo poderá ser possibilitado ao indivíduo o desenvolvimento de competências que lhe serão necessárias para resolver problemas da vida real, como explicam Zabala e Arnau (2010).

Portanto, estudos com base em competências têm sido realizados no âmbito educacional com o objetivo de investigar possíveis alterações no sistema tradicional de ensino e colaborar na formação integral do indivíduo. Zabala e Arnau (2010) relatam que essas pesquisas identificam que o ensino normalmente é organizado em torno do campo teórico nos diferentes ambientes profissionais. Na educação escolar, ocorre a priorização dos conhecimentos sobre a sua capacidade para serem aplicados na prática. Segundo os referidos autores, esse fato é consequência da pressão exercida pelos cursos universitários e da concepção generalizada sobre o valor intrínseco dos saberes teóricos. Já no ensino universitário e profissionalizante, visualiza-se a dissociação entre teoria e prática, juntamente com o atual sistema avaliativo (que apenas analisa a aprendizagem de conceitos). Segundo Zabala e Arnau (2010), essa realidade denota um sistema baseado na demonstração por escrito e em tempo limitado, do conhecimento que o indivíduo possui sobre determinado assunto. Dessa forma, raras vezes atua como meio de reconhecimento de resposta a problemas ou questões da profissão em contextos mais ou menos reais. O resultado é um distanciamento ainda maior entre a teoria e a prática. Os alunos, imersos nesse sistema educacional, acabam detendo-se em apenas memorizar os assuntos. O objetivo acaba sendo apenas expor corretamente os conceitos em uma prova, ao contrário de voltar os conteúdos estudados às diferentes situações que a vida lhes apresentará (Zabala; Arnau, 2010).

Segundo os referidos autores, essas ideias admitiram um caráter oficial ao serem abordadas por instâncias internacionais como a ONU (Organização das Nações Unidas, 1948), a Unesco (1998) e a OCDE (2002). Elas reportam a função da escola à formação integral do indivíduo de modo a ele ser capaz de responder aos problemas propostos pela vida. Nesse contexto, Delors[6] identifica os quatro pilares fundamentais: saber conhecer, saber fazer, saber ser e saber conviver (Zabala; Arnau, 2010).

Provavelmente a concepção da educação por competências evitaria o que se verifica atualmente: profissionais que, embora dominando conceitos importantes, encontram dificuldade em aplicá-los em suas atividades cotidianas, sejam pessoais ou profissionais. Por esse motivo, enfatiza-se a importância da abordagem da educação por competências na sala de aula e, por consequência, de os MED's possibilitarem ao aluno o desenvolvimento de conhecimentos, habilidades e atitudes. Para apoiar essa prática, identifica-se o *design* pedagógico como aporte teórico, principalmente por ele abordar a experiência estética e verificar nela um meio de possibilitar ao aluno o desenvolvimento de competências. Desse modo, na seção a seguir, a concepção da educação por competências é integrada ao conceito de *design* pedagógico. O intuito é colaborar com a construção de MED's que possibilitem ao usuário a construção do conhecimento no âmbito do saber conhecer, saber ser e saber agir por meio da experiência estética.

INTEGRAÇÃO DA CONCEPÇÃO DA EDUCAÇÃO POR COMPETÊNCIAS AO CONCEITO DE *DESIGN* PEDAGÓGICO

As tecnologias digitais estão sendo cada vez mais aplicadas a práticas pedagógicas, constituindo os materiais educacionais digitais (MED's). No entanto, a simples aplicação de recursos digitais não é garantia para ultrapassar o paradigma da educação tradicional. Torna-se necessário realizar uma reflexão a respeito da concepção pedagógica a ser aplicada nesses materiais.

O *design* pedagógico (Torrezzan, 2009) é uma concepção teórica que objetiva orientar a aplicação de recursos digitais em materiais educacionais por meio do concomitante planejamento técnico, gráfico e pedagógico. O seu intuito é colaborar na construção de MED's que possibilitem ao usuário uma aprendizagem autônoma, crítica, divertida, surpreendente e colaborativa, por meio da experiência estética. Para isso, sugere, por meio da aplicação dos seus parâmetros, o planejamento das seguintes questões-chave: **proposição de desafios, participação ativa do usuário** e **exploração não linear.**

A sua distinção para os outros tipos de *design* está na abordagem da experiência estética, possibilitada a partir da interatividade aluno-MED. Por meio dessa prática o aluno encontra a oportunidade de relacionar novos conceitos a antigos, criar e testar hipóteses, planejar e executar estratégias de ação. Essas ações mostram-se muito próximas à concepção da educação por competências, favorecendo um ensaio a respeito do saber conhecer, saber ser e saber agir perante o objeto de estudo. Por esse motivo, propõe-se a integração da concepção da educação por competências ao conceito de *design* pedagógico, explicitada a seguir.

Experiência estética em MED's: um ensaio entre o saber conhecer, saber ser e saber agir por meio da estesia

A estesia é a "[...] condição de sentir as qualidades sensíveis emanadas do que existe e que exala a sua configuração para esta ser capturada, sentida e processada, fazendo sentido para o outro." (Oliveira, 2010, p. 2). Originada do termo *aisthesis*, também pode ser entendida como o contrário de anestesia. O intuito da aplicação da estesia na educação, por meio da experiência estética, é organizar o plano do conteúdo e o de expressão de modo a possibilitar um diálogo com o usuário. Contudo, exclusivamente um diálogo que, por meio da figuratividade e da narratividade aplicada, possibilite uma afetação do sujeito que as sente. E, por meio dessa afetação, propicie interações discursivas comandadas por procedimentos enunciativos, possibilitando a construção de efeitos de sentido para o objeto de estudo abordado por meio do percurso do sujeito. Em outras palavras, o objetivo é possibilitar situações em que o aluno interaja com o objeto de estudo de forma similar às ocorrentes no mundo real, desenvolvendo um ensaio entre o saber conhecer, saber ser e saber agir perante o referido objeto de estudo. A essência dessa questão está na relação entre o plano de conteúdo e o plano da expressão.

O plano do conteúdo se refere ao significado do texto, ou seja, o que ele está comunicando e de que maneira. Já o plano de expressão se refere à manifestação desse conteúdo em um sistema de significação verbal (línguas naturais), não verbal (música, imagem, entre outros) ou sincrético (aquele que une vários tipos de linguagem) (Oliveira, 2005).

A partir das cinco estéticas propostas por Greimas (2002), é possível analisar como o plano da expressão e do conteúdo se relacionam por meio da estética e podem possibilitar uma experiência estética ao usuário do MED. Na **estética clássica**, a ação do sujeito prevalece sobre a do objeto (do ponto de vista semiótico), há um deslumbramento pelas formas e luz, na direção da perfeição. Na **estética da graça**, a ação do sujeito já não é tão soberana sobre a do objeto que o fascina, seduz. Na **estética da revelação**, a atividade do objeto sobressai à do sujeito. Relaciona-se ao excesso, o objeto intimida o sujeito por meio do sincretismo visual, olfativo e tátil. Na **estética da penetração**, o objeto atrai ao mesmo tempo em que afasta o sujeito por provocação, a partir da decomposição visual da forma, recursos cromáticos e táteis. Já na **estética da purificação**, o objeto absorve o sujeito e ambos se dissolvem. Cabe ressaltar que a relação sujeito-objeto na experiência estética está sendo analisada sob um prisma paralelo ao de Piaget (1990). Nela, tanto o sujeito pode dominar o objeto, como pode ser absorvido por ele. A dominação do sujeito pelo objeto se refere ao envolvimento, à penetração do usuário no objeto por meio da experiência estética. Um exemplo prático é o que ocorre nos jogos de *videogame* ou no mundo simulado – o usuário penetra ativamente no mundo virtual, de modo a este se tornar real naquele momento (é nesse sentido que ocorre a dominação do objeto sobre o sujeito). Portanto, o domínio do objeto nada tem a ver com a submissão do aluno, pelo contrário. Somente a partir da postura autônoma, ativa e de abstrações que essa relação é construída pelo aluno na experiência estética. Desse modo, a relação semiótica greimasiana se integra à interação sujeito-objeto de Piaget (1990), pois ambas se baseiam na ação ativa do sujeito e na sua relação com o objeto.

Em meio ao contexto entre o visualizar e o sentir é que Greimas e Courtés (1989) situam a estética, reportando-a à percepção de sensações por meio de relações recíprocas entre o inteligível e o sensível. Desse modo, entende-se que o objetivo da estética é surpreender o sujeito, para então se fazer notar, seja através do belo ou do feio, do agradável ou do irritante – o importante é possibilitar que o observador construa efeitos de sentido para o objeto em análise.

Entretanto, essa perspectiva possui várias metodologias de aplicação. Quando é utilizada em informações publicitárias, objetiva convencer o observador sobre um sentido pré-construído sobre determinado produto. Já no âmbito da educação, não há o objetivo de utilizar a estética para condicionar o sujeito, embora o método tradicional de ensino algumas vezes mostre o contrário, quando teorias são simplesmente repassadas aos alunos por meio de conteúdos pré-definidos. Isso ocorre porque a educação tradicional costuma enfocar o conhecimento inteligível, causando uma sobreposição deste com o saber sensível. Todavia, na atual sociedade globalizada e com a expansão cada vez maior do computador e da internet, torna-se muito fácil o acesso a informação. Conteúdos, fórmulas e até bibliografias completas podem ser observadas e reproduzidas na rede, de modo que a escola não é mais a única fonte de conhecimento científico. Dessa forma, surge a necessidade da adoção de novos métodos de ensino, para que a escola não aborde apenas a comunicação de uma informação, mas o desenvolvimento do pensamento crítico. Para isso, torna-se benéfico unir o saber sensível ao inteligível, em uma relação de equilíbrio entre os dois. Por meio dessa prática será possível preparar o aluno para interagir, relacionar e selecionar as diversas informações atualmente disponíveis na sociedade.

A experiência estética atua como forte aliada desse objetivo. Segundo a semiótica greimasiana, ela possibilita a transformação da relação sujeito-objeto por meio da ruptura das ações automatizadas. Permite que o indivíduo construa efeitos de sentido, uma vez que se opõe aos condicionamentos da dessemantizada rotina cotidiana, estabelecendo um novo estado de coisas (Greimas, 2002).

Por meio da experiência estética, considera-se o aluno como sujeito da construção do conhecimento, de modo a possibilitar que ele elabore um efeito de sentido para o seu objeto de estudo e não simplesmente aceite um determinado conceito. Dessa forma, o enunciador (autor) possibilita ao enunciatário (leitor) a construção de um efeito de sentido para um determinado conteúdo, independentemente de este se assimilar ou não com o do enunciador. A ênfase é dada às regulamentações realizadas ao longo de discussões sobre o referido assunto. É nessa relação de equilíbrio entre o agir e o sentir que a semiótica greimasiana atua. Por meio da aplicação dessa semiótica na educação, objetiva-se colocar em prática essas relações entre o pensamento crítico e o conteúdo abordado, contemplando a relação sujeito-objeto de Piaget (1990) e um ensaio sobre o saber conhecer, saber ser e saber agir perante o objeto de estudo. Assim, a partir da aplicação da experiência estética, objetiva-se permitir uma interatividade focada na relação aluno-MED, de modo admitir o sujeito como interator e possibilitar um diálogo com o sistema.

Segundo Malsburg (1995), um diálogo requer que os interlocutores disponham de autonomia e liberdade de ação e que possam contar com sistemas de valor e de motivação, a princípio com experiências de mundos semelhantes. O referido autor ainda ressalta que, enquanto o controle for o eixo principal, o computador não poderá assumir a posição de interlocutor em uma comunicação com seres humanos. Afirma que, no momento em que o planejamento do sistema estiver centrado no controle, o diálogo será substituído pelo discurso ou pelas estratégias de manipulação. Desse modo, este estudo utiliza a teoria construtivista de Piaget (1990) para embasar o planejamento desse diálogo por meio da experiência estética, uma vez que se verifica uma semelhança entre a relação sujeito-objeto de Piaget (1990) e a ação sujeito-MED.

Cabe ressaltar que a simples aplicação de diferentes mídias e interfaces interativas não é suficiente para a abordagem de uma experiência estética. Torna-se de fundamental importância diferenciá-la de uma simples experiência sensorial. A simples sensação, por exemplo, é uma experiência sensorial. É preciso "[...] combinar e articular os dados sensoriais simples (luzes, cores, sons) numa configuração que carregue um significado maior do que a mera soma de pequenas experiências sensoriais." (Duarte Júnior, 2000, p. 153). Por conseguinte, a experiência possibilitada pelo material educacional digital poderá ser considerada uma experiência sensível no momento em que permitir a realização de relações por parte do sujeito, de modo a denotar um sentido. Desse modo, o planejamento gráfico e interativo das interfaces possui um papel importante na contemplação desse objetivo pedagógico. A experiência sensível precisa apoiar a relação sujeito-MED, possibilitando a "ruptura" da anestesia cotidiana (estesia), instigando o usuário a investigar o conteúdo estudado. É sob essa perspectiva que este capítulo objetiva propiciar a experiência estética por meio do diálogo aluno-MED. O intuito é que, por meio da interatividade, seja possibilitado ao usuário a imersão em um mundo simulado, assim como a oportunidade de relacionar o tema em estudo com necessidades, problemas e soluções inerentes ao mundo real. Nesse contexto, o aluno poderá agir por meio da elaboração de hipóteses e estratégias de ação, de modo a atuar como sujeito estésico, somático e cognitivo.

Oliveira (2010) relata que o **sujeito estésico** é aquele que, por meio da apreensão de impressões impressivas, elabora um fazer resultante das afetações sensoriais, tornando-se correlato ao **sujeito somático** (aquele que realiza as apreensões). Segundo a referida autora, o **sujeito cognitivo**, por sua vez, advém da relação entre o sentir e o fazer, encontrando a possibilidade de reconhecer o sentido construído na produção da significação. Durante esse processo duas operações são construídas de maneira correlata: a operação de reconhecimento e de apreensão sensível, permitindo analisar que o sentir e o fazer são correlatos à reflexão. Após, na volta do sujeito para si próprio (tomada de consciência), são elaboradas a apreciação e a avaliação das impressões impressivas que o afetam. É justamente dando conta da categoria semântica somático-pragmática correlata à categoria cognitiva que o sujeito encontra a possibilidade de aceder à categoria semântica do sensível.

Do ponto de vista educacional, construir efeitos de sentido para um objeto de estudo significa descobri-lo, analisá-lo, verificar suas características, valores, conceituações, abrangência, utilidade e aplicabilidade. A partir dessas ações, o aluno poderá verificar o seu grau de identidade com o conteúdo em estudo e analisar a sua validação (ou não) em determinadas situações. No entanto, para ocorrer, esse processo necessita que o sujeito rompa com a anestesia cotidiana, deixando-se envolver por desequilibrações, instigações e processos cognitivos. A simples utilização de ferramentas digitais na sala de aula ou em MED's já não é mais suficiente para surpreender a geração digital, acostumada a constantemente aplicá-las em tarefas rotineiras. Em vista disso, acredita-se que a experiência estética propicie o movimento necessário para envolver o aluno nessa investigação sobre o conteúdo e instigá-lo a construir um efeito de sentido para o objeto em estudo.

IDENTIFICANDO OS FATORES ENVOLVIDOS NA CONSTRUÇÃO DE MATERIAIS EDUCACIONAIS DIGITAIS BASEADOS NO *DESIGN* PEDAGÓGICO

A partir da integração da concepção da educação por competências ao conceito de *design* pedagógico e experiência estética, a seguir são identificados os principais elementos envolvidos na construção de MED's. O intuito é desdobrar esses elementos em conhecimentos, habilidades e atitudes, denotando as competências necessárias para a construção de materiais educacionais digitais baseados no *design* pedagógico. Destaca-se, portanto, que essas competências são voltadas à equipe desenvolvedora, não havendo a necessidade de que uma única pessoa desenvolva todos os elementos identificados. Por meio da interação entre as subequipes (gráfica, técnica e pedagógica), o esperado é que ocorra a troca de conhecimento e o natural intercâmbio entre os referidos elementos de competências, assim como a articulação entre as diferentes funções de cada membro.

A construção de MED's envolve o projeto da interface gráfica, abordando questões referentes à ergonomia, comunicação visual, interatividade, densidade informacional, entre outros (**fatores gráficos**); o projeto da estrutura e funcionamento do sistema (**fatores técnicos**) e o planejamento pedagógico – aplicação da educação por competências, do construtivismo e do *design* pedagógico (**fatores pedagógicos**). A integração entre esses três fatores que fornecerão consistência ao MED e à interatividade aluno-objeto de estudo.

Desse modo, a equipe desenvolvedora de MED's necessita desenvolver conhecimentos, habilidades e atitudes para contemplar com eficiência os seguintes objetivos:

a) Elaborar e relacionar os diferentes fatores envolvidos no *design* pedagógico:

Fatores gráficos: estética e *design* de interface. O objetivo é dos elementos de composição não atuarem apenas como meros elementos decorativos, mas coatuarem no desenvolvimento das habilidades icônicas do usuário, apoiando a sua construção de conhecimento.

Fatores técnicos: relacionam-se às questões de ergonomia e programação informática do MED com o objetivo de apoiar a trajetória autônoma e não linear do usuário, possibilitando uma postura de livre descoberta das interfaces e do conteúdo abordado.

Fatores pedagógicos: com base na teoria construtivista de Piaget (1974), na concepção da educação por competências, no conceito de *design* pedagógico e experiência estética, são relacionadas questões referentes ao perfil do usuário, à elaboração do conteúdo abordado e ao planejamento das interações e interatividades possibilitadas por meio da relação usuário-MED. O objetivo é possibilitar ao aluno uma ação crítica sobre o material educacional digital, propiciando o desenvolvimento de conhecimentos, habilidades e atitudes.

b) Contemplar aspectos que possibilitem o apoio das interfaces educacionais elaboradas à construção do conhecimento do usuário:

- Experiência estética
- Comunicação didática
- Contextualização do conteúdo
- Efeito de sentido para o conteúdo estudado
- Exploração investigativa

c) Desenvolver a interação professor-equipe e entre membros da equipe

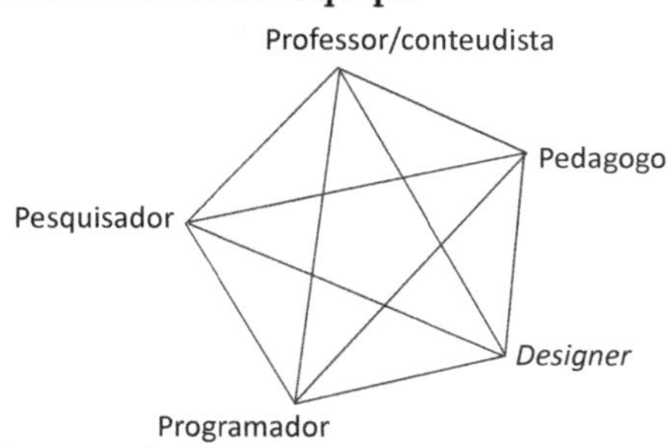

Figura 12.9 Equipe interdisciplinar.

Desse modo, é possível identificar e organizar os fatores envolvidos na elaboração de MED's baseados no *design* pedagógico e na educação por competências da seguinte forma (Figura 12.10):

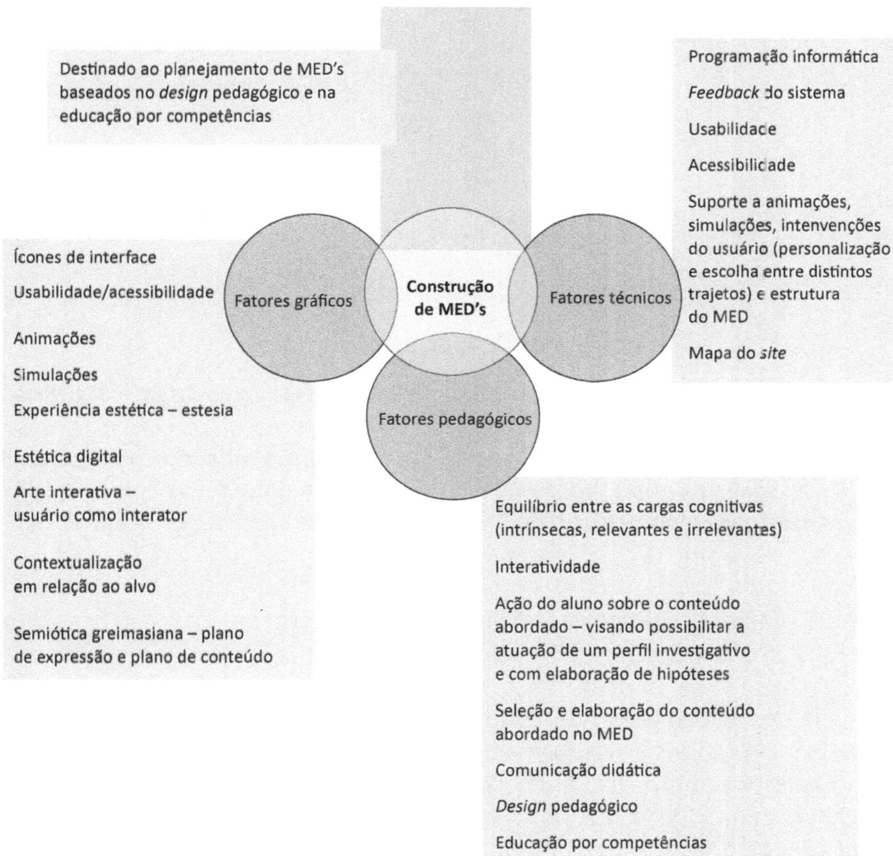

Figura 12.10 Fatores envolvidos na construção de MED's baseados no *design* pedagógico e na educação por competências.

Cada um desses fatores, por sua vez, pode ser organizado em: competências gráficas, competências técnicas e competências pedagógicas. Dessa forma, as competências para a construção de MED's podem ser configuradas a partir da fusão dessas competências (Figura 12.11).

Figura 12.11 Competências para a construção de MED's baseados no *design* pedagógico.

Na seção a seguir as competências técnicas, gráficas e pedagógicas são identificadas e integradas entre si, de modo a denotar as competências necessárias para a construção de MED's baseados no *design* pedagógico.

COMPETÊNCIAS PARA A CONSTRUÇÃO DE MED's BASEADOS NO *DESIGN* PEDAGÓGICO

O desenvolvimento de competências para a construção de materiais educacionais digitais baseados no *design* pedagógico envolve conhecimentos, habilidades e atitudes nas áreas do *design*, da pedagogia e da informática. Considera-se que, idealmente, essas características devem estar distribuídas entre os membros da equipe desenvolvedora de um material educacional digital para que o projeto possa ser executado com excelência.

Os conhecimentos ou conteúdos conceituais são relativos ao *saber* necessário para o desenvolvimento de uma determinada competência. Já as habilidades são os conteúdos procedimentais, referentes ao *saber fazer*. Por fim, as atitudes, ou conteúdos atitudinais, declaram de que forma se deve *ser* para alcançar a competência em questão (Zabala; Arnau, 2010).

O Quadro 12.1 apresenta os conhecimentos, habilidades e as atitudes destacadas como básicas às competências para a construção de MED's baseados no *design* pedagógico. Eles foram obtidos a partir da análise dos principais fatores envolvidos na construção de MED's, realizada anteriormente.

Quadro 12.1 Elementos de competências para a construção de MED's baseados no *design* pedagógico

Conhecimentos *saber*	**Habilidades** *saber fazer*	**Atitudes** *saber ser*
• Ética • Linguagem • Linguagem de programação informática • Metodologia de projeto • Composição visual • Experiência estética • Educação por competências • Carga cognitiva • Semiótica • Usabilidade • Ergonomia • Acessibilidade • Programação informática • Estilos de navegação • Mapa do *site* • Níveis de interatividade • Especificidades das mídias • Conhecimento técnico sobre execução de projeto • Estratégias pedagógicas • Estética digital • Arte interativa • Comunicação didática • Teorias do conhecimento • Planejamento Pedagógico	• Fornecer e receber *feedbacks* • Adequar projeto às necessidades das outras equipes • Comprometer-se com resultados • Ter iniciativa • Encontrar-se aberto ao diálogo • Saber negociar decisões • Expressar-se visualmente • Investigar • Projetar • Executar o projeto • Avaliar • Aprimorar • Usar recursos tecnológicos • Integrar diferentes mídias • Preparar conteúdo apropriado para a mídia • Possibilitar interação entre aluno, professor e conteúdo • Gerir equipe • Interagir com outras áreas • Programar • Planejar e executar o processo de construção do material digital • Avaliar constantemente o processo e readequá-lo sempre que necessário • Expressar-se visualmente • Realizar o planejamento gráfico do material • Preparar elementos gráficos apropriados para a(s) mídia(s) abordada(s) • Selecionar o conteúdo • Planejar a abordagem do conteúdo • Planejar situações de aprendizagem em que o aluno possa atuar com uma postura autônoma e investigativa • Selecionar as mídias mais adequadas para a abordagem do conteúdo • Elaborar dinâmicas pedagógicas que envolvam o desenvolvimento de conhecimentos, habilidades e atitudes • Abordar a experiência estética em práticas pedagógicas	• Comunicativo • Observador • Pesquisador • Criativo • Perseverante • Gerenciador • Administrador • Negociador

No Quadro 12.2 esses elementos (conhecimentos, habilidades e atitudes) são organizados por competências. Essas, por sua vez, são distribuídas nos diferentes setores da equipe desenvolvedora (técnico, gráfico e pedagógico), com o objetivo de colaborar com a articulação entre as diferentes funções dos seus membros. Desse modo, são identificadas algumas das competências necessárias para a construção de MED's baseados no *design* pedagógico.

Quadro 12.2 Competências para a construção de MED's baseados no *design* pedagógico

COMPETÊNCIAS	CONHECIMENTOS *saber*	HABILIDADES *saber fazer*	ATITUDES *saber ser*
Competência geral			
Competência de trabalho em equipe	• Ética	• Gerir equipe • Interagir com outras áreas • Fornecer e receber *feedbacks* • Adequar o projeto às necessidades das outras equipes • Comprometer-se com resultados • Ter iniciativa • Encontrar-se aberto ao diálogo • Saber negociar decisões	• Comunicativo • Observador • Pesquisador • Criativo • Perseverante • Gerenciador • Administrador • Negociador
Competências técnicas			
Competência de navegação	• Usabilidade • Acessibilidade • Estilos de navegação • Mapa do *site*	• Projetar • Executar o projeto • Avaliar	• Criativo
Competência de programação	• Linguagem de programação informática	• Programar	• Criativo • Pesquisador • Perseverante
Competências gráficas			
Competência de planejamento e desenvolvimento do material digital	• Metodologia de projeto	• Planejar e executar o processo de construção do material digital • Avaliar constantemente o processo e readequá-lo sempre que necessário	• Comunicativo • Observador • Gerenciador • Administrador
Competência de identidade visual	• Composição visual • Carga cognitiva • Ergonomia • Linguagem	• Expressar-se visualmente • Realizar o planejamento gráfico do material • Preparar elementos gráficos apropriados para a(s) mídia(s) abordada(s)	• Comunicativo • Criativo

continua

Quadro 12.2 *continuação*

Competência do *design* pedagógico	• Semiótica • Estética digital • Arte interativa	• Integrar diferentes mídias • Possibilitar interação entre aluno, professor e conteúdo por meio da interatividade das interfaces gráficas	• Criativo • Comunicativo • Observador
Competências pedagógicas			
Competência didática	• Comunicação didática • Teorias do conhecimento • Planejamento pedagógico	• Selecionar o conteúdo • Planejar a abordagem do conteúdo • Planejar situações de aprendizagem em que o aluno possa atuar com uma postura autônoma e investigativa • Selecionar as mídias mais adequadas para a abordagem do conteúdo	• Criativo • Pesquisador
Competência do *design* pedagógico	• Semiótica • Experiência estética • Educação por competências	• Elaborar dinâmicas pedagógicas que envolvam o desenvolvimento de conhecimentos, habilidades e atitudes • Abordar a experiência estética em práticas pedagógicas	• Criativo • Comunicativo • Pesquisador

CONSIDERAÇÕES FINAIS

A educação objetiva preparar os alunos para viver e atuar na sociedade. Para isso, necessita acompanhar o ritmo dos avanços no mundo globalizado, cada vez mais impulsionado pela utilização dos recursos digitais. O uso da internet e demais tecnologias digitais possibilita o surgimento de um novo perfil de aluno: interativo, colaborativo, investigativo, autônomo e de postura não linear (Torrezzan, 2009). Porém, verifica-se que a simples digitalização de materiais analógicos ou a utilização do computador em sala de aula não são suficientes para inovar práticas pedagógicas e compatibilizá-las com os atuais anseios sociais. Torna-se necessário a integração desses recursos à criação de novas dinâmicas para então realmente preparar o aluno para atuar com uma postura crítica e investigativa perante os desafios da vida real.

Frente a essa realidade e necessidade, verifica-se a responsabilidade de educadores, professores, alunos e *designers* na elaboração de MED's. Por esse motivo, este capítulo teve por objetivo colaborar com a prática de equipes desenvolvedoras, identificando os principais fatores envolvidos nessa função e organizando-os na forma de competências e seus elementos (conhecimentos, habilidades e atitudes).

Para esse fim, primeiramente foi realizada uma análise bibliográfica, verificando-se os principais fatores envolvidos na construção de MED's baseados no *design* pedagógico. Ressaltou-se, para essa prática, a abordagem da concepção da educação por competências e a possibilidade de ela ser adicionada ao conceito do *design* pedagógico. Acredita-se que essa seja uma possível forma de apoiar a elaboração de MED's que possam propiciar ao aluno uma atuação crítica e investigativa perante o objeto de estudo. Posteriormente, esses fatores foram desdobrados em elementos de competências (conhecimentos, habilidades e atitudes), denotando as competências necessárias para a construção de MED's baseados no *design* pedagógico.

Portanto, o objetivo deste capítulo foi o de verificar as competências que possam colaborar no processo de seleção e formação de equipes desenvolvedoras de MED's e, ainda, na articulação entre as distintas funções de seus membros interdisciplinares. Pretende-se ainda dar continuidade a este estudo e aplicar as competências identificadas no desenvolvimento de uma metodologia para a construção de MED's baseados no *design* pedagógico (Torrezzan, 2009)[7]. O intuito será fornecer suporte a equipes desenvolvedoras durante o processo de construção de MED's. Além disso, por meio da utilização dessa metodologia, pretende-se propiciar a elaboração de MED's que abordem não somente o saber conhecer, mas também o saber ser e o saber agir perante o objeto de estudo, em prol de uma educação integral.

NOTAS

1 A tecnologia digital é conhecida não só como o uso do computador, mas também da internet e toda uma gama de telecomunicações informatizadas inovadoras (Santos; Teixeira, 2007).

2 O termo "geração digital" reporta às pessoas que nasceram a partir do final da década de 1980 e que, portanto, cresceram em uma sociedade fortemente apoiada pelas tecnologias digitais (Veen; Vrakking, 2009). Em 2010, Prensky cunhou o termo "nativos digitais" para designar os indivíduos que nasceram na década de 1980 e 1990, crescendo imersos em um mundo dominado pela tecnologia e tendo como "língua" nativa a linguagem digital das tecnologias da informação e comunicação.

3 Entende-se por prática pedagógica o encontro das ações intencionadas pelos educadores com as ações dos estudantes no contexto escolar (Amaral, 2010). Pode também ser definida como "terreno no qual os estudantes discutem e questionam, de forma crítica, os diversos discursos e práticas culturais, bem como os meios de comunicação com os quais interagem em seu cotidiano" (Corazza, 1999, p. 20).

4 Recursos digitais são elementos informatizados, como imagens digitais, vídeos, animações, hipertextos, entre outros, que possibilitam uma interatividade entre o usuário e a realização de uma determinada atividade ou ação (André et al., 2007).

5 Integração recíproca entre várias disciplinas e campos de conhecimento (Siqueira, 1995).

6 Informe elaborado para a Unesco pela Comissão Internacional sobre educação para o século XXI no ano de 1996 (Zabala; Arnau, 2010, p. 23).

7 O desenvolvimento da metodologia para a construção de materiais educacionais digitais baseados no *design* pedagógico será produto da Tese de Doutorado que está sendo desenvolvida no Programa de Pós-graduação em Informática na Educação (PGIE) da Universidade Federal do Rio Grande do Sul (UFRGS). A data prevista para conclusão é 2013/2.

REFERÊNCIAS

AMARAL, C. B. *Desafio da ciberinfância:* modos de composição de práticas pedagógicas utilizando artefatos tecnológicos digitais. 2010. 145 f. Dissertação (Mestrado) – Faculdade de Educação, Universidade Federal do Rio Grande do Sul, Porto Alegre, 2010.

ANDRÉ, C. et al. A construção de objetos digitais de aprendizagem em parceria. In: CONGRESSO INTERNACIONAL DE EDUCAÇÃO A DISTÂNCIA, 13., 2007, Curitiba. *Anais...* Curitiba: ABED, 2007. Disponível em: <http://www.abed.org.br/congresso2007/trabalhos.asp>. Acesso em: 17 abr. 2012.

BEHAR, P. A. *Softwares educacionais*. Porto Alegre: UFRGS, 2008. Material didático da disciplina O computador na educação, da Universidade Federal do Rio Grande do Sul – Semestre 2008/2.

BEHAR, P. A. (Org.) *Modelos pedagógicos em educação a distância*. Porto Alegre: Artmed, 2009.

BEHAR, P. A.; GASPAR, M. I. Uma perspectiva curricular com base em objetos de aprendizagem. In: ENCONTRO INTERNACIONAL VIRTUAL EDUCA, 8., 2007, São José dos Campos. *Anais...* São José dos Campos: Virtual Educa, 2007. Disponível em: <http://ihm.ccadet.unam.mx/virtualeduca2007/pdf/37-PB.pdf> Acesso em: 20 abr. 2012.

BRASIL. Ministério da Educação. *BIOE - Banco Internacional de Objetos Educacionais*. Brasília: MEC, 2008. Disponível em: <http://objetoseducacionais2.mec.gov.br>. Acesso em: 25 abr. 2012.

BRASIL. Ministério da Educação. *Portal do professor*. Brasília: MEC, 2008-2011. Disponível em: <http://portaldoprofessor.mec.gov.br/recursos.html>. Acesso em 20 abril 2012.

BLOGLINES. [S.l.: s.n.], 2006-2012. Disponível em: <http://www.bloglines.com/>. Acesso em: 20 abr. 2012.

CORAZZA, S. M. Tema gerador: um modo de luta cultural. In: BOZZETTO, I. M. (Org.) *Trabalhando com temas geradores*. 2. ed. Ijuí: UNIJUÍ, 1999. (Coleção trabalhos acadêmico-científicos).

DUARTE JUNIOR, J. F. *O sentido dos sentidos:* a educação (do) sensível. 2000. Tese (Doutorado) – Faculdade de Educação, Universidade Federal de Campinas, São Paulo, 2000. Disponível em: <http://libdigi.unicamp.br/document/?code=vtls000211363>. Acesso em: 20 abr. 2012.

GAMEZ, L. T. *Técnica de inspeção de conformidades ergonômicas em software educacional.* Dissertação (Mestrado) – Universidade de Minho, Guimarães, Portugal, 1998.

GREIMAS, A. J.; COURTÉS, J. *Dicionário de semiótica*. São Paulo: Cultrix, 1989.

GREIMAS, A. J. *Da imperfeição*. São Paulo: Hacker Editores, 2002.

MALSBURG, C. V. D. Binding in models of perception and brain function. *Current Opinion in Neurobiology,* v. 5, n. 4, p. 520-526, 1995.

NÚCLEO DE TECNOLOGIA DIGITAL APLICADA À EDUCAÇÃO – NUTED. *Oficinas 2011:* oficinas virtuais de aprendizagem. [S.l.]: NUTED, 2011. Disponível em: <http://www.nuted.ufrgs.br/oficinas_2011/index.html>. Acesso em: 15 abr. 2012.

OCDE. *Proyeto DeSeCo:* définitions et selection des competencies. Fondements theoriques et conceptuels. Document de strategie. DEELSAIED/CERI/CD, 2002.

OLIVEIRA, A. C. *Estesia* e experiência do sentido. *CASA- Cadernos de Semiótica Aplicada*, v. 8, n. 2, 2010. Disponível em: <http://seer.fclar.unesp.br/casa/article/view/3376>. Acesso em: 13 abr. 2012.

OLIVEIRA, S. R. R. *Imagem também se lê*. São Paulo: Rosari, 2005.

ORGANIZAÇÃO DAS NAÇÕES UNIDAS – ONU. *Declaração Universal dos Direitos Humanos*. Assembleia Geral das Nações Unidas em 10 de dezembro de 1948.

PIAGET, J. *Aprendizagem e conhecimento*. Rio de Janeiro: Freitas Bastos, 1974.

PIAGET, J. *Epistemologia genética*. São Paulo: Martins Fontes, 1990.

PRENSKY, M. R. *Teaching digital natives:* partnering for real learning. California: Corwin Press, 2010.

REDE ESCOLA. [S.l.: s.n.], 2012. Disponível em: <http://www.redescola.com.br/site>. Acesso em: 25 abr. 2012.

SANTOS, N.; TEIXEIRA, J. S. As expectativas do consumidor frente à tecnologia digital. In: CONGRESSO NACIONAL DO COMPEDI, 16., 2007, Belo Horizonte. *Anais...* Florianópolis: Fundação Boiteux, 2008. P. 4786-4794. Disponível em: <http://www.conpedi.org.br/manaus/arquivos/anais/bh/juliana_santiago_teixeira.pdf> Acesso em: 20 abr. 2012.

SIQUEIRA, H. S. G.; PEREIRA, M. A. A Interdisciplinaridade como superação da fragmentação. Uma nova perspectiva sob a ótica da interdisciplinaridade. *Caderno de Pesquisa,* n. 68, 1995.

TORREZZAN, C. A. W. *Design pedagógico:* um olhar na construção de materiais educacionais digitais. 2009. Dissertação (Mestrado) – Faculdade de Educação, Universidade Federal do Rio Grande do Sul, Porto Alegre, 2009.

UNIVERSIDADE FEDERAL DO RIO GRANDE DO SUL – UFRGS. *Blog educacional:* especialização em informática na educação. Porto Alegre: UFRGS, 2007. Disponível em: <http://ambientesdigitais.wordpress.com/> Acesso em: 15 abr. 2012.

UNIVERSIDADE FEDERAL DO RIO GRANDE DO SUL – UFRGS. Faculdade de Educação. Curso de Graduação em Pedagogia-Licenciatura: modalidade a distância. Eixo IX, 2010/2. Polo Gravataí, 2010. Disponível em: <http://peadgravatai9.pbworks.com/w/page/28531307/FrontPage/>. Acesso em: 15 abr. 2012.

UNESCO. Declaração mundial sobre educação para todos: satisfação das necessidades básicas de aprendizagem, Jomtien, 1990. Brasília: UNESCO, 1998. Disponível em: <http://unesdoc.unesco.org/images/0008/000862/086291por.pdf>. Acesso em: 15 abr. 2012.

VEEN, W.; VRAKKING, B. *Homo Zappiens:* educando na era digital. Porto Alegre: Artmed, 2009.

WIKIPÉDIA – A Enciclopédia Livre. *PBworks*. [S.l.: s.n.], 2012. Disponível em: <http://pt.wikipedia.org/wiki/PBwiki>. Acesso em: 15 abr. 2012.

WILEY, D. A. Connecting learning objects to instructional design theory: a definition, a metaphor and a taxonomy. In: WILEY, D. A. *The instructional use of learning objects*. Utah: Agency for Instructional Technology, 2000.

WILEY, D. A. Openness and Analytics: the future of learning. In: LATIN AMERICAN CONFERENCE ON LEARNING OBJECTS AND TECHNOLOGY ENHANCED LEARNING, 5., 2010, São Paulo. *Palestra...* São Paulo: [s.n.], 2010. Disponível em:<http://www.slideshare.net/opencontent/laclo-2010-openness-and-analytics-the-future-of-learning-objects>. Acesso em: 15 abr. 2012.

ZABALA, A.; ARNAU, L. *Como aprender e ensinar competências*: uma proposta para o currículo escolar. Porto Alegre: Artmed, 2010.

Competências para o contexto tecnológico-musical na educação a distância 13

Patricia Alejandra Behar, Fátima Weber Rosas,
Magalí Teresinha Longhi, Maira Bernardi

INTRODUÇÃO

O atual contexto social e educacional vem promovendo, com a incorporação das tecnologias de informação e comunicação (TIC) nos ambientes virtuais de aprendizagem (AVA), a oferta e a procura por cursos de educação musical a distância.[1]

Nos anos 2000, a largura de banda e os recursos de compactação de áudio se ampliaram, diminuindo os custos de transmissão de dados pela internet. Isso possibilitou que aplicativos e utilitários de música, de fácil manuseio e gratuitos, pudessem, não apenas ser facilmente acessíveis, mas também ser utilizados por leigos.

O uso desses *softwares* permitiram elaborar objetos de aprendizagem (OA)[2] voltados para a criação de material digital dedicado à música. Essas ferramentas ampliaram as possibilidades da educação a distância (EAD) em Música, que desde 2008, é disciplina obrigatória na educação básica, aumentando sua relevância nos cursos de licenciatura em Pedagogia.

Sabe-se que o uso da tecnologia, por si só, não é suficiente para que ocorra uma aprendizagem com qualidade. Acredita-se que uma das possibilidades para essa qualificação seja uma educação voltada para o desenvolvimento de competências. Nessa perspectiva, o ensino e a aprendizagem, que têm como referência o desenvolvimento de competências, concebem o aluno como um todo, em todas as suas dimensões pessoais. A teoria e prática são articuladas, formando o indivíduo para situações reais ao longo da vida.

A formação de professores de música e dos que almejam utilizá-la como recurso na EAD deve primar pela abertura a sonoridades[3] provindas das tecnologias digitais, nem sempre centradas no sistema tonal ocidental.[4] Sustenta-se que uma aprendizagem musical relacionada com as competências venha auxiliar na aproximação entre teoria e prática e entre saberes provenientes das experiências cotidianas e construídos a partir da educação formal.

Este capítulo trata das competências necessárias no uso das tecnologias de informação e comunicação (TIC) na formação de professores que atuam tanto na modalidade presencial quanto a distância no contexto tecnológico-musical.

COMPETÊNCIAS PARA A MÚSICA

Fatores no desenvolvimento de competências para a música

Na perspectiva biológica e neurológica, Peretz (2006) afirma que existem duas tendências no estudo das habilidades musicais: uma que concebe a música como adaptação evolutiva, regida por genes; e outra que entende a habilidade musical como resultado de aprendizagens provindas do ambiente. Segundo a autora, a capacidade de processamento das alturas, ou da percepção auditiva de diferentes alturas (grave/agudo), também conhecida por frequência de sons, é exemplo de domínio musical específico no cérebro adulto. Estudos dessa habilidade apontam entre 70 a 80% para a hereditariedade. Peretz (2006) também aponta para a plasticidade do cérebro[5] que ocorre a partir de experiências com o meio. Dessa forma, muitas habilidades musicais são diferentes de indivíduo para indivíduo. A autora acredita que os seres humanos em geral são suscetíveis para se desenvolverem musicalmente e que uns desenvolvem mais profundamente essas habilidades. A maioria apresenta conhecimentos musicais comuns e capacidade de produção modesta sob a influência do meio cultural. Para a autora, ambas as perspectivas, genética e cultural, devem ser levadas em consideração.

Para o músico, segundo Hargreaves (2005, p. 4), é imprescindível a habilidade no manuseio de *softwares* editores de áudio para gravação e mixagem:[6] "[...] pode-se argumentar que é possível compor, gravar e tocar música sem ter tido que passar muitos anos aprendendo e praticando um instrumento". Para o autor, os papéis, até então delineados do compositor, intérprete, arranjador, engenheiro do som, e até mesmo do ouvinte, estão se tornando obscuros devido à revolução na maneira como a música é gravada, processada e armazenada com os recursos digitais.

Hargreaves (2005, p. 8), ao tratar de **habilidades**, afirma que as pessoas costumam vê-las de diferentes maneiras. Algumas as consideram fixas, isto é, que nada ou pouco pode se fazer para desenvolvê-las ou modificá-las:

"[...] ou você é bom ou não é em matemática, por exemplo, de forma que muita tarefa de casa e prática não adianta muito." Já outras pessoas, em vez de apresentarem um comportamento de impotência, acreditam que o trabalho pode influenciar suas habilidades.

Segundo Hargreaves (2005) e Dörge (2010), o pensamento otimista, que aqui se entende como autoconfiança, pode vir a ser fundamental para o desenvolvimento de habilidades musicais. Além da autoconfiança, a criatividade, a flexibilidade e a autonomia são consideradas por Dörge (2010) importantes na construção das competências.

Já no senso comum, prevalece a ideia de que somente pessoas com um "dom" ou talento podem desenvolver competências para a música. Entretanto, Peretz (2006), Hargreaves (2000, 2005) e Tafuri (2008) são favoráveis à influência do meio sociocultural no desenvolvimento das habilidades musicais. Tais habilidades iniciariam na infância em que os pais e cuidadores seriam os primeiros motivadores. Para que ocorra o desenvolvimento dessas habilidades há uma combinação genética com uma série de fatores do meio. São eles: a idade (maturação), a prática (atividades) e o exercício espontâneo. O ensino formal é importante para o desenvolvimento das habilidades e conceitos musicais específicos.

Este capítulo está de acordo com as ideias de Tafuri (2008) e Hargreaves (2000, 2005) quanto à importância do contexto social, cultural e educacional no desenvolvimento das habilidades musicais. Concorda-se também com Peretz (2006) que acrescenta a influência genética. Contudo, a competência é mais do que habilidades, capacidades ou aptidões.[7] Ela é compreendida, conforme foi abordado nos capítulos anteriores, por Zabala e Arnau (2010) como a mobilização desses elementos de acordo com a experiência pessoal, da formação psicológica, cognitiva e afetiva da pessoa no contexto social em que está inserida.

Diante das afirmações de Hargreaves (2005), percebe-se que as habilidades de manuseio de *softwares* para editar e compor música são necessárias para todos que almejam atuar na EAD, tanto para os estudantes músicos especializados como para leigos. As tecnologias digitais aplicadas à música possibilitam ir além do ouvir, envolvendo o sujeito no fazer musical, preparando assim, não somente ouvintes críticos, mas também produtores de peças musicais.

Competências musicais gerais e especializadas

Hargreaves (2000, 2005) e Stefani (2007) consideram duas tendências na educação musical: a generalista e a especialista. Ou seja, todos possuem a capacidade para desenvolver competências musicais. As competências básicas, as quais Stefani (2007) chama de populares ou generalistas, são comuns a todos, tanto para especialistas como para leigos em música. Por exemplo, cantar uma canção, acompanhar o ritmo de uma canção, reconhecer diferentes gêneros musicais conforme a cultura, identificar as propriedades do som: distinguir alturas diferentes entre dois ou mais sons, identificar a intensidade (volume) dos sons, diferenciar timbres, criar peças musicais simples, etc. Já as **competências especializadas** são próprias dos músicos que almejam o profissionalismo. Por exemplo, compor obras para instrumentos, coro ou orquestra, reger um coro ou orquestra, lecionar teoria musical, lecionar técnica instrumental, tocar ou cantar em concertos ou *shows*, compor canções, etc.

As competências para o contexto preterido implicam conhecimentos básicos de forma e estruturação musical, ordenação de cifras[8] de acordes, tecnologias dedicadas à reprodução, processamento, composição musical e edição de áudio, bem como habilidades para manusear *softwares* dedicados à música. Tais conhecimentos e habilidades serão detalhados mais adiante.

Segundo Araújo (2006), em uma tentativa de encontrar uma identidade para a profissão docente, surgiu a necessidade de especificação de quais são os saberes voltados ao domínio musical no processo de ensino e aprendizagem. As possibilidades da Web 2.0 permitiram trocas de informações entre alunos, tutores e professores em um ambiente virtual e acesso a repertórios de diversas épocas, estilos e gêneros. Além da opção de *download* e da escuta de repertório musical em páginas *web*, é possível criar suas próprias mídias digitais, integrando sons, textos, imagens, música em vídeos, apresentações, etc. Com os recursos da Web 2.0, músicos especialistas e leigos em música passaram a compor, considerando seus conhecimentos prévios e habilidades, como também a criar suas próprias peças ou realizar colagens[9] musicais de forma coletiva.

Para aqueles professores e estudantes não especialistas em música, entende-se que não é necessário saber tocar um instrumento ou conhecer profundamente os códigos da linguagem musical. Contudo, para o contexto tecnológico-musical, que abrange conhecimentos na área da Música e da tecnologia digital, o desenvolvimento de competências se faz necessário.

A próxima seção tratará da composição musical digital para a educação, os conceitos envolvidos e os pressupostos históricos.

COMPOSIÇÃO MUSICAL DIGITAL

Segundo Fritsch (2008), na música eletroacústica, o compositor produz seu próprio material musical e é intérprete de sua obra. Portanto, o mesmo sujeito possui a função de compositor, produtor e intérprete. Em concordância, Iazetta (2009, p. 158) menciona o estúdio eletroacústico que amplia a ideia de instrumento:

Esse alargamento da ideia de instrumento – de instrumento de interpretação para instrumento de escuta e para instrumento de composição – tem no computador um elemento catalisador, à medida que permite agrupar num mesmo ambiente essas três categorias instrumentais, diluindo a separação entre interpretação, escuta e composição.

Conforme Maffioletti (2005), a composição musical é toda a ação que o sujeito faz ao organizar o material sonoro. Compreende explorações, construções e reconstruções das ideias sonoras. Diante dessa constatação, entende-se que a composição musical digital (CMD), consiste na escolha e organização dos sons ao interagir com as ferramentas digitais, de forma a dar um sentido conforme o contexto em que serão empregados. Em outras palavras, a CMD é o processo de escolha e organização dos materiais sonoros na virtualidade[10]. Por isso, faz-se necessário analisar o conceito de áudio digital.

Áudio significa "[...] a parte do sinal que contém a informação sonora" (Ferreira, 1999). Já a palavra digital significa aquilo "que é representado exclusivamente por números (segundo um código convencionado) e, portanto, passível de processamento por computadores digitais" (Ferreira, 2004, p. 677). Segundo Lévy (1999, p. 50), "[...] digitalizar uma informação consiste em traduzi-la em números."

O termo **áudio** se refere à parte técnica e **música** à parte artística no processo de composição musical por meio do computador. A **música digital**, portanto, abrange o conceito de áudio digital e se refere a todas as informações sonoro-musicais organizadas pelo compositor e que passaram por processamento digital. A CMD para a EAD não necessita de gravação em estúdio profissional. A CMD pode ser produzida no computador, com *software* e *hardware* de baixo custo, em ambientes sem isolamento acústico, caracterizando um estúdio amador.

De acordo com Fritsch (2008, p. 43), música eletroacústica é definida como:

> [...] a modalidade de composição realizada em estúdio, ou com o auxílio da tecnologia, e que se alinha dentro da linguagem da música contemporânea. Esse conceito engloba os termos música eletrônica e música concreta. É realizada por meio de procedimentos que sintetizam ou transformam o som através do computador.

Para Fritsch (2008), com o advento do meio eletroacústico, dos instrumentos de percussão e do serialismo.[11] a musicalidade foi reconhecida como inerente a todos os sons. A transformação do material musical acontece por meio de técnicas que não podem ser registradas pela escrita tradicional em partitura.

Com base nessas explicações, entende-se por música digital para a educação nesse contexto a música produzida e composta no computador com fins educacionais. Dessa forma, entende-se que a CMD é apropriada para a EAD pela possibilidade de ser realizada em qualquer espaço físico, como em polos, em escolas, em casa, desde que haja um computador com dispositivos de áudio e conexão com a internet. Diante dessas constatações, as competências para a realização da CMD na EAD implicam conhecimentos, habilidades e atitudes necessárias no contexto tecnológico-musical atual. Tais competências são consideradas básicas ou gerais,[12] não envolvendo leitura de partitura, ou habilidade para *performance* instrumental, conhecimentos aprofundados de teoria e percepção musical. Como exemplos de peças musicais ou acompanhamentos instrumentais criados por meio da CMD, têm-se as trilhas sonoras com fins educacionais.

A trilha sonora, também chamada de música incidental, é comumente conhecida como a parte sonora de um filme. Porém, esse termo tem sido utilizado no contexto educacional por Rosas e Behar (2010, p. 7) referindo-se ao uso da música em OA.

> A presença de trilhas sonoras em objetos de aprendizagem é uma maneira de possibilitar a familiaridade com os sons e com a música, proporcionando uma vivência sonora, além de motivar e favorecer a memorização no processo de aprendizagem.

Trilhas sonoras para objetos de aprendizagem, como será visto na próxima seção, referem-se muitas vezes a músicas ou trechos de músicas instrumentais. No entanto, dependendo do público-alvo, da proposta do professor e da finalidade do OA, canções também podem ser integradas.

Desse modo, este capítulo aborda a produção de música digital para a EAD com a utilização de *softwares* e ferramentas gratuitas de fácil manuseio. Todo o processo pode ser realizado pela mesma pessoa, desde a gravação até o produto final. Por abranger tanto músicos como leigos, não está prevista a utilização de *softwares* editores de partituras, nem do uso de instrumentos musicais tradicionais. O computador é o instrumento musical que serve como um estúdio amador.

A seguir serão detalhadas algumas das principais tecnologias digitais *online* dedicadas à aprendizagem musical.

TECNOLOGIAS DIGITAIS *ONLINE* PARA A MÚSICA

Como mencionado nas seções anteriores, as ferramentas digitais *online* são de fácil acesso, possibilitando a criação e compartilhamento do material sonoro composto por meio do computador por professores, tutores e alunos. Vários desses recursos sonoros digitais podem ser encontrados em repositórios[13] de OA disponíveis na internet, com conteúdos diversos voltados aos diferentes níveis de ensino no Brasil e no exterior. Juntamente com as ferramentas digitais *online* para a produção de material sonoro, os OA são recursos que, integrados a ambientes virtuais de aprendizagem, encontram-se em meio às atuais tendências da EAD.

Ferramentas digitais *online*

Os *softwares online* também são chamados de ferramentas *online* e são exemplos de tecnologias digitais. Estas são baseadas na *web*, cujos arquivos criados ficam armazenados no servidor suportado pelo navegador. O Quadro 13.1 apresenta algumas ferramentas digitais *online* voltadas à produção e composição musical.

Quadro 13.1 Ferramentas digitais musicais gratuitas

Nome da ferramenta	*Online*	Características principais	URL
Notefligth	sim	Edição e criação de partituras.	http://www.noteflight.com
Myna	sim	Composição musical, produção e edição de áudio.	http://www.aviary.com/
Soundation	sim	Composição e produção musical.	http://www.soundation.com
CODES	sim	Prototipação.	http://gia.inf.ufrgs.br/CODES3/#
JamStudio	sim	Produção de acompanhamentos e ordenação de cifras.	http://www.jamstudio.com/Studio/index.htm
Tonematrix	sim	Composição musical baseada na escala pentatônica.	http://lab.andre-michelle.com/tonematrix
Audiotool	sim	Produção e composição musical.	http://www.audiotool.com/
MusicLab	sim	Composição e produção musical.	http://clubcreate.com/#!/studio/musiclab
Audio Editor Myna	sim	Edição e mixagem.	http://advanced.aviary.com/tools/audio-editor
EduMusical/ Editor Musical	em parte[14]	É um portal que contém ferramenta para composição musical integrada em português.	http://www.edumusical.org.br
Audacity	não	Edição e mixagem de áudio. Possui versão em português.	http://audacity.softonic.com.br/
MuseScore	não	Composição, edição e criação de partituras. Possui versão em português.	http://musescore.org/pt-br

Essas (e outras) ferramentas *online* têm sido utilizadas para trabalhos de composição musical colaborativa a distância em nível nacional e internacional. Internacionalmente, cita-se o exemplo do Programa Music-COMP[15], nos Estados Unidos. Trata-se de um ambiente que integra o uso de tecnologias digitais para a aprendizagem de composição musical, leitura de partitura e *performance*. Outros exemplos são os *softwares* Music Interactive e o jam2jam.[16] O primeiro permite compartilhar os arquivos de música criados (Seddon, 2007), facilitando a troca social entre os participantes. Já o *jam2jam* é um sistema baseado na *web* para improvisação, com funcionalidades que favorecem as interações sociais (Brown; Dillon, 2007). Já o sistema Music Delta[17] é um portal que combina ambiente virtual de aprendizagem (AVA) com ferramenta para composição musical *online*.

Além do emprego de ferramentas, Rosas e Westermann (2009) citam para o sistema de ensino a distância a ferramenta Live Classroom[18], empregado em cursos de música a distância na Auburn University, nos EUA.

Estudos realizados por Behar e colaboradores (2011) apontam para a construção de novos recursos para ambientes virtuais de aprendizagem. É o caso de um tocador de mídias digitais, denominado ROODAPlayer (Figura 13.1) e implementado para o AVA ROODA[19] (Rede cOOperativa De Aprendizagem).

> A principal vantagem da integração do ROODAPlayer nesse ambiente consiste na facilidade de acesso a áudios e vídeos, não necessitando a instalação de vários aplicativos externos para a exibição dos mesmos. Dessa maneira, existe a possibilidade de integrá-los com maior naturalidade aos conteúdos e proposta dos professores. Assim, professores e alunos podem produzir seus próprios vídeos e/ou arquivos de áudio e disponibilizá-los através dessa funcionalidade. (Behar et al., 2011, p. 2).

Ao tratar da educação musical a distância, Gohn (2009, 2011) afirma que o uso das tecnologias não deve ser o fim, mas um meio para o desenvolvimento musical. O autor acredita que a existência de *softwares* para o treinamento auditivo possa servir como um recurso na aprendizagem. Entretanto, ressalta que muitos *softwares* musicais são desenvolvidos para uso comercial e não educacional e apresentam interface em língua inglesa. Sendo assim, seu uso se restringe a uma pequena parcela da população brasileira. O resultado disso é a exigência de pouco conhecimento musical, enfatizando o conhecimento funcional do *software* em detrimento do processo artístico.

Por outro lado, Krüger (2006, p. 7) salienta a participação de equipes interdisciplinares na produção de conteúdos de educação musical apoiada nas TIC:

> Nesses projetos interdisciplinares de produção de *software* educativo-musical, é importante a participação de pesquisadores da educação musical, das TIC,

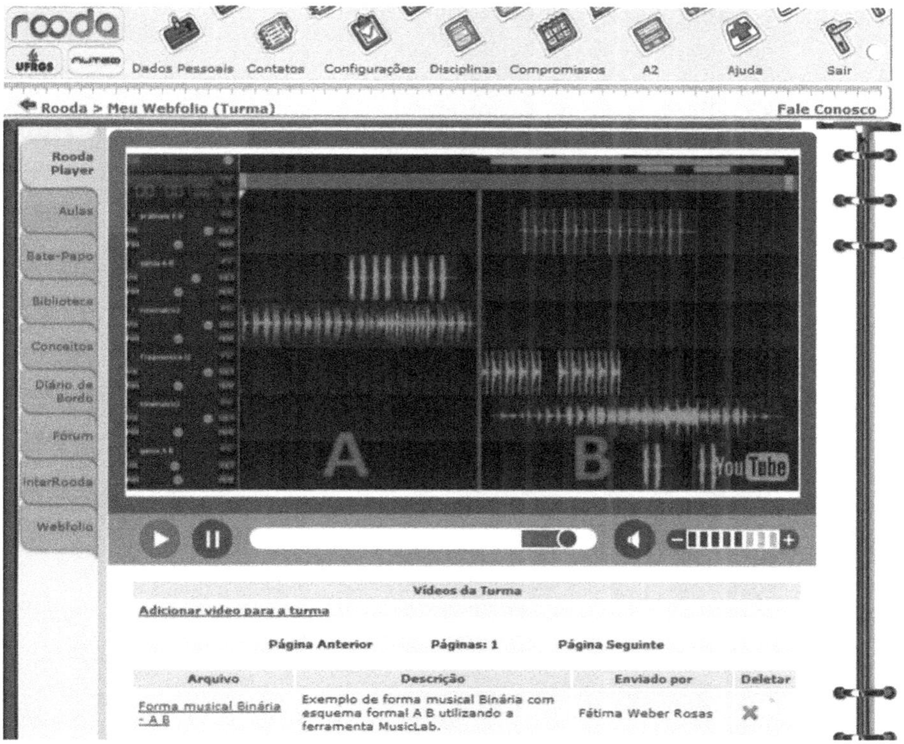

Figura 13.1 Tela inicial do ROODAPlayer no ambiente virtual de aprendizagem ROODA. Fonte: Rede Cooperativa de Aprendizagem (ROODA – http:www.ead.ufrgs.br/rooda).

de *design* e de pessoas pertencentes ao público-alvo do *software* – se não em todo o projeto, ao menos em momentos específicos, como na fase de planejamento, quando é delimitado o foco do *software*.

Entende-se que em uma educação que prioriza o desenvolvimento de competências, além da habilidade para utilizar o *software*, deve ser levada em conta a compreensão musical e a atitude frente à tecnologia. Um outro ponto a ser destacado relacionado à construção do conhecimento é o uso de *softwares* e ferramentas digitais para a composição musical na EAD, quando utilizadas de forma integrada aos ambientes virtuais de aprendizagem (AVA) e/ou a objetos de aprendizagem (OA).

Objetos de aprendizagem orientados à música

Os objetos de aprendizagem são recursos que, juntamente com as ferramentas *online,* são exemplos de tecnologias digitais bastante utilizadas na EAD.

De acordo com Behar (2009) os OA são materiais digitais isolados ou em combinação, com finalidade educacional. Logo, podem ser desde um simples texto ou vídeo até uma animação complexa, páginas *web,* entre outras.

No Quadro 13.2 apresentam-se alguns exemplos de recursos digitais internacionais orientados à aprendizagem musical.

Quadro 13.2 Recursos digitais internacionais orientados à música

Nome do *website*	Conteúdos principais	URL
Drummerworld	Ensino de percussão	http://drummerworld.com
Percussive Arts Society	Ensino de percussão	http://www.pas.org/index.aspx
Virtual Instruments Museum	Instrumentos musicais tradicionais e alternativos	http://learningobjects.wesleyan.edu/vim
Musictheory	Teoria e percepção musical	http://www.musictheory.net
All-guitar-chords	Harmonia Cifragem de acordes Ensino de violão e guitarra	http://www.all-guitar-chords.com/
Chord Book	Harmonia Cifragem de acordes Ensino de violão e guitarra	http://www.chordbook.com/

Como exemplo de objetos de aprendizagem desenvolvidos por equipes interdisciplinares no Brasil, destacam-se os da Universidade Federal do Rio Grande do Sul (UFRGS). Estes se encontram disponíveis gratuitamente na *web*, conforme apresentado no Quadro 13.3 e são utilizados na modalidade a distância, semipresencial e de forma totalmente presencial.

Além desses recursos digitais, destaca-se o Portal de Educação Musical[20] e o sistema e-SOM (Educar, Socializar, Orientar e Musicalizar)[21]. O e-SOM é uma plataforma virtual que tem por objetivo principal a interatividade com *softwares* e conteúdo voltado à educação musical e à inclusão digital de crianças da educação básica.

Conforme apontam Gohn (2010, 2011), Rosas e Westermann (2009), Rosas e Starosta Neto (2009) e Borne (2011), alguns exemplos do uso de tecnologias digitais podem ser encontrados em cursos de licenciatura em Música a distância no Brasil. Rosas e Westermann (2009) e Rosas e Starosta Neto (2009) referem-se a objetos desenvolvidos para a aprendizagem a distância de violão e teclado no curso de licenciatura em Música, o PROLICENMUS-MEC/UFRGS. Gohn (2011) trata de tecnologias, abordagens e experiências em educação musical a distância no âmbito da UAB-UFsCar. Por outro lado, Borne (2011) estuda o trabalho docente na educação musical a distância, mencionando a importância do uso de ambientes virtuais de aprendizagem, como o Moodle, e de OA nessa modalidade.

Quadro 13.3 Recursos digitais desenvolvidos por equipes interdisciplinares da UFRGS para a EAD no Brasil

Nome do OA	Descrição	Equipe desenvolvedora	URL
CompMAP	Objetiva promover um debate acerca das competências dos alunos da educação a distância.	NUTED/ UFRGS	http://www.nuted.ufrgs.br/ objetos_de_aprendizagem/2010/ compmap/
CompMUS	Busca promover o desenvolvimento de competências para o contexto tecnológico-musical educacional por meio da composição musical digital.	NUTED/ UFRGS	http://www.nuted.ufrgs.br/ objetos_de_aprendizagem/2011/ CompMUS/#
O voo das abelhas	Relacionado com direção. Pode ser usado para ensejar atividade voltada para questões de colaboração.	CINTED/ UFRGS	http://penta3.ufrgs.br/animacoes/ abelha/
E-books Teclado e Violão	OA voltados para a aprendizagem a distância de Teclado e Violão/Acompanhamento.	CAEF/ UFRGS	http://caef.ufrgs.br/index. php?option=com_content&view =category&id=51:ebook-teclado-violao&Itemid=58& layout=default
MAaV	Método de musicalização de adultos através da Voz.	CAEF/ UFRGS	http://www.caef.ufrgs.br/ produtos/maav_prof/
Práticas vocais	Diversos OA que tratam da fisiologia da voz, problemas vocais e fases da aprendizagem da canção.	EDUCAMUS/ UFRGS	http://paginas.ufrgs.br/ musicalidade/ovas/praticas-musicais/praticas-vocais-teste/ ovas-praticas-vocais/
MVS	Museu Virtual do Sintetizador que integra música, ciência e tecnologia.	CME/ UFRGS	www.ufrgs.br/mvs
Rádio CME ONLINE	Rádio virtual de música eletrônica composta por estudantes.	CME/ UFRGS	http://www6.ufrgs.br/ musicaeletronica/anexos/radio/ index.php

A próxima seção irá dar enfoque a um objeto de aprendizagem voltado para a construção de conhecimentos musicais desenvolvido pela equipe interdisciplinar do Núcleo de Tecnologia Digital Aplicada à Educação (NUTED) da Universidade Federal do Rio Grande do Sul (UFRGS).

Objeto de aprendizagem CompMUS – Composição Musical Digital para a Educação

O CompMUS[22] foi desenvolvido de acordo com a metodologia de Amante & Morgado (2001) que envolve quatro etapas. São elas: concepção do objeto, planificação, implementação e avaliação, conforme o Quadro 13.4.

Quadro 13.4 Etapas da construção do OA CompMUS conforme metodologia de Amante e Morgado (2001)

1 – Concepção	2 – Planificação	3 – Implementação	4 – Avaliação
– Estabelecimento dos conteúdos e ferramentas a serem utilizadas. – Pesquisa dos pressupostos teóricos do objeto bem como seus principais objetivos.	– Estudo do objeto. – Construção do *storyboard* e da navegação conforme a Figura 13.2. – Pesquisa dos tipos de recursos como mapas conceituais, mapas mentais, material de apoio para a midiateca. – Pesquisa sobre os principais conhecimentos a serem construídos pelos alunos para a realização de composição musical digital. – Produção de vídeos, trilhas sonoras e demais materiais.	– Definição do tipo de programação utilizada. – Construção dos primeiros protótipos. – Definição da metáfora. – Estilização da palavra CompMUS, escrita em uma pauta com algumas letras modificadas: letra (C) com o símbolo do compasso quaternário, letras (M) e (U) lembrando duas colcheias unidas.	– Testagem do funcionamento do objeto e seu grau de adequação ao público-alvo. – Testagem do nível de cumprimento dos objetivos. – Avaliação preliminar.

Na Figura 13.2 é apresentado o *storyboard* e a navegação do objeto de aprendizagem CompMUS.

Um dos objetivos do CompMUS foi servir de recurso teórico/pedagógico no mapeamento de competências para o contexto tecnológico-musical por meio de atividades que envolvem a apreciação musical e a composição musical digital no contexto educacional. Esse objeto possui como metáfora a imagem de um teclado musical, conforme pode ser visto na Figura 13.3.

Nas teclas brancas acessam-se:

- Um texto de **Início.**
- O **Guia** que auxilia na navegação do objeto contendo informações técnicas para o seu uso.
- O **Glossário** com os principais termos e conceitos tratados.
- A **Midiateca** com *links* para artigos, textos, áudios, vídeos com função de material complementar.
- As **Referências.**
- Os **Créditos** contendo os nomes dos membros da equipe desenvolvedora.

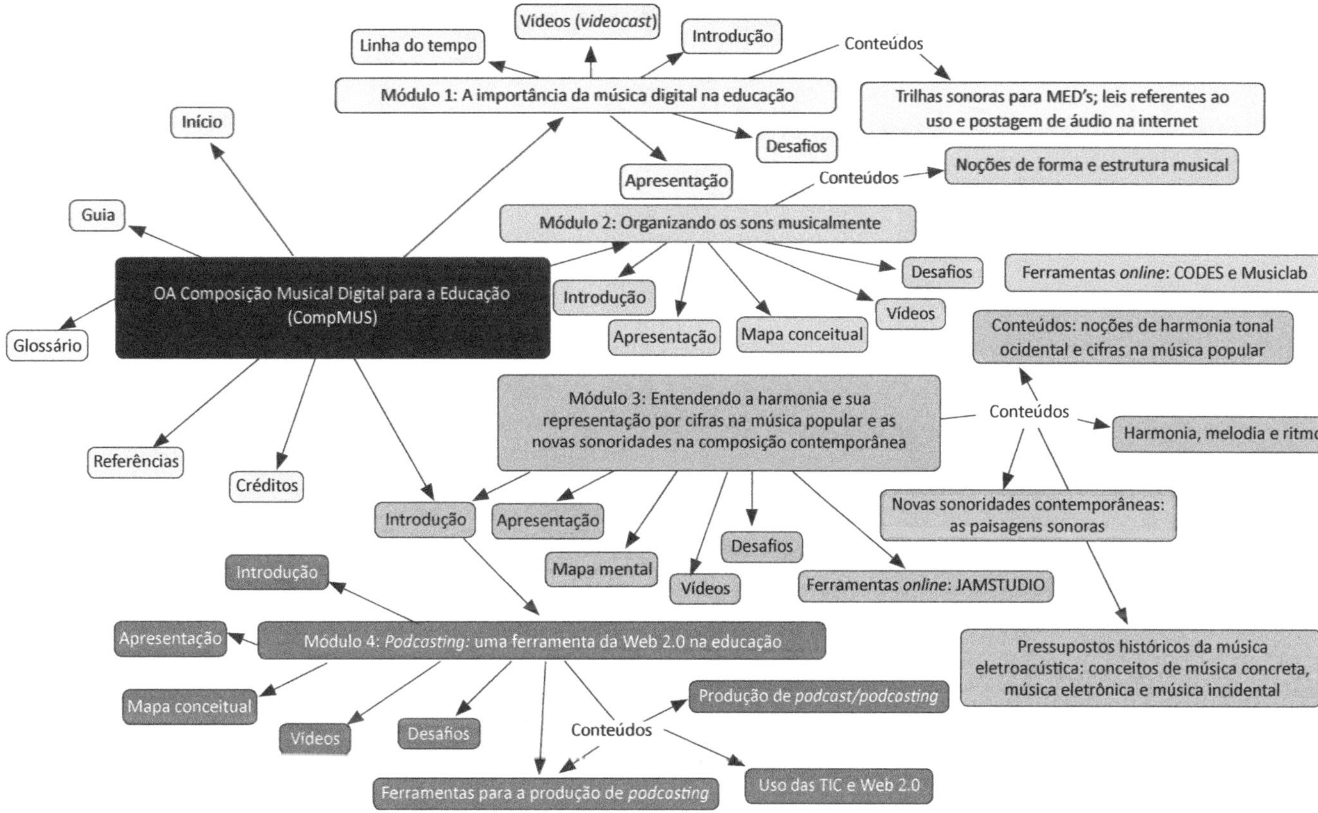

Figura 13.2 *Storyboard* do objeto de aprendizagem CompMUS.

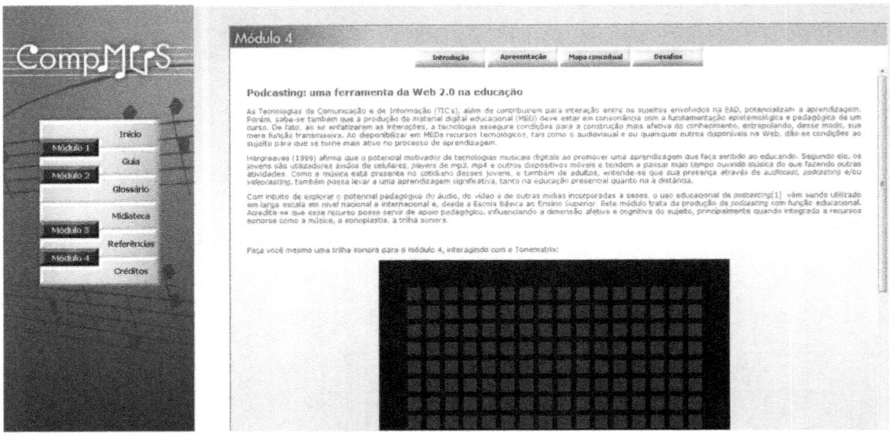

Figura 13.3 Tela do módulo 4 do OA CompMUS.
Fonte: CompMUS (http://www.nuted.ufrgs.br/objetos_de_aprendizagem/2011CompMUS).

O **módulo 1** trata da importância da música digital na educação e de leis e alternativas para o licenciamento do uso de músicas na internet. Também é abordada a evolução e função das trilhas sonoras para o cinema. O **módulo 2** aborda conteúdos voltados à forma e estruturação musical para a realização de uma composição musical. O **módulo 3** apresenta pressupostos históricos da música eletroacústica, noções de harmonia tonal ocidental e de ordenamento de cifras. E o **módulo 4** trata de ferramentas da Web 2.0 e outras para a criação de *podcasting*. O OA possui as atividades distribuídas em seus módulos chamadas de **desafios** que preveem o uso de ferramentas da Web 2.0 gratuitas para a composição musical digital e para a produção de arquivos de áudio do tipo *podcast*. Todas as ferramentas, com exceção do Audacity são *online*, podendo ser acessadas de qualquer lugar desde que haja um computador ou dispositivo com internet.

Os módulos 1, 2 e 3 possuem trilha sonora composta colaborativamente pela equipe desenvolvedora por meio de ferramentas colaborativas *online*. O quarto módulo apresenta a ferramenta interativa Tonematrix, citada no Quadro 13.1. Ao interagir com essa ferramenta, o usuário compõe sua própria trilha sonora para este módulo.

Para fins de avaliação do objeto e mapeamento das competências para o contexto tecnológico-musical na EAD, foi criado um curso de extensão ministrado na UFRGS.

CURSO DE EXTENSÃO: COMPOSIÇÃO MUSICAL DIGITAL PARA A EDUCAÇÃO

O curso de extensão Composição Musical Digital para a Educação foi ministrado em sua primeira edição no final de 2011 na modalidade semipresencial e totalmente a distância. Este se encontra, atualmente, na sua segunda edição. O objetivo, como já foi citado anteriormente, foi mapear as competências básicas necessárias para o contexto tecnológico-musical. O público-alvo foi constituído de estudantes de licenciatura em Música e em Pedagogia, professores da educação básica (séries iniciais) e educação infantil, professores de Música e professores do ensino superior.

O CompMUS foi usado durante o curso de forma integrada ao ambiente virtual de aprendizagem ROODA trabalhando, especificamente, por meio das funcionalidades Fórum, Webfólio, Diário de Bordo, Contatos e ROODAPlayer. Para realizar o mapeamento das competências foram utilizados o Diário de Bordo, contendo os registros sobre as impressões dos cursistas frente às tecnologias, o Webfólio, onde foram postadas as composições musicais e dois questionários *online* disponibilizados no Google Docs.

Além desses instrumentos, no desafio do módulo 2 do CompMUS foi utilizada a ferramenta *online* COoperative Music Prototype DESign (CODES)[23] e a ferramenta Remixer Club Create MusicLab, abreviada por MUSICLAB, mencionadas anteriormente no Quadro 13.1.

O JAMSTUDIO é outro exemplo de ferramenta da Web 2.0. Sua utilização foi prevista no desafio 1 do módulo 3 do objeto. Sua interface possui cifras possibilitando a sua ordenação e criação de progressões harmônicas. Para a utilização dessa ferramenta fazem-se necessárias noções sobre harmonia tonal ocidental.

A Figura 13.4 apresenta um esquema gráfico das competências para o contexto preterido, com seus três elementos essenciais: os conhecimentos, as habilidades e as atitudes.

As competências elencadas na Figura 13.4 encontram-se detalhadas no Quadro 13.5.

Cabe enfatizar que as competências elencadas na Figura 13.4 são gerais, ou seja, para todo tipo de público, incluindo leigos em música. Não estão incluídas as competências especializadas como, por exemplo, a *performance* instrumental e a leitura em partitura.

Embora existam competências especializadas (para músicos profissionais) e gerais (para amadores), entende-se que noções de ordenação de cifras na linguagem musical popular, de harmonia e de forma e estruturação musical devam incluir a formação de pedagogos e professores leigos em música.

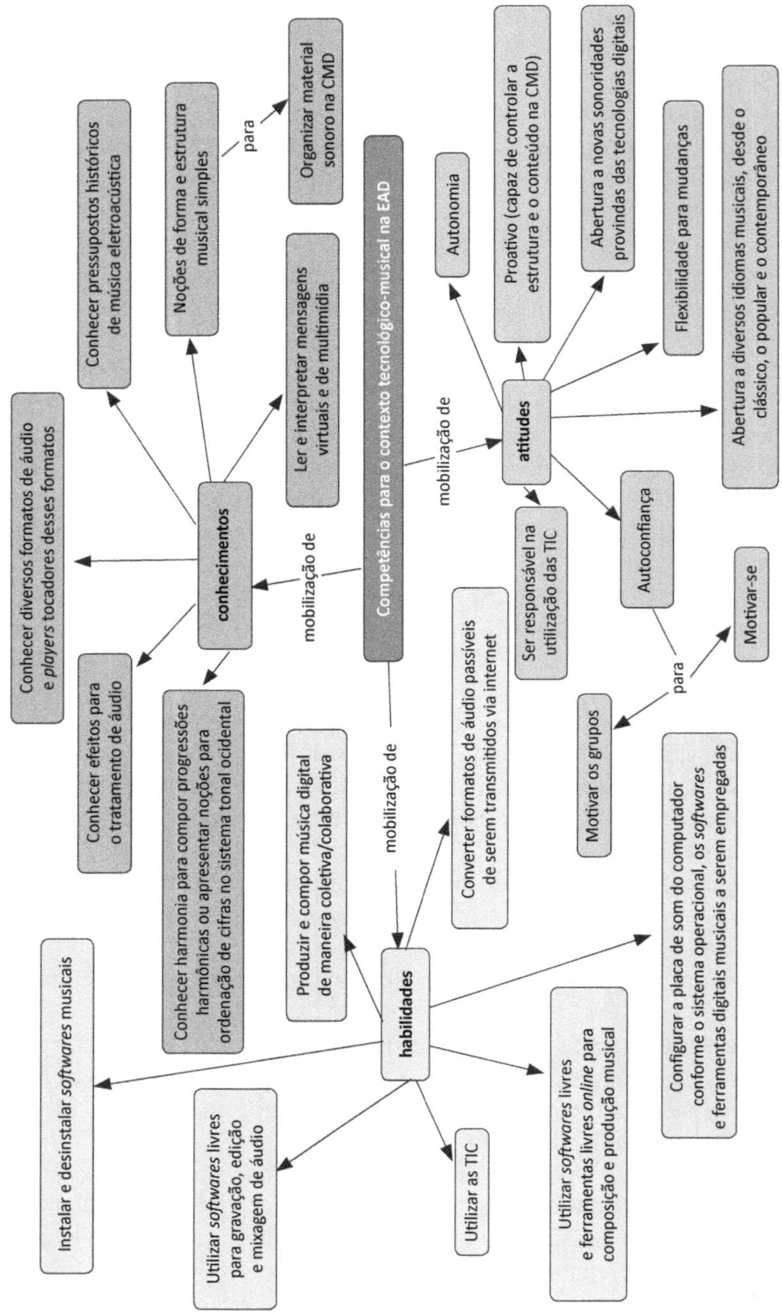

Figura 13.4 Competências para o contexto tecnológico-musical educacional a partir do uso de tecnologias digitais.

Quadro 13.5 Competências para o contexto tecnológico-musical na EAD

Elementos da competência	Contexto musical	Contexto tecnológico
Conhecimentos (C)	– **Conhecer pressupostos históricos da música eletroacústica.** Tais pressupostos envolvem possibilidades de gravação e manipulação sonora do áudio digital. Dessa forma, os sujeitos poderão compreender a musicalidade sendo inerente a todos os sons. – **Noções de forma e estrutura musical simples.** Envolve a escolha e organização dos sons ao realizar uma composição musical digital. Ao compor e interagir com OA, os sujeitos poderão construir tais noções. – **Conhecer harmonia para compor progressões harmônicas ou apresentar noções para ordenação de cifras no sistema tonal ocidental.** Dependendo da experiência e habilidade dos sujeitos, estes poderão ordenar cifras ou construir progressões de acordes dentro do sistema tonal ocidental.	– **Conhecer diversos formatos de áudio e *players* tocadores desses formatos.** – **Conhecer efeitos para o tratamento do áudio.** A exemplo do efeito *fade in* e *fade out*, reverberização, mudanças de tempo e altura, etc., realizadas em um *software* editor de áudio. – **Organizar o material sonoro na CMD.** Abrange a escolha e a organização das amostras sonoras nas ferramentas ao compor e produzir música digitalmente. – **Ler e interpretar mensagens de multimídia.** Compreender o conteúdo desses tipos de arquivos que englobam áudio, imagens, textos e outros de forma integrada.
Habilidades (H)	– **Produzir e compor música digital de maneira coletiva/colaborativa.** Diversas ferramentas da Web 2.0 apresentam a possibilidade de compor de forma coletiva/colaborativa. Essa habilidade é importante para um trabalho em equipe. – **Utilizar *softwares* e ferramentas livres *online* para a composição e produção musical.**	– **Instalar e desinstalar *softwares* musicais.** – **Utilizar *softwares* livres para gravação, edição e mixagem de áudio.** Implica gravar áudio interno ou externo do computador, editá-lo e misturá-lo, exportando-o para uma pasta ou *pen drive* no computador. Dá-se ênfase aos *softwares* livres pelo fato de serem mais acessíveis financeiramente às instituições educacionais. – **Utilizar as TIC.** Saber se comunicar virtualmente. – **Converter formatos de áudio passíveis de serem transmitidos via internet.** – **Configurar a placa de som do computador conforme o sistema operacional, os *softwares* e ferramentas digitais musicais a serem empregadas.** Às vezes é necessário configurar a placa de som do computador para gravar sons internos ou externos a ele ou até mesmo para escutá-los.
Atitudes (A)	–**Autonomia.** Compreende saber trabalhar de forma autônoma ao lidar com as tecnologias musicais digitais. – **Proativo.** Capacidade para controlar a estrutura e o conteúdo sonoro ao realizar uma composição musical digital (CMD). – **Ser responsável na utilização das TIC.** Evitar colagens de músicas, evitar o plágio, utilizar alternativas legais para o uso e postagem da música na internet, respeitar as leis de direito autoral. – **Abertura a novas sonoridades provindas das tecnologias digitais.** Apresentar atitude aberta aos sons criados ou transformados por sintetizadores e processadores de sinal digital. – **Flexibilidade para mudanças.** Ex.: Ao perceber que uma ferramenta passou a apresentar problemas, procurar alternativas. – **Autoconfiança para se motivar e motivar os outros.** Acreditar na própria capacidade e na capacidade dos outros, incentivando-os. – **Abertura a diversos idiomas musicais, desde o clássico, o popular e o contemporâneo.** Apresentar uma atitude aberta para a música erudita de todos os períodos históricos, para a música popular e de vanguarda e para a música proveniente de diferentes culturas.	

CONSIDERAÇÕES FINAIS

Entende-se que o desenvolvimento de competências para a música é possível a todos os interessados a partir das interações entre os sujeitos e o meio, incluindo as experiências educacionais formais e informais. Para o contexto tecnológico-musical educacional, apontam-se os conhecimentos musicais básicos, juntamente com as habilidades e as atitudes no uso das tecnologias digitais. Esses três elementos, quando mobilizados de forma integrada, podem desenvolver competências tecnológico-musicais.

No Brasil há uma tendência dos cursos presenciais se virtualizarem por meio do oferecimento de disciplinas semipresenciais. No ensino superior, a EAD apresenta uma presencialidade por meio de polos, onde tutores, professores e alunos se encontram eventualmente no mesmo tempo e espaço físico para a realização de provas ou orientações, de acordo com a estrutura de cada curso.

Devido a essa aproximação entre as modalidades presencial e a distância, a formação inicial dos professores de música, tanto de especialistas como a de não especialistas, deve prever o desenvolvimento de competências para o contexto tecnológico-musical. As habilidades compreendem práticas como importar, criar, cortar e processar áudio e conhecimentos para compor música na virtualidade com o uso do computador, de acordo com as capacidades e experiências musicais dos sujeitos.

Entende-se que o uso de ferramentas digitais *online* gratuitas junto a objetos de aprendizagem possa auxiliar no desenvolvimento de competências para o contexto tecnológico-musical. Embora a maioria dessas ferramentas não exija conhecimentos musicais aprofundados, apresentam a possibilidade do fazer e do ouvir música por meio do uso do computador. Tais recursos servem como apoio didático/pedagógico com conteúdos consistentes, e a utilização de um AVA torna possível o desenvolvimento de conhecimentos, habilidade e atitudes necessárias para o contexto tecnológico-musical na EAD. Essas competências podem ser construídas por leigos em música a partir de uma formação adequada, como por exemplo nos cursos de licenciatura em Pedagogia que abordam conteúdos musicais e em cursos de extensão.

Acredita-se que, além dessa formação adequada, o ideal seria que professores e tutores leigos em música trabalhassem em equipe com especialistas na área musical. Entende-se que uma formação adequada para o contexto seja aquela que prima pelo desenvolvimento não só de habilidades (saber fazer – nesse caso saber utilizar as tecnologias aplicadas à música), mas na mobilização destas juntamente com os conhecimentos (saberes relativos à composição musical na virtualidade) e atitudes (saber ser), fundamentada no modelo pedagógico do professor e em uma ou mais teorias de aprendizagem.

O uso de tecnologias digitais, por mais significantes e úteis que sejam no processo de ensino e de aprendizagem, não substitui o professor nem o tutor. Cabe a estes conduzir, mediar, orientar, motivar os alunos na construção do conhecimento. De acordo com seu modelo pedagógico (Behar, 2009), os docentes poderão propor situações desafiadoras e significativas de acordo com os objetivos e o público-alvo de cada curso ou disciplina.

Nessa perspectiva, este capítulo apresentou um mapeamento de competências necessárias para o contexto tecnológico musical na EAD a partir de um curso de extensão.

Acredita-se que uma formação adequada para o contexto em questão deve ser oferecida nos cursos de licenciatura em Música, Pedagogia, em outras licenciaturas e em cursos voltados para a formação continuada. O ideal é que esses cursos incluam disciplinas que tratem da música associada às tecnologias digitais, pois o presente e o futuro dependem dos alunos, usuários ávidos dessas tecnologias.

NOTAS

1 Como exemplos de cursos de licenciatura em Educação Musical oferecidos na modalidade a distância, cita-se o curso de licenciatura em Música sob a responsabilidade da Universidade Federal do Rio Grande do Sul (UFRGS), pertencente ao Programa Pró-Licenciaturas do Ministério de Educação (PROLICENMUS-MEC), juntamente com universidades parceiras: Universidade do Estado de Santa Catarina (UDESC), Universidade Federal de Alagoas (UFAL), Universidade Federal da Bahia (UFBA), Universidade Federal do Espírito Santo (UFES), Universidade Federal do Mato Grosso (UFMT), Fundação Federal de Rondônia (UNIR). Também são exemplos a Universidade Aberta do Brasil (UAB) em parceria com a Universidade de Brasília (UnB) e a Universidade Federal de São Carlos (UFSCar).

2 "Entende-se por objeto de aprendizagem qualquer material digital, como por exemplo, textos, animação, vídeos, imagens, aplicações, páginas *web* de forma isolada ou em combinação, com fins educacionais". (Behar et al., 2009, p. 67).

3 A produção de diferentes sonoridades é possível por meio de sintetizadores, de *softwares* para aplicação de efeitos de áudio e de instrumentos musicais virtuais, onde o computador passa a ser o catalisador desses instrumentos. Por meio dele é possível reproduzir, compor, distribuir, editar e transformar o som.

4 Sistema tonal é uma maneira sistematizada de se organizar o material acústico de acordo com a cultura e a época. O sistema tonal ocidental considera o parâmetro sonoro altura como determinante para a sua ordenação. Ele se assenta em uma escala heptatônica (escala de 7 sons – dó, ré, mi, fá, sol, lá, si).

5 A plasticidade cerebral se refere à maleabilidade da estrutura do cérebro que não está rigidamente definida. Ou seja, ela pode mudar ao longo do tempo como resultado de experiências de aprendizagem (Hodges, 2009).

6 Na mixagem as fontes sonoras são combinadas em um ou mais canais. Essas fontes podem ser de diferentes tipos: instrumentos musicais, vozes, seções de orquestra, locuções ou ruídos.

7 Ver Capítulo 1.

8 Na música popular, os acordes, que juntos formam a harmonia, são representados por letras do alfabeto. Essas letras, em música, são chamadas de cifras. Ex.: A letra A representa o acorde de lá maior. A letra B representa o acorde de si maior, C representa o dó maior, D representa o ré, E representa o mi, F representa fá e G representa o sol maior.
9 A colagem sonora consiste no corte ou recorte e na reposição de um ou mais trechos musicais sobrepondo-os e combinando-os por meio de um *software* próprio para edição de áudio.
10 O virtual "resulta de, ou constitui uma emulação por, programas de computador, de determinado objeto físico ou equipamento, de um dispositivo ou recurso, ou de certos efeitos ou comportamentos seus" (Ferreira, 1999).
11 "Técnica de composição que se refere a séries de classes de altura ou outros elementos musicais". (Griffiths, 1995, p. 201).
12 Em oposição às especializadas.
13 Exemplos de repositórios de OA: Banco Internacional de Objetos Educacionais (BIOE), Multimidia Educational Resource for Learning and *Online* Teaching (MERLOT), Learning Objects: Lifelong Application (LOLA), Coletânea de Entidades de Suporte ao uso de Tecnologia na Aprendizagem (CESTA).
14 O *software* Editor Musical apresenta uma parte *online* para teste e a versão completa para ser baixada e instalada no computador.
15 Music Composition Online Mentoring Program. Disponível em: http://www.music-comp.org/.
16 *Software* disponível em: http://explodingart.com/jam2jam/jam2jam/jam2jam_gray.html.
17 O Music Delta tem sido utilizado na Noruega e em outros países europeus na educação musical e está disponível em: http://www.musicdelta.com.
18 Horizon Wimba Live Classroom é uma ferramenta que permite ao docente criar aulas virtuais junto a uma plataforma de ensino, ampliando as funcionalidades disponíveis nesta e facilitando o processo de comunicação e trabalho cooperativo.
19 O ROODA está disponível no *site*: https://www.ead.ufrgs.br/rooda/.
20 O Portal de Educação Musical é destinado a professores e alunos da educação básica. Esse portal, conforme Leme; Rapsol e Marinho (2009) foi desenvolvido por uma equipe interdisciplinar e tem a finalidade de partilhar e favorecer a construção de conhecimentos musicais. Disponível em: http://www.portaledumusicalcp2.mus.br/
21 Plataforma criada pela Quanta Educacional, disponível em: http://www.e-som.net/comunidades/page/info. Dentre os autores dos conteúdos musicais presentes nesse sistema, estão alguns integrantes do Grupo de Pesquisa Formação e Atuação de Profissionais em Música (FAPROM) da UFRGS.
22 Disponível em: http://www.nuted.ufrgs.br/objetos_de_aprendizagem/2011/CompMUS/
23 Segundo Miletto e colaboradores (2005), nessa ferramenta é possível construir pequenas peças musicais chamadas de prototipações.

REFERÊNCIAS

AMANTE, L.; MORGADO, L. Metodologia de concepção e desenvolvimento de aplicações educativas: o caso dos materiais hipermídia. *Discursos,* III Série, p. 27-44, 2001. Número especial.

ARAÚJO, R. C. Formação docente do professor de música: reflexividade, competências e saberes. *Música Hodie,* v. 6, n. 2, p. 141-152, 2006.

BEHAR, P. A. (Org.) *Modelos pedagógicos em educação à distância.* Porto Alegre: Artmed, 2009.

BEHAR, P. A. et al. ROODAPlayer: um tocador de mídia integrado a um ambiente virtual de aprendizagem. *Renote Novas Tecnologias na Educação.* v. 9, n. 1, p. 1-10, 2011. Disponível em: <http://seer.ufrgs.br/renote/article/view/21985/12753>. Acesso em 04 Abr. 2012.

BORNE, L. S. *Trabalho docente na educação musical a distância:* educação superior brasileira. 2001. 163 f. Dissertação (Mestrado) – Faculdade de Educação, Universidade Federal do Rio Grande do Sul, Porto Alegre, 2011.

BROWN, A. R.; DILLON, S. Networked improvisational musical environments: learning through *online* collaborative music making. In: FINNEY, J.; BURNARD, P. *Music education with digital technology*. London: Continuum Publishing, 2007. p. 96-106.

DÖRGE, C. Competencies and Skills: filling old skins with new wine. In: REYNOLDS, N; TURCSÁNYI-SZABÓ, M. (Ed.). *Key competencies in the knowledge society*: IFIP TC 3 International Conference, KCKS 2010, Held as Part of WCC 2010, 2010, Brisbane. *Proceedings*... New York: Springer, 2010.

FERREIRA, A. B. H. *Dicionário Aurélio Eletrônico Século XXI*. Versão 3.0. Rio de Janeiro: Nova Fronteira, 1999.

FERREIRA, A. B. H. *Novo dicionário Aurélio da língua portuguesa*. 3. ed. Curitiba: Positivo, 2004.

FRITSCH, E. F. *Música eletrônica:* uma introdução ilustrada. Porto Alegre: Editora da Universidades/UFRGS, 2008.

GOHN, D. M. *Educação musical a distância:* propostas para ensino e aprendizagem de percussão. 2009. Tese (Doutorado) – Escola de Comunicação e Artes, Universidade de São Paulo, São Paulo, 2009.

GOHN, D. M. *Tendências na educação a distância*: os softwares online de música. *Opus*, v. 16, n. 1, p. 113-126, 2010.

GOHN, D. M. *Educação musical a distância:* abordagens e experiências. São Paulo: Cortez, 2011.

GRIFFITHS, P. *Enciclopédia da música do Século XX*. São Paulo: Martins Fontes, 1995.

HARGREAVES, D. The development of artistic and musical competence. In: DELIEGE, I.; SLOBODA, J. *Musical beginnings*: origins and development of musical competence. Oxford: Oxford University Press, 2000. p. 145-170.

HARGREAVES, D. Within you without you: música, aprendizagem e identidade. *Revista eletrônica de musicologia*, v. 9, 2005. Disponível em: <http://www.rem.ufpr.br/_REM/REMv91/hargreaves.html> Acesso em: 21 abril. 2012.

HODGES, D. A. The musical brain. In: McPHERSON, G. E. *The child as musician*: a handbook of musical development. New York: Oxford University Press, 2009. p. 51-68.

IAZETTA, F. *Música e mediação tecnológica*. São Paulo: Perspectiva, 2009.

KRÜGER, S. E. Educação musical apoiada pelas novas Tecnologias de Informação e Comunicação (TIC): pesquisas, práticas e formação de docentes. *Revista da ABEM*, v. 14, p. 75-89, 2006. Disponível em: <http://www.abemeducacaomusical.org.br/Masters/revista14/revista14_artigo 8.pdf>. Acesso em: 29 abr. 2012.

LEME, M.; REPSOLD, M.; MARINHO, V. Portal de Educação Musical: uma proposta (democrática) para o ensino de música. In: CONGRESSO INTERNACIONAL ABED, 15., 2009, Fortaleza. *Anais*... São Paulo: ABED, 2009. p. 1-11.

LÉVY, P. *Cibercultura*. São Paulo: Editora 34, 1999.

MAFFIOLETTI, L. A. *Diferenciações e integrações:* o conhecimento novo na composição musical infantil. 2005. Tese (Doutorado) – Faculdade de Educação, Universidade Federal do Rio grande do Sul, Porto Alegre, 2005.

MILETTO, E. M. et al. Construindo Protótipos Musicais Cooperativamente na Web. In: BRAZILIAN SYMPOSIUMON COMPUTER MUSIC, 10., 2005, Belo Horizonte. *Anais*... Belo Horizonte: UFMG, 2005. Disponível em: <http://gsd.ime.usp.br/sbcm/2005/papers/tech-12441.html>. Acesso em: 15 abril 2012.

PERETZ, I. The nature of music from biological perspective. *Cognition*, v. 100, n.1, p. 1-32, 2006.

ROSAS, F. W.; STAROSTA NETO, M. E-book teclado acompanhamento no curso de licenciatura em música a distância. *Renote Novas Tecnologias na Educação*, v. 7, n. 2. 2009. Disponível em: <http://seer.ufrgs.br/renote/article/view/13691/15202>. Acesso em: 06 abr. 2012.

ROSAS, F. W.; WESTERMANN, B. Método de teclado e violão a distância com a utilização das novas TICs. *Renote Novas Tecnologias na Educação*, v. 7, n. 2, 2009. Disponível em: <http://seer.ufrgs.br/renote/article/view/13682/9079>. Acesso em: 06 abr. 2012.

ROSAS, F. W.; BEHAR, P. A. A importância da música em objetos de aprendizagem. In: CONGRESSO LATINO AMERICANO DE OBJETOS DE APRENDIZAGEM, 5., 2010, São Paulo. *Anais*... São Paulo: [s.n.], 2010. Disponível em: <http://www.nuted.ufrgs.br/edu3051_2011_1/texto1.pdf >. Acesso em: 20 mar. 2012.

SEDDON, F. A. Music e-learning environments: youg people, composing and the internet. In: FINNEY, J.; BURNARD, P. *Music education with digital technology*. London: Continuum Publishing, 2007. p. 107-116.

STEFANI, G. Uma teoria de competência musical. *Musica & Cultura: Revista Online de Etnomusicologia*, n. 2, p. 1-12, 2007. Disponível em: <http://www.musicaecultura.ufba.br/artigo_stefani_01.htm>. Acesso em: 24 abr. 2012.

TAFURI, J. *Infant musicality:* New research for educators and parents. Farnham: Ashgate, 2008.

ZABALA, A.; ARNAU, L. *Como aprender e ensinar competências*: uma proposta para o currículo escolar. Porto Alegre: Artmed, 2010.

Leituras recomendadas

CAESAR, R. A escuta como objeto de pesquisa. *Revista Eletrônica da ANPPOM – OPUS*, v. 7, 2000. Disponível em: <http://www.anppom.com.br/opus/data/issues/archive/7/files/Caesar/>. Acesso em: 08 set. 2011.

SADIE, S. *Dicionário grove de música:* edição concisa. Rio de Janeiro: Jorge Zahar, 1994.

SCHAEFFER, P. *Tratado de los objetos musicales*. 3. ed. Madrid: Alianza Editorial, 2008.

Um panorama da fluência digital na sociedade da informação 14

Liane Margarida Rockenbach Tarouco

INTRODUÇÃO

A "nova economia" do século XXI é impulsionada em grande medida pelos avanços sem precedentes no transporte e nas tecnologias da informação, computação e comunicações, o que implica a necessidade de maior uso da ciência e novas tecnologias por cidadãos comuns (Moore, 2007). Em vista desse cenário, a alfabetização digital é hoje, no contexto das chamadas sociedades da informação, um dos pontos mais críticos no processo de inclusão digital. Alfabetização digital está relacionada à aquisição de habilidades básicas para o uso de computadores e da internet. Porém, é importante destacar que tanto os alunos quanto os professores, embora "alfabetizados" no mundo digital, necessitam de "algo mais para efetivamente funcionar na sociedade da informação". Isso implica a noção de fluência referida no Livro Verde da Sociedade da Informação como a "[...] capacidade de reformular conhecimentos, expressar-se criativa e apropriadamente, bem como produzir e gerar informação [...]" (Takahashi, 2000), como também destacado no Capítulo 3. Essa definição, citada no Livro Verde da Sociedade da Informação, deriva de um estudo do Comitê de Alfabetização em Tecnologias de Informatização (Committee of Information Technology Literacy), instituído pelo Conselho Nacional de Pesquisas dos EUA, o qual divulgou em 1999 um relatório de trabalho em que foi proposta a noção de fluência (em tecnologias de informação) em contraposição à alfabetização, para denotar a "[...] capacidade de reformular conhecimentos, expressar-se criativa e apropriadamente, bem como produzir e gerar informação (em vez de meramente compreendê-la)." (Computer Science and Telecommunications Board – CSTB, 1999).

ALFABETIZAÇÃO DIGITAL *VERSUS* FLUÊNCIA DIGITAL

A Figura 14.1 salienta as relações entre os conceitos de alfabetização digital e fluência digital.

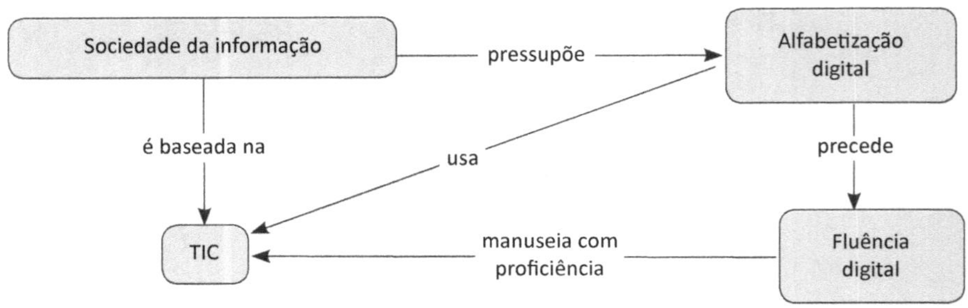

Figura 14.1 Alfabetização digital *versus* fluência digital.

A alfabetização digital pressupõe apenas habilidades básicas para o uso de computadores e da internet e as pessoas que evidenciam essa habilidade usam os recursos da tecnologia da informação e comunicação na qualidade de consumidores de informação, ficando a autoria ou produção de informação confinada à geração de comunicação interpessoal (correio eletrônico, mensagens instantâneas, etc.). A partir do estudo do Comitê de Alfabetização em Tecnologias de Informação (Computer Science and Telecommunications Board – CSTB, 1999) surge uma proposta de revisão conceitual da qual deriva o conceito de fluência digital.

O objetivo daquela revisão conceitual foi considerar o problema de pessoas que, embora "alfabetizadas" no mundo digital, necessitavam de algo mais para efetivamente participar de forma ativa na sociedade da informação, característica do século XXI. O Livro Verde da Sociedade da Informação (Takahashi, 2000) destaca:

> Desde o final da década de 60, quando foi convocada a primeira de uma série de conferências das Nações Unidas sobre Informática, as tecnologias de informação e comunicação foram consideradas vetores de desenvolvimento econômico e social. Ao longo da década de 70 e 80, inúmeros países – incluindo-se aí com destaque o Brasil – conceberam planos nacionais de capacitação tecnológica e de produção doméstica de bens e serviços em informática, como potenciais atalhos rumo ao desenvolvimento.
>
> Já na década de 90, uma concepção mais matizada do papel de tecnologias de informação e comunicação em países em desenvolvimento principiou a ganhar espaço. Nessa concepção revista, atribuiu-se maior peso ao balanceamento da capacidade de geração, aplicação, e uso de tecnologias de um país que à produção de bens e serviços.

Esse contexto demanda um novo paradigma educacional em resposta às transformações econômicas, políticas e sociais decorrentes do desenvolvimento científico e tecnológico da chamada era da informação ou era do conhecimento. Essa nova abordagem deve ir ao encontro das mudanças que estão ocorrendo na sociedade contemporânea, que passa a funcionar como uma sociedade baseada na informação, no aprendizado e no conhecimento, e que tem a educação como elemento-chave. Porém, educar em uma sociedade da informação significa muito mais do que treinar as pessoas para o uso das tecnologias de informação e comunicação. Trata-se de investir na criação de competências suficientemente amplas que lhes permitam ter uma atuação efetiva na produção de bens e serviços, operar com fluência os novos meios e ferramentas em seu trabalho, tomar decisões fundamentadas no conhecimento, bem como aplicar criativamente as novas mídias, em uma grande área de aplicações.

Essa fluência, conforme defendido por Resnick (2001), significa não apenas acesso à informação na *web*, mas criar as suas próprias páginas *web*; não apenas o *download* de arquivos de música mp3, mas criar as suas próprias composições de música digital; não apenas jogar SimCity[1] ou The Sims[2], mas criar seus próprios mundos simulados.

Isto é especialmente relevante no momento atual, em que o usuário tem a possibilidade de assumir outros papéis, além daquele de consumidor das informações que são disponibilizadas na internet, assumindo o papel de criador de informação seguindo a tendência da segunda geração da World Wide Web (Web 2.0). A Web 2.0 enfatiza o conceito de troca de informações e colaboração dos internautas por meio de *sites* e serviços virtuais nos quais participam não apenas como leitores, mas também como autores e organizadores de conteúdo (Tarouco; Ávila, 2007).

Assim, de acordo com o que foi estabelecido pelo Computer Science and Telecommunications Board (CSTB, 1999), a fluência denota a capacidade de reformular conhecimentos, expressar-se criativa e apropriadamente e produzir e gerar informação. O relatório produzido pelo Computer Science Telecommunications Band – CSTB, "Being Fluent with Information Technology", usa a expressão "fluência em tecnologia da informação" (fluency with information technology ou FITness) e caracteriza como fluente em tecnologia da informação (fluente em tecnologia) quem usa, compreende e sabe sobre tecnologia da informação. Isso implica uma progressão em relação ao que se associa ao conceito de "alfabetização digital". Segundo estabelecido pelo Computer Science Telecommunications Band – CSTB (1999) fluência em tecnologia da informação exige três tipos de conhecimento: habilidades contemporâneas, conceitos fundamentais e capacidades intelectuais. Comparando essa proposta com o conceito apresentado no Capítulo 1 e trabalhado nos capítulos subsequentes, é possível constatar algumas similaridades e diferenças. O Capítulo 1 propõe uma definição de competências como a de um conjunto de elementos compostos pelos **C**onhecimentos, **H**abilidades e pelas **A**titudes, sintetizados na sigla **CHA**. Os elementos conhecimentos e habilidades propostos pela definição **CHA** são equivalentes aos tipos de conhecimento proposto pelo CSTB, mas o elemento atitude não está explicitamente referido no conceito de fluência digital, detalhado na Figura 14.2 e no Quadro 14.1.

Quadro 14.1 Conceitos CHA e fluência digital

CHA	Fluência digital (CSTB)
Conhecimentos	Conceitos fundamentais sobre as ferramentas.
Habilidades	Habilidades contemporâneas e capacidades intelectuais.
Atitudes	–

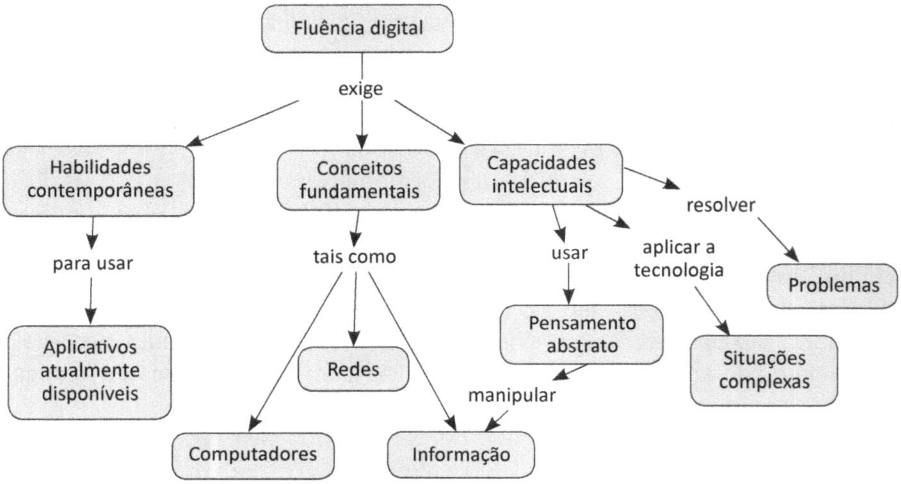

Figura 14.2 Fluência digital.

Os três tipos de conhecimento propostos na definição do CSTB são necessários para preparar uma pessoa para ser fluente em tecnologia da informação.

- **Habilidades contemporâneas** implicam a capacidade de usar os aplicativos de computador atualmente disponíveis. No mercado de trabalho atual, essas competências são um componente essencial da capacitação para o mercado de trabalho e fornecem uma base de experiência prática sobre a qual novas competências poderão ser construídas.
- **Conceitos fundamentais** consistem nos princípios básicos sobre computadores, redes e informação que constituem a base da tecnologia. Tais conceitos explicam a tecnologia, motivação e possibilidades de seu uso, bem como suas limitações.

- **Capacidades intelectuais** implicam a habilidade[3] para aplicar a tecnologia da informação em situações complexas de forma continuada, manipulando os recursos tecnológicos para resolver problemas por mais inesperados que sejam. Isso demanda o uso de pensamento abstrato sobre a informação e sua manipulação.

Para ilustrar e exemplificar os conceitos de alfabetização e fluência digital são apresentados e comentados, a seguir, alguns resultados sobre a situação da população brasileira em relação ao nível de alfabetização e fluência digital.

Esses dados foram obtidos por meio de pesquisas realizadas no Brasil pelo Centro de Estudos sobre as Tecnologias da Informação e Comunicação (CETIC.br), do Comitê Gestor da Internet do Brasil, cuja mais recente pesquisa disponibilizada é referente ao ano de 2010. De acordo com os resultados publicados pelo CETIC.br, a pesquisa TIC Domicílios e Empresas (Pesquisa..., 2010a) evidenciou o crescimento da posse de TIC nas residências brasileiras. Nas áreas urbanas, a posse de internet cresceu 19% desde 2005 atingindo, em 2010, a 31% das residências. A pesquisa também indica o aumento gradual da proporção de pessoas que usaram a internet nos últimos três meses. Em 2005, a proporção em área urbana era de 24% e em 2010 passou a 45%.

Os resultados da pesquisa TIC Crianças 2010 (Pesquisa..., 2010b) refletem a incorporação dessas tecnologias também entre as crianças. Na população com idade entre 5 e 9 anos, que foi o público-alvo dessa pesquisa, 51% afirma já ter utilizado o computador pelo menos uma vez e 27% afirma já ter usado a internet. É possível que as crianças não diferenciem com clareza os conceitos de "computador" e de "internet", fator que talvez influencie os resultados. O Quadro 14.2 mostra o tipo de atividade realizada pelas crianças, conforme constatado nessa pesquisa.

Quadro 14.2 Atividades realizadas na internet – Total Brasil 2010

ATIVIDADES REALIZADAS NA INTERNET	(%)
Jogos *online*	90
Procurar material para a escola	45
Brincar em *sites* que têm desenhos	42
Procurar material na internet	35
Assistir a desenhos animados e vídeos	34
Usar redes sociais como Orkut e Facebook	29
Trocar mensagens instantâneas com amigos ou parentes	25
Enviar *e-mail*	10
Telefonar para alguém pelo computador	6
Outras	1

Fonte: Schrun, Lynne, Levin, Barbara. Leadin 21st Century School.

Analisando esses resultados, pode-se perceber que, no caso das crianças, o estágio em que se encontram ainda é predominantemente o de alfabetização digital, embora a participação em redes sociais (29%) evidencie alguma atividade de autoria.

No caso de adultos, a pesquisa TIC Domicílios e Empresas 2010 (Pesquisa..., 2010a) mostrou que 54% da população informou já ter usado o computador e 48% informou já ter usado a internet. Entre a população que acessou a internet, 94% usou para se comunicar utilizando os serviços de:

- enviar e receber *e-mail* – 79%;
- enviar mensagens instantâneas – 74%;
- participar de *sites* de relacionamento, como o Orkut – 69%;
- conversar por voz por meio de programas como o Skype – 17%;
- usar *microblogs*, como o Twitter – 14%;
- criar ou atualizar *blogs* e/ou páginas na internet (*sites*) – 12%;
- participar de listas de discussão ou fóruns – 10%;
- outras atividades de comunicação – 1%;
- não utilizou a internet para se comunicar – 6%.

87% dos indivíduos que acessaram a internet buscaram informações e serviços *online*:

- sobre diversão e entretenimento – 60%;
- sobre bens e serviços – 58%;
- relacionados a saúde ou serviços de saúde – 35%;
- em *sites* de enciclopédia virtual – 28%;
- sobre viagens e acomodações – 26%;
- buscar emprego/enviar currículo – 26%;
- dicionário gratuitos – 24%;
- outras informações – 1%;
- não utilizou a internet para buscar informações – 13%.

87% dos usuários da internet utilizaram o acesso para lazer:

- assistir a filmes ou vídeos – 53%;
- baixar/fazer *download* de músicas – 47%;
- ler jornais e revistas – 44%;
- jogar jogos *online* – 43%;
- ouvir rádio (em tempo real) – 36%;
- baixar/fazer o *download* de filmes – 30%;
- baixar/fazer o *download* de jogos – 21 %;
- assistir a televisão (em tempo real) – 16%;
- divulgar filmes ou vídeos em *sites* como o Youtube – 14%;
- baixar/fazer *download* de *software* – 13%;

- participar de ambientes de realidade virtual como o Second Life – 9%;
- fazer/atualizar *blog* ou *fotolog* na internet – 8%;
- não utilizou a internet para lazer – 13%.

66% dos indivíduos que utilizaram a internet o fizeram para fins educacionais:

- realizar atividades/pesquisas escolares – 59%;
- informar-se sobre a disponibilidade de um livro ou artigo na biblioteca – 23%;
- buscar informações sobre cursos de graduação, pós-graduação e extensão – 21%;
- baixar/fazer o *download* de material – 17%;
- fazer cursos *online* – 11%;
- não utilizou a internet para educação – 34%.

A falta de habilidades contemporâneas nos adultos que utilizaram a internet transparece nos dados sobre as principais dificuldades por eles enfrentadas. A maioria (55%) dos indivíduos que usaram a internet relata falta de habilidade com o computador/internet. Dentre as dificuldades apontadas citam:

- acessar *sites* ou páginas que demoram para aparecer (muito pesadas) – 46%;
- não encontrar a informação desejada no *site* – 35%;
- ler um texto longo na internet – 29%;
- acessar páginas com janelas que aparecem na tela (*pop-up*) – 28%;
- lidar com itens de segurança em páginas da internet como testes anti-spam, senhas, cadastros, *logins* – 21%;
- localizar um *site* específico pelas ferramentas de busca – 14%;
- usar teclados virtuais de *sites* (para senhas) – 10 %.

Na área educacional, a pesquisa TIC Educação 2010 (Pesquisa..., 2010c) mostrou que pouco mais de um terço das escolas públicas (36%) tem sua própria página na internet o que é indicador de alguma fluência digital nessas escolas, mas que representam uma minoria. Adicionalmente, cabe observar que o conteúdo dos *sites* escolares é, em geral, composto por dados estáticos, tais como dados básicos sobre a escola, uma galeria de fotos, a proposta pedagógica da escola, dados de localização, calendário dos eventos e espaço para contato com a escola. Os *sites* das escolas apresentam uma lacuna no que se refere a atendimento e comunicação com o aluno.

O principal local de instalação dos computadores nas escolas é a sala do coordenador pedagógico ou do diretor. Isso pode indicar ainda um predomínio de uso mais voltado para a gestão escolar do que para a prática pedagógica. O laboratório de informática é o segundo local mais citado para a instalação de computadores na escola sendo usado por:

- Alunos – 93%
- Professores – 88%
- Funcionários – 54%
- Coordenador pedagógico – 45%
- Comunidade – 25%

A sala de aula não figura um local com instalação de computadores, pois apenas 4% das respostas indicou existência de computador nesse local. Uma possível razão para essa situação deriva da falta de alfabetização/fluência digital dos professores que relutam em pleitear ou usá-lo mesmo quando disponível. Ao visitar escolas que têm equipamentos instalados na sala de aula, constata-se que em diversos casos esses equipamentos estão sem uso e o motivo alegado pelo professor é de que ainda não recebeu o curso para aprender a usar, conforme observado na reportagem de Lobato e Gois (2009).

Outra possível razão para o uso incipiente pode ser relacionado com o fato de que o professor da rede pública exerce sua atividade docente em média há 15 anos (Pesquisa..., 2011c), o que permite derivar que esse professor iniciou sua atividade em uma época em que os computadores pessoais ainda não estavam disseminados no Brasil e que provavelmente pouco usou esse recurso durante sua formação. Essa hipótese é corroborada pela mesma pesquisa que apontou haver relação entre a idade do professor e o nível de desenvolvimento de suas habilidades tecnológicas, sendo que os mais velhos declaram ter mais dificuldades com a tecnologia.

Por outro lado, apesar de sua situação econômica perante o mercado de trabalho, o professor tem mais acesso às tecnologias do que o total da população. Praticamente todos os professores já utilizaram o computador (98%) e acessaram a internet (97%) alguma vez na vida, enquanto cerca de metade dos cidadãos brasileiros nunca utilizou um computador ou acessou a internet. A maioria dos professores já desfruta das tecnologias para uso pessoal e/ou familiar e 90% têm esse equipamento em seu domicílio.

A maioria dos professores domina algumas habilidades básicas para o uso das ferramentas de produtividade, encontrando-se no estágio de "alfabetização digital", pois indicam ser capazes de utilizar um editor de texto sem dificuldade (70%) e mover ou copiar um arquivo (57%). Os docentes declararam ter mais dificuldades para a realização de tarefas mais complexas, como aplicações de multimídia, planilhas de cálculo e apresentações. Um gráfico que resume as habilidades dos professores é apresentado na Figura 14.3.

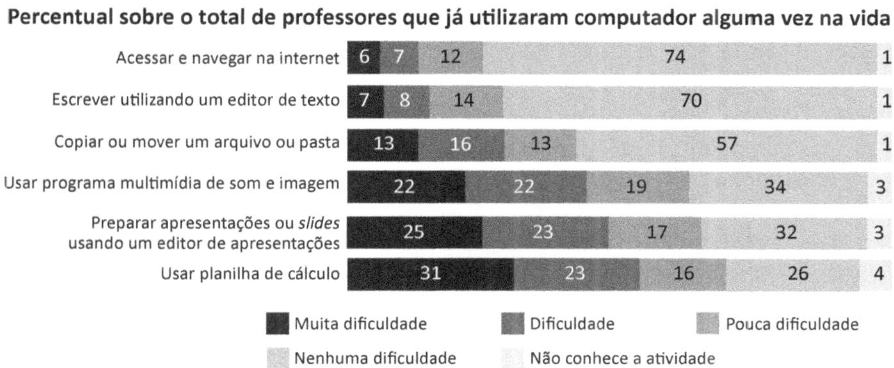

Figura 14.3 Grau de dificuldade do professor para as atividades realizadas no computador. Fonte: Pesquisa... (2011c).

Como se pode observar a partir da Figura 14.3, a atividade que apresenta maior dificuldade para o professor é utilizar planilha de cálculo seguida da preparação de apresentações ou *slides*. Isso aponta para uma falta de fluência digital nesse grupo da população.

A navegação na internet não representa dificuldade para a maioria dos professores que demonstram atuar mais como consumidores do que como produtores de conteúdo, conforme se pode observar pelo gráfico da Figura 14.4.

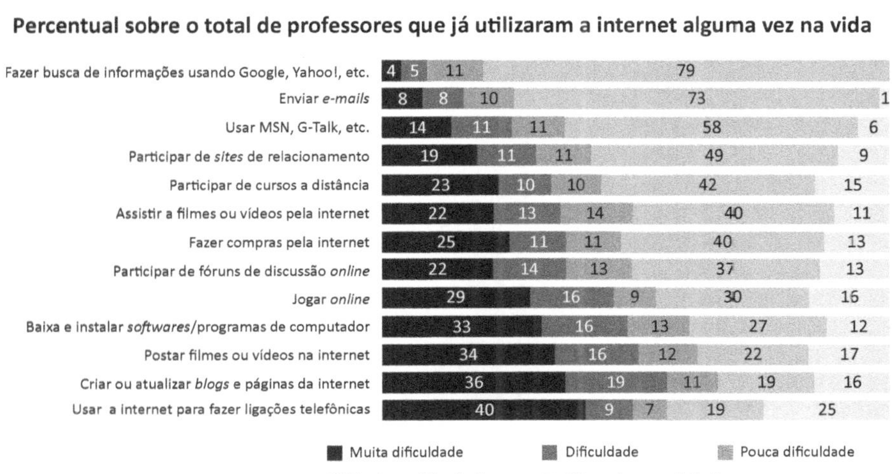

Figura 14.4 Atividades realizadas por professores que utilizam a internet. Fonte: Pesquisa... (2010c).

Enviar *e-mails* é a segunda tarefa mais fácil e 73% dos docentes consultados declara poder realizar essa atividade sem dificuldade, mas uma parcela não desprezível (26%) dos docentes usuários da internet revela problemas para envio de *e-mail*. Participar de fórum está entre as atividades que representam grande desafio para os professores. Isso leva concluir que não participam regularmente de comunidade virtuais, o que poderia funcionar como apoio, suporte, educação continuada provendo condições para seu crescimento profissional de forma continuada, o que é uma necessidade face ao acelerado desenvolvimento tecnológico. As ferramentas de produtividade que o usuário conhece e sabe usar se alteram em poucos anos, sendo substituídas por versões mais atualizadas ou até mesmo por novas aplicações.

Considerando que os professores são a fonte de capacitação mais citada pelas crianças entrevistadas na pesquisa TIC Crianças 2010 (Pesquisa..., 2011b), em especial para as que estão na área rural, fica evidente a importância de promover o aprimoramento dos professores com vistas à fluência digital. Isso influenciará diretamente a formação dos futuros cidadãos que deverão atuar de forma produtiva na sociedade que cada vez mais será movida a informação.

Atualmente, diversas formas de apoio usadas pelo professor no uso do computador e da internet foram constatadas na pesquisa TIC Educação 2010 (Pesquisa..., 2011c) conforme ilustrado na Figura 14.5.

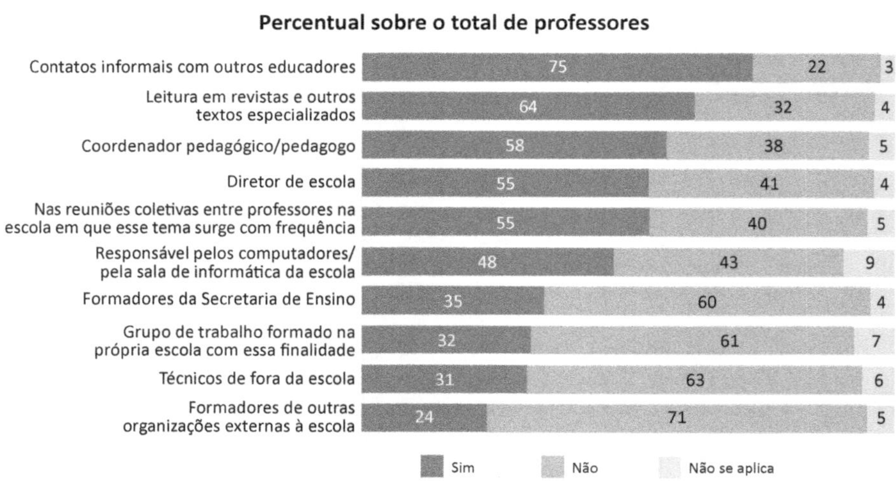

Figura 14.5 Apoio ao professor no uso de computador e internet.
Fonte: Pesquisa... (2011c).

Embora a pesquisa TIC Educação 2010 (Pesquisa..., 2011c) indique que mais da metade (58%) dos professores acredita que seu nível de habilidade com o computador é suficiente para suas necessidades pessoais e 63% acha ser suficiente ou mais do que suficiente para as necessidades relacionadas ao trabalho, o que se percebe é que o uso do computador e da internet realizado por eles é incipiente e demanda apenas alfabetização digital básica, implicando um domínio mínimo de equipamentos informáticos e seu uso.

Se for considerada a relação de habilidades contemporâneas, conceitos fundamentais e capacidades intelectuais indicadas como requisito para fluência digital no relatório "Being fluent wiki information technology" (Computer Science and Telecommunications Board – CSTB, 1999 e em relatórios mais recentes, tal como o National Education Technology Plane 2010 (U. S. Department of Education; Office of Educational Technology, 2010), e na proposta de padrões de competência em TIC para professores da Unesco (Unesco, 2009), será possível perceber a lacuna na formação de adultos e crianças e dos próprios docentes que deveriam estar envolvidos na superação dessa falha de formação. A seção seguinte detalha, analisa e comenta as habilidades contemporâneas, conceitos fundamentais e capacidades intelectuais consideradas relevantes para a fluência digital.

FLUÊNCIA DIGITAL PARA O SÉCULO XXI

As pessoas do século XXI vivem em um ambiente impregnado pela tecnologia e pelos meios de comunicação, marcado pelo acesso a uma abundância de informações, mudanças rápidas nas ferramentas tecnológicas e pela capacidade de colaborar e fazer contribuições individuais em uma escala sem precedentes.

Para ser eficaz no século XXI, os cidadãos e os trabalhadores devem ser capazes de exibir uma gama de habilidades de pensamento crítico e funcionais relacionados à informação, mídia e tecnologia (Schrum; Levin, 2009) que evoluíram bastante a partir da proposta de componentes da fluência com tecnologia da informação relacionados pela National Academy of Sciences (Computer Science and Telecommunications Board – CSTB, 1999). A proposta da National Academy of Sciences categorizou os componentes da fluência em tecnologia da informação tal como explicitado a seguir:

- **Capacidades intelectuais**
  - engajar-se em raciocínio continuado;
  - gerenciar a complexidade;
  - testar uma solução;

- gerenciar problemas em soluções erradas;
- organizar e navegar em estruturas de informação e avaliar informações;
- colaborar;
- comunicar-se com outros públicos;
- estar preparado para o inesperado;
- antecipar mudanças tecnológicas;
- pensar sobre tecnologia da informação de forma abstrata.

- **Conceitos de tecnologia da informação**
  - computadores;
  - sistemas de informação;
  - redes;
  - representação digital da informação;
  - organização da informação;
  - modelagem e abstração;
  - pensamento algorítmico e programação;
  - universalidade;
  - limitações da tecnologia da informação;
  - impacto social da informação e da tecnologia da informação.

- **Habilidades de tecnologia da informação**
  - configurar um computador pessoal;
  - usar os recursos básicos do sistema operacional;
  - usar um processador de texto para criar um texto;
  - usar um pacote gráfico para criar ilustrações, *slides* ou outras formas de expressão baseadas em imagens;
  - conectar um computador a uma rede;
  - usar a internet para encontrar informações e recursos;
  - usar um computador para se comunicar com os outros;
  - usar uma planilha para modelar processos simples ou tabelas financeiras;
  - usar um sistema de banco de dados para configurar e acessar informações úteis;
  - usar materiais instrucionais para aprender a usar novas aplicações ou recursos.

Nesse detalhamento da proposta do CSTB percebe-se que no componente capacidades intelectuais aparecem elementos que foram categorizados como atitudes na definição associada à sigla CHA (conhecimento, habilidades e atitudes). Cabe observar que a fluência é uma característica pessoal, no sentido de que os indivíduos fluentes em tecnologia da informação avaliam, selecionam, aprendem e usam novas tecnologias da informação conforme apropriado para suas atividades pessoais e profissionais. O que é apropriado para um indivíduo depende das aplicações específicas e das atividades e oportunidades para estar apto e estão associadas com a área individual de interesse ou especialização.

A fluência é gradual, havendo diferentes níveis de fluência. Ela também é dinâmica, pois, como a tecnologia evolui continuamente, há necessidade de acompanhamento e capacitação em tecnologia da informação. Mas essa capacitação precisa estar sempre orientada às necessidades de cada parcela da população. Assim, se forem considerados os profissionais envolvidos nas áreas da saúde, da educação, da engenharia como exemplos, percebe-se que serão necessários programas diferenciados de capacitação para a fluência digital, que atendam às necessidades de cada grupo. Todavia, qualquer programa de capacitação desenvolvido para aprimorar a fluência digital no domínio tecnológico será naturalmente afetado pelo desenvolvimento tecnológico do setor. Novos serviços e soluções surgem no mercado continuamente e uma qualidade essencial para o indivíduo permanecer fluente digitalmente é a capacidade de aprender por si mesmo, a partir das informações disponíveis. Isso transpareceu na pesquisa do CETIC.br, pois, ao entrevistar professores sobre onde buscam apoio para o desenvolvimento de habilidade para o uso de computador e da internet eles indicaram que suas fontes de suporte incluem: outros profissionais da mesma área, revistas especializadas, superiores hierárquicos no ambiente de trabalho. Nas demais áreas a situação é análoga. A capacitação por meio de atividades formais de capacitação é usada pelos professores, mas não é a forma predominante (Pesquisa..., 2011c).

A pesquisa TIC Crianças (Pesquisa..., 2011b) apontou que os familiares exercem papel central nesse processo de aprender a utilizar o computador e a internet. Na pesquisa, as crianças entrevistadas referiam as seguintes formas de aprendizagem do uso do computador e da internet: professores na escola (37%), parentes (27%), mãe (23%), irmãos (22%), sozinhos (20%), pai (16%) e amigos (13). Cabe salientar o índice de respostas de 20% apontando a autoaprendizagem como forma de adquirir o conhecimento desejado sobre computador e internet pelas crianças com 5 a 9 anos. Essas crianças pertencem à geração de nativos digitais, conforme definido por Prensky (2001), por terem crescido em um contexto impregnado de dispositivos digitais com os quais interagem desde a mais tenra infância.

A geração dos nativos digitais pensa e processa informação de forma diferente de seus predecessores, os imigrantes digitais. Por outro lado, a geração dos imigrantes digitais busca orientação antes de começar a tentar usar qualquer artefato tecnológico (manuais, orientações com usuários mais experientes). A geração dos nativos digitais declara que “manuais são para fracos” e se atira com determinação ao uso de qualquer novo artefato tecnológico que lhes seja colocado ao alcance das mãos. Essa forma de aprendizagem por exploração em um método de tentativa e erro pode não ser considerada eficaz em um mundo adulto onde tempo é dinheiro, mas é capaz de ensejar a descoberta de novas funcionalidades do artefato tecnológico que talvez nem mesmo estejam documentadas nos manuais. A capacidade de perceber padrões é uma característica dessa geração de nativos digitais, que utiliza instintivamente uma base de conhecimento empiricamente adquirida, a partir de suas experiências prévias ou adquiridas via interação na internet, transferindo soluções anteriormente usadas para novos contextos.

De acordo com Paas e Sweller (2012) existe evidência indireta de estudos apoiados na neurobiologia sugerindo que o sistema motor humano tem uma capacidade de imitação ativada por meio da observação de ações motoras feitas por outros. Esse processo parece preparar a execução de ações semelhantes, a partir da imitação de ações observadas. Assim, não deve ser surpresa a constatação de que os nativos digitais quando desejam aprender algo, buscam preferencialmente informações a partir de vídeos. Por outro lado, os imigrantes digitais ainda procuram orientação em textos e, no caso de professores, também planejam o suporte ao processo educacional predominantemente baseado em texto ignorando os novos recursos tecnológicos que os estudantes tem ao seu alcance e que os acompanha em qualquer lugar, tais como os aparelhos celulares que poderiam ser aproveitados em novas abordagens tal como preconizado nos textos sobre *mLearning* (*mobile learning*), que é como está sendo referida a aprendizagem usando dispositivos móveis (Mozzaquatro; Medina, 2010).

Nos primórdios da disseminação da tecnologia de informação, o processo de capacitação para o uso da tecnologia da informação e comunicação tendeu a se concentrar em habilidades contemporâneas (Computer Science and Telecommunications Board – CSTB, 1999) visando ao desenvolvimento da capacidade dos alunos para utilizar aplicações geralmente denominadas como ferramentas de produtividade. Essas ferramentas de produtividade incluiam processamento de texto, preparação de apresentações, uso de planilhas e mecanismos de busca na internet. Mas atualmente as ferramentas de autoria e uso de serviços e soluções em rede, tais como *wikis*, *blogs*, repositórios de fotos e imagens, ganharam importância.

Gradualmente, os esforços de capacitação para fluência começaram a ser focados nas possibilidades e limites da tecnologia. Isso implicou a identificação dos conceitos fundamentais, na definição de princípios e ideias importantes buscando elicitar e discutir os prós e contras do uso das várias tecnologias. Por exemplo, é importante saber o que se ganha e perde ao usar tecnologia digital para exibir imagens, conhecimento que é fundamental na apresentação, armazenamento e recuperação de imagens de alta qualidade. Também é útil saber quando e como usar simulações, jogos, *podcasts*, *wikis* e *blogs* na educação.

Uma necessidade que se mantém ao longo dos tempos é a de desenvolver e exercitar as habilidades de pensamento crítico e que envolve as habilidades categorizadas como capacidades intelectuais na classificação da Computer Science and Telecommunications Board – CSTB (1999). Os estudantes devem aprender a avaliar todas as informações de forma crítica. Sua capacidade de apresentar informações utilizando tecnologia de informação pode auxiliar no desenvolvimento de uma capacidade de separar a forma do conteúdo em todas as informações e na avaliação de sua precisão e validade. O resultado é uma avaliação mais crítica de toda a informação.

Propostas mais recentes, tais como o quadro de referência elaborado pela organização Partnership for 21st Century Skills (Partnership for 21st Century Skills, 2009), com habilidades que os alunos deveriam dominar para ter sucesso no trabalho e vida no século XXI, apontam a necessidade de considerar um conjunto de elementos organizados em três grandes categorias:

- **Domínio de temas centrais** essenciais para todos os estudantes do século XXI que incluem: língua materna, idiomas do mundo, Artes, Matemática, Economia, Ciência, Geografia, História, Governo e Formação Cívica. Adicionalmente a formação deve promover a compreensão do conteúdo acadêmico em níveis mais elevados abordando temas interdisciplinares tais como: Consciência Global, Alfabetização Financeira, Comercial, Econômica e Empresarial, bem como Alfabetização Cívica, de Saúde e Ambiental.
- **Habilidades de aprendizagem e inovação** são cada vez mais reconhecidas como as que distinguirão os alunos preparados para uma vida e ambiente de trabalho cada vez mais complexo no século XXI e aqueles que não estão preparados. A ênfase na criatividade, o pensamento crítico e a colaboração é essencial para que os estudantes atuem de forma competente. A capacidade de pensar criativamente, trabalhar criativamente com outros, implementar inovações para resolver problemas de forma eficaz e usar uma abordagem sistêmica para analisar e avaliar evidências, argumentos, pontos de vista e crenças para tomar decisões são algumas das habilidades a serem desenvolvidas. No que tange à comunicação e colaboração, destaca-se a habilidade para articular ideias, usar efetivamente a comunicação oral, escrita e não verbal em diferenciados contextos e usando múltiplas mídias e tecnologias, bem como a habilidade de ouvir efetivamente, decifrar significados (conhecimento, valores, atitudes e intenções). Estas são habilidades que darão também suporte à colaboração para que possa ser realizado um trabalho eficaz que busque alcançar um objetivo comum de forma flexível e com a contribuição de cada membro do grupo.
- **Habilidade com informação, mídia e tecnologia** são necessárias, pois as pessoas do século XXI vivem em um ambiente impregnado

> de mídia e tecnologia, marcado por várias características, tais como acesso à abundância de informação, mudanças rápidas nas ferramentas tecnológicas e a capacidade de colaborar e fazer contribuições individuais em uma escala sem precedentes. Para ser eficaz no século XXI, os cidadãos e os trabalhadores devem ser capazes de exibir uma gama de habilidades de pensamento crítico e funcionais relacionados à informação, mídia e tecnologia. No que tange à informação, é importante saber obter e avaliar informação crítica, eficiente e de maneira eficaz, gerenciando o fluxo de informações, que pode ser proveniente de múltiplas origens, e utilizando princípios éticos e legais inerentes ao acesso e uso da informação. No que tange à mídia tanto a análise como a criação de produtos de mídia são relevantes. No primeiro caso cabe destacar a necessidade de compreender como as mensagens em diferentes mídias são construídas e para quais fins, examinando também as formas como as pessoas interpretam e são influenciadas pelas diferentes mídias. A capacitação para o uso da tecnologia da informação e comunicação demanda habilidade para pesquisar, organizar, avaliar e comunicar informação, usando tecnologias digitais e mecanismos de comunicação e rede para gerenciar, integrar, avaliar e criar informação no contexto de uma sociedade do conhecimento.

Cabe salientar que a preparação para o uso criativo e inovador da TIC é uma preocupação que está sempre presente nos estudos e trabalhos relacionados com as habilidades dos estudantes para atuar produtivamente na sociedade digital. A criatividade e a inovação transparecem no uso do conhecimento existente para gerar novas ideias, produtos ou processos, usando modelos e simulações para explorar possibilidades, identificar tendências, prever possibilidades e resultando em trabalhos originais produzidos de forma individual ou colaborativa. Esses trabalhos de produção colaborativa demandam comunicação, usando uma variedade de alternativas e mídias digitais e permitem desenvolver uma compreensão e valorização dos benefícios do trabalho colaborativo. Adicionalmente, esse conjunto de habilidades prepara o estudante para usar pensamento crítico para planejar e realizar investigações, atuar na solução de problemas envolvendo tomada de decisões, administrando projetos mediante o uso de ferramentas e recursos digitais apropriados.

A preparação para a cidadania digital não dispensa o conhecimento da TIC e seu funcionamento, pois os estudantes precisam ter uma compreensão adequada dos conceitos, sistemas e funcionamento da TIC para que possam selecionar e usar aplicações de modo eficaz e produtivo. Esses conhecimentos são necessários para o apropriado exercício de cidadania digital (International Society for Technology in Education – ISTE, 2007) na medida em que também possibilitam compreender os aspectos humanos, culturais e sociais relacionados com a TIC e pautar seu uso por práticas e condutas legais e éticas. Nessa categoria de fluência, os estudantes devem ser capazes de promover e praticar o uso seguro, legal e responsável da informação e da TIC, bem como mostrar responsabilidade pessoal e atitude positiva face ao uso da tecnologia como suporte à aprendizagem ao longo da vida.

Percebe-se na comunidade educacional, que se dedica ao estudo do papel da tecnologia na educação, a constatação de que os avanços na computação expandiram a capacidade de resolver problemas em uma escala nunca antes imaginada, utilizando estratégias que não estavam disponíveis anteriormente. Em consequência, os alunos terão de aprender e praticar novas habilidades, como a do pensamento computacional, para tirar o máximo proveito dessas mudanças revolucionárias trazidas pela evolução da tecnologia.

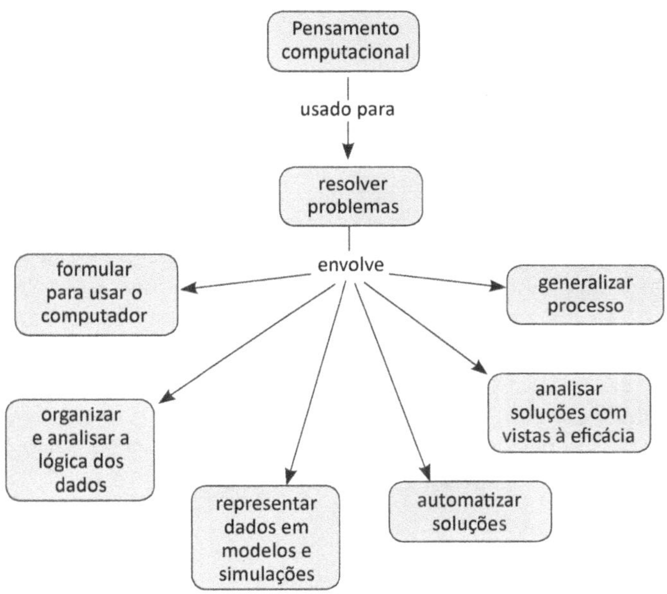

Figura 14.6 Pensamento computacional.

Esse conceito de pensamento computacional apresentado na Figura 14.6 foi trabalhado pela International Society for Technology Education (International Society for Technology Education) – ISTE, 2000 e definido como um processo de resolução de problemas que incluem (mas não estão limitados a) um conjunto de características:

- formular problemas de uma forma que possa usar um computador e outras ferramentas para ajudar a resolvê-los;

- organizar e analisar dados logicamente;
- representar de dados por meio de abstrações, como modelos e simulações;
- automatizar soluções por meio do pensamento algorítmico (uma série de passos ordenados);
- identificar, analisar e implementar soluções possíveis com o objetivo de conseguir a combinação mais eficiente e eficaz das medidas e recursos;
- generalizar e transferir esse processo de resolução de problemas para uma grande variedade de problemas.

Essas habilidades são apoiadas e reforçadas por uma série de disposições ou atitudes que são dimensões essenciais do pensamento computacional e que incluem:

- confiança em lidar com a complexidade;
- persistência em trabalhar com problemas difíceis;
- tolerância à ambiguidade;
- capacidade de lidar com problemas abertos;
- capacidade de comunicar e trabalhar com outros para atingir um objetivo comum ou solução.

Conforme referido por Wilson e colaboradores (2011), a fim de fortalecer a alfabetização em mídia e informação entre os estudantes, é necessário que primeiramente os professores sejam alfabetizados em mídias e informação. As pesquisas do CETIC.br anteriormente referidas mostraram de forma clara que os alunos, especialmente aqueles em zonas rurais, dependem dos professores para essa aprendizagem. Uma vez que os professores têm função relevante na formação dos cidadãos com habilidades para o século XXI, cabe analisar as competências que são requeridas para os professores com vistas a promover essa preparação para a aprendizagem e futuro trabalho na era digital.

COMPETÊNCIAS DOS PROFESSORES PARA PREPARAR FUTUROS CIDADÃOS DA ERA DIGITAL

Um trabalho complementar da ISTE (International Society for Technology in Education, 2008) propôs um conjunto de padrões para avaliar os conhecimentos e habilidades que os professores necessitam para ensinar, trabalhar e aprender no atual contexto da sociedade, cada vez mais interconectada e digitalizada. Esses padrões e indicadores estão apresentados no National Educational Technology Standards for Teachers (NETS for Teachers) e incluem as seguintes categorias de competências:

- **Facilitar e inspirar a aprendizagem e criatividade dos estudantes** promovendo e apoiando estratégias de pensamento criativo. Isso envolve engajar os estudantes na exploração de aspectos do mundo real e resolução de problemas autênticos, usando recursos e ferramentas digitais. A reflexão colaborativa é importante para elicitar e esclarecer a compreensão conceitual dos estudantes, bem como o pensamento, planejamento e processo criativo, o que demanda o engajamento com estudantes, colegas e outros em ambientes face a face e virtuais.
- **Projeto e desenvolvimento de experiências e avaliações de aprendizagem na era digital** incorporando ferramentas e recursos digitais para promover a aprendizagem e a criatividade dos estudantes. Isso implica o uso de ambientes de aprendizagem ricos e tecnologia que possibilitem a todos os estudantes seguirem os caminhos determinados por sua curiosidade natural e se tornarem participantes ativos no estabelecimento de sua próprias metas educacionais, avaliando seu próprio progresso em um processo de avaliação formativa e somativa, que resulta em dados capazes de permitir derivar indicativos de ensino/aprendizagem. Os recursos e ferramentas digitais também devem ser usados pelo professor para personalização das atividades de aprendizagem de modo a atender habilidades, estilos de aprendizagem, estratégias de trabalho diversificados.
- **Trabalho e aprendizagem na era digital** demanda que os professores tenham conhecimentos, habilidades e estratégias de trabalho representativas de um profissional inovativo em uma sociedade global e digital. Isso implica fluência em tecnologia de sistemas, uso eficiente das tecnologias digitais emergentes para localizar, analisar, avaliar e usar recurso de informação para suporte à pesquisa e aprendizagem, bem como a transferência do conhecimento atual para novas tecnologias e situações. Também implica habilidade para trabalho colaborativo usando ferramentas e recursos digitais para apoiar os estudantes, comunicando informação relevante com eficácia a estudantes, pais, colegas mediante o uso de variadas formas e mídias.
- **Promoção da cidadania e responsabilidade digital** que pressupõe a capacidade de defender, demonstrar e ensinar o uso seguro, legal e ético da informação. Também inclui a promoção do uso de regras de etiqueta e interação social responsável, bem como assumir papel de liderança na demonstração do uso efetivo das ferramentas e recursos digitais.
- **Engajamento e crescimento profissional** precisa ser contínuo, pois os professores necessitam aprimorar sua prática profissional ao longo da carreira. Nesse sentido, é importante a participação em comunidades de aprendizagem para explorar aplicações criativas

> da tecnologia com fins educacionais, compartilhando conhecimento e auxiliando no desenvolvimento das habilidades tecnológicas dos outros na escola e na comunidade, bem como reavaliando a própria pesquisa a partir dessas interações.

Essas competências foram também destacadas no National Education Technology Plan 2010 (U. S. Department of Education; Office of Educational Technology, 2010), no qual um grupo de trabalho integrado por educadores e pesquisadores das principais universidades dos Estados Unidos, tais como Harvard, Stanford e Carnegie Mellon, entre outras, recomenda um pensamento revolucionário em lugar de apenas evolucionário, com vistas a transformar a educação que é ressaltada como a chave para o crescimento econômico e prosperidade do país, bem como sua habilidade para competir em uma economia global. Os especialistas que participaram da elaboração desse plano salientam que a educação é o caminho para bons empregos e melhor poder aquisitivo para o povo. O plano reconhece que a tecnologia é a base para praticamente todos os aspectos da vida e trabalho de todos e deve ser aproveitada para oferecer conteúdos e experiências de aprendizagem mais poderosos, bem como recursos e avaliações capazes de medir o progresso do estudante de forma mais completa, autêntica e significativa. O plano também reconhece que a tecnologia está no centro de praticamente todos os aspectos de nossas vidas diárias e de nosso trabalho, e devemos aproveitar isso para oferecer experiências de aprendizagem e conteúdos atraentes e poderosos, bem como recursos e avaliações que possam medir realizações do estudante de forma mais completa, autêntica e formas significativas.

Outra fonte relevante de subsídios para a discussão da questão da fluência digital para professores deriva do documento da Unesco, "Padrões de competência em TIC para professores" (Unesco, 2009). O trabalho da Unesco faz referência apenas ao termo alfabetização digital, mas estabelece um processo de progressão que inicia com estágios básicos de desenvolvimento das competências docentes relacionadas à alfabetização tecnológica e que incluem habilidades primárias em alfabetização digital, com capacidade de selecionar e utilizar os tutoriais educacionais não personalizados, jogos, exercício e prática e conteúdo da *web* em laboratórios de informática ou em salas de aula. Os professores também devem conseguir usar as TIC para lidar com os dados em sala de aula e apoiar seu próprio desenvolvimento profissional nesse estágio. Em um estágio subsequente no qual os alunos são incentivados a trabalhar cooperativamente, os professores deverão ser capazes de

> [...] usar recursos de rede para ajudar os alunos a cooperar, acessar informações e se comunicar com especialistas externos para analisar e solucionar os problemas selecionados. Os docentes também devem ser capazes de usar as TIC para criar e monitorar os planos de projeto individuais e de grupos de estu-

> dantes, assim como para ter acesso a *sites* especializados e colaborar com outros professores que utilizam a rede para acessar informações, em apoio a seu próprio desenvolvimento profissional. (Unesco, 2009, p. 8)

Na fase de criação de conhecimento o professor deve ser capaz de mobilizar dispositivos de rede e recursos digitais. Ambientes eletrônicos devem ser criados como apoio à comunidade na produção de conhecimento, quando a comunidade atinge o estágio de trabalho típico da Web 2.0 realizando aprendizado colaborativo a qualquer momento e em qualquer lugar. Os professores deverão ser capazes de usar as TIC para "apoiar o desenvolvimento da criação de conhecimento e das habilidades de pensamento crítico dos alunos, apoiando o aprendizado contínuo e reflexivo dos mesmos, além de criarem comunidades de conhecimento para os alunos e colegas. Eles também poderão desempenhar um papel de liderança no treinamento dos colegas e na criação e implementação de uma visão de sua escola como uma comunidade baseada na inovação e no aprendizado contínuo, enriquecida pelas TIC" (Unesco, 2009, p. 10).

A partir desse documento com os padrões de competência em TIC para professores a Unesco elaborou um documento contendo uma proposta de um currículo para professores sobre alfabetização em mídias e informação (Wilson et al., 2011). A proposta de currículo destaca como elemento motivador para a formação ali proposta que ao educar os estudantes para que se tornem alfabetizados em mídia e informação, os professores estarão cumprindo uma função básica e importante de defensores de uma cidadania informada e racional. O currículo proposto pela Unesco para a alfabetização em mídias e informação dos professores combina essas duas áreas, mídias e informação caracterizando cada uma nos seguintes termos:

Alfabetização em informação (ou informacional)

- Definir e articular as necessidades de informação
- Localizar e avaliar a informação
- Avaliar as informações
- Organizar a informação
- Usar de modo ético a informação
- Comunicar informação
- Usar o conhecimento de TIC para processar a informação

Alfabetização em mídias (ou midiática)

- Compreender o papel e as funções dos meios de comunicação nas sociedades democráticas
- Compreender as condições em que a mídia pode desempenhar as suas funções

- Avaliar de maneira crítica o conteúdo da mídia à luz de suas funções
- Envolver-se com os meios de autoexpressão e de participação democrática
- Revisar habilidades necessárias (incluindo TIC) para produzir conteúdo gerado pelo usuário

A alfabetização informacional enfatiza a importância do acesso à informação e avaliação do uso ético de tais informações. A alfabetização midiática enfatiza a habilidade de entender as funções dos meios de comunicação e avaliar como eles executam essas funções.

TECNOLOGIAS PARA APOIAR O DESENVOLVIMENTO DA FLUÊNCIA DIGITAL

No século XX, quando a tecnologia começou a ser utilizada no ambiente educacional, as soluções disponibilizadas eram limitadas a algum *hardware* e *software* instalado que rapidamente ficava obsoleto e dependia de *software* apropriado nem sempre disponível. Mais recentemente, o acesso à internet passou a ser incorporado como recurso educacional abrindo o acesso à informação e a outros recursos praticamente ilimitados.

Atualmente, não há mais a limitação de ter de usar apenas os recursos instalados de uma forma predeterminada. Hoje existe a possibilidade de utilizar combinações de recursos humanos e materiais (considerando-se *hardware*, *software* e informação) além dos meios de comunicação. Máquinas virtuais, locais ou remotas permitem compor qualquer ambiente computacional necessário para a execução de diversos sistemas operacionais e aplicativos ou combinações de aplicativos. Essa forma de organizar a computação é também denominada computação em nuvem. Com um computador de mesa, *notebook* ou *smartphone*, o usuário pode acessar e utilizar serviços prestados por um conjunto de computadores, organizados em uma nuvem e que estão organizados para atuar cooperativamente no atendimento das demandas de processamento ou de informação do usuário.

Uma outra tendência marcante em termos de desenvolvimento tecnológico nesse contexto foi o movimento na direção da Web 2.0. Esse movimento iniciou por volta de 2004 e tem sido referido como a segunda geração da internet. Sua principal característica é a facilidade para que os indivíduos possam criar, usar e compartilhar recursos. Isso levou ao surgimento de um movimento de disponibilização de conteúdos de forma aberta para poderem ser usados e reusados. O Quadro 14.3 apresenta de forma comparativa as principais características dessas duas fases da internet:

Quadro 14.3 Web 1.0 *versus* Web 2.0.

Web 1.0	Web 2.0
Baseada em aplicações	Baseada na *web*
Isolada	Colaborativa
Offline	*Online*
Licenciamento ou compra	Grátis
Criação isolada	Criação colaborativa
Código proprietário	Código livre
Conteúdo protegido por direitos autorais	Conteúdo compartilhado

Com essa migração, as habilidades requeridas pelos estudantes envolvendo o uso dessas novas possibilidades poderiam ser resumidas tal como mostra o Quadro 14.4:

Quadro 14.4 Habilidades no contexto Web 2.0

Utilização	Colaboração	Criação
• Avaliar ferramentas com vistas à aplicabilidade e efetividade • Avaliar informação no que tange a autenticidade, relevância e isenção	• Comunicação eficaz • Conscientização social e cultural • Assumir responsabilidade por sua função • Habilidade para delegar e compartilhar responsabilidade quando apropriado • Flexibilidade	• Analisar e sintetizar de maneira eficaz a informação • Contribuição original, inovativa e criativa para a sociedade • Orientado a metas e produtivo • Demonstrar responsabilidade ética

Essa habilidade de se tornar um produtor de recursos não inclui apenas a informação textual, mas também todas as formas de mídias e recursos de software. Grandes sucessos de *software* livre atualmente em uso são decorrentes do envolvimento de uma comunidade de desenvolvedores que participa ativa e continuamente do aprimoramento dessa tecnologia. Um exemplo desse tipo de sucesso é o *software* Moodle – que como indica seu acrônimo é Modular Object-Oriented Dynamic Learning Environment, ou seja, um produto modular e dinâmico de suporte à aprendizagem ao qual podem ser agregados novos módulos desenvolvidos por equipes independentes distribuídas por diferentes países. Mas esse tipo de *software* demanda uma mão de obra mais especializada com nível de fluência digital bem mais avançado. Por outro lado, ferramentas de autoria proliferam na internet abrindo a possibilidade de desenvolvimento de conteúdo educacional digital tanto por professores sem formação em computação como pelos próprios alunos (Dutra; Tarouco, 2007).

Ambientes para acolher as produções dos usuários em diferentes modalidades se multiplicam tais como o Youtube[4] e para vídeos, Slideshare[5] para apresentações, anotações e fotos associadas a mapas do Google Maps[6].

No plano educacional, surgiram também, a partir de 2000, os objetos de aprendizagem, propostos por Wiley (2000), e, atualmente, existem diversos repositórios de conteúdos educacionais digitais produzidos pelos próprios professores, e mesmo por alunos, no escopo do movimento de criação e disponibilização de recursos educacionais abertos (Tarouco et al., 2009). No Brasil, o Banco Internacional de Objetos Educacionais (BIOE)[7] é uma iniciativa do MEC e nele estão sendo depositados objetos de aprendizagem produzidos não apenas no Brasil como também em outros países, conforme referido no Capítulo 3.

Adicionalmente, a característica da população brasileira em termos de familiaridade e uso de tecnologia de informação e comunicação está sendo alterada com a proliferação dos dispositivos moveis. A quantidade de aparelhos celulares no Brasil ultrapassou, em outubro de 2010, a marca de um celular por habitante, segundo informações da Anatel[8]. Essa situação ensejou o crescimento no uso de dispositivos móveis como recurso educacional. Temos portanto, uma situação atual em que a demanda pela fluência digital cresce em ritmo acelerado alimentada pela proliferação de *mLearning* (aprendizagem com o uso de dispositivos móveis).

A Figura 14.7 ilustra parte dos relacionamentos entre fluência digital e *mLearning* em função do que foi discutido neste capítulo. Fica como uma instigação à reflexão, com vistas a identificar outros conceitos e relacionamentos que poderiam ser adicionados ao mapa conceitual apresentado.

CONSIDERAÇÕES FINAIS

A tecnologia da informação e comunicação presente no contexto da sociedade da informação tem potencial para alavancar uma aprendizagem significativa, conforme defendido por Howland, Jonassen e Marra (2012). A tecnologia pode ser usada para engajar e dar suporte à aprendizagem em uma perspectiva construtivista. Os recursos e serviços atualmente disponíveis facilitam o envolvimento do aluno em tarefas nas quais se envolvem de forma ativa, construtiva, intencional, autêntica e cooperativa.

Mas, para que os recursos possam ser usados como alavancadores dessa nova aprendizagem, é necessário que os alunos tenham fluência digital. Essa fluência digital não apenas cria condições para o seu envolvimento no processo de ensino aprendizagem, de forma mais intensa, motivada e eficaz, mas prepara os estudantes para uma atuação plena e competente no contexto do século XXI. O desenvolvimento do conhecimento das habilidades e das atitudes necessárias para o sucesso na vida no século XXI passa pela necessidade de aquisição de fluência digital, pois o ambiente no qual o cidadão desse novo contexto vive é permeado por abundância de informação, caracterizado por intensas e rápidas mudanças na tecnologia e oportunidades de colaboração sem precedentes.

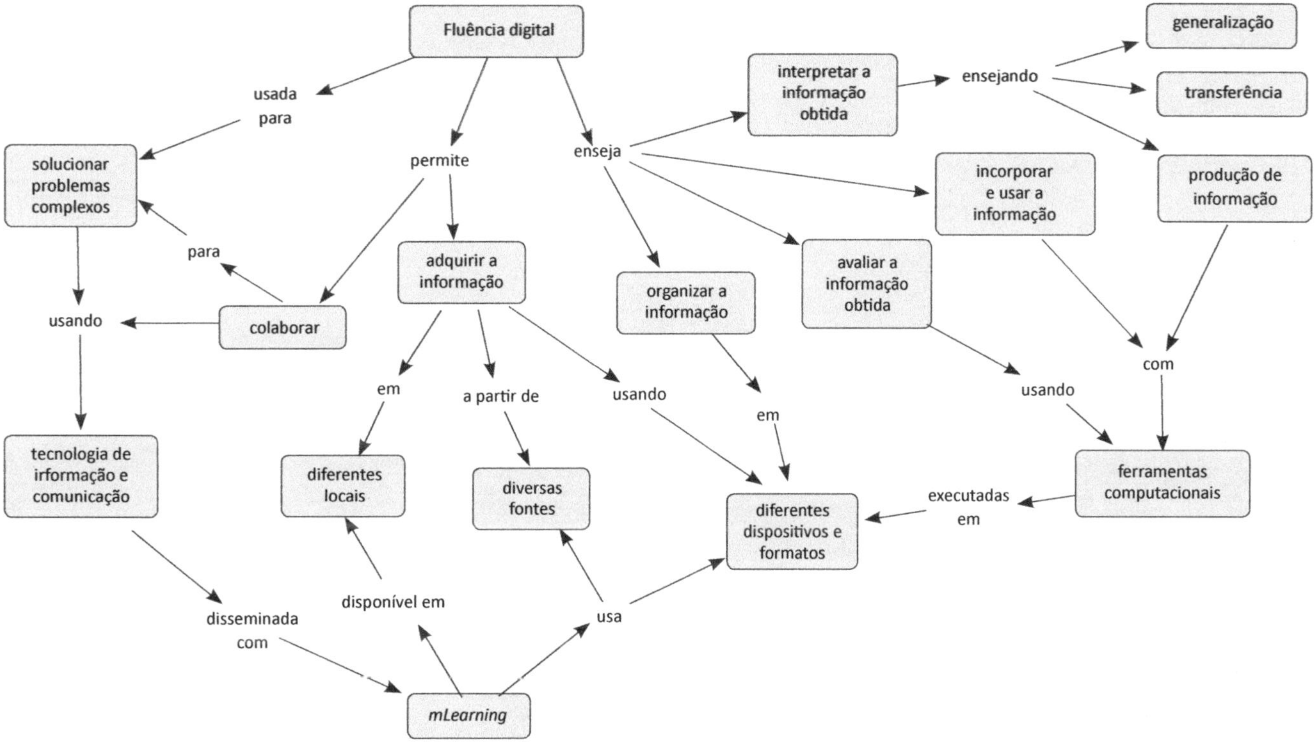

Figura 14.7 Fluência digital *e mLearning*.

Isso impõe sobre a educação uma responsabilidade adicional que é a de atualizar não apenas o contexto e os recursos tecnológicos disponibilizados mas a própria abordagem pedagógica o que por sua vez demanda professores não apenas alfabetizados digitalmente, mas fluentes digitalmente. A formação dos futuros professores tem recebido, de modo geral, uma parcela de atenção concernente à preparação para a fluência digital, porém levantamentos como o realizado pelo CETIC.br (Pesquisa..., 2011c) mostram que uma parcela significativa dos professores ativos atualmente recebeu sua formação há bastante tempo, quando a preparação para o uso da tecnologia da informação e comunicação ainda não constava nos programas de formação. Assim, percebe-se que a transformação da educação no país, com vistas a melhor preparar o cidadão do século XXI demanda um esforço apreciável de educação continuada, que seja capaz de complementar a formação recebida pelos professores que concluíram seus cursos no século XX.

NOTAS

1 SimCity é um jogo de simulação da Maxis, o mesmo criador de The Sims. O objetivo básico do jogo é criar uma cidade e administrar bem os recursos dela para que ela não entre em falência.

2 The Sims é uma série de jogo eletrônico de simulação de vida. Nos jogos, o jogador cria e controla a vida de pessoas virtuais (chamadas de Sims). Nos jogos, o jogador cria e controla a vida de pessoas virtuais (chamadas de Sims). http://www.thesims3.com/.

3 Habilidade aqui é entendida como aptidão, destreza.

4 Disponível em: <http://www.youtube.com>.

5 Disponível em: <http://www.slideshare.net/>.

6 Disponível em: <http://maps.google.com.br>.

7 Disponível em: <http://objetoseducacionais2.mec.gov.br/>.

8 Disponível em: <http://www.anatel.gov.br/Portal/exibirPortalNoticias.do?acao=carregaNoticia&codigo=21613>.

REFERÊNCIAS

COMPUTER SCIENCE AND TELECOMMUNICATIONS BOARD – CSTB. Committee on Information Technology Literacy. *Being Fluent*: with information technology. Washington: National Academy Press, 1999. Disponível em: <http://www.nap.edu/catalog/6482.html>. Acesso em: 14 jan. 2012.

DUTRA, R.; TAROUCO, L. Recursos educacionais abertos (Open Educational Resources). *RENOTE Novas Tecnologias na Educação*, v. 5, n. 1, p. 1-8, 2007. Disponível em: <http://seer.ufrgs.br/renote/article/view/14171/8099> Acesso em: 20 abr. 2012.

HOWLAND, J. L.; JONASSEN, D.; MARRA, R. M. *Meaningful learning with technology*. 4. ed. Boston: Pearson, 2012.

INTERNACIONAL SOCIETY FOR TECHNOLOGY IN EDUCATION – ISTE. *Estándares Nacionales (EEUU) de Tecnologia de Información y Comunicación (TIC) para Estudiantes*. Internacional

Society for Technology in Education. Eugene: ISTE, 2007. Disponível em: <http://www.iste.org/docs/pdfs/nets_2007_spanish.pdf?sfvrsn=2>.Acesso em: 16 mar. 2012.

INTERNACIONAL SOCIETY FOR TECHNOLOGY IN EDUCATION – ISTE. *National educational technology standards for teachers*. Eugene: ISTE, 2008. Disponível em: <http://www.iste.org/standards/nets-for-teachers.aspx>. Acesso em: 16 mar. 2012.

INTERNACIONAL SOCIETY FOR TECHNOLOGY IN EDUCATION – ISTE. *Computational thinking for all*. Eugene: ISTE. 2000. Disponível em: <http://www.iste.org/learn/computational-thinking.aspx>. Acesso em: 16 mar. 2012.

LOBATO, E.; GOIS, A. Professor sem prepare trava uso de computador em escola. *Folha de São Paulo*, 2009. Disponível em: <http://www1.folha.uol.com.br/folha/educacao/ult305u554357.shtml>. Acesso em: 17 mar. 2012.

MOORE, A. H. The new economy, technology, and learning outcomes assessment. *Educause Quarterly*. n. 3, p. 6-8, 2007. Disponível em: <http://net.educause.edu/ir/library/pdf/EQM0730.pdf>. Acesso em: 17 mar. 2012.

MOZZAQUATRO, P. M.; MEDINA, R. D. Mobile learning engine Moodle adaptado aos diferentes estilos cognitivos utilizando hipermídia adaptativa. *RENOTE Novas Tecnologias na Educação*, v. 8, n. 2, p. 1-10, 2010. Disponível em: <http://seer.ufrgs.br/renote/article/view/16982/10005>. Acesso em: 17 mar. 2012

PARTNERSHIP FOR 21ST CENTURY SKILLS – P21. *P21 framework definitions*. [S.l.: s.n.], 2009. Disponível em: <http://www.p21.org/storage/documents/P21_Framework_Definitions.pdf>. Acesso em: 10 mar. 2012.

PAAS, F.; SWELLER, J. An evolutionary upgrade of cognitive load theory: using the human motor system and collaboration to support the learning of complex cognitive tasks. *Educational Psychology Review*, v. 24, n. 1, p. 27-45, 2012.

PESQUISA sobre o uso das tecnologias de informação e comunicação no Brasil: TIC domicílios e empresas 2010. São Paulo: Comitê Gestor da Internet no Brasil, 2011a. Disponível em: <http://op.ceptro.br/cgi-bin/cetic/tic-criancas-2010.pdf>. Acesso em: 20 abr. 2012.

PESQUISA sobre o uso das tecnologias de informação e comunicação no Brasil: TIC crianças 2010. São Paulo: Comitê Gestor da Internet no Brasil, 2011b. Disponível em: <http://op.ceptro.br/cgi-bin/cetic/tic-criancas-2010.pdf>. Acesso em: 20 abr. 2012.

PESQUISA sobre o uso das tecnologias de informação e comunicação no Brasil: TIC educação 2010. São Paulo: Comitê Gestor da Internet no Brasil, 2011c. Disponível em: <http://op.ceptro.br/cgi-bin/cetic/tic-educacao-2010.pdf>. Acesso em: 20 abr. 2012.

PRENSKY, M. Digital natives, digital immigrants. *On the horizon*, v. 9, n. 5, p. 1-6, 2001. Disponível em: <http://www.marcprensky.com/writing/prensky%20-%20digital%20natives,%20digital%20immigrants%20-%20part1.pdf>. Acesso em: 17 out. 2008.

RESNICK, M. Closing the Fluency Gap. *Communications of the ACM*, v. 44, n. 3, p. 144-145, 2001.

SCHRUN, L. M.; LEVIN, B. B. *Leading 21st century schools*: harnessing technology for engagement and achievement. Thousand Oaks: Corwin Press, 2009.

TAKAHASHI, T. (Org). *Sociedade da informação no Brasil*: Livro Verde. Brasília: Ministério da Ciência e Tecnologia, 2000.

TAROUCO, L.; ÁVILA, B. Multimídia na alfabetização digital com fluência para a autoria. *RENOTE Novas Tecnologias na Educação*, v. 5, n. 2, p. 1-9, 2007. Disponível em: <http://seer.ufrgs.br/renote/article/view/14205/8131>. Acesso em: 10 fev. 2012.

TAROUCO, L. et al. Gestão colaborativa de conteúdo educacional. *RENOTE Novas Tecnologias na Educação*, v. 7, n. 1, p. 1-9, 2009. Disponível em: <http://seer.ufrgs.br/renote/article/view/13975/7868>. Acesso em: 19 jan. 2012.

U.S. DEPARTMENT OF EDUCATION; OFFICE OF EDUCATIONAL TECHNOLOGY. *Transforming American education*: learning powered by technology. Washington: U.S. Department of Education, 2010. Disponível em: <http://www.ed.gov/sites/default/files/netp2010.pdf>. Acesso em: 21 mar. 2012.

UNESCO. *Padrões de competências em TIC para professores*: diretrizes de implementação, versão 1.0. [S.l.]: UNESCO, 2009. Disponível em: <unesdoc.unesco.org/images/0015/ 001562/156209por.pdf>. Acesso em: 18 mar. 2012.
WILEY, D. A. *The instructional use of learning objects*. Utah: Agency for Instructional Technology, 2000.
WILSON, C. et al. *Media and information literacy curriculum for teachers*. Paris: UNESCO, 2011.

Leituras recomendadas

BARSALOU, L. W. Grounded cognition. *Annual Review of Psychology*, v. 59, p. 617-645, 2008.
BRASIL. Ministério da Educação. Instituto Nacional de Estudos e Pesquisas Educacionais Anísio Teixeira. *Resumo Técnico*: censo escolar 2010. Brasília: INEP, 2010. Disponível em: <http://download.inep.gov.br/educacao_basica/censo_escolar/resumos_tecnicos/divulgacao_censo2010_revisao_04022011.pdf>. Acesso em: 10 fev. 2012
MCEUEN, S. F. How Fluent with Information Technology are our Students? *Educause Quartely*, n. 4, p. 8-17, 2001. Disponível em: <http://net.educause.edu/ir/library/pdf/EQM0140.pdf>. Acesso em: 17 mar. 2012.